民法講義

V

契約法

〔第4版〕

近江幸治著

成文堂

第 4 版緒言

　本書の初版は 1998 年であり，その後何回かの改訂を経て，今回は，2017 年民法改正に合わせた全面的な書き直しである。本書の全体的な構成（典型契約類型のほか，非典型契約，医療契約及び消費者契約を含めて）と執筆方針は，大枠において変わっていないので，第 3 版緒言に委ねる。

　　　　　　　　＊　　　　　　　　　＊　　　　　　　　　＊

　近時の法意識として，「説明義務」（ないし説明責任）という用語が，多様な場面で，多様に使われていよう（その現れ方も，義務であったり，責任であったり，取引に書面を要求することであったりなど，様々である）。この用語に学問的な定位置はないが，ここでは，21 世紀の契約観に関係づけて簡単に述べておこう。

　「説明義務」とは，情報格差のある取引において，当該取引につき知識の乏しい相手方に対して十分な情報を提供しなければならないとする法理である。一方，金融商品取引法 40 条 1 項は「顧客の知識，経験，財産の状況及び金融商品取引契約を締結する目的に照らして」不適当な勧誘を行ってはならないとする「適合性の原則」を明言している。両者は，一見すると，何の関係もないように思われるが，しかし，「適合性の原則」は，契約の適合化のためには，相手方に対して適切な説明をしなければならないことであるから，その中核に位置するものは「説明義務」であることは明らかである。したがって，両者は同軸にあり，情報格差を埋めて「対等な取引」（契約の適合）を実現するための法的装置であるということができる。

　近代市民革命によって実現された資本主義「市場」は，自由で平等な人間が，対等で「自由な取引」を行う場である。市場参加者は，誰からも押しつけられず，自由意志による「自由な取引」を行うことが保障されている（私的自治原則・契約自由原則）。そして，自らの意思で行った行為（契約）については，自ら責任を負わなければならないことも当然に導かれる（自己責任原則）。これが，古典的な資本主義原理である。

しかし，資本主義の高度な発展に伴い，①「経済的格差」により市場支配が進むと，経済的弱者（いわゆる市場経済の敗者）が市場の底辺に沈むことになり，独禁法等による国家の市場介入を必要とする。②「情報格差」がある場合には，参加者の「自由・対等な取引」が阻害されることになり，市場の修復を必要とする。

そこで，②の情報欠乏者に対して十分な情報を提供することにより，市場取引当事者として「対等な立場」を作出し，市場経済（資本主義的取引）の機能を維持することが図られた。これが「説明義務」であり「適合性の原則」なのである。その意味で，これらの概念は，かつて強調された社会法的な弱者保護ではなく，依然として，古典的資本主義原理の維持・補強なのである（民法 521 条の新設もその一つであり，古典的資本主義の原理を再確認したものにすぎない）。

このことから，私は，「適合性の原則」を，単に金融商品取引における勧誘原則のみならず，21 世紀における重要な契約観念（取引規範）として位置づけた（8 頁以下参照）。このように，説明義務及び適合性の原則は，資本主義的原理の構造的強化なのである。

＊　　　　　　　＊　　　　　　　＊

「説明義務」には，上記のような 21 世紀的契約原理としての意義があるほか，いくつかの問題も存しよう。第 1 は，当該契約の締結が生活上又は営業上必須の場面においては，重要事項説明書などにより十分に説明を受けても，内容は理解したが，それに反対し又は条項の変更を求めることは事実上不可能なのであるから，この場面での「説明義務」は，"対等な取引"を繕ったもはや自己責任を押しつける道具と化しているのである（ここでは，「消費者保護」法理を基軸とした新たな経済的弱者保護政策が求められるべきである）。

第 2 は，医療契約における説明義務は，医的侵襲行為に対する「自己決定権」法理に基づくもの（インフォームド・コンセント法理）であって，対等な立場を作出しようとする財産法契約原理としての説明義務とは無縁だということである（313 頁以下参照）。

＊　　　　　　　＊　　　　　　　＊

最後に，本書が第 4 版として上梓できたことは，専門書の出版が必ずしも

順調でない今日，快く引き受けて下さった株式会社成文堂阿部成一代表取締役のお陰である。また，編集部の小林等氏には，入念な校正のほか，ゲラを頻繁にお持ちいただくなど，大変なご尽力を頂いた。併せて感謝を申し上げる次第である。

　　2022 年 1 月 1 日

　　　　　　　　　　　　　　　　　　　　　近 江 幸 治

〔付 記〕　本書および『民法講義』シリーズ内のイラスト・図表等の無断転載を禁じます。

第 3 版緒言

　本書は，私の『民法講義』シリーズの第 5 巻『契約法』(債権各論(1))である。「契約」は，法律的には，債権関係の発生原因の中でも，当事者の《意思・合意》によって債権関係を発生させるものであるから，重要な法律原因である。しかし，それ以上に重要なことは，《契約》が社会構成の基本的なメカニズムであるということである。社会の構成員は，契約 (合意) によって社会的に行動し，利益を受け，また不利益を伴う規律に服する。およそ，絶対的・普遍的な法規範というものはないのであるから，すべての社会規範は人間の合意に基礎を置いているといっても過言ではないのである。もとより，このような法理学的なことを論じようというのではなく，ここでは，契約 (合意) によって債権関係を発生させた場合において，「契約」に内在する拘束規範はいかなるものか，また「契約 (合意)」はどのようにして保護されるべきなのかを，私人間の (私法的な) 法規範として理解しなければならない。

＊　　　　　　＊　　　　　　＊

　契約法は，かつての不法行為分野と同様，新しいさまざまな動きがあり，発展的な様相を呈している。しかし，それらを逐一検討することは立法論の問題でもあるし，学生にとっては，現行民法典における契約理論の理解と解釈に重点が置かれるべきであるので，最小限にとどめた。そして，契約法分野においても議論が錯綜している部分も多いが，私としては，その制度の基礎的な理解と判例・学説の対応関係に意を注いだつもりである。もし，この民法講義シリーズに特徴があるとすれば，具体的な事案の合理的な解釈はもちろんだが，それを導くための基礎的・体系的な理論・考え方を重視していることだと思う。

＊　　　　　　＊　　　　　　＊

　本書の初版の発行は，第 4 巻『債権法総論』(民法講義IV) を出版してから実に 4 年半後の 1998 年 12 月 29 日である。大学院教務委員の仕事をしている間であったから，幾多の雑用に負われていたが，それでもなんとか上梓にこぎ

つけることができたのは幸いであった。また，1997年からは，学際的な研究会である New Public Management 研究会に誘われ，各地域での実態調査や合宿研究などを通じて大きな刺激を受けた（この成果は，『New Public Management から「第三の道」・「共生」理論への展開 —— 資本主義と福祉社会の共生 —— 』として，2002年に出版した）。いずれも，なつかしい思い出である。

　また，本書第1編第3章第3節の「医療契約」については，社団法人・農協共済総合研究所における研究成果の一部を，本書向けに書き改めたものである（その内容をなす重要項目の大部分は，従来不法行為法で扱われてきたものであるが，しかし，今後における医療問題の契約責任構成の必要性にかんがみて，本書ではあえて「医療契約」として扱う）。上記研究所の関係者には，お礼を申し上げたい。

＊　　　　　＊　　　　　＊

　今回の第3版は，全面的な改定である。民法の現代語化に対応させたことはもちろんであるが，特に消費者保護関係については，消費者基本法，消費者契約法，割賦販売法，特定商取引法，適合性の原則を取り上げて「消費者保護規範上の契約」として独立の節とした。また，借地借家法，住宅品質確保法，不動産登記法，健康保険法，諸手続法などの改正にも対応させた。

＊　　　　　＊　　　　　＊

　本書の校正に当たっては，早稲田大学法学部専任講師 青木則幸君，大学院研究生 アントニオス・カライスコス君（法学修士・ギリシャ共和国弁護士），成文堂編集部 石川真貴さんの大きな助力を得た。また，いつもながら，成文堂 阿部耕一社長，土子三男編集部取締役からも暖かいご支援を受けた。これらの方々に，心から感謝を申し上げる次第である。

2006年9月4日

近　江　幸　治

〔追　記〕
　　本書（初版）は，1994年度および1995年度の早稲田大学特定課題研究の研究助成を受けていることを，規則に従って付記する。

目　次

文献略語表

【参考文献】

石外編　　石外克喜編『現代民法講義5 契約法〔改訂版〕』(1994・法律文化社)

石田　　石田穣『民法V（契約法）』(1982・青林書院新社)

内田　　内田貴『民法II債権各論』(1997・東京大学出版会)

大村　　大村敦志『基本民法II債権各論〔第2版〕』(2005・有斐閣)

大村＝道垣内編　　大村敦志・道垣内弘人編『解説 民法（債権法）改正のポイント』(2017・有斐閣)

北川　　北川善太郎『債権各論〔第3版〕』(2003・有斐閣)

来栖　　来栖三郎『契約法』(1974・有斐閣)

潮見I　　潮見佳男『契約各論I』(2002・信山社)

潮見・新I・II　　潮見佳男『新契約各論I・II』(2021・信山社)

品川・上・下　　品川孝次『契約法（上・補正版）・（下）』(1995・98・青林書院)

篠塚　　篠塚昭次『民法セミナーIV』(1970・71・敬文堂)

末川・上・下　　末川博『契約法・上巻・下巻』(1958・75・岩波書店)

鈴木　　鈴木禄弥『債権法講義〔四訂版〕』(2001・創文社)

『注民』・『新版注民』　　『注釈民法』・『新版注釈民法』(有斐閣)

中田　　中田裕康『契約法〔新版〕』(2021・有斐閣)

半田　　半田吉信『契約法講義〔第2版〕』(2005・信山社)

平野　　平野裕之『契約法』(1999・信山社)

平野I　　平野裕之『債権各論I契約法』(2018・日本評論社)

広中　　広中俊雄『債権各論講義〔第6版〕』(1994・有斐閣)

星野　　星野英一『民法概論IV（契約）』(1986・有斐閣)

松坂　　松坂佐一『民法提要債権各論（第5版）』(1993・有斐閣)

水本　　水本浩『契約法』(1995・有斐閣)

水本・上・中　　水本浩『民法セミナー債権各論(上)・(中)』(1972・82・一粒社)

三宅・総論・上・下　　三宅正男『契約法（総論）・（各論）上・（各論）下』(1978・83・88・青林書院新社)

我妻・上・中一・中二　　我妻栄『債権各論・上巻・中巻一・中巻二』(1954・57・62・岩波書店)

【I】　　近江幸治『民法講義I民法総則〔第7版〕』(2018・成文堂)

【II】　　近江幸治『民法講義II物権法〔第4版〕』(2020・成文堂)

【III】　　近江幸治『民法講義III担保物権〔第3版〕』(2020・成文堂)

【IV】　　近江幸治『民法講義IV債権総論〔第4版〕』(2020・成文堂)

【VI】　　近江幸治『民法講義VI事務管理・不当利得・不法行為〔第3版〕』(2018・成文堂)

近江『研究』　　近江幸治『担保制度の研究』（1989・成文堂）

【文献引用の方法】

＊　上記以外は，原則として，法律編集者懇話会「法律文献等の出典の表示方法」による。

＊　引用判決文中にある「右」という用語は，横書きの関係から，すべて「上記」に置き換えてある。

序　論　債権法各論

(1)　債権法総論と債権法各論

　〈債権・債務〉が発生した場合の当事者の関係を「債権関係」（Schuldver-hältnisse）と呼び，その債権関係を規律する一般法理論 —— 債権法通則 —— は，すでに『債権総論』で学んだところである。そして，この債権関係を生じさせている法律関係（法律原因）を扱うのが，『債権各論』部分である。

　民法は，債権の発生原因を，4つに分類した。すなわち，① 契約，② 事務管理，③ 不当利得，④ 不法行為，である（これら各原因については，後掲(2)で概説する）。しかし，事象的にいえば，債権は，これら4つの場合に限って発生するものではなく，あらゆる法律事実ないし事件から発生するものである。ただ，これら4つの原因は法律的には意味がある分類であって，したがって，それ以外の事実・事件は，何らかの制度ないし権利に付随するものと考えてよいから，独立して扱う必要がないだけである（我妻・上1頁）。

(2)　債権を発生させる原因

(a) 契　約　　「契約」とは，法律行為のうちで，二当事者の「合意」（＝意思の合致）で債権関係を発生させようとするものである。「合意」によって発生するのであるから，その内容・形態は，当事者が自由にこれを決定することができる（契約自由の原則）。民法は，実際の社会生活上最も重要なものとして13種の契約 —— 贈与・売買・交換・消費貸借・使用貸借・賃貸借・雇傭・請負・委任・寄託・組合・終身定期金・和解 —— を規定したが，ただ，これらは解釈の標準としての意味を持つものであって，当事者は，それにとらわれることなく，自由な契約を締結することができるのが原則である。契約法規定が「任意法規」であるといわれる所以である。

　上記のことについては，次の2つに注意すべきである。——

i **合同行為と単独行為は？** 契約以外の法律行為が問題となる。ま
ず，法人の設立行為などの合同行為であるが，これは，そのこと以外に，一
般的な債権発生原因としての意義をもたない。次に，単独行為についても，
沿革・比較法などから，遺言・寄付行為など特に規定する制度以外について
は，一般的債権発生原因としては認めない趣旨だと解するのが通説である
（ただ，我妻・2頁は，単独行為によって債務を）。
（負担することを認めるのは不当ではないとする）。

因みに，ドイツ民法305条は，「法律行為による債権関係の発生ならびにそ
の内容の変更には，法律に別段の規定なき限り，当事者間の契約を必要とす
る」，としている。

ii **任意法規性の縮減** 契約法は，契約自由の原則が基本的に支配す
るものであって，その各規定は原則的に任意法規である。しかし，現代にお
いては，2つの意味において，契約自由の原則が崩れ，それだけ契約法の任意
法規性が縮減しているといってよい。その1つは，特別法の領域における契
約自由の原則の崩壊である。民法典上の雇傭契約は労働各関係法が，不動産
の賃貸借契約は借地借家法・農地法などが，それぞれ取って代わっている。
これらの領域では，任意法規性が否定され，強行法規化しているのである。

もう1つは，いわゆる附合契約・約款 —— 例えば，電気・ガス・水道の供
給契約，各種の保険・共済契約，銀行取引約款 —— など，大衆・不特定多数
を相手方とする契約類型の出現である。かかる契約では，その成立について
も内容についても，あるいは半強行法規化し，あるいは監督官庁のコントロー
ルを必要としているのである。この意味でも，契約の任意法規性は失われて
いるということができる。

(b) 事務管理 契約によらないで他人の事務（要務）を処理した場合 —— 例
えば，隣人の留守中に台風が接近したので，その家屋の倒壊
を防ぐ工事を施してやった場合 —— には，民法は，その工事費用等を請求
できるものとした（債権関係の発生）。これを事務管理という。これは，人の
精神作用（管理意思）に基づくものではあるが，その効果は，管理意思ではな
く，法律の規定によって決定されるものであるから，事務管理は意思表示で
はなく，準法律行為としての非表現行為に位置づけられる。立法例では，「契

約によらない債権の発生」として「準契約」とするフランス法,「委任のない事務の処理」として委任契約に準ずる扱いをするドイツ法がある。

(c) 不当利得　　契約が無効・取消となった場合には,当事者には互いに返還関係が生ずるし,他人の物とは知らずに使用または消費した場合には,その物の所有者に,使用または消費によって得た利得を返還しなければならない。このような返還関係(＝債権関係)を,民法は,当事者の意思とは別の次元である,〈利得の偏りを正す〉法理(不当利得法)として規定した。この場合の債権関係は,人の精神作用に基づいて生じたものでないことはいうまでもない。したがって,不当利得は,法律事実の中では,「事件」に位置づけられる。

(d) 不法行為　　「故意または過失」によって他人の権利を侵害した場合には,損害賠償義務(債権関係)が発生する。「故意または過失」を要件とするから,そこには,不法を働くとする「意思」的要素が存在する。このように,不法行為は,人の「意思」的要素が違法に作用して債権関係を発生させるものである。法律事実の中では違法行為とされる所以である。

(e) 任意債権関係と法定債権関係の峻別 —— 本書の構成　　以上のように,債権関係を発生させる原因は4種であり,「契約」は当事者の意思表示(合意)によって発生する債権関係であるが,それ以外の「事務管理」,「不当利得」及び「不法行為」は,法律の規程によって発生する債権関係である。この意味から,前者を「任意債権関係」といい,後者を「法定債権関係」と呼んでいる。

　本書(民法講義)も,この債権発生原因による峻別理論に従って,前者(任意債権関係)を【V】「契約法」とし,後者(法定債権関係)を【VI】「事務管理・不当利得・不法行為」として扱う。

> **【任意債権関係と法定債権関係】**　　「法定債権」の制度的機能について,北川善太郎教授は,次のように指摘する。すなわち,契約など「意思」表示を要素として法律効果を生じさせるものは「法律行為」概念によって統一され,私的自治の原則の支配の下に統括されることになるが,公序良俗違反の法律行為や,法律行為の無効・取消しなど,いわば私的自治の原則からはずれた外側

に存在する法律問題に対しては，民法は，「法定債権」として，それぞれ異なる視点から法律関係の調整・補完・是正・修正を図っており，そこに民法制度（物権法・債権法・親族相続法）上の体系的意義があるのだとする（北川187頁以下）。

　この考え方は，私的自治論からの説明である。しかし，これは，意思表示が否定された無効・取消しの法効果について言えることであって，事務管理・不当利得・不法行為の法定債権全般を私的自治の「調整・補完・是正・修正」として捉えることができるかは疑問である。事務管理や給付不当利得は調整観念が当てはまるかも知れないが，侵害不当利得や不法行為は，法律効果を発生させる意思表示ないし私的自治とは無縁の違法行為であり，これらを，あえて私的自治原則に結合させる理論的必然性はないと言わなければならない。単純に，合意によって発生する「任意債権関係」と，法律の規程によって発生する「法定債権関係」以外の説明はいらないように思う。

第1編　契約法（契約による債権関係）

第1章　契約法総論

第1節　「契約」の意義

1　「契約」とは何か

(1)　「合意」の「拘束力」── 契約遵守の原則

「契約」（Vertrag, contrat, contract）とは，人と人との「約束」（＝合意）で
あって，この合意により，当事者間に「義務」関係 ── 債権・債務の関係 ──
が発生する。そして，契約が成立すれば，各当事者は，契約内容の履行規範
に拘束される。「合意」による当為（Sollen）的な規範的拘束関係の発生であ
る（【Ⅳ】2頁以下参照）。この合意による規範拘束を，〈契約の拘束力〉と呼んでいる。
もとより，〈拘束〉するとは，国家ないし社会がその〈拘束〉を法的に保障す
ることである。では，どうして，私人間の約束（＝合意）に対して，国家的な
保護（＝拘束力）が与えられるのであろうか。

人間は，集団社会の中の生き物であり，その社会を離れて存在することは
できない。それゆえ，社会の成立・維持のためには，種々のきまり・規則・
掟 などが必要とされる。そして，人と人との関係にあっては，「約束事」（合
意）は，最も尊重されなければならない事柄とされた。そうでなければ，人
が作り上げた社会自体が壊滅するからである。このようにして，人と人との
「約束すなわち契約は守られなければならない」（pacta sunt servanda）とする

規範が，社会において必然的に形成されてきた。これを「契約遵守の原則」といい，およそ，社会の構成形態のいかんを問わず，社会発生史以来あまねく認められる集団規範である。契約の〈拘束力〉は，いわば，社会自体が作り上げたルールであり，社会成立の基礎をなすものである。

　ただ，近代社会以前にあっては，契約の〈拘束力〉は，封建領主からの封土（ほう）（Lehn）の付与によって展開される身分的羈束（きそく）関係と密接に結びついていたことに注意すべきである。すなわち，契約の締結においても羈束が働き，また，契約の不履行に際しては，刑事的罰則と未分化の効果が付着していた。しかし，近代社会は，このような羈束関係の存続を認めない。近代社会は，人間を，封土に基盤を置く身分的羈束から開放し，法律的に自由・平等であることを宣言した。この理念を前提として，契約の〈拘束力〉を，次に見るように再度構成したのである。

(2)　近代的契約観念

(a)　**私的自治の原則との結合**　近代国家は，身分的羈束を否定し，人間が自由・平等であることを基本的に承認した。人々の生活関係を規律する民法典もまた，この理念の下に大きく展開したのである。そこで，契約は守られなければならないとする「契約遵守の原則」は，〈権利の取得や義務の負担は，自己の自由な意思に基づいてのみ行われるべきもの〉とする，近代社会の基本理論である「私的自治の原則」によって裏打ちされ，根拠づけられた。この理論によって，自由意思で契約（合意）した以上は，人はそれに拘束されるべきであるから，それゆえに契約が〈拘束力〉を持つのだ，と説明されたのである。

　このことは，さらに，自然法理論を基礎として発展した「近代法」の確立過程の中で，〈人と人との約束は絶対〉であるとの思想に結合していった（契約至上主義）。それゆえ，いかなる契約でも（例，不合理な合意でも），次の契約自由の原則の下に，拘束力を有することになるのである。ここにおいて，新たに，契約の拘束力の切断の方途が叫ばれることになる（後掲**2**参照）。

(b) 契約自由の原則　　身分的覊束から開放された結果，人間は，法思想的には，自由・平等の存在となった。すなわち，法律的処遇として，人間は，自由・平等であるというのである。これに私的自治の理論が結合し，〈人間は，平等な立場で，自由な意思から，自由に契約を締結することができる〉との考え方（個人の意思の自治）が形成された。この理論を「契約自由の原則」といい，それを理論的基盤として，近代的契約法が築かれたのである。契約自由の原則は，所有権絶対の原則，過失責任の原則と共に，近代民法典三大原則（基本理念）を形成している（【I】14頁以下参照）。

ところで，契約自由の原則の「自由」の意味であるが，一般には，① 締結の自由，② 内容決定の自由，③ 相手方選択の自由，④ 方式の自由，であるとされる（我妻・17頁以下参照）。ただ，歴史的に見て本質的な —— 封建性を否定した ——「自由」とは，①と②の自由であり，③と④は，いわば契約制度上の技術的な意味での自由である。

ｉ　締結の自由　　封建時代にあっては，身分的関係から，契約締結（特に，その承諾）を強制された。しかし，近代法はそれを認めず，「何人も，契約をするかどうかを自由に決定することができる」（521条1項）のが原則である。もとより，「法令に特別の定めがある場合」が除外されるのは当然である（同条項）。現代における，電気・水道などの供給契約，医療契約，借地借家法上の買取請求権などは，これらの除外例に当たる。

ｉｉ　内容決定の自由　　人は，自由な意思で，「契約の内容を自由に決定することができる」（521条2項）。いかなる内容の契約をすることも自由だというのである。

ただし，この原則についても，「法令の制限内において」という制約が加わる（同条項）。第1は，契約内容が社会秩序に反する場合である。この場合には，契約は法的保護を与えられず，法的拘束力をもたない（詳細は，次掲[2](I)（10頁）参照）。

第2は，電気・水道・保険などの約款契約である。これら，公法的・公共的統制を受ける契約類型では，内容決定の自由が大幅に制限され，変更する自由をもたない。

ｉｉｉ　相手方選択の自由　　特定の内容の契約を，誰と締結しようが自由

であるということ。しかし，現代においても，カルテルなど経済的系列の強い業界では，おのずと相手方の選択の余地がない場合がある。建設業界の談合入札などではなおさらである。

iv　方式の自由　近代以前では，証拠として残す意味から，または公示するために，契約に一定の形式が必要とされたことがあった。しかし，近代民法は，「意思」を基礎として構成されたことから，原則として，契約の締結に特定の形式を必要としない。もとより，特定の契約類型においては，その特殊性から特定の形式が必要とされることはいうまでもない。

(c) 適合性の原則　　**i　「適合性の原則」とは何か**　「適合性の原則」とは，契約締結に際しては，契約当事者についても，契約内容においても，＜自由・対等（平等）＞を基本原理とする契約理念に照らして「不適合」な契約締結行為を行ってはならないとするものであるが，これは2つの側面を持っている。

　第1は，行為規範としての側面であり，取引に際しては，相手方の知識，経験，財産の状況及び当該取引契約を締結する目的に照らして，不適当と認められる勧誘等を行ってはならない，とする側面である（例，金融商品取引法40条参照）。

　第2は，契約規範としての側面であり，契約の対象とする目的物は，契約を締結した目的に適合したものでなければならない，とする側面である（例，562条など）。これは，債務不履行に直結する概念である。

　ここで取り上げるのは，第1の行為規範としての側面であり，これが，これまで「適合性の原則」と言われてきたものである。これを直裁に表明する金融商品取引法40条（旧証券取引法43条）は，「金融商品取引行為について，顧客の知識，経験，財産の状況及び金融商品取引契約を締結する目的に照らして不適当と認められる勧誘を行って」はならないと規定する（同条1号）。

　この原則を最高裁として初めて承認したのは，最判平17・7・14（民集59巻6号1323頁）である。判決は，「これら〔＝適合性原則に関する金融商品取引法の規定や大蔵省証券局長通達など〕は，直接には，公法上の業務規制，行政指導又は自主規制機関の定める自主規制という位置付けのものではあるが，証券会社の担当者が，顧客の意向と実情に反して，明らかに過大な危険を伴う取引

を積極的に勧誘するなど，適合性の原則から著しく逸脱した証券取引の勧誘をしてこれを行わせたときは，当該行為は不法行為法上も違法となると解するのが相当である。」とした（詳細は，近江「判批」判評570号18頁以下（判時1931号188頁以下）参照）。

　問題は，なぜこのような「適合性の原則」が行為規範がとして承認されなければならなかったのか，である。

　ii　自己責任原則と説明義務　　(α)　**前提としての市場取引**　　市場取引は，対等な立場にある者（自由人）が，自分の損得勘定で自由に取引を行い，その結果損失が生じたとしても，すべて自分の責任である。これを「自己責任の原則」といい，市場経済原理から当然に要請される基本原理である。この原則の前提は，自由な市場とともに，取引当事者は「対等な立場」でなければならないということである。

　しかし，市場経済を野放しにすると，経済力の原理（経済力に優位の者が弱者を支配する原理）が働き，又は詐欺まがいの行為により，「市場経済の敗者」が大量に発生することは必定である。これが市場主義経済のいわゆる"矛盾"であって，20世紀の初頭には早くも修正を迫られたのである。民法典制定後に見られる多くの弱者保護立法は，その矛盾を解消するための社会法原理に基づく法政策であった。

　現代の取引（特に，金融商品，消費信用取引，不動産取引など）においては，契約内容が複雑化して，それを規制する法律も難解で，ズブの素人が容易に理解できないものが多い。そのため，専門的知識を有する業者との取引では，不利益・損失を被ることになる。

　　(β)　**「説明義務」の意味**　　「説明義務」は，市場取引における参加者（素人）に対して，当該契約に係る内容につき，ハイリターンもあればハイリスクもあることや，不履行の場合には損失も被ることなどにつき，十分な説明を与えることを義務づけようとするものである。注意すべきは，この方法は，弱者保護というのではなく，情報に格差がある素人に対して十分な情報を与えて，専門的知識が豊富な業者と「対等な立場」に立たせ，市場経済における「自由な取引」（対等な取引）を作出しようとするものである。

　その結果，"十分な情報を与えられた"素人はもはや素人ではなく，専門的

業者と「対等な立場」で取引をするのであるから，そこで損失が生じたとしても，自分で責任を負わなければならないことになる。市場経済における「対等な取引」を維持した，「自己責任の原則」の貫徹である。いわば，"現代型"市場原理ともいうべきものである。

　　iii　近代的契約原理としての「適合性の原則」　　以上のことから，「適合性の原則」は，単に金商法上の勧誘者の行為規範にとどまるものでなく，民法の根底にある私的自治原則，契約自由原則，自己責任原則に密接に結びつき，資本制社会の「市場取引」を支える重要な原理であるといわなければならない。したがって，私は，「適合性の原則」を，近代民法における契約原理の一つとして捉える（この問題は【旧Ⅴ】〔第3版〕314頁以下で詳述した）。

2　契約の「拘束力」の限界

(1)　私的自治理念の限界

　契約は〈拘束力〉を有する。これが私的自治の原則の現れであることは上記したとおりである。しかし，この〈拘束力〉の結果，契約内容の履行をそのまま認めたのでは，社会的公平性の観点から見て著しく妥当性・合理性を欠く場合がある。このような場合には，国家には，それを否定することが要請されよう。しかして，① 民法は，契約自由の原則から派生する契約の拘束力の不当性を是正したが（90条・91条），さらに，② 判例・学説は，契約締結の状況の著しい変化に伴う履行の不均衡に対して，拘束力を否定する場合のあることを認めている（事情変更の原則）。また，③ 契約当事者が「消費者」対「事業者」である場合には，消費者は，著しい不利益を受けるおそれがあることから，法律による特別の保護を必要としている。このように，私的自治の原則は，現代においては，理念的な限界もあるのである。

(2)　契約自由の原則の補正

　すでに述べたように，いかなる内容の契約を締結しようが，それは人の自

由であって（契約自由の原則），しかも，契約は当事者を拘束する（契約の拘束力）。この契約の拘束力とは，結果的に国家がその履行を保障することを意味するが，しかし，国家的見地からして，その履行内容が著しく社会的妥当性・合理性を欠く場合には，それを認めないとすることが国家に要請されなければならない。いわば，かかる契約の履行を保障しないという意味での，拘束力の切断・否定である。すなわち，契約当事者がいかなる内容のものを締結しようと自由であるが，しかし，その不履行を裁判所に訴え出ても，国家はそれを保護しないものとすることである（裁判官による契約内容の改訂）。民法上の無効制度（絶対的無効）がそれであって，契約自由の原則の歪みを補正している。2つの場合がある。

(a) **公序良俗違反**　公序良俗に反する内容の契約は，私法的には無効である（90条）。公序良俗違反とは，社会秩序違反と考えてよい。したがって，社会秩序違反に該当するか否かは，当該社会の一般観念に依拠するものである（[I]172頁以下参照）。

(b) **強行法規違反**　強行法規に反する内容の契約は，同様に無効とされる（91条）。強行法規は，国家の政策的観点から決定されるものであるから —— 例えば，利息制限法，借地借家法，農地法，労働基準法などの特別法に多い —— ，国家政策違反と考えてよい。したがって，これも，その時の国家政策に依拠するのである（[I]175頁以下参照）。

(3) 「行為基礎の喪失」と「事情変更」の原則

(a) **「法律行為の基礎（行為基礎）」とは**　一般に，「契約」（法律行為）は，一定の「契約的事情」（＝前提）の下で当該契約を締結しようとする意思をもって締結するものである。この「契約的事情」というのは，"その事情が存在しなければ当該契約を締結しなかったはずだ"と観念される契約締結の事情であるから，契約締結を決定づける重要な要素である。つまり，契約締結の「動機」ないし「前提」事情である（ただし，観念的・抽象的な契約締結の事情であるから，契約締結の「条件」ではない）。このような「契約締結の事情」を，「行為基礎（法律行為の基礎）」（Geschäftsgrundlage）という。

　2017 年改正法は，これを「法律行為の基礎とした事情」$\binom{95条1}{項2号}$という概念で表現している（いうまでもなく，法律行為の「動機」と共通の概念であるが，本書では，これを契約法理論の側面から考えるものである$\binom{\text{「動機」との関係については，}}{\text{近江「民法理論のいま（3）『錯}}$誤』理論の新たな展開（改正法によって錯誤理論はどのように $)$変わったか①）」判例時報2436号114頁以下，【Ⅰ】211頁以下参照））。

　そこで，契約締結後に当事者の予見できない事態が発生し，契約の前提となった事情が失われた場合において，「契約は守られなければならない」（pacta sunt servanda）とする原則を貫くと，当事者の一方に著しい不当性・不公平性をもたらすことがある。

　このような場合には，契約の拘束力を切断し，契約内容を改訂させるか，または契約の解除が認められる必要がある。この効果を導くための法理を，「事情変更の原則」（「共通の錯誤」に類する）という。

【「契約遵守の原則」との確執】　「事情変更の原則」とは，上記のように，既に締結された契約の効力を否定しようとするものであるから，当然ながら，「契約遵守の原則」との関係が争われることになる（裁判で問題となる場合でも，すべてこの関係の争いである）。

　ローマ・カノン法（教会法）では，すべての契約には，契約の基礎（前提）となった事情が変わらない限り効力を有するとする約款（事物不変更約款 clausula rebus sic stantibus）が含まれている，とされてきた。この原則は，その後，その反対解釈から，事情が変更すればその契約は効力をもたない，と解された。幾多の戦争経済変動に直面した近代ヨーロッパは，この clausula rebus sic stantibus 理論を根拠に，契約遵守の原則との確執のなかで，事情の変更による契約の拘束力の切断理論を発展させた。

　すなわち，ドイツでの「行為基礎論」と判例法理の展開，英米法上の「フラストレーション法理」（doctrine of frustration），フランス法の「不予見理論」（la theorie de l'imprevision）がそれである$\binom{\text{詳細は，五十嵐清『契約と事情変更』7頁以下，木}}{\text{下毅『英米契約法の理論』261頁以下，久保宏之}}$『経済変動と契約理 $)$論』7頁以下参照 。

(b) 「行為基礎論」と事情変更の原則　　「行為基礎論」（Geschäftsgrundlage）とは，ドイツにおいて，特に「事情変更の原則」と密接に関連する理論（事情変更の原則を根拠づける基礎理論）として激しく論じられてきた法理論である（「錯誤」理論とも関係するが，主として想定されていたのは，大戦による経済変動に直面した「事情変更の原則」の場面である）。この関係を簡単に鳥瞰しよう（近江「民法理論のいま (4)『錯誤』理論の新たな展開（改正法によって）錯誤理論はどのように変わったか②)」判例時報2448号123頁以下参照）。

　i　ヴィントシャイトの「前提論」　　ドイツにおいて「行為基礎論」を導いた先駆的理論は，ヴィントシャイトの「前提論」である。ヴィントシャイトは，サヴィニーの意思主義的意思表示理論を承継して，まず，契約の「動機」（意思表示の内容とはならない）と「条件」（意思表示の内容になる）とを区別した上で，その中間にある「意思の自己制限」物として，「前提」（Voraussetzung）概念を導入した。すなわち，「前提」は，一定の事態につき明示又は黙示に表示されたことであり，したがって，意思表示の内容となり得るのだとする。そして，「前提」が欠如する場合には，意欲された法律効果は成立するが，「真意」に一致しないゆえに，「取消し」となるとする。

　ii　エルトマンの「行為基礎論」　　ヴィントシャイトの前提論を「行為基礎論」に発展させたのは，エルトマンである。エルトマンは，同じく意思主義的意思表示理論に立脚して，「行為基礎」とは，"行為意思が築かれる際に基礎となった一定事情の存在（動機錯誤に関係する事情）又は発生（経済変動などの事情）に関する表象（考え Vorstellung）であり，それは，行為の締結の際に現れて相手方によって重要性が認識され，したがって，相手方は異議を述べられないところの一方当事者の表象又は複数当事者の共通の表象である"，とする（五十嵐・前掲書88頁）。エルトマンの主眼は，当時のドイツの第一次大戦後の社会的経済変動に対する対処，すなわち「事情変更の原則」理論の確立であった。

　iii　ラーレンツの「行為基礎論」　　第二次大戦後，ラーレンツは，ヴィントシャイトの前提論やエルトマンの行為基礎論を検討するとともに，第二次世界大戦前後における経済変動と判例の対応を緻密に検証し，「行為基礎」には，「主観的行為基礎」と「客観的行為基礎」の二重の意味があることを分

析した（K. ラーレンツ／勝本正晃校閲神田博司＝吉田豊訳『行為基礎と契約の履行』(1969・中央大学出版部) 29頁以下による）。

　　(α)　**主観的行為基礎**　　第1は，当事者の一方又は双方の意思決定における「主観的な基礎」であり，契約締結の際に表明され，かつ動機の形成過程において役割を果たし，それに導かれて両当事者が契約を締結するに至るものである。ここで重要なことは，<u>どの当事者もこの前提観念ないし期待を自らの考量に採り入れていた</u>ということ，及び，その当事者が，<u>自己の観念ないし期待の誤りに気づいていたならば，その契約を（ないしこの内容のままで）締結することはなかったであろう</u>ということである。

　　(β)　**客観的行為基礎**　　第2は，<u>当事者の主観的な表象に関わりなく，契約の「客観的」基礎として存在し，契約上当然にその前提となっている諸事情</u>（契約当事者がそのことを知っていようといまいと）である。したがって，契約目的および契約諸当事者の全体的意図がなお実現されるかどうかという問題，すなわち主観的不能，後発的客観的不能，目的到達理論に関連するものである。そして，客観的行為基礎は，次の場合には消滅する，とする。

　　①　「重大なる等価関係の破壊」　　その諸事情に予見することができない変動が生じた結果，両当事者の履行義務が「著しい不均衡」に陥った場合である。

　　②　「目的の挫折」　　契約内容中に何らかの方法で表現され，両当事者によって認識された本質的な契約目的が（給付自体は不可能ではなくとも），継続的な達成が不可能となった場合である。

　　iv　行為基礎論の総括　　ラーレンツの行為基礎論によって，ほぼ議論は，出尽くしたように思われる。その後，ラーベル，ブローマイヤー，エッサー，フルーメ，ヴィアッカーなどの錚々たる学者が行為基礎論を論じているが，同じ事象に対する見方を変えた議論のくり返しで不毛な論争の感が否めない（いかなる事柄を念頭に置くかによる説明の問題）。少なくとも，日本法では，行為基礎を，「事情変更」の側面と「錯誤」の側面とから考察して位置づければ足りるであろう。

　　ただし，ドイツの行為基礎論について，特殊ドイツ的な2つの点に注意しなければならない。第1は，ドイツで「行為基礎」といっても，その中心は

「事情変更の原則」に関する論争であって，「錯誤」（意思表示理論）については
それほど比重が置かれていないことである。

　第2は，わが国ではほとんど関心がない，「裁判官の積極的干渉」を許容す
るかどうかの「法律効果」に関する議論も，大きな位置を占めていることで
ある（川島・前掲論文225頁注48が「裁判官をしていわば法適用の機械とする思想……が衰え，裁判官に広範な権限を認めようとする思想が強くなってきたのは，20世紀の著しい傾向であり，本問題も亦この傾向の一環を為すものと見られ得る。」というのは，事情変更の原則に対するドイツ学説の態度を示すものである）。この点は，わが国では理論の移
入に際してわずかに紹介されてきた程度であるが，それ以上にわが国での関
心事は，どのような場合に（どのような要件の下に）事情変更が認められるか
という「要件」に関する問題だったからである。

　また，わが国では，行為基礎論はまったく発展してこなかったといえるが，
それは，「主観的行為基礎」は「錯誤」の問題として，「客観的行為基礎」は
「事情変更の原則」の問題として，それぞれ解消され，「行為基礎」を独自に
議論する意味はないと観念されてきたからである（五十嵐・前掲書138頁・140頁など）。

　しかし，「行為基礎」とは，既に一般化している契約の前提としての当事者
の契約的事情に対する表象であるとともに，今回の改正では，「法律行為の基
礎とした事情」（95条1項2号）と「相手方が表意者と同一の錯誤に陥っていた」（同条3項2号）などの概念が導入された。この関係で，事情変更の原則も議論される必
要があろう。

　【ドイツ債務法現代化法の対応】　　2001年成立のドイツ債務法現代化法
は，「行為基礎」の理論を承継し，明文でこれを規定した。ドイツ民法313条
"Störung der Geschäftsgundlage"（行為基礎の障害）である（立法の経緯については，五十嵐清「ドイツ行為基礎論小史 ―― ドイツ民法新313条の成立まで(1)(2)」札民法15巻2号，16巻1号参照）。
　(1)　事情の変更による契約の適合請求（BGB§313(1)）　　「契約の基礎と
なった事情が契約締結後著しく変更し，かつ，両当事者が，この変更を予見し
たとすれば契約を締結せず又は他の内容の契約を締結したであろう場合には，
個々の事例のすべての事情，とりわけ契約又は法律の規定による危険の負担
を顧慮し，変更されない契約への拘束を一方当事者に期待することができな
い限り，契約の適合（Anpassung）を請求することができる」。
　「事情変更の原則」を念頭に置いたいわゆる「客観的行為基礎」の障害の場

合である。「適合」（passen, Passung）とは，ドイツ保険法や債務法現代化法で見られる新しい契約概念である。成立した契約が著しく公平を欠く場合に，信義則等により，その契約内容を「あるべき姿」に「適合」（改訂）させることを意味する（わが国での概念承継の経緯は，近江・前掲「錯誤理論の新たな展開②」判時2448号123頁以下）。

(2) 主観的行為基礎の障害（BGB§313(2)）　「契約の基礎となった本質的な考え（観念・表象）（wesentliche Vorstellungen）が誤りであることが明らかになったときは，事情の変更と同様とする」。

　主観的行為基礎を念頭に置いた規定であり，当事者が，そのように考えなければ契約を締結しなかったか，または異なった内容で締結したであろう場合である。上記(1)「事情の変更」と同様に扱う趣旨である。共通の動機錯誤もこの範疇である。

(3) 解除権の発生（BGB§313(3)）　「契約の適合が不可能か又は一方当事者にそれを期待することができないときは，不利益を受ける当事者は，契約を解除することができる。継続的債権関係の場合には，解除権に代えて，告知権が生じる」。

　従来の議論の一つであった裁判官による契約内容の改訂だけでなく，行為基礎喪失の効果として，解除権の発生を明言するものである。

---

(4) わが国における事情変更原則の展開

(a) 判例法理の展開　　**i　大判昭 19・12・6**　わが国では，判例は当初この理論の適用を否定していたが，大正末期に，勝本正晃博士が，当時のドイツ法理論の影響の下で「事情変更の原則」を高唱し（『民法に於ける事情変更の原則』〔大15〕。勝本理論に対する評価は，五十嵐・前掲書147頁以下），学説の発展を導いた（中山充「事情変更の原則」『現代契約法大系・第1巻』70頁以下，久保・前掲書220頁以下参照）。

　これを承けて，大審院（大判昭19・12・6民集23巻613頁）は，戦時時局立法による事情の変更を理由とする契約解除を認めた。

　前提となった「事情の変更」。YがXに土地を売却する契約を締結し，XがYに手付を交付したところ，その直後に宅地建物等価格統制令が施行されて本件契約にも適用されることになったため，Yが，本件の譲渡価格につき知事の許可を申請したが，本件契約の履行期日までには認可は下りなかっ

た（さらに，本件土地付近の事業計画について地元からの議論が起こり，行政官庁も認可申請を差し戻したため，本件売買は今後相当長期間にわたって認可を受けられない状況にあった）。そこで，Xは，履行期日に認可価格による代金を支払う準備があることを告げて，Yに登記移転を請求したが，Yはこれを拒絶したため，手付倍返しを訴求した。

判決（破棄差戻し）は，「斯くの如く，契約締結後其の履行期迄の間に於て，統制法令の施行等に因り，契約所定の代金額を以てしては所定の履行期に契約の履行を為すこと能はず，其の後相当長期に亘り之が履行を延期せざるを得ざるに至りたるのみならず，契約は結局失効するに至るやも知れざるが如き事態を生じたる場合に於て，当事者尚此の長期に亘る不安定なる契約の拘束より免るることを得ずと解するが如きは，信義の原則に反するものと謂ふべく，従て，斯かる場合に於ては，当事者は其一方的意思表示に依り，契約を解除し得るものと解するを相当とす」。

だが，第二次大戦後における激しいインフレに際しては，事情変更の原則が期待されたにもかかわらず，最高裁はこれを認めなかった。

ⅱ　最判平 15・10・21 ほか　　しかし，1990 年以降のバブル崩壊に伴う経済変動の下で，「サブリース契約」の拘束力をめぐり，最高裁は原則的に事情変更の原則を認めるに至った（最三小判平15・10・21（平12（受）573・574号）民集57巻9号1213頁，最三小判平15・10・23（平12（受）123号）判時1844号50頁，最二小判平16・11・8判時1883号52頁。詳細は228頁【社会問題化した「サブリース契約」論争】参照）。

前提となった「事情の変更」。当時「サブリース契約」とは，不動産会社（サブリース会社）が，賃貸ビルの所有者から，ビルの全部または一部を一括的に借り上げ，それを各テナント（転借人）へ転貸借して転貸料を収取する反面，ビル所有者に対しては，空室（賃料）保証をした特殊な転貸借条件付賃貸借契約を称した。しかも，20～30 年の長期契約で中途解約禁止条項が付され，また，著しい経済事情の変動により 2～3 年ごとに賃料を 8～10％値上げをする賃料自動増額条項（片面的条項）が存在した（現在のサブリース契約にはこのような条項は存在しない）。ところが，バブル経済が崩壊し，不動産価格の暴落により，サブリース会社は長期契約に拘束されているから，当初の高額な空室保証と賃料減額請求不可の憂き目に遭わなければならなくなった。そこで，このような契約に拘束される

のか，それとも，借地借家法 32 条 1 項（事情変更原則の具現化した規定）による借賃増減額請求ができるのかが，大論争となった。

最高裁は，借地借家法 32 条 1 項は強行規定であって，本件賃料自動増額条項によってもその適用を排除することはできないとした上で，「賃料額及び賃料自動増額特約等」の事情は，「借地借家法 32 条 1 項の規定に基づく賃料減額請求の当否及び相当賃料額を判断」する場合の重要な事情として十分に考慮されるべきだとした。

このように，最高裁は，事情変更原則の適用による「契約内容の改訂」（賃料減額請求）を認めたのである（詳細は，近江「サブリース契約の現状と問題点」早稲田法学76巻2号57頁以下，近江「『サブリース問題』再論」早稲田法学80巻3号21頁以下参照）。

(b) **事情変更原則の適用要件**　「事情変更の原則」は，法理論としては古くから紹介されてきたこと（「事情変更原則」という名称は勝本博士の研究に由来するという。五十嵐・前掲書147頁），前述の通りであるが，これが適用されるためには，以下の要件が必要とされる。

　　i　**著しい事情の変更**　契約締結後に，当該契約の前提ないし基礎となった「事情」に著しい「変更」（変動）が生じたこと。客観的な事情の変更であることはいうまでもない（最判昭29・1・28民集8巻1号234頁）。

　　ii　**予見不可能性**　当事者双方とも，事情の変化を予見できなかったこと（前掲最判昭29・1・28）。ただ，インフレの進行期には，予見可能性が認められる場合があろう。

　　iii　**帰責事由の不存在**　事情の変更が，当事者双方の責めに帰することができない事由によるものであること。したがって，履行遅滞にある売主からの解除はできない（最判昭26・2・26民集5巻3号36頁。413条の2第1項（の趣旨）参照）。

　　iv　**不衡平性**　契約内容どおりの履行を認めると，一方当事者には著しい不利益をもたらすが，その分，他方当事者が有利になるという，契約の衡平性に反し，信義則に悖る結果となること（最判昭29・2・12民集8巻2号448頁など）。

【わが国における「著しい経済変動」の状況】　事情変更の原則が適用されるべき「事情の変更」とは，インフレやデフレなどの単なる経済的な変動ではなく，当事者が予見できなかった「著しい社会的・経済的変動」でなければなら

ない。そのような社会経済変動は，それほど頻繁に生じるものではない。わが国の経済史において，少なくとも，民法典制定後は，次のような事象がそれに該当しよう。

i　日清・日露戦争の勝利（産業資本の確立）による「生産過程の飛躍的増大」（1895〜1905）

ii　金融恐慌・農業恐慌を伴った「昭和恐慌」（1927〜1930），

iii　戦後処理と朝鮮戦争が重なった「高度経済成長」の展開（1950〜1954），

iv　2度のオイルショックによる「低成長経済」への突入（1973・79），

v　バブル崩壊に伴う長期的な「デフレ・スパイラル」（1990〜2000），

vi　リーマンショックを起因とする「信用制度の崩壊」（2008〜），

vii　COVID-19による生産過程・消費過程の世界的な停滞と社会構造自体の変質（2020〜），などである。

この中で，事情変更の原則の適用を肯定した前掲2つの判例は，iii「戦時経済時局」事情下とv「バブル崩壊」事情下である。それ以外の多くの判例は，事情変更の原則の適用を，原則的に否定してきた（契約遵守の原則による社会的安定性の維持が目された）。ただ，上記の各事情の下では，経済的弱者を保護し，経済活動の停滞を打開するため，様々な立法的手当もされてきたことも事実である。それゆえ，事情変更の原則は，ある意味では，契約的正義の実現なのであるから，より柔軟に適用されてもよいであろう。

(c) 事情変更原則の効果　事情変更の原則の効果は，第一次的には，契約内容の改訂であり，第二次的に，契約の解除が認められるとされる（通説。ただし，石田28頁は，上記の事情変更原則の要件は，契約解除を念頭に置いたものとする）。

i　契約内容の改訂　売買代金の増額ないし減額請求などである。契約の解除は，契約内容の改訂の可能性がない場合に認められるものと解する。なお，当事者の主張がない場合に，裁判所が契約内容の改訂ができるかどうかは問題であるが，わが国では，弁論主義を基調とするから，これを否定すべきであろう。

ii　契約の解除　契約内容の改訂が不可能な場合には，契約の解除が認められる（前掲最判昭19・12・6）。ドイツ債務法現代化法は，前述の通り，このことを明言したが，その規範「契約の適合〔改訂〕が不可能か又は一方当事者にそ

れを期待することができないときは，不利益を受ける当事者は，契約を解除することができる」($\substack{\text{ド民313} \\ \text{条3項}}$)が参照されるべきである。

⑸　「消費者の権利」の契約理念

⒜「消費者の権利」とは何か　1962 年にケネディ政権は，世界に先駆けて「消費者の権利」を掲げ，その内容を，①「安全を求める権利」，②「知らされる権利」，③「選ぶ権利」，④「意見を聞いてもらう権利」，だとした。「消費」という立場にある人間の基本的人権章典である。

　わが国では，「消費者保護基本法」($\substack{\text{1968} \\ \text{43) 年}}^{\text{(昭}}$)の制定に際しても，経済界からの抵抗のため，このような視点が取り込まれることはなかった。しかし，その改正法である「消費者基本法」($\substack{\text{2004} \\ \text{16) 年}}^{\text{(平}}$)に至って，やっとその基本的理念が認識された。すなわち，「消費者の利益の擁護及び増進に関する消費者政策」は，国民の健全な生活環境を前提として，「消費者の安全の確保」，「商品及び役務に関する消費者の自主的・合理的な選択の機会の確保」，「消費者に対する必要な情報及び教育の機会の提供」，「消費者意見の消費者政策への反映」及び「消費者被害に対する適切かつ迅速な救済」が「消費者の権利」であることを尊重して行われなければならず($\substack{\text{法2条} \\ \text{1項}}$)，その政策の推進が国及び地方公共団体等の責務だとしたのである($\substack{\text{法3条以下。詳細は，後掲} \\ \text{第4章1節}\boxed{1}\text{（317頁以下）}}$)。

　この理念の下に，様々な消費者保護に関する法律が制定されているが，特に民法理論に関係するのは，<u>契約自由の原則と契約の拘束力に対する制限，意思表示理論の修正</u>を加える以下の契約規範である。

⒝「消費者契約法」における契約規範　消費者と事業者との間には契約の情報量に著しい格差があるだけでなく，事業者の契約締結に誘導する行為態様によっては，民法上の詐欺又は強迫に当たらなくても，信義則上，当該契約を取消し又は無効として扱うことを妥当とする場合がある($\substack{\text{詳細は，} \\ \text{後掲第4} \\ \text{章1節}\boxed{2} \\ \text{(320頁以下)}}$)。

　ⅰ　誤認・困惑による申込み又は承諾の「取消し」　第1は，事業者の情報操作により消費者が「誤認」をし，又は事業者の強迫まがいの態度によっ

て消費者が「困惑」して契約を締結した場合である。この場合には，消費者はその申込み又は承諾の意思表示を「取り消す」ことができる（法4条1項〜3項）。

ii　契約条項の「無効」　第2は，事業者の損害賠償責任を免除する条項，消費者に解除権を放棄させる条項，消費者が支払うべき損害賠償額につき一定額を超える部分，又は消費者の利益を害する条項であり，これらについては「無効」とする（法8条〜10条）。

(c) 「割賦販売法・特定商取引法」における契約規範　具体的な契約類型に対する規制は，割賦販売法及び特定商取引法が規制している（詳細は，第4章第2節・第3節（328頁以下））。

i　クーリング・オフ（申込みの撤回等）　申込者は，契約締結の書面を受け取った日から8日以内であれば，申込みの撤回又はその契約の解除が認められる（割賦35条の3の10，特定商取引9条）。この期間をクーリング・オフ（頭を冷やして冷静に考えさせる期間）と呼んでいる。

ii　誤認による申込み又は承諾の「取消し」　申込者は，訪問販売業者等が，不実の事実を告げ，又は事実の不告知により誤認をして申込みをした場合には，その意思表示を取り消すことができる（割賦35条の3の13，特定商取引9条の3）。

iii　損害賠償額の制限　解除に伴う事業者からの損害賠償額は，一定限度に制限される（割賦35条の3の18，特定商取引10条）。

(d) 改正民法「定型約款」の消費者保護政策　2017年改正で，548条の2以下に「定型約款」規定が新設された。これは，「約款による定型取引」に対する約款規制であるが，多くの場合，消費者が約款の相手方となろう（548条の2〜4。詳細は，後掲第1章第7節（109頁以下））。

i　「定型取引」における「定型約款」の合意　「定型取引」（不特定多数の者を相手方とした，内容の全部又は一部が画一的であることが当事者双方にとって合理的な取引）を目的として，事業者等が準備した「定型約款」につき，「合意」をした者は，定型約款の個別の条項についても，合意したものとみなされる（同条項）。

ii　不当条項規制　ただし，「相手方の権利を制限し，又は相手方の義務を加重する条項で，その定型取引の態様及びその実情並びに取引上の社会

通念に照らして1条2項の基本原則〔信義誠実の原則〕に反して相手方の利益を一方的に害するものについては，合意をしなかったものとみなす」($\binom{548\text{条}}{\text{の2第2項}}$)。消費者契約法10条と同趣旨であり，これを「不当条項規制」という。

　　iii　約款内容の表示　　定型約款準備者は，定型取引合意の前又は後において，相当の期間内に相手方から請求があった場合には，原則として，遅滞なく，相当な方法で約款の内容を示さなければならない($\binom{548\text{条の3}}{\text{第1項本文}}$)。

　　iv　約款の変更　　定型約款準備者は，約款の変更について，① その変更が相手方の一般の利益に適合するとき，又は，② その変更が，契約目的に反せず，かつ，変更の必要性，変更後の内容の相当性，この条の規定により定型約款を変更することがある旨の定めの有無及びその内容その他の変更に係る事情に照らして合理的なものであるときは，変更の合意があったものとみなし，個別に相手方と合意をすることなく契約の内容を変更することができる($\binom{548\text{条の}}{4\text{第1項}}$)。

3 契約の種類（分類）

(1) 典型契約（有名契約）と非典型契約（無名契約）

　民法典は，「契約の典型」として13種の契約類型を規定する。売買，交換，贈与，消費貸借，使用貸借，賃貸借，雇傭，請負，委任，寄託，組合，終身定期金，和解，である。これを，典型契約ないし有名契約($\binom{\text{民法典に契約名称}}{\text{があるという意味}}$)という。

　しかし，契約は自由であるから，当事者は，いかなる形態・内容の契約を締結することもできる。そこで，上記の典型契約からは外れる契約を，非典型契約ないし無名契約という（典型契約の構成分子を含んだ契約もこの範疇に入るが，それを特に混合契約と呼ぶことがある）。

　このように，契約の内容や効果は，基本的には当事者が自由に決定できるが，ただ，一時代の社会においては，そこで生じている契約類型はほぼ一定しているはずである。そうであれば，これを標準化して生活の規準とするこ

とは，社会の安定・発展のためにも必要な法政策となろう。このようにして，民法典成立時を標準として過去の（歴史的な）契約類型が検証され，13種の契約が決定されたのである。

なお，ここで「典型」というのは，民法典の規定に従って当該契約の内容・効果を決定するということではなく，当事者の契約意思が不明確な場合には，典型契約を当該契約の解釈の標準にしようということである。したがって，基本的には，契約内容は，当事者の意思に従うべきものであるし，また，そのためには，社会の慣行が規準となることもあろう。特に，無名契約や混合契約の解釈にあたって，機械的に典型契約の規定を類推することは戒めなければならない。

(2) 双務契約と片務契約

「双務契約」とは，契約の当事者が，互いに債務を負担する契約をいう。この場合，両債務は対価的牽連関係にあることから，同時履行の抗弁権($\frac{533}{条}$)や危険負担($\frac{536}{条}$)など，双務契約に特有の法理に服することになる。

これに対し，当事者の一方のみが債務を負担する契約を「片務契約」という。その債務が対価的意義を有するか否かは，当事者の主観による。

(3) 有償契約と無償契約

契約の両当事者が，互いに出捐（経済的損失）をする契約が「有償契約」であり（その場合の両出捐は対価的関係にある），当事者の一方のみが出捐をする契約が「無償契約」である。有償契約には，「対価」関係から，売買の規定が準用される($\frac{559}{条}$)。

多くの場合，有償契約と双務契約とは一致し，無償契約と片務契約とは一致する。ただ，理論的にいえば，当事者が負担するのは，有償・無償契約では経済的「出捐」であり，双務・片務契約では「債務」だということになる。

なお，利息付消費貸借は，貸主は出捐はするも債務は負担しないから（交付は契約成立の要件($\frac{587}{条}$)），有償契約であるが片務契約である($\frac{我妻・}{上50頁}$)。また，負担付贈与は，無償契約であるが，負担の実質的有償性にかんがみ，その負

担の限度で，売主と同じく担保責任を負う$\left(\substack{551条\\2項}\right)$。

(4) 諾成契約と要物契約

当事者の合意（意思表示）だけで成立する契約を「諾成契約」といい，契約成立要件として，合意の他に，物の引渡しその他の給付を必要とする契約を「要物契約」という。

近代法は，意思理論に則り，原則として契約を諾成契約としたが，いくつかの契約では，その契約の性格から，なお要物性を要求している。消費貸借，使用貸借，寄託などである。

(5) 一回的契約と継続的契約

売買など一回的で終了する契約を「一回的契約」といい，賃貸借・雇用などのように，契約関係が継続するものを「継続的契約」という。解除に際して，前者ではいわば契約自体を遡及的に白紙化するのに対して，後者では，契約を将来に向かって終了させ，また，継続性の背景には信頼関係があるから，信頼関係が破壊された場合でなければ解除が認められない，などの点に差異が現れる。

第2節　契約の成立

1　申込みと承諾による契約の成立

（1）　契約の成立と契約の方式

(a) 申込みと承諾の合致　契約は，Aの「申込み」と

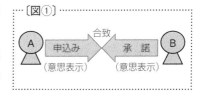

〔図①〕

いう意思表示と，Bの「承諾」という意思表示の〈合致〉によって成立する法律行為である。この申込みと承諾の合致が，契約成立の一般原則である$\left(\begin{smallmatrix}522条\\1項\end{smallmatrix}\right)$。〔図①〕

(b) 諾成契約　契約は，このように，意思表示の合致によって成立するものであり，法令に特別の定めがある場合を除き，書面の作成などの方式を必要としない$\left(\begin{smallmatrix}522条\\2項\end{smallmatrix}\right)$。これを，「諾成契約」という（反対に，目的物の引渡し等の方式を必要とするものを「要物契約」という）。

（2）　「申込み」

(a)「申込み」の意思表示　「申込み」は，契約の内容を示してその締結を申し入れる意思表示である$\left(\begin{smallmatrix}522条\\1項\end{smallmatrix}\right)$。相手方の承諾があれば契約を成立させようとする意思表示であるから，承諾があれは，契約は直ちに成立する$\left(\begin{smallmatrix}同\\項\end{smallmatrix}\right)$。

申込みと区別すべきものに，「申込みの誘因」がある。これは，相手方に申込みをさせようとする意思の通知であり，相手方がそれに応じて申し込み，申込の誘因をした者が更に承諾して初めて契約が成立する。例えば，不動産売却の新聞折込み広告などがそれに当たる。

(b) **承諾期間の定めのある申込み**　承諾の期間を定めてした申込みは，撤回することができない（523条1項本文）。ただし，申込者が撤回をする権利を留保したときは，この限りでない（同項ただし書）。

　承諾期間を定めて申込をした場合に，申込者がその期間内に承諾の通知を受けなかったときは，その申込みは，その効力を失う（同条2項）。ただし，その承諾が遅延して到達した場合には，申込者は，遅延した承諾を「新たな申込み」とみなすことができる（524条）。

(c) **承諾期間の定めのない申込み**　**i　隔地者間での撤回の制限**　隔地者間で承諾期間を定めないでした申込みは，申込者が承諾の通知を受けるのに相当な期間を経過するまでは，撤回することができない（525条1項本文）。ただし，申込者が撤回する権利を留保したときは，この限りでない（同項ただし書）。

　ii　対話者間での申込みの効力　対話者間での申込みが意思表示として効力を有するのは，対話終了時までと解される。したがって，

　（α）**撤　回**　対話者に対して承諾期間を定めないでした申込みは，525条1項の規定にかかわらず，その対話が継続している間は，いつでも撤回することができる（525条2項）。

　（β）**申込みの失効**　その申込みに対して対話が継続している間に申込者が承諾の通知を受けなかったときは，その申込みは，その効力を失う（525条3項本文）。ただし，申込者が対話の終了後もその申込みが効力を失わない旨を表示したときは，この限りでない（同項ただし書）。

(d) **申込者の死亡等**　申込者が，申込みの通知を発した後に死亡し，意思能力を有しない常況にある者となり，又は行為能力の制限を受けた場合においても，申込みの意思表示はそれによって効力を妨げられないとするのが意思表示の一般原則である（97条3項）。しかし，その場合において，「申込者がその事実が生じたとすればその申込みは効力を有しない旨の意思を表示していたとき，又はその相手方が承諾の通知を発するまでにその事実が生じたことを知ったときは」，その申込みは効力を有しない（526条）。

⑶　「承 諾」

⒜「承諾」による契約の成立　「承諾」は，申込とあいまって契約を成立させることを目的とする意思表示である。明示でなくとも，黙示の承諾でもよい。意思表示は到達した時に効力を生ずるから$\binom{97条}{1項}$，したがって，承諾の意思表示が申込者に到達した時が，契約成立時ということになる。

⒝　いつまでに承諾すればよいか　上記したように，「申込み」の効力の存続の問題でもある。

i　承諾期間の定めのある申込みの場合　その期間内である$\binom{523条}{参照}$。なお，承諾期間を経過した遅延した承諾は，申込者においてこれを新たな申込みとみなすことはできること$\binom{524}{条}$，既述したとおりである。

ii　承諾期間の定めのない申込の場合　(α)　**隔地者間の場合**　申込みは「承諾の通知を受けるのに相当な期間」は撤回できないから，「相当な期間内」に承諾すべきである。

(β)　**対話者の場合**　対話終了までの間である。

⒞　申込みに変更を加えた承諾　承諾者が，申込みに条件を付したり，その他の変更を加えて承諾した場合には，当初の申込みを拒絶するとともに，新たな申込みをしたものとみなされる$\binom{528}{条}$。

2　申込みと承諾の擬制による契約成立

⑴　「意思の実現」

申込者の意思表示又は取引上の慣習により，承諾の通知を必要としない場合には，契約は，承諾の意思表示と認めるべき「事実」があった時に成立する$\binom{527}{条}$。この場合を，「意思の実現」による契約の成立という。

「承諾の意思表示と認められる事実」とは，ひっきょう，一般の社会観念ないし取引慣行から判断されるべきものであろう。ちなみに，商人が平常取引

をする者よりその営業の部類に属する契約の申込みを受けたときは，遅滞なく諾否の通知を発しなければ，その申込みを承諾したものとみなされることを参照$\left(\substack{\text{商509} \\ \text{条}}\right)$。

(2) 交叉申込み

当事者の一方が他方に契約の申込みをし，その通知の到達前に他方が同一内容の申込みをすることを，「交叉申込み」という。同一の契約内容を成立させようとする意思の合致が認められるので，この場合に契約が成立すると解してよい（あえて承諾を必要としないこと）$\left(\substack{\text{通} \\ \text{説}}\right)$。契約の成立は，後からの申込みが到達した時である。

(3) 懸賞広告

(a) 懸賞広告とは 「懸賞広告」とは，「ある行為をした者に一定の報酬を与える旨を広告」することであるが，広告をした懸賞広告者は，その行為者がその広告を知っていたかどうかにかかわらず，その者に対してその報酬を与える義務を負う$\left(\substack{\text{529} \\ \text{条}}\right)$。この規定の改正は，懸賞広告の法的性質につき，従来の単独行為説$\left(\substack{\text{我妻・} \\ \text{上74頁}}\right)$と契約説$\left(\substack{\text{石田40} \\ \text{頁など}}\right)$の対立を解消したものである$\left(\substack{\text{ドイツ民法657} \\ \text{条後段に同じ}}\right)$。

(b) 期間の定めのある懸賞広告 懸賞広告者は，「行為をする期間を定めてした広告」したときは，これを撤回することができない。ただし，その広告において撤回をする権利を留保したときは，この限りでない$\left(\substack{\text{529条の} \\ \text{2第1項}}\right)$。

この場合において，その期間内に指定した行為を完了する者がないときは，その広告は，効力を失う$\left(\substack{\text{529条の} \\ \text{2第2項}}\right)$。

(c) 期間の定めのない懸賞広告 「行為の期間を定めないでした広告」において，その期間内に指定した行為を完了する者がない間は，懸賞広告者は，その広告を撤回することができる。ただし，その広告中に撤回をしない旨を表示したときは，この限りでない$\left(\substack{\text{529条} \\ \text{の3}}\right)$。

(d) 懸賞広告の撤回の方法　「撤回」の方法は，2つある。① 第1は，前の広告と同一の方法による撤回である。この場合は，これを知らない者に対しても，その効力を有する$\left(\substack{530条\\1項}\right)$。② 第2は，前の広告と異なる方法による撤回である。この場合は，これを知った者に対してのみ，その効力を有する$\left(\substack{同条\\2項}\right)$。

(e) 報酬受領権者　広告に定めた行為をした者が数人あるときは，「最初にその行為をした者」だけが，報酬を受ける権利を有する$\left(\substack{531条\\1項}\right)$。しかし，数人が同時にその行為をした場合においては，各人が等しい割合で報酬を受ける権利を有するが$\left(\substack{531条2\\項本文}\right)$，報酬がその性質上分割に適しないとき，又は広告で1人のみが報酬を受けるものと定めたときは，「抽選」で受領者を決める$\left(\substack{同項た\\だし書}\right)$。ただし，広告中にこれと異なった意思を表示したときは，これらの規定は適用しない$\left(\substack{同条\\3項}\right)$。

(f) 優等懸賞広告　広告に定めた行為をした者が数人ある場合において，その優等者のみに報酬を与えるべきときは$\left(\substack{例，懸賞論文\\の広告など}\right)$，その広告は，「応募の期間」を定めた場合に限り，その効力を有する$\left(\substack{532\\条1\\項}\right)$。優等者の判定は広告中に定めた者が行うが，判定者を定めなかったときは，広告者が判定する$\left(\substack{同条\\2項}\right)$。この判定に対しては，応募者は異議を述べることができない$\left(\substack{同条\\3項}\right)$。また，数人の行為が同等と判定されたときは，531条2項の規定〔等分割か抽選〕を準用する$\left(\substack{同条\\4項}\right)$。

<h3>(4)　契約の競争締結</h3>

　当事者の一方に競争させて，原則として最も良い条件（特に，価格）を提示した者と契約を締結するのを，契約の「競争締結」と呼んでいる。この場合は，その条件を提示することが申込みにあたる。

　この際，競争者が互いに相手の提示する条件を知り，その上で競り合うのを「競売」といい$\left(\substack{例，裁判所での強制競売，\\古美術のオークションなど}\right)$，反対に，競争者の提示する条件を知ることができず，各競争者が提示した条件の中から契約申込者を決定するのを「入札」という。官公庁が建設事業を行う場合には後者の方法が採られるのが一般だが，競争相手の提示する条件を知ることができないという性格上，

建設業界の体質も絡んで「談合」の問題が必然化する。

(5)　約款・付合契約

(a)「約款」の意義　電気・ガス・水道の供給契約，銀行預金契約，保険・共済契約，郵便・電話の利用契約，運送契約，旅館の宿泊契約などでは，企業者が一方的に契約の内容を決定し，需要者は，その契約書（約款）に同意するだけである（内容を承認できないなら契約は成立しない。しかし，電気や水道の供給契約を締結しないことは事実上できない）。このように，当事者が契約内容につき個別的に協議することなく，企業者が定めた定型的契約条項を，需要者が包括的に承認（付合ないし同意）するだけで成立するものを，「約款」という（詳細は，第7節**1**(1)(109頁以下)参照）。

(b)　約款の拘束力と不当条項の排除　社会における大量取引のほとんどは定型化しているから，約款の出現は当然であり，したがって，その内容が不合理でないならば，契約として拘束力が認められる。ただ，その根拠については古くから議論があったが（例，部分的社会の自治規範とする説，約款によるとする慣習があるとする説など），約款の開示とその内容に合理性があるならば，契約としての意思の合致が擬制される（星野15頁）。

　問題は，約款の内容の不開示と不合理な内容な約款であるが，それについては，約款に対する法的規制（第1節**2**(5)(d)(21頁)）及び2017年新設の「定型約款」（後掲第7節(109頁)）を参照。

③　「事実的契約関係」

(1)　「事実的契約関係」理論

(a)「事実的契約関係」理論とは何か　契約は，当事者の意思の合致（合意）によって成立するのを原則とする。しかし，一定の契約類型においては，その合意は認められないが，事実上契約が存在するのと同一の「事象」(tatsächliche Vorgänge) が作出されているときは，当該契約が締結されてい

るものとして扱うことが妥当な場合がある。例えば，アパートに引っ越した
ところ，その翌日から申込みもしないのに新聞が入ってきて，それを漫然と
読んでいたなどの場合である。この場合，新聞を読んでいたという「事実」
（契約を締結した場合と同じ事象）から，新聞講読契約が成立したとすることは
不当ではないであろう。これを，「事実的契約関係」（faktische Vertragsver-
hältnisse）理論という（この際，意思実現や黙示の承諾理論は除外しておく）。

　このように，事実的契約関係理論は，"意思の合致による契約成立を擬制す
るのではなく，「事実」からでも契約が成立するのだ"，とする理論である
（五十川・後掲論
文157頁注243）。

(b) 学説理論の発展　　この理論を提案したハウプトは，その論証として，3
つの事象類型で説明する（五十川直行「いわゆる『事実的契約関
係理論』について」法協100巻6号88頁
以下，五十川『新版注民⒀』283頁以下，森孝三「事
実的契約関係」『現代契約法大系・第1巻』216頁以下）。

　　i　社会的接触による事実的契約関係　　これに属するものとして，次
の3種を挙げる。

　　　(α)　契約締結上の過失に基づく責任　　契約が成立しなくても，契約
規範による責任を認めようとする。

　　　(β)　好意同乗者に対する運転者の責任　　運転者の責任軽減のため
に，好意同乗契約を仮定する。

　　　(γ)　使用貸借期間満了後における目的物の利用関係　　契約終了後も
続いている従前と同一の事実状態を説明しようとする。

　　ii　共同関係への事実上の加入による事実的契約関係　　これに属する
ものは次の2つ。

　　　(α)　組合契約（会社設立行為）が無効又は取消しの場合に事実上存在す
　　　　る組合

　　　(β)　事実上の就業規則

　　iii　社会的給付義務による事実的契約関係　　これに属するものは次の
2つ（この場合の意義につい
ては，後掲(2)(c)参照）。

　　　(α)　電車・バスなどの交通機関への乗車利用関係

　　　(β)　電気・ガス水道供給の法律関係

　この後，幾多の議論を経て（とりわけ **i** と **ii** に事実的契約関係を持ち込むことには批判が多い），ラーレンツは，特に上記**iii**の類型につき，意思が明示的に存在しなくても，事実的に契約と見られるものについてはこれを「社会定型的行為（sozialtypische Verhalten）による債権関係の発生」と捉え，これは，法律効果に対する意思の存在を内容とする法律行為（契約）とは区別されるべきものだと主張した（この間の議論は，五十川・前掲論文128頁　以下，五十川『新版注民(13)』296頁以下）。

　(c) ドイツ判例の承認　この理論の影響を受けて，1956年に，ドイツ連邦裁判所（BGH）は事実的契約関係を承認した。すなわち，ハンブルク市が交通混雑緩和策として公共地を駐車場にした際に，公共地であるゆえに駐車料を払う意思のないことを明言しつつ，駐車を繰り返していた被告に対し，原告からの不当利得ないし不法行為を理由とする損害賠償請求の訴訟につき，判決は，原告が不当利得に依拠するならば，駐車による被告の利得額が確定されねばならず，その算定は，他に適当な駐車場所を探すのにどれだけのガソリン・時間を費消しなければならないかを基準とするので，かなりの困難を伴うとして，ハウプト，ラーレンツの所説を引用し，「当該行為をしたことによって，駐車料金表に応じた代償の支払義務がある契約上の法律関係を生じさせる」，とした（神田博司「事実的契約関係」ドイツ判例百選116頁）。この後も，いくつかの判例で事実的契約関係が確認されているが，しかし，近時は，その採用には慎重であるとの指摘もある。

(2)　現代的意義

　事実的契約関係理論の実用性については，その応用の可否が問題とされた「事実」（3類型の事象）を分析し，そこでは何が問題となっているのかを検討することが必要であろう。

　(a) 社会的接触による事実的契約関係　(α)「契約締結上の過失責任」については，不法行為責任なのか契約責任なのかが問題なのであり，契約関係を前提としなければならない必然性はない。(β)「好意同乗者の責任」も，運転者の責任軽減の法理を何に求めるかが課題なのであって，契約関係の承認が唯一の解決方法というわけではない。わが国の判例は過失相殺によって

処理しており,その他,部分的因果関係理論も有力に主張されている。(ｒ)「使用貸借期間満了後の利用関係」についても,返還請求関係は不当利得で説明できるのであって,契約終了の状態を説明するだけなら,契約関係の前提は必要でない（説明の便宜の問題である）。

(b) 共同関係への事実上の加入による事実的契約関係　これに該当する前掲２つの問題も,不当利得等の法理で解決でき,事実的契約関係による説明は,説明の便宜性の問題である（森島昭夫「事実的契約関係」法学教室93号93頁）。

(c) 社会的給付義務による事実的契約関係　この類型については,若干考察を要しよう。この類型を「社会定型的行為」として債権関係を発生させるべきことは,ドイツにおいても有力であるし,わが国でも,肯定論が存するからである。この類型の「機能」を,森島教授は次のように分析する（森島・前掲論文91頁以下）。──

i　対価義務の支払い　第1は,事実上の利用関係が存在しているときは,利用者に契約を締結する意思が認められない場合でも,契約が存在している場合と同様の対価支払義務を認めようとする機能である。先に掲げたドイツ駐車場事件もこの場合に該当する。これが,おそらく事実的契約関係の中心的問題であろう。

わが国では,黙示の意思表示も有効に認められ,また意思の実現による契約成立も可能であるから,多くの場合には,契約成立が擬制され,事実的契約関係の機能する余地は多くはない。問題は,一方当事者が,「契約の成立を明白に拒否」している場合である。学説は,2つに分かれる。

〔A　不当利得説〕　この場合は,もっぱら不当利得法理によって解決することで必要にして十分である,とする（森島・前掲論文92頁など）。

〔B　事実的契約関係説〕　黙示の意思表示が不自然であって,しかも,不当利得・不法行為・事務管理などの構成では不十分であるが,契約内容と同様の給付義務を負担させることが合理的である場合には,事実的契約関係を認めることができるとする（水本・上7頁）。

この類型においては,確かに,法的処理として不当利得による処理が可能である。しかし,一方（公共機関等）が契約関係への引き込みを用意している

のに，その意思を拒否しつつも当該契約に入ったと同一の状態を生じさせて
いる場合には，考え方（ないし説明の便宜性）はもとより，その法効果につい
ても，<u>不当利得の効果を与えるよりも，当該契約と同一の効果を与える方が
適切</u>ではなかろうか。その方が，善意・悪意などを問題とする必要もないし，
その後の契約関係の継続も承認できるからである。したがって，私は，この
類型に限定して〔B〕説に与する。

　　ⅱ　意思表示の瑕疵等の等閑視　　第2は，「社会定型的取引」において，
個別の意思表示の瑕疵・不存在や制限行為能力による法律行為の無効・取消
しの主張を制限するとする機能である（例えば，未成年者が電車を利用するに
は，行為能力など問題とならないとする）。このことから，事実的契約関係では，
無効・取消しは将来に向かって当該利用関係を解消させるにすぎないとか，
錯誤の主張も許されないとの解釈論もある。しかし，このようなところに事
実的契約関係理論の意義があるわけではないから，この面を強調して事実的
契約関係を認めようとするなら本末転倒であろう（森島92頁。なお，以上のわが国の議論状況については，森島・前掲論文219頁以下参照）。

　4　「契約締結上の過失」責任

（1）「契約締結上の過失」責任とは何か

**（a）「契約締結上の過失」
　　概念の生成**　　「契約締結上の過失」（cic＝culpa in contrahendo）と
は，契約締結の過程において，一方の過失によっ
<u>て相手方が損害を受けた場合に，その賠償責任を認めようとする契約責任理</u>
論であって，ドイツの学説・判例によって発展したものである（ドイツでは，不法行為責任や瑕疵担保責任が不十分であり，それを補うべく形成された賠償理論であるともいわれる。北川善太郎『契約責任の研究』199頁以下参照）。

　　ドイツ普通法における契約責任は，《契約有効→履行利益の賠償，契約無効
→原状回復のみ》とされていた。しかし，この原則の下では，過失ある錯誤
者のために無過失の相手方が損害を受けた場合にその賠償請求ができず，妥
当ではない（過失による契約無効・不成立の場合の損害賠償に対してはドイツ不

法行為制度は無力である）。そこで，イェーリングは，1861年に，その中間的
責任型態（第三型）として，〈契約無効→信頼利益の賠償〉の命題を立て，契
約の無効・不成立の場合の「信頼利益」賠償の道を主張した。この趣旨がド
イツ民法に生かされ，旧122条（意思表示の無効・取消しの場合），旧307条（原
始的不能の場合）など，信頼利益を認める規定が散在的に置かれた。

> * 契約が無効・不成立の場合　　ドイツ民法は，旧122条で，意思表示が，真意の
> 欠缺のために無効となり，又は錯誤のため取り消されたときは，表意者は，相手方
> 又は第三者が表示の有効なことを信じたために受けた損害を賠償することを要す
> るとし，また，旧307条は，不能の給付を目的とする契約の締結に際し，当事者の
> 一方が給付の不能を知り又は知ることができたときは，相手方が契約の有効なこと
> を信じたために受けた損害を賠償する義務を負う，とした。この他，旧309条，523
> 条1項・524条1項，600条，694条も同旨である。

(b)「契約締結上の過失」
**　　理論の展開**

上記のように，この理論は，もともと，① 契約が
原始的不能による無効・不成立の場合〔Ⅰ類型〕
に信頼利益を賠償させるものであったが，その後，② 契約が準備交渉のみに
とどまった場合（締結に至らなかった場合）〔Ⅱ類型〕，および，③ 契約が有効
に成立した場合〔Ⅲ類型〕，にも拡大して論じられるようになった（北川・前掲書231頁，本田純一「『契約締結上の過失』理論について」『現代契約法大系・第1巻』195頁以下，森島昭夫「契約締結上の過失」法学教室91号46頁以下）。

　すなわち，契約が有効に成立した場合〔Ⅲ類型〕において，その締結の際
の説明不足のために相手方が損害を受けたときは，給付義務に付随する義務
違反（信義則上の義務違反）として，原則的に信頼利益の賠償責任が認められ
た。

　また，契約の締結に至らず，その準備交渉にとどまった場合〔Ⅱ類型〕に，
それが一方当事者の過失によるものであるときは，信義則上の義務違反とし
て賠償責任が認められた。

　このようにして，ドイツにおいては，「契約締結上の過失」理論は適用範囲
を拡大した。総じて，その意義は，従来の契約責任範疇や不法行為責任範疇
では捉えられないところの，契約の締結過程における一方当事者の過失によ
る損害賠償関係につき，信義則理論を用いて責任規範を立てたというところ

にある。しかし，その適用範囲の拡大化により，独自の要件・効果に関する規範を定立した意義が薄れ，契約締結過程における責任問題の範疇を総称してきたという感も否めない。

(c) ドイツ債務法現代化法の対応 ドイツ債務法現代化法は，契約締結上の過失について，明文をもって，以下のように規定した。

まず，債権関係（Schuldverhältnis）が生じた場合には，その内容に応じて，各当事者に対し，相手方の権利，法益および利益を配慮すべき義務を負わせ（ド民241条2項），その義務違反に対しては損害賠償責任を課している（同280条1項）。

そして，この「241条2項の義務を伴った債権関係」は，

① 契約交渉の開始

② 契約の準備（Anbahnung）（そこにあっては，当事者の一方が，他方に対して，法律行為的な関係が起こり得ることを考慮に入れて，自分の権利，法益および利益への作用の可能性を与えるか，または彼にこれを委ねている）

③ 法律行為に類似した接触

によっても発生するとし（同311条2項），「契約締結上の過失責任」法理の一般規定を置いたのである。

この制度の具体的な責任要件や運用については判例・実務に委ねられたが，その重要な事例群としては，(1) <u>契約の不成立に対する責任</u>（無効な契約の締結，契約交渉の不当な挫折），(2) <u>望まれない契約に対する責任</u>（契約が有効に締結されたが，説明義務・誠実義務違反などがあった場合），(3) <u>契約開始に際しての身体および所有権の侵害</u>（履行に際しての完全性利益の侵害），であるとされる（半田吉信『ドイツ債務法現代化法概説』203頁以下）。

(2) わが国での理論の展開

(a) 「契約締結上の過失」責任の問題点 上記のドイツの議論は，わが国でも学説によって古くから紹介されてきた。そして，この理論の提起した問題点は，次の2つに集約されよう。──

第1に，ドイツと同様に，<u>「契約締結上の過失」責任の適用範囲</u>の問題であ

る。前記した I 類型（契約が原始的不能による無効・不成立の場合）・II 類型（契約が準備交渉段階にとどまった場合）・III 類型（契約が有効に成立した場合）の全般にわたって適用されるべきものか否か。現在では，ドイツでの拡大・展開理論がそのまま取り入れられているようである（次掲(b)で詳論する）。

　第 2 に，契約の締結過程における責任の法的構成の問題である。契約締結過程においては，民法の原則論からいえば，契約責任は発生しないから，不法行為責任ということになろう。しかし，両当事者は契約締結に向けて接触関係をもっているのであるから，純粋に不法行為責任として構成するよりも，契約的関係ないし信義則の支配する関係として理解することが実体に則しているともいえよう。このようなことから，信義則ないし契約的責任として理解するのが支配的である。

> 【責任の性質論】　　契約締結過程の責任については，3 つの考え方がある。
> 〔A〕　**不法行為責任構成説**）　契約締結上の過失は，そもそもドイツ不法行為法の不備を補うものとして発展したものであるとし，母法たるフランス法に帰って不法行為構成をとるべきだとする（平野裕之「いわゆる『契約締結上の過失』責任について」法律論叢61巻6号61頁以下）。
> 〔B〕　**契約責任構成説**）　契約は成立していないものの，接触関係から債権関係が発生するとし，契約責任範疇に取り込む説である。後掲(b)の北川説，本田説など，通説といえよう。
> 　なお，アプローチはまったく異なるが，接触関係に入った当事者に説明義務その他の義務を負わせ，その表示への信頼に「契約類似的保護」を与えているのがこの責任である，とする表示責任説（藤田寿夫『表示責任と契約法理』205頁以下）も，本書の整理からはこの範疇に入れてよいであろう。
> 〔C〕　**中間的責任構成説**）　接触関係から契約類似の関係が発生することを認めるが，この過程の責任は，契約責任と不法行為責任の中間的な責任（ないし特殊・独自の責任）として理解する（森泉章「『契約締結上の過失』理論について(2)」民事研修290号2頁以下，宮本健蔵「契約締結上の過失責任法理と附随義務」『法と政治の現代的課題』（明治学院大法学部20周年記念）77頁以下）。

(b)　概念の有用性に関する議論　　以上のように，その適用範囲と性質についての理解をめぐって激しい議論があるが，本書

では，性質論の問題よりも，「契約締結上の過失」概念が規範として機能し得るかどうかが重要な課題なので，この観点から，現在の理論の中核を示すと思われる3つの学説を紹介して，問題点を考察しよう(森島・前掲論文50頁以下に依拠する)。

〔A〕　北川説　北川教授は，まず，債権関係における義務の構造の観点から，契約責任を，基本的契約責任と補充的契約責任とに分け，本質的な給付義務以外の付随義務・説明義務・保護義務等を補充的責任として捉える(北川・前掲書350以下)。そして，契約締結上の過失が，契約締結過程での説明義務違反・付随義務違反等の問題として生じてきたことにかんがみ，これを，補充的契約責任の観点から位置づける(北川・前掲書339頁以下)。すなわち，具体的には，III類型(契約が有効な場合)では，付随義務違反として信頼利益の賠償を認め，I類型(契約が無効な場合)では，付随義務違反として，原則として信頼利益(ないし，場合によっては履行利益)の賠償を認め，II類型(契約準備交渉にとどまった場合)では，不法行為責任の契約責任化として契約的保護を与える，とする(なお，この点に関し，森島・前掲論文50頁以下参照)。

　総じて，この説は，契約締結過程における，本来的な給付義務以外の付随義務違反・保護義務違反に対する責任を総合的に捉えているものということができる。

〔B〕　本田説　本田教授は，契約締結過程を，契約交渉によって生じた各種の行為義務(告知・説明義務，保持義務，注意義務，助言義務等)を生じさせる「法定債権関係」と捉え，I類型・II類型・III類型を通して，cic責任につき「単一の契約責任」構成を採る(不法行為責任構成・中間的責任構成の否定である)(本田・前掲論文204頁以下。鈴木311頁もこの説に近い)。そして，ドイツの「契約締結上の過失」理論の展開から，この理論が，特に，III類型において，有効に成立した契約から一方が不利益を受けた場合の矯正手段であったことに注目し，この理論は，契約の交渉段階において，契約責任と不法行為責任との領域を明確にするばかりでなく，締結された不当な契約を矯正するという役割をも担っているとして，わが国の消費者保護の問題の基調を，この「契約締結上の過失」理論に求めようとする(本田・前掲論文195頁以下)。

　契約締結過程を「法定債権関係」と捉えること(しかし，ドイツで「法定」債権関係とされるのは，旧122条や307条が賠

償義務を規定しているからであって，わが国では，そのような規定がない以上は「法定」債権関係ということはできないであろう），cic 理論は，Ⅰ類型・Ⅱ類型・Ⅲ類型を通じて，消費者保護としての機能を認めることに特色がある。

〔C〕 円谷説　円谷教授は，「契約締結上の過失による責任とは，契約締結のさいに生じる諸々の責任問題に対する総称であり，その場合の解決されるべき責任規範は純粋の契約責任規定，信義則規定，法律行為規定，不法行為責任規定でありうる」とし，「種々の責任規範によって解決される責任問題を包み込む『風呂敷』」にすぎず，法的に無意味だとして，固有の規範化を否定する（円谷峻『契約の成立と責任』33頁以下（なお，新版106頁以下参照））。そして，契約が無効な場合と，契約が有効な場合とに分け，そこで生じる諸々の責任問題の個別的検討を行っている。

　この説は，契約締結上の過失とは，契約締結過程における責任問題を総称している整理概念にすぎないから，それ自体が規範として解釈を導くというわけではない。

　以上の各見解は，ドイツにおける「契約締結上の過失」理論の展開を忠実に把握している点では正当である —— すなわち，それは，その適用範囲を拡大したことにより，契約締結過程における包括的な責任規範としての意義を担わされてきた。しかし，そのことは，同時に，信義則規範，契約規範などが理論的に明確にされるにつれ，理論自体の実際的意義を失うことでもあった —— 。このことから，この概念が，契約締結過程における責任規範を包括する概念にすぎないもの，と理解されるのも当然である。

　しかし，わが国においても，「契約締結上の過失」概念を，そのようなものとして考えるべきかどうかは別問題である。というのは，「契約締結上の過失」概念が，わが国でまったく意味がないというなら格別，ある場面では実際に規範的意義が認められてきたからである。すなわち，第1に，契約が原始的不能により無効・不成立となった場合に，相手方の保護規定が存在しないこと（Ⅰ類型）〔ただし，2017改正以前の法状態〕，第2に，契約が準備段階にとどまって不成立となった場合に，同様の保護規定がないこと（Ⅱ類型），である。以上の領域では，なおかつ信義則等を根拠とする規範定立が必要であり，これにつき「契約締結上の過失」概念の有用性が認められてきたのである。

　これに対して，契約が有効に成立した場面（Ⅲ類型）では，その締結過程はすでに契約責任規範の中に包摂して処理できるのであるから ── 具体的には，付随義務違反，保護義務違反として（奥田昌道『債権総論』17頁以下，【Ⅳ】8頁以下参照） ── ，あえて契約締結〈過程〉を論じる必要はなく，むしろそうすることは有害であろう。

　このように考えるならば，「契約締結上の過失」責任概念は，依然有用であるところの，前掲Ⅰ類型（契約が無効・不成立の場合）およびⅡ類型（契約が準備交渉段階にとどまった場合）に限定して用いるのが適切であるように思われる。このような理解は，ドイツでの理論の発展とは異なるが，しかし，その理論をそのまま取り入れること自体が無謀なのであるから，わが国の法制度にとって有用であるか否かの観点から検討されなければならないのである（ちなみに，1992年10月10日の私法学会ワークショプ（本田教授担当）でも，Ⅲ類型は「契約締結上の過失」の問題ではないのではないか，との見解が参加者の多数を占めたように思う）。

　次に，この責任の性質であるが，契約当事者が契約締結に向けての誠実な接触関係に入ったのであるから，信義則の支配する領域であることは疑うべくもない。しかし，信義則規範というのが，契約規範・不法行為規範と並んで独立の責任規範となるかは疑問であろう（本田「判批」民法の基本判例（第2版）143頁）。判例（後掲(c)参照）や学説が，「契約類似の信頼関係ないし責任」というのは，もはやこの概念を，契約責任規範に接合して理解しているのである（鈴木310頁参照）。したがって，〔B〕契約責任構成が妥当である。

　また，賠償の範囲は，契約の不成立を前提として認められる賠償責任であるから，信頼利益の賠償ということになる。

(c) 最判昭59・9・18の意義　最高裁は，学説理論の影響を受けて，昭和59年に「契約締結上の過失」責任を認めた（最判昭59・9・18判時1137号51頁）。すなわち，契約準備段階に入った者は，信義則の支配する関係に立つのであるから，相手方の人格・財産を害しない信義則上の注意義務を負い，それに違反した場合は，契約締結に至らなくても，契約類似の信頼関係に基づく信義則上の賠償責任を負う，とした（わが国の判例状況は，河上正二「わが国裁判例にみる契約準備段階の法的責任」千葉大法学論集4巻1号189頁以下）。わが国におけるリーディング・ケースである。

【契約締結上の過失責任の判例】　　前掲最判昭59・9・18。Yは，分譲マンションの購入に際して，歯科医院を営むため，レイアウトを変更させ，また電気容量を問い合わせたことから，売主XがYの意向を確かめないで電気容量変更契約をし，受水槽を変電室に変更したが，結局，Yが購入を断ったという事案。

　分譲マンションの購入希望者Yは，売主Xに対し，歯科医院を営むためレイアウトを変更させ，また電気容量を問い合わせたことから，Xは，Yの意向を確かめないで電気容量変更契約をし，受水槽を変電室に変更したところ，結局は，Yがマンションの購入を断ったというもの。判決は，Xの契約締結上の過失による損害賠償請求を認容した。

　判決は，「取引を開始し契約準備段階に入ったものは，一般市民間における関係とは異なり，信義則の支配する緊密な関係にたつのであるから，のちに契約が締結されたか否かを問わず，相互に相手方の人格，財産を害しない信義則上の注意義務を負うものというべきで，これに違反して相手方に損害をおよぼしたときは，契約締結に至らない場合でも，当該契約の実現を目的とする上記準備行為当事者間にすでに生じている契約類似の信頼関係に基づく信義則上の責任として，相手方が該契約が有効に成立するものと信じたことによって蒙った損害（いわゆる信頼利益）の損害賠償を認めるのが相当である」とした原審の判断は，是認できるものとした。内容的にも，ドイツ法理論を受けている。

第3節　契約の効力（1）── 同時履行の抗弁権

序　説　双務契約における牽連関係

　双務契約においては，各当事者の負担する債務は互いに「対価」的関係にあるから，両債務は，その「成立」においても，「履行」においても，更に「存続」においても，緊密な〈牽連〉性をもっている。この関係を，「双務契約における牽連関係」という。すなわち，──

　　i　成立上の牽連関係　　双務契約の一方の債務が，不能・不法などで成立しない場合には，対価関係にある他方の債務も成立しない。取消しによる無効の場合も同様である。明文規定はないが，当然の法理として承認されている。

　　ii　履行上の牽連関係　　双方の債務が履行期に達した場合，その履行は同時にされるべきなのか，それとも，履行を請求するにはまず自らの義務を先に履行しなければならないのか。「履行」に係る牽連関係である。本節では，この問題を扱う。

　　iii　存続上の牽連関係　　一方の債務が，不可抗力など「債務者の責めに帰することができない事由」によって履行不能となったときは（＝危険の発生），その「危険」は債権者・債務者のいずれが「負担」すべきか。危険負担の問題であり，第4節で扱う。

1　「同時履行の抗弁権」制度の意義

(1)　2つの立法主義

双方の債務が履行期に達した場合，それらの履行が互いに牽連関係にある

ことは，上記したとおりである。
この履行関係の牽連性について
は，2つの立法主義がある。〔図
①〕

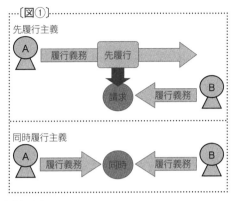

〔図①〕
先履行主義
履行義務　先履行
請求　履行義務
同時履行主義
履行義務　同時　履行義務

　〔A〕　先履行主義）　第1は，
相手方にその履行を請求するに
は，まず自分の債務を先に履行
又はその提供しなければならな
いとする「先履行主義」である。
スイス債務法$\binom{ス民}{82条}$は，この主義を採用する。

　〔B〕　同時履行主義）　第2は，両債務の履行は同時であるべきであり，
相手方が自分の債務の履行を提供しないで履行請求をしたときは，履行を拒
絶することができるとする「同時履行主義」である。この履行の拒絶を，ド
イツ民法は，「抗弁権」（同時履行の抗弁権）として規定した$\binom{ド\ 民}{320条}$。

　わが民法は，後者の観点から同時履行主義を採用しており$\binom{533}{条}$，その履行
拒絶権の性質については，「抗弁権」と解されている$\binom{詳\ 細\ は，}{次掲(2)(b)}$。

(2)　履行拒絶権の意義

(a) 同時履行か先履行か　双方の債務が履行期に達した場合において，相手
方がその債務の履行をするまでは，自己の債務の
履行を拒絶することができるとする「同時履行主義」は，公平の見地からは
一見当然のことであるようにも思われるが，しかし，既述のように，このよ
うな場合には自分の債務を先ず履行すべきだとする「先履行主義」もあるわ
けで，わが国では先履行主義を採らないのだということを表明しているとこ
ろに，制度的意義がある。

(b) 「抗弁権」構成　533条は，双務契約の当事者の一方Aは，相手方Bがそ
の債務の履行を提供するまでは，自己の債務の履行を「拒
むことができる」，と規定する。これは，履行を請求された場合の拒絶権であ
るから，訴訟上必ず「抗弁」として現れ，これが「請求」の原因事実となる

ことはない(倉田卓次監修『要件事実の証明責任・契約法上巻』105頁〔西野喜一〕)。したがって,この性質は,基本的には「抗弁権」と解してよい(通説。反対説は,三宅49頁以下)。

　しかし,履行拒絶権を「抗弁権」と解したからといって,権利「行使」をめぐる効果を,抗弁権としての性質から演繹することには,慎重でなければならない。具体的には,後の各所の解釈で触れるが,本規定は,両債務の〈履行は同時的であるべきだ〉とする〈公平の観念〉に基礎を置くものであって,それが抗弁権であるか否かは,さほど重要ではないのである(星野43頁以下,森島昭夫「同時履行の抗弁権」法学教室98号41頁以下(請求要件とも考えられるとする)参照。なお,後掲**2**4(b)(53頁)参照)。

(3)　留置権との関係

(a) 制度的共通性　同時履行の抗弁権は,双務契約において,相手方の請求に対して,それを拒絶する権利である。これと類似する制度に,留置権がある。留置権は,物から生じた債権を保全するために,債権の支払いがあるまではその物自体を留置する権利(=引渡しを拒絶する権利)である(295条)。前者は債権的権利であり,後者は物権的権利であることの差異はあるものの,共に,相手方の請求に対する履行拒絶権として発現し,判決では引換給付判決をもらうなど,多くの点で共通性を有する。これは,両者が,沿革的にも密接な関係を有するものとして,発展してきたからである。

　履行拒絶の制度は,ローマ法の「悪意の抗弁」(exceptio dori)に由来する。すなわち,ローマ法においては,債権者が,債務者に対して自らも債務を負っているにもかかわらず,それを弁済しないで自己の債権の履行を求めた場合に,それが信義に反すると見られるときは,債務者にその履行の拒絶を認めた。

　この制度は,その後,2つの方向に発展した。1つは,双務契約における履行の確保手段としての抗弁権であり,もう1つは,債権保全制度としての留置権である。もっとも,各国においては明白な形でこれら2つの方向に展開したわけではない。特に,留置権は,債権的構成が一般的である(椿寿夫「同時履行の抗弁権」『契約法大系Ⅰ』237頁以下,沢井裕『注民(13)』236頁以下,清水元『留置権概念の再構成』8頁以下)。

(b) 適用関係 (権利の競合)　問題は，双務契約において，同時履行の抗弁権と留置権とが機能すると考えられる場合に，その権利の適用関係をどのように捉えるべきであろうか。請求権競合の一場面であり，学説の対立が激しい（問題点には，椿・前掲論文237頁以下，沢井『注民(13)』276頁以下，大坪稔「留置権と同時履行の抗弁権」『現代民法学の基本問題・上』(内山・黒木・石川還暦) 394頁以下参照）。

　〔Ａ〕　**競合説 (請求権競合説)**　通説は，それぞれの要件を満たすならば，両権利のいずれを行使してもよいとする（川井健『担保物権法』284頁，高木『担保物権法〔第4版〕』22頁，東京高判昭24・7・14高民集2巻2号124頁）。

　〔Ｂ〕　**非競合説 (法条競合説)**　これに対して，物権関係は二人の間に特殊な関係のない場合の一般法の問題であって，契約という特殊の関係にある場合は契約が物権法の規定を排除して適用されるものであり，「競合」という現象は仮象（法規上の競合）にすぎないとする考え方がある（川島武宜『民法解釈学の諸問題』126頁，鈴木15頁，広中409頁，石田喜久夫『口述物権法』455頁など）。これによれば，留置権は，契約関係のない場合に限って生ずることになる。

　〔Ｃ〕　**私見 (請求権競合・規範優先説)**　当事者は，契約という特別な関係にあるから，契約規範が適用されるべきことは当然であり，その意味では，〔Ｂ〕非競合説に考え方の正当性があろう。しかし，〔Ｂ〕説は，「法条競合」——そもそも，法規上両方の要件を充足して2つの請求権が成立しているように見えるのは仮象にすぎず，実体は，1個の請求権だけが存在し，他方は，当然に排除される——という特殊な理論を主張する。しかし，我われの生活秩序を考えた場合，契約関係にある場合でも，その裏には，きちんとした物権法秩序が存在しているのである。そこでは，その秩序に基づいて一定の請求権が発生するのであって，その要件を充足するならば，その発生を否定することはできない。したがって，2つの請求権は共に成立しうると考えなければならない。ただし，〔Ｂ〕説が説くように，契約関係がある場合には，契約規範が物権規範に優先して適用されるべきことは当然であろう。ただ，契約規範が機能しないときには，物権規範が機能すると解すべきである（ただし，鈴木禄弥『物権法講義・五訂版』298頁・341頁は，特殊な理論から，この場合も同時履行関係内の問題として捉えている）。このような考え方を「請求権競合・規範優先説」と呼んでいる（詳細は，【Ⅲ】18頁以下，【Ⅵ】64頁・102頁参照）。

(c) 両制度の適用範囲の拡大 　留置権については,「その物に関して生じた」こと（＝牽連性要件）が, 物自体から生じた場合はもちろん, 物の返還と同一の事実関係・生活関係から生じた場合でもよいとされ, その適用範囲を拡大した。他方, 同時履行の抗弁権もまた, 本来の双務契約における履行関係のほか, 対価的にない債務関係, 契約の無効・取消しによる返還関係その他の場合でも, 信義則や公平理念を理由に, その適用範囲を拡大してきた。このことは, 同時履行の抗弁権や留置権の解釈の方向性につき, 一つの指針を与えることになろう。

　椿教授は, このことを次のように説明する。すなわち,「ともかくも物権たる留置権を他方で持っているわが国では, 対価的双務債権の緊密な結合関係を強調して, それに属しない交換給付関係を同時履行抗弁権の枠外に出しても, より強い留置権が非常に緩和された要件でもって広くカヴァーしている。だから, 民法533条の適用を制限することは, 実益に乏しい観念論ということになろうか$\left(\begin{smallmatrix}ドイツでは, 債権的留置権の適用下へ投げ出すことは, \\ 主として担保供与の問題から権利の弱化をきたすが\end{smallmatrix}\right)$。この意味でも, 通説・判例が同時履行の抗弁権を拡大することは, 無理由とはいえない」$\left(\begin{smallmatrix}椿・前掲\\論文251頁\end{smallmatrix}\right)$, とする。

2　同時履行の抗弁権の要件

　同時履行の抗弁権が認められるためには, 要件として, ① 同一の双務契約から生じた双方の債務が存在すること, ② 双方の債務が弁済期にあること, ③ 相手方が自己の債務の履行を提供しないこと, が必要であるが$\left(\begin{smallmatrix}533\\条\end{smallmatrix}\right)$, それぞれ問題を含んでいる。さらに, ④ 被告から同時履行の抗弁権の「行使」が必要であるかどうかについても争いがある。分説しよう。

(1)　同一の双務契約から生じた双方の「対価的債務」が存在すること

(a) 双方の債務（対価的債務）の存在 　双務契約から発生した双方の債務は, 対価的関係にあることから,「同時に履行すべき」牽連関係にある。したがって, それらの債務は, 互いに負担する中心的な債務

（主たる給付債務）であることが原則である（逆にいえば，付随債務などが履行上の牽連性をもつことはないということである）。ただしこの原則は，公平の観点から，必ずしも厳格に維持されているものではない。要は，〈履行の衡平性〉が問題なのである。以下に見るように，その適用範囲を拡大している（前掲**[1]**(3)(c)（46頁）参照）。

　なお，次の点に注意すべきである。第1に，双方の債権が同時履行の関係にあった場合には，一方の債権が譲渡され又は債務引受があっても，それに付着する同時履行の抗弁権は失われず，新権利者の請求に対して同時履行の抗弁を主張することができる（大判大6・11・10民録23輯1960頁（一方の債権に転付命令があった場合）。鈴木297頁）。ただ，実際の債権譲渡・債務引受においては，契約上の地位の移転が伴うと推定されることが多いであろう（水本46頁）。しかし，債務について更改があれば，抗弁権は消滅する（同一性がなくなるから）。

　第2に，双方の債務の履行場所が同一であることは必要でない（大判大14・10・29民集4巻522頁）。同時履行の関係とは，事実上の交換を意味するものではないからである（我妻・上90頁）。

(b)「債務の履行に代わる損害賠償」債務　本来同時履行の関係にある双方の債務につき，その一方の債務が債務不履行によって「損害賠償債務」に変わった場合には，その損害賠償債務と相手方の本来の債務とは同時履行の関係に立つ（損害賠償債務は，履行に代わる損害の「賠償」債務だから，本来的な中心的債務と同一というわけではない）（533条かっこ書。2017年新設。これにより，同じ趣旨である571条及び634条2項を削除）。したがって，──

　i　買主に発生した「履行に代わる損害賠償」請求権と売主の代金請求権とは，同時履行の関係に立つ（旧571条参照）。

　ii　請負に際して，注文者に発生した「瑕疵修補（追完）に代わる損害賠償」請求権と請負人の報酬請求権とは，同時履行の関係に立つ（旧634条2項参照）。

(c) 同時履行制度の準用ないし類推適用　同時履行の抗弁権制度は，公平の理念と当事者意思の推測から，双務契約以外の場面でも，準用ないし類推適用されている。

　i　「解除」における原状回復義務　　契約が解除された場合，各当事者

の原状回復義務は，同時履行の関係に立つ（一般原則）$\binom{546}{条}$。終身定期金契約の解除については，特に明文がある$\binom{692}{条}$。

ii 「無効・取消し」による原状回復義務　契約が「無効・取消し」となる場合に発生する原状回復義務（給付物返還義務）は，解除とは「原状回復」の理論が異なるが$\binom{詳細は，【 I 】314頁以}{下，【VI】62頁以下参照}$，原則として，同時履行の関係に立つと解してよい$\binom{新設の122条の2第1項は，同様の趣旨を含むと解される。最判昭28・6・16民集7巻6号}{629頁（未成年者の取消し），最判昭47・9・7民集26巻7号1327頁（詐欺による取消し）}$。

　ただし，「詐欺・強迫による取消しの場合」は，問題である。Aが，Bの詐欺・強迫を理由として契約を取り消した場合，不法を行った詐欺者Bに同時履行の抗弁権を与えるべきか否か。民法は，占有が不法行為によって始まった場合には留置権の成立を認めないから$\binom{295条}{2項}$，この場合に，Bに留置権は認められないことは疑いない。この規定との関係で考えるならば，この場合に，同じ履行拒絶制度である同時履行の抗弁権の成立を認めることは，著しく権衡を失することになろう。したがって，前掲最判昭47・9・7は妥当ではなく，詐欺・強迫による取消しの場合には，295条2項を類推して，同時履行の抗弁権は成立しないと解すべきである。

iii 負担付贈与の義務履行　負担付贈与は法的には無償契約であるが，「負担」の有償的要素にかんがみ，負担義務と贈与物の移転義務は，同時履行の関係に立つ$\binom{553条}{参照}$。

iv 弁済と受取証書の交付　弁済の際の受取証書の交付は債権者の中心的（対価的）債務ではないが，弁済者にとっては実際上重要な弁済証拠であるから，弁済者は，弁済と引換えに，受取証書の交付を請求できる$\binom{486}{条}$。

v 弁済と担保物の返還（担保消滅手続）　担保物が動産である場合には，その返還と弁済とは同時履行の関係に立つと解してよいであろう（動産質権，留置権など）。そうしないと，弁済後に第三者による即時取得の可能性があるからである。しかし，不動産（抵当権登記の抹消）については，普通は弁済が先履行であるから，同時履行の関係にはないといえる$\binom{最 判 昭 57・1・}{19判時1032号55}$頁）。

vi 仮登記担保法における清算義務　2か月の清算期間が満了した場合の，債権者の清算金支払義務と債務者の不動産の所有権移転登記及び引渡

義務とは，同時履行の関係に立つ（仮登3条2項）。譲渡担保の場合も，解釈上同様に解される（判例・学説）。

(d) 借地借家関係　借地借家関係では，以下の場合が問題となる（ここでは留置権との競合の問題は捨象して考える）（「債権の牽連性と留置権成立の範囲」の問題に同じ。【III】27頁以下参照）。

　　i　建物買取請求権行使による代金支払義務と敷地明渡義務　借地人が建物買取請求権（借地借家13条）を行使したことによる，地主の代金支払債務と借地人の敷地明渡債務とは，同時履行の関係に立つ（大判昭7・1・26民集11巻169頁，大判昭18・2・18民集22巻91頁，最判昭35・9・20民集14巻11号2227頁）。ただし，地代相当額は不当利得として返還すべきである。

　　ii　造作買取請求権行使による代金支払義務と家屋明渡義務　借家人が造作買取請求権（借地借家33条）を行使した場合において，家主の造作代金支払債務と，借家人の造作引渡債務とが同時履行の関係に立つことは疑いないが（大判昭13・3・1民集17巻318頁），借家人は家屋自体の引渡しを拒絶することはできない，とするのが判例である（大判昭6・1・17民集10巻6頁，最判昭29・1・14民集8巻1号16頁，最判昭29・7・22民集8巻7号1425頁。これらは，最後のものを除き，留置権の成立が問題とされたものだが，双務契約であるから状況は同じ。学説はこぞって反対）。しかし，造作は，「賃貸人の同意を得て」（法33条）付加する建物の価値増殖物なのだから，建物と経済的には一体性を保っている以上，同時履行の関係を肯定すべきである（なお，法33条は任意法規（法37条））。

(2)　双方の債務が弁済期にあること（弁済期の到来）

　533条ただし書は，相手方（請求者）の債務が弁済期にあることを要するとしているが，抗弁者の履行拒絶権は弁済期にあることを前提としているから，実質的には，双方の債務が弁済期になければならない。しかし，実際の取引では，一方が先履行義務を負う場合が多く（明文では，賃貸借（614条），請負（633条），委任（648条）など），その場合には，同時履行の抗弁権は発生しない。しかし，以下のような問題がある。

(a) 先履行義務者の履行遅滞　先履行義務を負う者Ａが履行遅滞となり，その間にＢの債務も弁済期に達したという場合，Ａは同時履行の抗弁権を有するか否か。この弁済期というのは，同時履行の抗弁権を行使する際に，両債務が弁済期にあればよいというのであって，弁済期が同一であることを必要とするものではないから，肯定してよい（我妻・上91頁，鈴

木〔初版〕185）。Ａの遅滞責任については，Ｂはそれ以前に追及できたはずであ
るから，それを怠って同時履行の抗弁権を対抗されてもやむをえないという
べきである。

(b)「不安の抗弁権」　信用売買（掛け売り売買）契約では，一方の債務者Ａが先
履行義務を負うわけであるが，これは，相手方Ｂの財
産状態や支払能力を信用してのことである。このような契約において，Ｂの
信用状態が悪化した場合，Ａはその先履行を拒絶し，同時履行（又は担保の提
供）を要求することができるか。例えば，ＡがＢに毎月一定量の原料を供給
し，その代金は次月払いとする契約において，Ｂから２か月分の代金の支払
いがなく，その上，Ａは，Ｂが倒産寸前だという確実な情報を得たような場
合である。

　このように，信用売買に不安が生じて信用制度（異時的交換関係）が機能し
ないおそれがある場合に，先履行義務を拒絶し，本来の原則に戻って同時履
行又は担保の提供を主張できるとする抗弁法理を，「不安の抗弁権」（Einrede
der Unsicherheit）と呼んでいる（ドイツ，フランス，スイスなどでは認められている。詳細は，神崎克郎「信用売買における不安の抗弁権」神戸法学16巻1・2号462頁以下，清水元「不安の抗弁権」『現代契約法大系・第2巻』79頁以下参照。なお，2017年改正では制度の導入が見送られた）。

　この問題は，更に双務契約一般に拡張されて論じられている。すなわち，
双務契約において，Ｂが履行を請求した際に，Ａは，Ｂの信用不安に伴う資
力不足など予期できなかった事情が生じたために，反対債権の履行を受ける
ことができなくなる具体的な危険が生じたときは，自己の債務の履行を拒否
できるとするものである。

　i　不安の抗弁権の成立要件　不安の抗弁権を認める要件として重要
なのは，後履行義務者（又は双務契約で信用不安に陥った者）の「信用不安」（財
産状態の悪化）を何に求めるべきかである。いったん合意された「履行」方法
の変更であるから，客観性と合理性がなければならない。

　(α)　契約成立後の悪化　財産状態の悪化は，契約成立後に生じたも
のであることはいうまでもない。

　(β)　財産悪化のメルクマール　一方のＡが，「相手方Ｂに倒産手続
開始の決定があったこと，Ｂの財産に対する強制執行があったことその他の

事由により」,「自己の債権につき B から履行が得られないおそれが生じた場合」であることを要する$\binom{部会資料「48」}{38頁参照}$。客観的な事実である。

　　(γ)　信義則からの容認　　さらに，A の履行拒絶が信義則上容認されるべき場合でなければならないと思われる$\binom{東京地判昭58・3・3判時}{1087号101頁参照（肯定）}$。

　　ii　不安の抗弁権の効果　　以下の効果が考えられる。

　　(α)　同時履行又は履行拒絶　　先履行義務にあっては同時履行の主張，同時履行にあっては履行の拒絶である。

　　(β)　担保の提供　　先履行義務・同時履行義務における，取引関係の継続を前提とした「信用」の補強のためである。

　　(γ)　債務不履行不成立　　先履行義務を拒絶し，又は同時履行を拒絶したとしても（一般には担保提供を条件として），債務不履行に陥らないことである。なお，契約解除を認める説もあるが，不安の抗弁権は継続的契約関係を前提としての理論であって，相手方に解除要件が発生すれば解除ができることは当然である。したがって，この制度の「効果」として，敢えて解除を掲げる必要はない。

(3)　相手方が自己の債務の「履行の提供」をしないで履行請求したこと

　　相手方 B が，「履行の提供」をして請求した場合には，一方 A に，同時履行の抗弁権は生じない。しかし，以下の場合には問題である。

(a)　一部の履行
**　　（又は不完全な履行）**　　この場合は，A は，請求された債務が「可分」であるときは，B の未履行ないし不完全な部分に相当する債務部分の履行を拒絶することができ（例，賃貸人が賃貸家屋の修繕を怠るときは，賃借人は，それに相応する賃料額の支払いを拒絶することができる），「不可分」であるときは，不履行ないし不完全部分が重要か否かによって決すべきである$\binom{通}{説}$。

(b)　「提供」と同時履行の抗弁権　　「提供」が同時履行の抗弁権を喪失させるか否か，である。B が提供して請求したにもかかわらず，A がそれを受領しなかった場合に，その後，B が再度本来の履行を請求したときは，A は，同時履行の抗弁権を主張できるか否か（否定

すれば，Bは無条件に支払命令の判決を得ることができ，肯定すれば，Bは引換給付判決を得ることになる）。

判例$\binom{\text{大判明44・12・11民録17輯772頁,}}{\text{最判昭34・5・14民集13巻5号609頁}}$・通説は，肯定する立場に立つ。履行の提供は債務を免れさせるものではないから，両債務の履行上の牽連関係はなお存続し，したがって，他方当事者は，なお同時履行の抗弁権を主張できるのだ，とする$\binom{\text{我妻・}}{\text{上95頁}}$。ただ，そうすると，Aの同時履行の抗弁権を封じるためには，Bの「提供」の継続性が要求されるが，債務の内容によっては$\binom{\text{例，登記所に}}{\text{出頭して登記手続に}}$$\binom{}{\text{協力することなど}}$，Bに過大な負担を強いることにもなろう$\binom{\text{倉田監修・前掲『要件}}{\text{事実の証明責任』116頁}}$$\binom{\text{注 10）}}{\text{〔西野〕}}$。

(c) 「提供」と解除 上記に反し，債権者Bが「解除」をするには，1回の「提供」でよい$\binom{\text{大判大7・8・14民録24輯1650頁（登}}{\text{記所への出頭を履行の提供と認めた）}}$。債務の本旨に従った「提供」があれば，債務不履行として解除権が発生するからである。解除は，自己の債務履行を免れさせる方法であるから，前記**(b)**（履行請求）と違った取扱いになることは，別に問題はない$\binom{\text{我妻・上}}{\text{95-96頁}}$。

(d) 明白な不履行の意思を表明 債務者Aが明白に履行しない意思を表明していた場合において，Bが，その本来の履行を請求するときは，上記**(b)**と同じく，Aの同時履行の抗弁権は失われないが，それを理由としてBが解除するときは，上記**(c)**と同じく，重ねて提供する必要はない$\binom{\text{最判昭41・}}{\text{3・22民集20}}$巻3号468頁（売主が目的不動産を第三者に賃貸したことにつき，それを明確な不履行の意思として，提供しないでした買主の解除を認めた）。

(e) 継続的契約での前期分の不履行 継続的供給契約などで，Bが先月分を不履行した場合には，それを理由として，Aは，今月分の供給を拒絶することができる$\binom{\text{大判昭12・2・9民}}{\text{集16巻33頁}}$。通説）。

⑷ 「行使」しなければ同時履行の抗弁権の効果は生じないか？

(a) 問題の所在 533条は，相手方がその履行を提供するまでは，自己の「履行を拒むことができる」とする。これは，「抗弁」の提出であるから，これを提出する者（同時履行の抗弁権の「効果」を欲する者）には引換給付判決が下されるが，反対に，その効果を欲しない者を保護する必要はないことになる。その意味では，抗弁権の「行使」を要件と解する余地があ

ろう。

　しかし，そう解すると，例えば，Bが履行の提供をしないで請求した場合に，Aは，抗弁権の行使をしない以上は履行遅滞となることになるが，その結論が妥当かどうかは疑問である。本来的に，B・Aの双方の債務は，同一の双務契約から生じたものであって，履行の上では強力な牽連関係にあるからである。

(b) 2つの考え方　この具体的な解釈問題をめぐって，学説は2つに分かれる（沢井『注民⒀』272頁以下，倉田監修・前掲『要件事実の証明責任』119頁以下〔西野〕）。──

　〔A〕　**存在効果説**）　契約関係に同時履行の抗弁権が付着している以上，Aがそれを援用しなくても，その「存在」のみで「効果」が生じると考える（我妻・上97頁，沢井『注民⒀』274頁，鈴木187頁など通説・判例）。したがって，上の例では，Aは同時履行の抗弁権を援用しなくても，正当事由を有しているのであるから，履行遅滞とはならず，また，Bから提供なくして解除されることはないし，同時履行の抗弁権の付着した債権を自働債権として相殺することもできないことになる。

　〔B〕　**行使効果説**）　これに対して，行使を待たずに機能する抗弁権を認めるのは抗弁の本旨に反して不当であるとし，抗弁権の援用（行使）がなければその効果は生じないとする（末川・上76頁，石田56頁（ただし，双務契約の存在を主張すれば，同時履行の抗弁権を行使しているとみてよいとし，「行使」を緩和して考える））。実務ではこの説が多数であるといわれる（倉田監修・前掲『要件事実の証明責任』121頁以下参照〔西野〕）。この立場では，Aは抗弁権を行使しない以上履行遅滞となるが，それを行使すると，遡及的に遅滞の責任を免れることになる。

　上記〔B〕説は，同時履行の抗弁権を厳格に「抗弁権」と解し，そこから要件・効果を導こうとする思考が強い。確かに，533条の権利発現形態は抗弁権的形態であるが，しかし，この規定は，そもそも，実体的関係における履行上の強力な牽連性（＝同時履行の関係）を制度的基礎としているものであり，それが「履行拒絶」形態として発現したにすぎない。したがって，手続的「抗弁権」から効果を導くことは妥当ではないであろう（星野43頁以下参照）。この意味で，私は，〔A〕存在効果説を支持する。

3 同時履行の抗弁権の効果

同時履行の抗弁権の実体は，「履行の拒絶」である。この「履行の拒絶」の意味ないし具体的な効果は，以下のとおりである。

⑴ 引換給付判決

第1は，引換給付判決がなされることである。債権者（原告）Bから請求訴訟が提起された場合において，債務者（被告）Aが同時履行の抗弁権を主張したときは（又は同時履行の抗弁権が存在する場合には），B敗訴の判決をするのではなく，Bの給付と引換えにAに給付すべき旨の判決がなされること（引換給付判決）になる（通説）。もちろん，Aの債務につき同時履行の抗弁権が否定されるならば，Bに無条件の給付判決が下りることになる。

> 【安易な引換給付判決の実務】　「引換給付判決」（同時履行）というのは，原告の請求内容がある程度<u>被告の意思にも合致する</u>であろうと考えられる場合において，一定の給付を提供することにより妥当なところで解決しようとする一部認容判決の一種類である。双務契約の履行関係がその典型であるが，それ以外に，財産上の給付（借地借家6条・28条）など明文規定のある場合や，明文規定がなくても，被告が留置権や同時履行を抗弁として提出している場合など，<u>被告の意思の推認を基礎として認められるべきものである</u>（伊藤眞『民事訴訟法〔第4版〕』209頁以下など通説）。したがって，「引換給付」（同時履行）という発想は，本来，和解や調停の場で機能させるべき観念である。
>
> ところが，近時は，特に借地借家関係で，法的根拠もなく，他方当事者が望んでもいない場面で，安易に引換給付判決がされることが多くなってきた。例えば，賃貸人の立退請求が「権利濫用」として否定されたにもかかわらず，一定の立退料を支払えばその権利濫用性は払拭されるのだと妙な理論を用いて，引換給付判決を出す例である（大阪高判平2・9・25判タ744号121頁，東京高判平5・12・20判時1489号118頁，東京高判平30・5・23判時2409号42頁（原審東京地判平29・9・7判例秘書L07230631は立退料請求の権利濫用の認定のみで引換給付判決を認めてはいない）。後掲第2章第5節❷③⒝ⅳ（176頁）参照）。
>
> 和解や調停では，十分に当事者の意見が反映されるからよいが，引換給付判決では，当事者の一方的な申出を基礎に即断的に判断される傾向にあるため，

他方当事者に不利益をもたらすおそれがある。したがって，引換給付（同時履行）は，和解ではなく，「判決」による場合には慎重な検討が求められる（笹村將文「不動産使用貸借の終了事由について」判タ906号26頁。なお，この問題は，近江「民法理論のいま（2）使用貸借明渡請求の権利濫用と立退料支払」判時2410号123頁以下参照）。

(2)　履行遅滞を生じない

上記したように，抗弁権の「存在」か「行使」かについては争いはあるが，同時履行の抗弁権が機能する以上は，債務者 A に，履行遅滞は生じない。したがって，遅延損害を請求されることもない。また，A は履行遅滞とはならないから，B は，催告による契約解除（541条）はできず，解除をするには，自己の債務の履行の「提供」をしなければならない（通説。前掲**2**3）（c）（52頁）参照）。

(3)　相殺ができない

さらに，同時履行の抗弁権が機能する以上は，この抗弁権の付着した債権を自働債権とする「相殺」は，できない（大判昭13・3・1民集17巻318頁）。

第4節　契約の効力 (2) —— 危険負担

1 「危険負担」制度の意義

(1) 「危険負担」とは何か

　双務契約が成立した場合において，不可抗力などにより，一方の債務者 A の債務が「債務者（又は当事者双方）の責めに帰することができない事由」によって履行不能（＝「危険*」の発生）となったときは $\binom{536条1}{項参照}$**，当然ながら，他方債務者 B の債務の履行（の運命）に影響を及ぼす。この場合，B は，① 自己の債務を履行しなくていい（→その場合は，「危険」は A が負担することになる）のか，② それとも履行をしなければならない（→その場合は，「危険」は B が負担することになる）のか。この不可抗力等によって発生した「危険」の負担者決定の問題を，「危険負担」制度という $\left(\substack{小野秀誠『危険負担の研究』16頁以下，半\\田吉信『売買契約における危険負担の研\\究』7頁以下，\\中田159頁}\right)$。

　この場合，履行不能となった債務は A が本来負っている債務であるから，これを基準として，①の場合を「債務者（負担）主義」といい，②の場合を「債権者（負担）主義」という。

　　＊　「危険」とは　　契約法上にいう「危険」とは，広義では，一方の債務が消滅して履行不能となり，債権者がその履行の請求をできなくなることである。その際，その履行不能が「債務者の責めに帰すべき事由」によるときは，債務者の債務不履行となることは明らかだから，問題ではない（債権者 B の債権の効力に影響を及ぼさない）。

　　　　それゆえ問題となるのは，債務が「債務者（又は当事者双方）の責めに帰することができない事由」で履行不能となった場合である。この場合を，「危険負担」制度における「危険」という（狭義での危険）。

　　＊＊　「債務者の責めに帰すべき事由」による履行不能　　債務者 A の責めに帰すべ

き事由で履行不能となったときは，＊で触れたように，Ａの債務は債務不履行となり，消滅しないで損害賠償債務に転化し，「損害賠償」をめぐる債権債務関係となる$\left(\substack{415\\条}\right)$。反対に，Ｂの債務も消滅しないから，履行又は提供をしなければならず（その際，両債務は同時履行の関係に立つ$\left(\substack{533条\\かっこ書}\right)$），Ｂが履行を免れるためには解除が必要となる。

(2)　存続上の牽連関係

　このように，民法は，契約において一方債務の「目的物」に発生した「危険」を，他方債務の運命の問題（＝存続上の牽連性）として構成しているのである。ここでは，目的物に対する「物権的支配」権限などは，問題とされない。純粋に，債権法プロパーの問題とされているのである。

　このような構成は，特に，近世イギリスにおける海上運送上の危険負担の制度（例えば，「何月に入港する甲船でインドから運ばれる紅茶又は綿布」が売買される場合に，その際の船の沈没や海賊略奪による「危険」は，売主（債務者）・買主（債権者）のいずれが負担すべきかという問題）から発展したといわれる。

　【立法上の二主義と対応】　〔図〕危険負担については，古くから，債務者主義と債権者主義とが考えられてきた。しかし，各国においてもそれが一つの主義で貫かれているわけではなく，契約ないし債務の種類によって，複数の主義を採用しているのが普通である。これまでの考え方を，評価を踏まえて再論すると，――

　　i　債務者主義　双務契約における両債務の対価的牽連性から，一方の債務が消滅すると他方の債務も消滅する ―― したがって，その危険は売主（債務者）が負担する ―― とする考え方。結果的に公平な処理であり，常識にも合致する。日本民法は，2017 年改正で，例外をなくし，この立場に統一した。

　　ii　債権者主義　「利益の帰するところ損失もまた帰する」とする法諺に依拠し，買主（債権者）は，その目的物から転売等による利益を享受し

〔図〕
売主（債務者）Ａ　建物引渡債務　焼失　買主（債権者）Ｂ
代金支払債務
＊ 消滅した債務（Ａの債務）を中心に考える

得るのだから，損失も負担すべきであるとする思想。また，意思主義を前提とする所有者主義に結合する。前掲海上運送などでは妥当するかもしれないが，特定物売買などの危険負担については，まったく不合理な結果を招く（旧534条）。

　　iii　所有者主義（物権者主義）　　自己の所有物の損害は，所有者が負担するのが当然であるとする思想。最も素直な考え方であるが，危険負担制度は，債権（双務）が発生した場合のその牽連性からの処理であり，物権関係を前提とした処理として組み立てられたものではないため，混同すべきでないとする批判も強い。もともとわが国では，旧534条（特定物危険の債権者主義）の不合理性を克服するために，解釈上主張された理論である。したがって，特定物については考慮に値するが，海上運送契約の危険などでは通用しない。

(3)　2017年改正法の骨子

(a)「債務者主義」に統一　　従来も，危険負担については，「債務者主義」が原則であったが（旧536条1項），「特定物に関する物権の設定又は移転」における危険負担については，その例外として「債権者主義」が採用されていた（旧534条）。このことから，取引上重要となる「特定物」の危険負担に関しては，債権者主義が事実上原則化していた。

　しかし，特定物につき債権者主義を適用すると，例えば，建物の売買契約が成立した後にその建物が大震災等で滅失・焼失したときは，買主（債権者）は，引渡しを受けていなくても，代金を支払わなければならないことになる。このような不合理な結果となる旧534条に対して，学説・判例はその適用を否定ないし制限すべき態度を取り（論争の詳細は，【旧版V】53頁以下参照），実社会でも，ほぼ例外なく，売買契約書の中に「引渡前に生じた危険は売主（債務者）負担とする」旨の特約を設けて対処してきたのである。このような状況を反映して，同規定は2017年改正で削除され，債務者主義（新536条1項）に統一された。危険負担については，債務者主義が取引上も公平な処理であり，常識にも合致しよう。

(b)「債務の消滅」構成から「履行拒絶権」構成へ　　もう一つの重要な改正点は，危険負担の効果であり，従来の「債務消滅」構成から，「履行拒絶

権」構成へと変更されたことである。すなわち，従来は，一方の A 債務が消滅した場合に，他方の B 債務も消滅するのかどうかという「債務の消滅」の問題であったが，改正法では，B 債務は消滅しないで存続し，ただ，その「履行（反対給付）を拒む」ことができるものとされた（536条1項。中田165頁以下参照）。したがって，この場合，B 債務は存続するから B 債務の履行義務も存続することになり，それを切断するには解除が必要というになる。

【構成の変更と改正の経緯】　「反対給付の履行拒絶権」構成が危険負担の本質的な効果でないことは，同制度の歴史的経緯を見ても明らかであろう。この構成の変更は，改正法による「解除」理論の理論的認識（再構成）に関係している。

従来，履行不能が生じた場合に，債務者に帰責事由が存在するときは，債務不履行として「解除」することができるが（旧543条），帰責事由が存在しないときは，「危険負担」となるとされてきた（旧533条参照）。

ところが，「解除」については，改正法により，「契約目的を達成することができない」ことが命題とされ，最近の学説（ドイツの学説を含む）を反映して，債務者の帰責事由は不要とされた（542条）。

その結果，不可抗力によって生じた履行不能の場合には，「危険負担」となり得るが（⇒その場合には，その時点で反対債務は消滅する），「解除」もできる（⇒その場合には，反対債務は存続し，消滅させるためには解除の意思表示が必要となる）という，効果を異にする二つの制度が重なることになった。

このような制度間の不整合につき，危険負担制度の廃止（解除に統一）の方向性もあったが，最終的には，危険負担の効果を，従来の「債務の消滅」構成ではなく，債務が消滅しない「履行拒絶権」構成に変更して整合性を図り，両制度を併存させたのである（中田165-166頁参照）。これにより，危険負担の場合においても，債権者が自己の債務を消滅させるためには，「解除」が必要ということになった。「履行拒絶権」構成は，いわば苦肉の策だったのである。

新「危険負担」制度は，このような経緯で，「履行拒絶権」として新たに生まれたものであるが，しかし，それによって〈危険の負担〉制度の本質が変わったわけではない。条文に付された見出しも「債務者の危険負担等」とされている。

2　危険負担の要件

⑴　「双方の責めに帰することができない事由」によること（＝不可抗力）

　債務者が「債務を履行することができなくなった」ことが，「当事者双方の責めに帰することができない事由」によることである（$\substack{536条\\1項}$）。このことの意味は，危険の債務者負担（債務者主義）という視点からは，「債務者の責めに帰することができない事由」（$\substack{旧534条\\1項参照}$）と同義である。「債権者の責めに帰すべき事由」によって生じた履行不能の場合には，債権者は，反対給付の履行拒絶権を否定されるからである（$\substack{536条2項前段。\\後掲⑶参照}$）。

　要するに，履行できないこと（＝履行不能）が債務者の債務不履行に該当しない場合であり，一般的には「不可抗力」による場合，を指している。

⑵　「履行不能」であること

⒜「履行不能」とは　「履行することができない」（履行不能）とは，物理的な履行不能だけでなく，「契約その他の債務の発生原因及び取引上の社会通念に照らして」（$\substack{415条1\\項参照}$）履行不能とされる場合（法律的不能），も含む。

⒝　一部履行不能　一部の履行不能の場合には，① 残部の履行だけでは契約の目的を達することができないときには全部履行不能として扱うが，② それ以外のときは，反対給付も，その割合に応じて縮減することになる。

⑶　「債権者の責めに帰すべき事由」による場合は？

⒜　履行拒絶権の喪失　「債権者の責めに帰すべき事由」によって債務を履行することができなくなったときは，債権者は，反対給付の履行を拒むことができない（$\substack{536条2\\項本文}$）。履行拒絶権の喪失である。債権者は，みずから招いた履行不能であるから，自分の債務を履行しなければ

ならない。

なお，この規定は，債務者が履行不能により自己の本来的債務の全部又は一部を免れる反面，反対給付の全額を請求できるとする制度であるから，債務者が履行を免れたことによって利益を得たときは，その利益を債権者に償還しなければならない（不当利得的処理）$\binom{536条2}{項後段}$。

履行を免れたことによって得た利益とは，それによって支出をしないで済んだ費用がこれに当たることは当然だが，債務者がその間に他の仕事をして得た利益については，争いがある。例えば，歌手AがB所有の劇場で出演する契約を締結したが，Bの過失により劇場が焼失した場合において，AはBから出演料を請求することができるが$\binom{536条2}{項前段}$，その間に，AがCの劇場に出演して出演料を得たときに，その出演料を償還しなければならないのかどうか。肯定説$\binom{我妻・上113頁（債務を免れたこと}{と相当因果関係にあるものとする）}$もあるが，このような出演料は，Aの新たな仕事の対価であるから，「債務を免れたことによって得た利益」とは本質的に異なるというべきである。否定説が正当である。

(b) 受領遅滞中の履行不能　「債権者が債務の履行を拒み，又は受けることができない場合」（＝受領遅滞）において，「履行の提供」があった時以後に，「当事者双方の責めに帰することができない事由」によってその債務の履行が不能となったときは，その履行の不能は，<u>債権者の責めに帰すべき事由によるものとみなす</u>$\binom{413条の2第2項。この問題は，受領遅滞の}{問題として既に論じた。【Ⅳ】75頁参照}$。したがって，この場合には，債権者は，履行拒絶権を喪失し，自分の債務の履行をしなければならない$\binom{536条2}{項前段}$。

そして，この場合も，債務者が履行を免れたことによって利益を得たときは，その利益を債権者に償還しなければならないことになろう$\binom{同項}{後段}$。

③　危険負担の効果

《反対給付の「履行拒絶権」》　危険負担の効果に関する大きな改正点であり，既述したので概略を述べるが$\binom{\text{⑪}(3)(b)}{(58頁)}$，従来，一方Aの債務が不可抗力で消滅した場合には，他方Bの債務も消滅すると

いう「債務の消滅」の問題であったところ，改正法では，Bの債務は消滅しないで存続し，ただ，その「反対給付を拒むことができる」ものとされた（536条1項）。したがって，この場合，Bの債務は存続するから，Bの履行義務も存続することになる。Bが自己の債務を消滅させるためには，契約の解除が必要である。

第5節　契約の効力（3）—— 契約と第三者効

序　説　「契約の第三者効」の意義

　契約は，本来，契約を締結しようとする二当事者の問題であり，したがって，それによって発生した債権・債務の効力（履行義務の負担や損害賠償請求など）は，二当事者でのみ問題となることであり，第三者にその効力が及ぶことはない。しかし，一定の場合には，それら契約の効力が第三者に及ぶことがあり得る。

　第1に，二当事者間で，特定の第三者に直接効力を及ぼすことを内容とし（第三者への履行義務の負担），第三者がその利益を享受する意思を有するならば，このような契約関係を有効とし，その<u>第三者からの直接的な給付請求</u>を認めてもよいであろう。「第三者のためにする契約」は，この視点から，契約の効力としての，第三者の債務者に対する直接的な給付請求権を認めたものである（$\binom{537}{条}$）。

　第2に，債務者が，当該債務の履行過程において，<u>債権者と一定の近接距離にある第三者</u>に対して損害（完全性利益の侵害）を与えた場合には，損害賠償責任が発生することは当然であるが，その責任は，不法行為責任というよりも，当事者と近接した第三者に対する責任であるから，当該契約の効力としての損害賠償責任（契約責任）と理解することが適切であろう。不法行為規範は何ら関係のない一般人間で適用されるものであるのに対し，契約という特別な関係が生じている場合には，契約規範が適用されるべきだからである（請求権競合の問題）（$\binom{詳細は，【Ⅵ】}{102頁以下}$）。この命題を肯定した上で，そうすると，契約には，本質的効力として，「<u>第三者の権利を侵害しない義務</u>」が付随していると考えることが適切である。これを，契約に付随する「保護義務」（$\binom{【Ⅳ】9頁}{以下参照}$）としての「第三者保護効」と呼んでいる（「第三者の保護効」を伴う契約）。

1　第三者のためにする契約

⑴　「第三者のためにする契約」の意義

(a) 第三者の「給付請求権」の発生

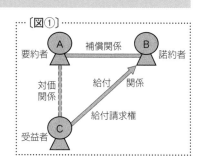

〔図①〕第三者のためにする契約とは，当事者Ａ（債権者）・Ｂ（債務者）間の合意により，債務者Ｂが第三者Ｃに対して給付（履行）することを約し，これによって，第三者Ｃが債務者Ｂに対して直接に「給付請求権（履行請求権）」を取得する，とする契約をいう（537条*1項）。例えば，ＡがＢに自動車を売却するが，その対価100万円については，Ｂが第三者Ｃに支払うとする契約がそれである。この場合，第三者Ｃは，直接Ｂに対して100万円の給付請求権を取得することになる**。

　この際，債権者Ａを「要約者」，債務者Ｂを「諾約者」，第三者Ｃを「受益者」といい，また，Ｂ・Ｃ間を「給付関係」（履行関係），Ａ・Ｂ間を「補償関係」（ＢはＣに対する給付の補償を／Ａ・Ｂ間の契約から受ける），Ａ・Ｃ間を「対価関係」（原因関係）（このような契約成立／の背景には，Ａ・Ｃ／間に一定の対価的／な原因関係がある）という。

> 【「第三者のためにする契約」の基礎】　このような契約関係は，通常は起こらない。起こるとすれば，要約者Ａと第三者Ｃとの間に，何らかの対価的な原因関係があるからである。上記の例では，ＡはＣに100万円の債務があり，それを，自動車を売却することによってＣに返済しようとするなどの事情があろう。また，ＡがＣを受取人として保険会社Ｂと生命保険契約を締結する場合のＡ・Ｃ間にも，更に，Ａが運送会社Ｂに荷物をＣの所に運んでもらう場合のＡ・Ｃ間にも，それぞれ一定の原因をなす対価的な関係があるはずである。しかし，このような対価関係は，第三者のためにする契約の内容とはならない。第三者のためにする契約は，あくまで，第三者に直接的な給付請求

権（履行請求権）を取得させることだけが目的であって，したがって，契約の表面には現れないから，当該契約の効力を左右しない。

　＊　**併存的債務引受に準用**　　「併存的債務引受」は，債務者と引受人との契約でも，第三者である債権者に債務引受の効力を発生させることができる（債権者の引受人に対する「承諾」が前提となるが）。この法的構造は，「第三者のためにする契約」と同じなので，併存的債務引受については，第三者のためにする契約に関する規定が準用される（470条4項。ただし，債務引受制度において，「免責的債務引受」の理論構成に問題があることは，【Ⅳ】242頁以下参照）。

　＊＊　**「不真正第三者のためにする契約」?**　　第三者ＣはＢから利益を受けるが，Ｂに対して直接の給付請求権を取得しないとする契約類型を，「不真正第三者のためにする契約」ということがある。例えば，履行の引受け（474条。Ａの債務の「履行」をＢが引き受ける。【Ⅳ】248頁以下）や，代理受領（Ａへの支払金をＣが代理して受領する。【Ⅲ】371頁以下）などである。しかし，そのような呼び方は，第三者のためにする契約でないということ以上の意味をもつものではない。

(b)「給付請求権」の位置づけ　　第三者の諾約者に対する「給付請求権（履行請求権）」は，第三者のためにする契約自体から生じるものであるが（537条1項），当該第三者が具体的に行使する権利としての「給付請求権」は，当該第三者が債務者に対して「受益の意思表示」をした時に発生する（同条3項。両者の関係については，後掲 (3)(a)（67頁）参照）。

(c)　契約関係の簡略化　　第三者のためにする契約の意義は，契約の相手方（諾約者）からの出捐を自分（要約者）が受け取って第三者に給付することを省略し，諾約者から直接第三者に給付させる点に存する。したがって，Ａ・Ｂ間の契約の法律効果の一部である履行請求権を，第三者Ｃに帰属させたものにすぎない（我妻・上117頁）。

(2)　第三者のためにする契約の成立要件

(a)　債権者・債務者間契約
**　　の有効性**　　第三者のためにする契約の基本は，債権者（要約者）・債務者（諾約者）間の契約（補償関係）である。前記したように，要約者・受益者間の対価関係（原因関係）は，補償関係の背景に存在する事情であって，補償関係の契約とは無関係である。それゆえ，要約者・諾約者間の基本契約が有効でなければならないことは，当然の要件である。この契約は，無償契約でもかまわない。

(b)「第三者の権利取得」
が契約目的　第三者のためにする契約の目的は,「第三者に権利を取得させること」である。したがって, 当該契約において, 諾約者が「第三者に対してある給付をすることを約した」ことが, 契約の内容となっていなければならない$\binom{537条}{1項}$。第三者のためにする契約の基本的な要素である。この合意を根拠として, 第三者の諾約者に対する直接的給付請求権が発生するからである。

　この関係で若干問題となるケースがある。——

　　i　第三者名義の預金や第三者預金口座への振込み　(α) 銀行との間で第三者に預金債権を取得させる目的で預金口座を開設した場合には, 一般に, 第三者のためにする契約に当たる。

　　(β)　しかし, 親が贈与の目的から息子名義で預金をした場合には, 親は, 自分が贈与をした金銭を息子の代理人として預金をしたのだ（第三者のためにする契約には当たらない）とする説が有力である$\binom{森島昭夫「第三者のために}{する契約(1)」法教151号87頁}$。

　　(γ)　第三者の預金口座への振込みは, それによって第三者が支払請求権を有することになるから, 第三者のためにする契約と解してよい$\binom{石田}{67頁}$。

　　ii　電信送金契約　〔図②〕Ａが, Ｂ銀行に対して, Ｃ（受取人）への電信送金を委託し, Ｂ銀行（仕向銀行）が, それを電信為替取引契約のあるＤ銀行（被仕向銀行）にＣを受取人とする支払いを委託した場合。この場合に, Ｃには支払請求権が発生するか。

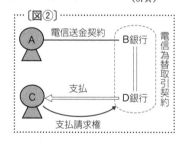

〔図②〕

〔**A**　否定説〕　判例は, Ｂ銀行とＤ銀行との間の電信送金契約には, 第三者Ｃのためにする約旨は存在しないから, Ｄ銀行はＢ銀行との関係ではＣに支払う義務があるが, Ｃに対する関係ではその義務はないとする$\binom{最判昭43・}{12・5民集22巻13号2876頁}$。また, Ｃの支払請求（受益の意思表示）があれば, Ａは支払委託を解除できないが$\binom{538条}{1項}$, Ｃへの支払前であれば, Ａの組戻し請求（支払委託の取消し）が可能であるので$\binom{同条}{2項}$, この場合は第三者のためにする契約では

ないとする（船越隆司「第三者の保護効をともな／う契約」奥田他編『民法学5』55頁）。

　〔B〕　**肯定説**　電信送金契約は A・B 間の契約であり，仕向銀行と被仕向銀行との委託契約はその履行の内部関係（D 銀行は B 銀行の履行補助者とする）であって，送金受取人の法的地位を左右するものではない（森島・前掲／論文(1)89頁）。また，銀行の有する公共的性格にかんがみ，送金受取人の保護を強く考えるべきである（中馬義直「電信送金と第三者のためにする契約」『判例演／習債権法Ⅰ〔増補版〕227頁以下，水本83頁，石田67頁）。

　この契約の基本は，A の B 銀行（公共的性格の金融決済機関）に対する送金契約であって，このような契約においては，一般に，Ａは，Ｃに対して支払請求権を譲渡していると考えるべきである。そして，組戻し制度は，銀行送金における特殊性から，538 条が便宜的に緩和されているものと考えられるのである。B 銀行・D 銀行間の委託契約は，送金契約に基づく履行の一つの方法 ── D 銀行の履行補助者的構成 ── とする〔B〕説が妥当である。ただし，受取人が支払請求権を有しないとする約款に基づいて送金契約を締結した場合にはこの限りでない（もはやここでの問／題範疇ではない）。

　iii　小切手契約　小切手の「所持人」に支払うべきことを内容とする小切手契約（当座預金勘定契約）についても，判例は，銀行の支払保証・支払義務は当座預金者に対して負担するものであり，小切手の所持人に対しては負わないとして，第三者のためにする契約を否定するが（大判昭6・7・20／民集10巻561頁），学説では反対が強い。

(c) 契約時に第三者は不存在・不特定でもよい　契約時において第三者が現に存在しない場合又は特定していない場合であっても，第三者のためにする契約自体の効力は，妨げられはない（537条／2項）。また，第三者の意思に反しても，契約としては有効である。「第三者」は，第三者のためにする契約の要素ではなく，契約から発生する利益の帰属する場所（受益者）にすぎない。

(3)　第三者のためにする契約の効果

(a) 第三者の「給付請求権」と「受益の意思表示」　第三者の諾約者に対する「給付請求権」は，第三者のためにする契約自体から発生するもので

あるが$\left(\substack{537条\\1項}\right)$，当該第三者が具体的に行使する権利としての「給付請求権」は，当該第三者が諾約者に対して「契約の利益を享受する意思（受益の意思）」を表示した時に発生する$\left(\substack{同条\\3項}\right)$。このことは，第三者が給付請求権を享受するか否かは自由であるから，それを望む場合には「受益の意思表示」が必要であり，逆に，「受益の意思表示」をしない場合は，給付請求権を取得しないことを意味する。

このように，「受益の意思表示」は，権利の確定的効力をもつから$\left(\substack{後掲(b)\\i\ 参\\照}\right)$，一種の「形成権」である$\left(\substack{中田\\177頁}\right)$。受益の意思表示は，黙示の意思表示でもよい。

では，受益の意思表示を不要とする特約（例，「当契約が指定する第三者は，意思表示なくして当然に給付請求権を取得する」旨）は有効であろうか。このような特約は，他の者の利益を害する訳ではなく，第三者がこの利益を欲したくなければ受益の意思表示をしなくていいだけなので，有効であると解する。なお，保険契約$\left(\substack{保険法8条「被保険者が損害保険契約の当事者以外の者であるとき\\は，当該被保険者は，当然に損害保険契約の利益を享受する。」など}\right)$や信託関係$\left(\substack{信託法88条1項本文「信託行為の定めにより受益者となるべき\\者として指定された者は，当然に受益権を取得する。」など}\right)$では，このような特約構造になっている。

(b)「給付請求権発生」の効果　第三者が「受益の意思表示」をして「給付請求権」が発生した場合には，次の効果が発生する。

i　権利の確定効　「第三者の権利〔給付請求権〕が発生した後は，当事者は，これを変更し，又は消滅させることができない」$\left(\substack{538条\\1項}\right)$。「これ」というのは，文言上「給付請求権」を意味するから，給付請求権の内容の変更や給付請求権自体の消滅をさせることができないということである。受益の意思表示の形成権的効果である。

ii　解除の制限　第三者の給付請求権が発生した後に，債務者がその第三者に対する債務を履行しない場合には，契約の相手方（債権者・要約者）は，その第三者の承諾を得なければ，契約を解除することができない$\left(\substack{538\\条2\\項}\right)$。

(c) 要約者（債権者）の地位　要約者（債権者）は，第三者のためにする契約の「当事者」として，諾約者（債務者）に対し，以下の権利を有する。

i　第三者への履行請求権　要約者は，諾約者に対して，「第三者に履行するよう請求」することができる。この権利は，第三者の給付請求権と同じ内容をもつが，両者の関係をあえて論じる実益はない（例えば，連帯債権か否かなど）。

ただ，第三者が受益の意思表示をしない場合でも，また第三者がいったん受益の意思表示をした後にその権利を放棄した場合でも，契約自体が不能となり又は解除されない限り，要約者の請求権は存続すると解すべきである。

この履行請求権の消滅時効は，契約の成立の時から進行する（大判大6・2・14民録23輯152頁）。これが消滅した場合には，第三者の権利も消滅すると解することができる（森島・前掲論文(2)法教152号118頁）。

ii　損害賠償請求権　第三者が受益の意思表示をした後に諾約者の不履行があった場合，第三者に損害賠償請求権が発生することは疑いないが，要約者自身に損害賠償請求権があるだろうか。

諾約者の履行につき要約者に「特別の利益」（例，諾約者の不履行によって要約者が第三者に対して損害賠償義務を負うなど）があるときは，独立した損害賠償を認めるべきだとする説があるが（我妻・上126頁，石田72頁，森島・前掲論文(2)118頁），しかし，そのような「特別の利益」的事情は要約者・第三者間の内部関係（対価・原因関係）にすぎず，要約者・諾約者間の契約関係には表出しないというべきである。したがって，第三者に損害賠償をした場合には，要約者の賠償請求権は否定すべきである（「特別の利益」的事情が契約の内容となっている場合は別であるが，その場合はここでの問題ではない）。

iii　取消権・解除権　538条は，「第三者の権利〔給付請求権〕が発生した後は，当事者は，これを変更し，又は消滅させることができない」と規定するが，では，この規定との関係で，第三者の権利が確定した後に諾約者不履行の場合には，要約者は契約の解除ができないのであろうか。

〔A〕　**否定説**　538条の趣旨から，第三者の承諾がなければ解除できないとする。

〔B〕　**肯定説**　538条は当事者の合意で任意に第三者の権利を消滅させ

ることができないという以上の意味はなく，むしろ第三者の権利は契約から
生じるものであるとして，契約解除の運命に従うべきだとする（我妻·上127頁）。

　　〔C〕　折衷説）　〔A〕説では第三者の利益は保護されるが要約者は不当
に長く拘束される場合が出てくるので，そのようなおそれがある場合には第
三者の同意を必要としないで解除でき，そのおそれがない場合は同意を必要
とするとする（石田72頁）。

　第三者の権利確定といっても，基本契約である補償関係から発生するもの
であって，その基本関係に契約解消原因があるならば，直接に影響を受ける
ものといわざるを得ない。538条は不履行の場合の解除権を否定した規定で
はないから，肯定説が正当であろう。

(d) 諾約者（債務者）の地位　　〔図③〕第三
者のためにする契約により，諾約者（債務者）には，
以下の権利・義務が発生する。

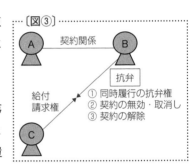

〔図③〕

　　i　第三者に対する履行義務　　第
三者には給付請求権が発生するから，こ
れに対応し，第三者に対する給付義務（履
行義務）の負担が中心となる。

　　ii　要約者に対する抗弁事由の対抗　　諾約者は，要約者との契約に基
づく「抗弁」をもって，その第三者に「対抗」することができる（539条）。具体
的には，――

　　(α)　要約者から反対給付を受けていない場合は，第三者に対し同時履
行の抗弁権を主張できる。

　　(β)　要約者・諾約者間の契約の無効・取消しを主張して，第三者の給
付請求権の消滅を主張できる。

　　(γ)　要約者に不履行があれば，契約の解除を主張できる。

　　＊　**第三者の詐欺は？**　　第三者Ｃが諾約者Ｂを詐欺した場合は，契約の相手方の
　　詐欺か，それとも第三者の詐欺となるのか。第三者のためにする契約は，Ａ・Ｂ間
　　の契約であるから，相手方の詐欺ではない。したがって，第三者の詐欺として，要

約者 A がその事実を知ったときに限って取り消すことができるというべきである (96条\n2項)。

2　契約の「第三者保護効」

(a)「第三者保護効」とは何か　契約は，当事者間でのみ権利・義務を発生させる法律関係であり，原則として，第三者に契約の効力（履行義務の負担や損害賠償請求など）が及ぶことはない（「第三者のためにする契約」は，当事者間の「意思」によって，契約の効力を第三者に及ぼそうとするもので，その例外であった）。

　では，契約の履行過程において，<u>契約当事者と一定の関係にある者（第三者）</u>が損害を受けた場合に，損害賠償を請求できることは当然であるが，その責任は，一般規範である不法行為責任というよりも，契約当事者と近似的関係のある第三者に対する責任であるから，「契約責任」と理解することが適切である（上記[序説]頁) 参照(63)）。

(b)「第三者保護効」法理の発展　ドイツの判例・学説は，つとに，以下のような事例において，この法理を展開させてきた（各場合における契約当事者は A（債権者）と B（債務者）であり，損害を受けた C は第三者となる）。

　ⅰ　父親 A とその妻子 C が B 運転のタクシーに乗車していて事故に遭遇した場合の，妻子 C の運転者 B に対する損害賠償請求。

　ⅱ　賃借家屋に居住している借家人 A の家人 C が，その家屋の瑕疵によって被った損害につき，賃貸人 B に対する損害賠償請求。

　ⅲ　未成年者 C が親 A に付き添われて医師 B の治療を受けたが，B の治療過誤によって損害を受けた場合の，子 C の医師 B に対する損害賠償請求。

　以上のようなケースで，ドイツでは，<u>「契約当事者以外の第三者」C の「契</u>

約当事者」Bに対する損害賠償請求が認められてきた。

　ドイツにおいてこのような理論が承認されてきたのは，ドイツ不法行為法の特殊性に起因している。すなわち，ドイツでは，不法行為法の構成要件上の狭隘性から，契約締結上の過失理論，積極的債権侵害理論，安全配慮義務論などの「契約責任」理論が高度に展開し，不法行為理論を凌駕していった（詳細は，円谷峻「第三者の為の保護効果を伴う契約についての一考察」一橋研究22号18頁以下，船越隆司・前掲論文48頁以下，田上富信「契約の第三者に対する効力」『現代契約法大系第1巻』103頁以下）。「契約の第三者保護効」理論もまた，このような理論的展開を背景としているが，しかし，ドイツ法での特殊事情はともあれ，民法の一般理論として承認されるべきものである。

(2)　保護義務（契約責任）の理論構成

(a) 前提としての「保護義務」　　「第三者保護効」理論は，第三者の「完全性利益」（生命・身体・財産的諸利益）を保護する「保護義務」として組み立てられるものである。「保護義務」（独立的注意義務）とは，契約の履行過程において，債務者が相手方（債権者）の生命・身体・財産的諸利益を侵害した場合には，「注意義務」違反として，契約責任を負わなければならないとする法理である（【IV】9頁以下）。その際，「契約当事者」を，厳密に当事者だけでなく，その「当事者に近接する一定の第三者」も包摂しようとするのが，「第三者保護効」理論である。したがって，従来論じられてきた「保護義務」（独立的注意義務）理論が，その前提である。

　＊　**ドイツ債務法現代化法の対応**　ちなみに，ドイツ債務法現代化法（2001年改正）は，「債権関係（Schuldverhältnis）」が発生した場合，各当事者は「相手方の諸権利，法益及び利益を顧慮すべき義務」を負わなければならないことを明言した（ド民241a条2項）。そして，債務者がこの債権関係に基づく義務に違反した場合には，債権者に，その損害賠償請求権を与えたのである（ド民280条，282条。以上につき，【IV】11頁以下参照）。

(b) 不法行為規範との関係　　契約当事者であれ，第三者であれ，その生命・身体・財産などの「完全性利益」が侵害された場合には，損害賠償義務が発生することは当然である。そこで，この損害賠償責任は，不法行為責任なのか契約責任なのかの議論がある。

　一方では，わが国では不法行為責任理論が高度に発展しており，このような法理を必要としないとする意見も強力に存在する。既に詳論したので概略を述べると（【Ⅵ】101頁以下参照），確かに，わが国での賠償問題の多くは，不法行為法で対処できるものである。しかし，そのことと，わが民法体系において，このような契約法理が賠償理論として妥当か否かとは別問題である。一般的にいえば，「契約」という場面で発生した損害については，「契約違反」として理解することも重要である（不法行為制度があるからそれで十分という理論は成り立たない）。

　不法行為責任構成と債務不履行責任構成とでは要件も異なるから，「完全性利益」の侵害に際しては，不法行為責任も契約責任も共に発生し，それぞれ異なった形で双方の解決が可能と解すべきであろう。両責任の競合関係（請求権競合論）については，既述した（【Ⅳ】11頁・【Ⅵ】102頁以下）。

第6節　契約の解除

1 契約「解除」の意義

(1) 契約の「解除」とは何か

(a) 一方的意思表示による契約の解消　契約の「解除」とは，すでに締結した契約につき，当事者の一方的な意思表示により破棄し，契約関係を解消させることである。その結果，契約関係は遡及的に消滅するから，まだ履行されていない債務は，履行する必要がないので消滅し，反対に，すでに履行された債務は，履行しなかった状態に戻されることになる（清算的法律関係の開始）。

(b) 解除権の発生原因　解除の発生原因や法的構成については法制度によって異なるが（各国の制度は，我妻・上130頁，山下末人『注民(13)』354頁以下参照），わが民法は，次の2つの場合に解除権の発生を認めた。

　i　約定解除権　契約によって，<u>一方の当事者または双方の当事者が解除権を保留した場合</u>である（例えば，「この契約は，一方または双方の意思表示により，将来止めにすることができる」などの条項が付された場合）。この契約（当事者の合意）によって発生する解除権を，「約定解除権」という（540条1項参照）。なお，約定解除権の行使には「相手方に対する意思表示」を必要とするから（540条1項），双方の合意で契約を解消する「解除契約（合意解除）」（後掲(3)(a)(77頁)，[7](108頁)参照）とは異なることに注意すべきである。

　ii　法定解除権　当事者の一方が債務の履行をしないこと（＝債務不履行）により「<u>契約をした目的を達することができない場合</u>」には，他方当事者は，契約を解除することができる（540条以下）。このように，債務不履行が生じた場合に，法律の規定によって発生する解除権を，「法定解除権」という。

　以上の約定解除権と法定解除権とは，その発生原因（当事者の意思か法律の規定か）が異なるだけで，解除の効果に違いはない。それゆえ，法定解除権に特有の規定（541条～543条）を除き，民法 540 条以下の規定は，約定解除権・法定解除権に共通に適用される一般規定である（540条1項参照）。なお，いくつかの契約（例，売買・請負など）では，その契約に固有の解除原因が定められている。

　そこで，まず，最も重要な「法定解除権」を中心に述べ，約定解除権については，最後に扱う（詳細は，後掲**6**（106頁）以下）。

(c) 解除制度の意義　　契約を解除することの実際的および法律的意味は，次の 3 つである。──

　i　自己の債務の履行を免れること　　解除は契約の解消であるから，契約の効力は失効する。したがって，解除者（債権者）の未履行債務は消滅する。例えば，B が A に鋼材を給付する契約において，鋼材が高騰したため B が給付を渋っているような場合，A が，その鋼材（本来的給付）を請求し，併せて遅滞による損害賠償（遅延賠償）を請求するというならば，その際には，A は代金の提供を免れない（双務契約の効力）。しかし，A が契約を解除して不履行による損害賠償のみを請求するというならば，A は未払代金の提供は必要ないし，既払代金については返還を請求できることになる。

　ii　契約を原状に復すること　　解除権の行使により契約が解消されると，すでに履行された給付は，互いに返還されるべきことになる（原状回復義務の発生）（545条1項本文）。ただ，この原状回復関係について，条文どおり「原状に復させる義務」が発生し，その義務履行によって回復するのか（間接的効果），または，契約が遡及的に消滅する結果として発生するのか（直接的効果），という理論的な差異がある（詳細は，**4**(1)(b)（89頁））。

(2) 解除できる契約の範囲

(a) 片務契約　　法定解除権は，双務契約において典型的にその有用性が見られる。では，贈与契約・消費貸借契約・使用貸借契約などの片務契約においても，法定解除が認められるかどうか。例えば，贈与契約が成立したのに，贈与者が約束の物を引き渡さないので，受贈者が解除する，

のごとくである。

〔A〕　否定説　ドイツ民法やフランス民法などでは解除を双務契約に限っており，また，片務契約では法的拘束力が弱いし，解除の必要性に乏しいとして，片務契約での解除を否定する（山下『注民⒀』659頁以下，星野70頁。同旨，我妻・上148頁。贈与者の債務不履行の場合は損害賠償を認めれば足りるとする（山下・前掲書661頁））。

〔B〕　肯定説　多数の学説は，解除権規定は双務契約に限定されていないし，片務契約に解除を認める意義はあるとして肯定する（石田77頁，高嶋62頁，広中349頁（ただし，この解除は双務契約の解除とは質的に全く異なるとする），平野123頁）。判例も，解除者に解除することについての利益があれば解除権が発生するとする（大判昭8・4・8民集12巻561頁（預金契約の場合））。

　確かに，解除の実際上の必要性は，債権者が自分の債務を免れることに存しよう（我妻・上148頁）。その点からは，相手方に対して債務を負担しない受贈者に解除権を認める必要は疑問となろう。しかし，時宜に遅れた給付では意味がないので，その給付を先に切断しようとすることも解除の効力ではなかろうか。双務契約でもそうだが，例えば，大型家具の贈与を受ける約束に同意したが，期限を過ぎても送付してこないうちに，居住家屋を変え，間取り上その家具を送ってきては困るという場合に，贈与者の給付を止める手段は解除しかないわけである。肯定説が妥当であろう（平野123頁）。

(b) 物権契約・準物権契約　地上権設定契約や抵当権設定契約などの物権契約や，代物弁済契約などの準物権契約は，債権契約と無関係に行われる場合がある。これらは，物権設定（物権契約）と同時に履行が完了し，後に「履行」という債務を残さないのであるから，その「解除」はあり得ない。541条以下は「履行」債務の存在を前提としているからである。しかし，物権契約（物権設定）が行われても，まだ登記や引渡しをすべき履行債務が残っている場合には，その不履行によって物権契約の解除ができると解する余地があろう（我妻・上149頁は，民法は契約の効果について債権的なものと物権的なものとを峻別していないのだから，債権編の解除規定はかかる場合に適用されてしかるべきだとする）。

(c) 更改契約・免除契約　例えば，BがAに対して自動車を引き渡す債務を負っていて，それを金銭の支払いに替える更改契約が成立した場合に，Bが金銭の支払いを遅滞していたときは，更改契約の

解除ができるかどうか。更改契約は，旧債務を消滅させて新債務を成立させる契約であるから，Bが金銭債務を履行しないことは，更改契約そのものではないとし，解除を否定するのが通説である（我妻・上150頁）。免除契約も同様に解している。しかし，判例は，更改も一つの契約として解除を認めている（大判昭3・3・10新聞2847号15頁）。

(3)　解除と類似の制度

　解除は，解除権の行使によって，契約を解消するものであるが，同じく契約を解消する方法として，解除とは異なる以下の法制度がある。

(a) 解除契約（合意解除）　契約の効力が発生した後に，両当事者の合意で契約の効力を消滅させるものである。例えば，新家屋を購入する際に，現在の家屋が一定期間内に売却できなかったときは，違約金を生じることなく当該売買契約を解消する，とする買替え特約などがそれである。二当事者の「合意」（契約）に基づく解除であるから，単独行為の解除に関する規定の適用はなく，すべてその合意内容に服する（後掲**7**（108頁）で扱う）。

(b) 解除条件　一定の事実の生起を解除条件として，その成就により契約の効力を消滅させる特約である（解除条件付法律行為）（127条2項）。例えば，落第すれば（＝解除条件），これまで続けてきた奨学金の支給を停止するなど。法律行為の「付款」（Nebenabrede）としての「条件」であって，解除ではない。

(c) 失権約款　一定の事実（債務不履行など）が発生すれば，債権者の意思表示なしに，債務者は当然に一定の権利を失う，とする特約である。例えば，割賦売買契約で，買主は，1回でも割賦金の支払を怠れば，契約を解消し目的物に対する権利を失う，とするなど。

(d) 告知（解約告知）　解除は契約関係を「原状に戻す」制度であるが，例えば，不動産の賃貸借契約など，継続的契約においては，ある時点で契約関係を解消しようとする場合に，それまで存続してきた契約の効力を原状に回復することは不可能かつ無意味である。したがって，継続的契約における「解除」は，将来に向かっての契約の解消でなければならな

い。ちなみに，620条は，賃貸借の解除は，「将来に向かってのみその効力を生ずる」と規定する(この 規定が，630条，652)(条，684条で準用されている)。これを，一般の解除と区別して，「告知（解約告知 Kündigung）」と呼んでいる。

(e) 取消し すでに成立して効力が<u>生じている法律行為について</u>「取消事由」（制限能力者の行為や瑕疵ある意思表示など）が存在する場合，取消権者が，その法律行為を遡及的に「無効」とする行為（単独行為）である(120条・)(121条)。

(f) 撤 回 まだ終局的に<u>法律効果を生じていない法律行為につき</u>，その効<u>力の発生を阻止</u>することである。民法では，撤回の場面で「取消し」の用語が使われていることがあるが（例えば，無権代理行為の取消し(115条，)(118条)），「取消し」は法律行為がいったん有効に成立したことを前掲としているから，「取消し」と「撤回」とは峻別すべきである。

2 解除権の発生要件

(1) 「債務不履行」による解除

(a) 債務不履行により発生 法定解除権とは，当事者の一方（債務者）が債務不履行に陥ったことにより，<u>契約の目的を達す</u>ることができない場合に，法律の規定により発生するものである(540条)(以下)。債務不履行については既に詳論したので([IV]53)(頁以下)，ここでは解除に関係する限りで概略を述べると，次の二つの形態がある。

(b) 履行遅滞 履行遅滞とは，債務者が履行しないで「履行期」(<u>履行すべき</u>時期)を徒過したことであって，その「時期」は，債務によって異なる。すなわち，債務の履行について，① 確定期限があるときは，期限の到来した時(412条)(1項)，② 不確定期限があるときは，債務者が，その期限の到来した後に履行の請求を受けた時又はその期限の到来したことを知った時のいずれか早い時(同条)(2項)，③ 期限の定めのないときは，債務者が履行の請求を受けた時(同条)(3項)，である。

債務者に履行遅滞が生じた場合には，債権者は，「相当の期間を定めてその履行の催告」をし，その期間内に履行がないときは，相手方は，契約の解除をすることができる（541条本文）。これを「催告解除」といい，① 債務者が履行期に履行しないこと，② 債権者が相当の期間を定めて履行を「催告」したこと，③ 債務者がその催告期間内に履行をしないこと，が要件となる。債務不履行による解除原則である。

(c) 履行不能　履行不能とは，債務の履行が不可能なことであるが，「不能」は，① 物理的な履行不能はもとより，「契約その他の債務の発生原因及び取引上の社会通念に照らして」判断されるから（412条の2第1項），「法律的な不能」もこれに含まれる。更に，解除原因としての「履行不能」は，「契約をした目的を達することができない」ことが実質的理由であるから（542条参照），② 債務者の履行拒絶，③ 一部不能で契約の目的を達することができない場合も，これに当たる（415条2項参照）。

(2) 催告解除

(a) 催告解除とは何か　履行期を経過しても履行がない場合，債権者は，なお履行を促すべく，「相当の期間を定めて履行の催告」をしなければならない。この「催告期間」内に履行がないときに，債権者は，契約の解除をすることができる（541条本文）。これを「催告解除」といい，債務不履行（履行遅滞）の解除原則である。

　　i　催告の方法　「催告」は意思の通知であって，その方法は問わない。文書に限らず，メールや電話でもよい。

　　ii　催告の時期　催告は，債権者が履行遅滞に陥った後に改めて行うことになる。しかし，同時履行の抗弁権が付着している債務については，債権者の履行の提供と催告とは同時でもよく，また，債権者の提供は，履行期に提供しなくても催告で示された期日までにされれば，催告の後でもよい。

　　iii　「相当の期間」　「相当の期間」とは，当該給付義務を履行できるための相当の期間ということであって（したがって，給付義務の内容に依存する），催告で示された期間というわけではない。ただ，債務者が催告を受けてから

履行を完了するのに必要な期間ではなく，既に契約の趣旨に応じた<u>履行の準</u>
<u>備をしていること</u>を前提として履行に必要な時間である。既に履行遅滞にあ
る債務者を，それ以上に保護する必要はないからである$\binom{中\,田}{203頁}$。同様の理由
から，催告で示された期間が相当でない場合でも，催告自体は無効ではない
と解される$\binom{我妻・上160}{頁など，通説}$。

iv　過大催告または過小催告　　「催告」は，その方法を問わないものの，
「債務の同一性」が明らかとなるものでなければならない。

(α)　過大催告　　まず，債務者の給付すべき数量より過大の数量を示
した「過大催告」$\binom{誤ってされ}{た催告など}$である。「債務の同一性」が客観的に認識されれ
ば，「催告」としては有効である。もちろん，その際の解除権は，債務者の履
行すべき数量の範囲内で発生する。

(β)　過小催告　　他方，「過小催告」についても，「債務の同一性」が
認識されれば，「催告」として有効である。しかし，解除権が成立する範囲は，
催告の本質である「請求」の趣旨からして，原則として，催告に示された数
量だけについて発生すると解するのが妥当である$\binom{我妻・}{上159頁}$。したがって，催
告されない部分については，解除の対象とはならないというべきである。

iv　「期限の定めのない債務」の催告　　「期限の定めがない債務」は，
履行の請求（催告）を受けた時から遅滞となるから$\binom{412条}{3項}$，純理論的には，一
旦請求（催告）をして遅滞に陥らせ，その後改めて相当期間を定めた催告が必
要となろう。しかし，そのような迂遠な手間は必要でなく，一度の催告（相
当の期間を定めた催告$\binom{591条1項（消費貸借）}{上の債務）の類推}$）で十分というべきである$\binom{通説。大判大}{6・6・27民録}$
$\binom{23輯}{1153頁}$。

　また，期限の定めのある債務でも，双方当事者が履行期を徒過していると
きは，期限の定めのない債務となる。したがって，一方の当事者は，自己の
債務を提供して（同時履行の抗弁権との関係で），相当の期間を定めた一度の催
告をすればよい$\binom{大判大13・5・}{27民集3巻240頁}$。

v　催告排除特約　　例えば，「期限内に履行がなければ催告なくして
解除できる」とする催告排除特約の有効性いかんである。世上よく見られる
特約であるが，催告解除が民法の解除原則である以上，そのまま認めるわけ

にはいかない。無催告解除に類する事情$\binom{542条}{参照}$が存在する場合に認められると解すべきであろう。

(b) 催告期間内に履行がないこと 催告期間内に債務が履行されない場合に初めて，債権者に解除権が発生する。催告期間経過前でも，債務者が履行しない意思を明白に表明した場合には，その時から解除権が発生する$\binom{542条1項}{5号参照}$。なお，解除権が発生するということであり，その行使には解除の意思表示が必要なことはいうまでもない$\binom{解除権の行使は}{後掲③(87頁)}$。

(c) 軽微な不履行は例外 ただし，「履行遅滞」$\binom{上記}{(1)(b)}$の場合において，「その〔催告〕期間を経過した時における債務の不履行がその契約及び取引上の社会通念に照らして軽微であるときは」，解除権は発生しない$\binom{541条た}{だし書}$。催告解除に対する例外であり，不履行が「軽微」であることは，債権者にとって，必ずしも「契約の目的を達することができない」とは言えないことを意味しよう。そうすると，新設されたこの規定は，解除権の濫用法理に通ずる側面もあろう。

この問題は，わが国特有の深刻な歴史問題を孕んでいるため，その事実とリンクして理解されなければならない。後述する$\binom{後掲(4)(82頁)，86頁【小作争議と}{「信頼関係破壊」理論の成立】参照}$。

(3) 無催告解除

(a) 無催告解除とは何か 「催告」は，債務者が債務不履行に陥っても，なおかつ履行が可能であれば履行させようとする請求（履行の催促）であった。しかし，履行不能や履行拒絶など，もはや履行されることがない場合や，これからの履行では「契約をした目的を達することができない」場合には，「催告」すること自体無意味である。このような場合には，催告することなく，解除することができる。

(b) 「無催告解除」事由 以下に掲げる場合には，債権者は，「催告」をすることとなく，直ちに契約の解除をすることができる$\binom{542}{条1}$項$)$。

i 履行不能 債務の全部の履行が不能であるとき$\binom{同項}{1号}$。

ii 履行拒絶 債務者がその債務の全部の履行を拒絶する意思を明確

に表示したとき $\binom{同項}{2号}$。

iii　一部不能・一部拒絶の場合　債務の一部の履行が不能である場合
又は債務者がその債務の一部の履行を拒絶する意思を明確に表示した場合に
おいて，「残存する部分のみでは契約をした目的を達することができない」と
き $\binom{同項}{3号}$。

iv　定期行為の場合　「特定の日時又は一定の期間内に履行をしなけ
れば契約をした目的を達することができない」ものを，「定期行為」と呼んで
いる（その場合，それが契約の性質によるものを「絶対的定期行為」といい，当事
者の意思表示（合意）によるものを「相対的定期行為」という）。定期行為は，債
権者にとっては，期限の徒過により無価値となるから，不能に準じて扱われ
る。このような定期行為については，債務者が履行をしないでその時期を経
過したとき $\binom{同項}{4号}$。

v　その他履行の見込みがないとき　前各号に掲げる場合のほか，債
務者がその債務の履行をせず，債権者が前条の催告をしても契約をした目的
を達するのに足りる履行がされる見込みがないことが明らかであるとき $\binom{同項5}{号}$。

(c)「一部の解除」事由　無催告解除事由が，債務の「一部」に生じたときで
ある。この場合には，債権者は，前条の催告をする
ことなく，直ちに契約の一部の解除をすることができる。次の各場合である
$\binom{542条}{2項}$。

i　一部の履行不能　債務の一部の履行が不能であるとき $\binom{同項}{1号}$。

ii　一部の履行拒絶　債務者がその債務の一部の履行を拒絶する意思
を明確に表示したとき $\binom{同項}{2号}$。

(4)　継続的契約の解除

(a) 継続的契約の意義　民法典は，契約類型として，契約による給付が一回
的なもの（一回の給付で契約関係が終了する契約）と，
継続的なもの（給付が一定期間継続する契約）とを区別していない。売買は前
者の例であり，賃貸借や委任は後者の例である。むしろ，民法の契約原則は，

一回的契約（一時的契約）を前提にしているといえるのである。このような契約構成はローマ法的契約観念を受け継いでいるものであるが，これに対して，ゲルマニステン（ゲルマン法学者）であるギールケ（Gierke）は，ゲルマン社会の契約実体に着目して，契約類型の中には債権関係が継続して存在するものがあることを抽出し，その特質を論じた（平野義太郎『民法におけるローマ法思想とゲルマン法思想』313頁以下参照）。

　これに端を発して，学説は，民法典の中で債権関係が継続する契約（例えば，民法典上の賃貸借・使用貸借・雇用・委任・寄託・組合・終身定期金や，ガス・電気等の継続的供給契約など）を，通常の契約類型に対比させ，「継続的契約」として理論化してきた。債権関係が継続する契約につき，一回の履行によって債権関係が消滅することを前提とした民法の契約原則を，その成立・存続・終了の各段階において，そのまま適用させては不都合が生じるというわけである。この契約類型の特質は，次の点にある。

　i 「信頼関係」に依存　　第1は，債権関係が継続する*こと*から，その成立・存続については，契約当事者の「信頼関係」に依存することが大きい。そのため，「信頼関係理論」の構築が必要である。したがって，解除「要件」としては<u>信頼関係の破壊の観点から考えるべきこと</u>。

　　＊　**債権関係の継続性**　　継続的契約とは，<u>給付の本質上債権関係が継続すること</u>，すなわち<u>給付義務が契約期間だけ存続すること</u>を特徴とするものであって，債権関係の存続が本来の一回的給付に還元することができる契約（例えば，割賦売買で代金の支払いが1年間続くとする契約）は，継続的契約ではない（代金を数次に分けて支払うにすぎない）。

　ii 解除非遡及の必要　　解除の「効果」については，すでに給付された債権関係を覆滅することは無意味でありかつ法律関係を複雑にするだけだから，<u>将来に向かっての契約解消</u>（解除効果の不遡及）とすべきこと。

(b)「告知」（継続的契約の解除）　継続的契約について最も問題なのは，その解除である。民法の解除の一般理論がそのままでは妥当しないと同時に，541条・542条の適用関係が問題となる。

　i 「告知」概念の必要性と「解約」　　(α)「告知（解約告知）」「解除」は，契約の解消（＝原状への復帰）をもたらすが，継続的契約においては，

解除によって原状へ復帰させることは不可能であり,無意味である。例えば,賃貸借契約を解除した場合に,すでに正当に履行されてきた利用関係を原状に復して,契約を無効とすることの無意味性を考えればわかろう。それゆえ,民法は,賃貸借契約が解除された場合には,将来に向かってのみその効力を生じるとした$\left(\substack{620\\条}\right)$。雇用契約$\left(\substack{630\\条}\right)$,委任契約$\left(\substack{652\\条}\right)$,組合契約$\left(\substack{684\\条}\right)$についても同様である。

そこで,学説は,このような,<u>将来に向かってのみ契約の効力が失効する</u>解除を,原状回復を本質的効果とする一般の解除と区別して,「告知(解約告知)」(Kündigung)と呼んでいる$\left(\substack{民法典では区別せず一\\様に解除としているが}\right)$。

　(β)「解約」　　他方,民法は,債務不履行を前提とする「解除(ないし告知)」と区別して,<u>債務不履行を前提としない契約の解消</u>を「解約」と呼んでいる$\left(\substack{617条・618条・619条(賃貸借)\\627条・629条・631条(雇用)}\right)$など)。この場合は,540条以下の法定「解除」ではないから,契約の解消は,一方当事者からの「解約の申入れ」となる。もとより,この「解約」も,継続的契約に特有のもので,将来に向かってのみ契約の効力を失効させるものである。

　ii 541条の適用の可否　　継続的契約の解除が将来に向かって契約を解消させるものであるとしても,履行遅滞があった場合には,541条の規定に従って(すなわち,遅滞後の「催告」を前提として)「告知」(解除)がされるのであろうか。それとも,継続的契約に特有の告知方法によるべきなのか。

　〔A〕**541条適用説(催告必要説)**　　判例$\left(\substack{大判昭7・7・7民\\集11巻1510頁など}\right)$・通説$\left(\substack{我妻・中一\\451頁,星}\right.$野$\left.\substack{196\\頁など}\right)$は,「告知」についても,<u>基本的には</u>,541条の方式(履行遅滞→催告→解除)に従って契約を解消すべきだとするが,ただ,一方で,① 賃借人の違反行為が著しく信義に反するときには無催告解除も認め,他方で,② 些細な不履行については権利濫用ないし信義則違反として解除を認めない。さらに,③ 借地借家契約の解除については,定着した信頼関係破壊理論の適用を認めている。

　〔B〕**541条非適用説(催告不要説・信頼関係破壊理論)**　　信頼関係を基礎としている継続的契約にあっては,一回的契約を前提とする541条(些細な不履行による解除を可能とする)を適用すべきではなく,628条・663条2項・

678条2項等の「やむを得ない事由」を類推して,「重大なる理由」すなわち信頼関係の破壊がある場合にのみ告知（解除）を認めるべきだとする（川島武宜『判例民事法』昭和7年度119事件。同旨,戒能通孝『債権各論』33頁以下,広中俊雄『契約法の研究〔増訂版〕』79頁以下。近時では,来栖366頁,水本118頁など）。なお,この「信頼関係」というのは,賃貸人の経済的利益に関係するところのザッハリッヒ（sachlich 物的）な信頼関係（例えば,賃料の不払いなど）であって,人的な要素（人的信頼関係）を含まないものである（広中・前掲書79頁以下参照）。また,即時告知といっても,軽微な義務違反のときは,催告を要するとしている。

　問題は,軽微な義務違反でも解除（告知）の対象となるかどうかであるが,このような場合に告知を認めるべきでないことは,判例・学説とも一致していよう。その解釈であるが,〔A〕説は,541条の適用を基本とするから催告告知が原則であり,軽微な義務違反についても,催告告知となるのが理論的帰結である。しかし,軽微な義務違反については,信義則違反から告知（解除）を認めないとして修正する。

　これに対し,〔B〕説は,541条の適用を否定するから催告とは無縁であり,信頼関係破壊法理による無催告告知が原則である。しかし,軽微な義務違反は,信頼関係破壊には当たらないから告知ができない反面,義務違反であることは明らかだから,催告を要して告知できると修正する。

　このように,両説は,その立場の基礎を鋭く対立させるものの,修正的に運用しようとするので,結論においては変わらない（今回の改正で新たに規定された541条ただし書は,これら判例・学説の立場を反映したものである）。

　ところで,理論が内包する意味を考えなければならない。継続的な契約関係は,当事者間に信頼関係がなければ,成立しかつ存続し得ないことは明らかである。ここに,一回的給付義務の不履行を規律する規定を適用しようとすることは,理論的に整合しない。このことから,私は,〔B〕説が正当であると考える。ただし,信頼関係法理は,賃貸借に特有のものとして発展してきたものであるから,それがすべての継続的契約に妥当するというわけではなく,契約類型に応じた告知要件が考えられるべきであろう（同旨,星野72頁（ただし,〔A〕説））。

【小作争議と「信頼関係破壊」理論の成立】　この問題は，第一次大戦後に始まる，全国規模で頻発したわが国の壮絶な小作争議を理解しなければならない。わが国の小作料は物納・高率であるが（ちなみに，明治初期の土地収穫米の取り分は，国家34％・地主34％・小作人32％であったから，小作人の手には収穫量の3割ぐらいしか残らないことになる），大正中期以降の深刻な農業危機のなかで，小作人は小作組合を組織し，小作料の軽減要求とその不払い運動を展開して，寄生地主に対抗した。これに対して，地主側は，稲の刈入れを禁止する仮処分を申請するとともに，小作料の不払いを理由に小作地の取り上げを図ったのであるが，そのとき使われた法理論が，541条（不履行による解除）であった。すなわち，不履行（その質的問題は問わず，小作料遅滞など些細な事由でも不履行に該当する）があれば解除できるというのが541条による解除である。判例・学説も，当時この立場を支持していた。

　しかし，このような小作争議や困窮する借家居住問題の深刻さに直面した学説（川島・戒能・末弘博士など）は，継続的契約の告知にあっては，541条の適用はなく，628条等の「やむを得ない事由」を類推して，「重大なる理由」に基づく即時告知権を認めるべきであり，その「重大なる事由」とは継続的契約の基礎である信頼関係の破壊を意味するものだとして，些細な不履行による解除を排除する理論を展開した。この理論は，その後，広中俊雄教授などにより，「信頼関係」（破壊）理論として確立され，少なくとも借地借家関係においては一般的な解除理論として通説化していくのである。

　信頼関係理論は，判例上もまた，学説の対立で明らかにされた2つの機能をもつものとして確立するにいたる。すなわち，第1は，信頼関係が破壊されたときは催告を要せずして解除を認めることである（最判昭27・4・25民集6巻4号451頁，最判昭31・6・26民集10巻6号730頁，最判昭38・9・27民集17巻8号1069頁）。第2は，賃料不払いや用方違背があっても，当事者間の信頼関係を破壊するおそれがない場合には解除ができないとすることである（最判昭39・7・28民集18巻6号1220頁，最判昭41・4・21民集20巻4号720頁，最判昭59・12・13民集38巻12号1411頁（ただし，肯定）。なお，第2章第6節**3**(**d**)**ii**(α)（199頁）参照）。

(5)　「債権者の責めに帰すべき事由」による場合

　解除権は，債務者の「債務不履行」（履行遅滞又は履行不能）の結果，「契約をした目的を達することができない場合」に，債権者に発生する権利である。

しかし，債務の不履行が「債権者の責めに帰すべき事由」によるものである
ときは，債権者は，契約の解除をすることができない$\left(\substack{543\\条}\right)$。

③ 解除権の行使

(1) 解除の意思表示

(a) 形成権　解除権の行使は，相手方に対する一方的な意思表示（単独行為）
であって，形成権である。

(b) 相手方　解除権を行使する相手方は，契約当事者である債務者である。
当該契約によって発生した債権が第三者に譲渡された場合にお
いて，その譲受人は，相手方が債務不履行となっても解除権を有しない。譲
受人が解除権を取得するには，「契約上の地位の移転（契約引受け）」ひつよう
である$\left(\substack{539条\\の2}\right)$。すでに詳論した$\left(\substack{【Ⅳ】249\\頁以下}\right)$。

(c) 撤回の禁止　解除の意思表示は，撤回することができない$\left(\substack{540条\\2項}\right)$。契約
の効力を遡及的に失効させた以上，相手方もそれを信頼し
ているからである。したがって，相手方の承諾があれば撤回することができ
ると解されている$\left(\substack{我　妻・\\上184頁}\right)$。

(d) 条件・期限を付ける
**　　ことができない**　　条件や期限は法律行為の効力の消滅を制約する付
款であるが，契約の効力を失効させる解除に，期
限を付けることは無意味であり，条件を付けることは相手方を不当に不利な
地位に陥れるからである$\left(\substack{我　妻・\\上185頁}\right)$。しかし，催告と同時にする，催告期間内
の不履行を停止条件とする解除の意思表示（例えば，「何月何日までに履行がな
ければ，契約は当然解除されたものとする」旨の催告）は有効と解される。相手
方が履行遅滞をしている場合には，その者に不利益を与えるわけではないか
らである$\left(\substack{通\\説}\right)$。

(2)　解除権の不可分性

(a) 複数当事者の解除原則　当事者の一方が数人ある場合に契約を解除するには，その全員から又はその全員に対してのみ，解除の意思表示をしなければならない$\binom{544条}{1項}$。これを，「解除権不可分の原則」という。複数当事者がいる場合に，法律関係が複雑になるのを避けるためである。

　i　特約による排除　しかし，544条1項は強行規定ではないから，当事者の特約でこれを排除することができる$\binom{通}{説}$。また，現実の双務契約においては，各自の負担する債務も分割的に定まっている場合が多く，その場合には，分割的な解除を認める「黙示の特約」があると考えられよう$\binom{我妻・}{上187}$頁$)$。

　ii　252条との競合　賃貸目的物が複数人の共有である場合に，その賃貸借契約を解除することは，共有物の「管理」の一環であろうか。もし，そう解するならば，252条により全員による解除でなくてもよく（過半数で決する），その限りで544条1項は適用されないことになる。判例は，この立場である$\binom{最判昭39・2・25}{民集18巻2号329頁}$。

(b) 解除権消滅の不可分性　複数ある当事者の一人について解除権が消滅したときは，他の者についても解除権は消滅する$\binom{544条}{2項}$。絶対的効力である。

4　解除の効果

(1)　契約の解消 ── 原状回復

(a)「原状回復義務」の発生　「当事者の一方がその解除権を行使したときは，各当事者は，その相手方を『原状に復させる義務』を負う」$\binom{545条1}{項本文}$。このように，解除権の行使によって当事者に〈原状回復〉義務が発生し，したがって，〈原状回復〉の実現は，この義務の履行によっ

<u>て行われる</u>ことは，条文上明らかである。

(b) 原状回復義務の法的性質論争　しかし，この原状回復義務の法的性質については，〈原状回復〉の法的構成とともに，以下のように，学説上激しく争われている（詳細は，近江「民法理論のいま (1) 改正民法「121」条の2第1項」新設の意義」判例時報2396号120頁以下）。

〔**A**〕　**直接効果説（遡及的消滅説）**　解除によって契約は当初から存在しなかったことになり，契約から生じた効果は遡及的に消滅する，とする（我妻・上191頁以下，我妻=有泉『新訂物権法』102頁以下，石田95頁，加藤一郎『民法ノート(上)』60頁以下，鈴木161頁（但し，間接効果説から転換）など）。その結果，──

①　未履行債務は，消滅する。

②　既履行債務は，<u>法律上の原因を失う</u>ために，不当利得（703条）となる。

したがって，その原状回復義務は，<u>不当利得に基づく返還義務である</u>とする。ただし，返還義務の範囲は，解釈上，現存利益の返還703条から原状回復（全面返還）にまで拡大する（545条1項本文は703条の特則と考える）。

【直接効果説と物権的効果説・債権的効果説】　　「直接効果」というのは，「原因」（Causa）である「契約」（債権契約）が直接に（＝遡及的に）失効することをいう（遡及的失効を導かない次掲の「間接効果」説との対比概念である）。その際，契約によって物権変動が生じているとすれば，その物権関係まで消滅することまでは必ずしも意味しない。物権変動は，固有の原因（物権行為）によって発生するものとも考えられるからである。

この直接効果（遡及的消滅）を前提として，①　契約（債権契約）だけが消滅する（したがって，物権変動を消滅させるためには新たな復帰行為を必要とする）とする説を「債権的効果説」（直接効果説＝債権的効果説）と呼び（この立場は，石坂・末弘・鳩山説などのほか，末川『物権法』78頁，篠塚『民法セミナーII物権法（第一分冊）』28頁など），②　契約だけでなく物権効果も遡及的に消滅すると考える説を「物権的効果説」（直接効果説＝物権的効果説）と呼ぶ。

いうまでもなく，前者は，物権行為の独自性・無因性を承認しなければ成り立たない。これに対し，後者は，フランス法的意思主義説（物権行為独自性否定説）からはもちろんだが，物権行為の独自性と有因・無因とは別であるから（【II】53頁以下参照），物権行為の独自性肯定説からも主張し得る。本文で単に「直接効果説」というときは，②の「直接効果説＝物権的効果説」を指している。

〔B〕　間接効果説）　ドイツ間接効果説の影響を強く受け，解除によって契約自体が消滅するのではなく，契約の作用が阻止されるだけであるとする（鈴木旧説，ドイ\ ツの間接効果説）。その結果，――

① 　未履行債務については，履行拒絶の抗弁権が生じる。

② 　既履行債務については，原状回復請求権（新たな返還請求権）が生じる。その性質は，準契約的返還請求権と解される。

この説に対しては，契約は消滅せずその作用が阻止されるだけだとすると，原契約関係の最終的消滅を説明できないとする批判がある。

【鈴木説の転換】　鈴木禄弥教授は，当初，直接効果説を徹底すると，「解除後の甲乙〔契約当事者〕の給付物返還請求権は，それぞれバラバラな物権請求権ないしその代物としての金銭請求権として扱われ，その結果，たとえば売買目的物が買主の手もとで当事者いずれの責めにも帰しえない原因により滅失した場合には，売主は，目的物の返還は請求しえないのに，代金返還義務は負う，という不当な結果が生じうる」（鈴木\ 160頁）ことなどから，解除は，契約が存在しなかったことにするのではなく，既履行給付について，あらためて返還請求権を発生させる制度であるとする間接効果説に立っていた（鈴木禄弥『物権法講\ 義〔初版〕』100頁以下など，鈴木教授の初期の頃の著作参照。\ ドイツ間接効果説の影響を強く受けている）。

　しかし，その後，学説において特に無効・取消しの効果につき「給付不当利得」構成が大きく展開してきたのに伴い，解除の効果についても，給付不当利得論を前提として論じる形で，直接効果説へと転換されたのである。

〔C〕　折衷説）　上記の間接効果説の弱点を克服するために，間接効果説を基底として，直接効果説による消滅理論を容れ，解除によって未履行債務は解除の時に遡及して消滅するが，既履行債務は消滅せず，新たな返還請求権が生じるとする（広中352頁，水本110頁など。好美清光「契約の解\ 除の効力」『現代契約法大系第2巻』181頁も同旨か）。したがって（〔図①〕参照），――

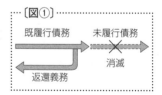

① 　未履行債務は，消滅する（直接効果説に同じ）。

② 　既履行債務については，新たな返還請求権としての原状回復請求権

が発生する（間接効果説に同じ）。

〔**D**〕**債権関係転換説**　上記の古典的な考え方に対し，ドイツの新しい法理論の影響を受けて，解除により原契約債権関係が原状回復の債権関係に転換すると考える説が，有力に唱えられている（山中康雄『総合判例研究叢書・民法⑽』

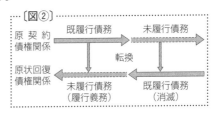

153頁，山下末人「契約解除における原状回復義務と不当利得」谷口知平還暦⑵139頁，四宮和夫『請求権競合論』209頁，辰巳直彦「契約解除と帰責事由」『谷口知平追悼2』357頁）。すなわち（〔図②〕参照），——

①　未履行債務は，原状回復の債権関係の既履行債務に転換して，消滅する。

②　既履行債務は，原状回復の債権関係の<u>未履行債務に転換して履行義務</u>となり，その履行があってはじめて消滅する。

【**直接効果説の理論的矛盾**】　〔A〕直接効果説は，「原状回復」の効果を「遡及的消滅」と捉えるのであるが，このことが，多くの点で理論的矛盾を来しているのである。

（**1**）**遡及効理論で貫徹できない**　直接効果説は，遡及的消滅を理論の中心に据えるのであるが，しかし，その遡及効を理論的に貫徹できず，妥当な結果を得るために<u>多くの制限・特則</u>を設けていることである。すなわち，① 545条1項ただし書を遡及効の制限と解し，② 545条1項本文を703条〔不当利得〕の特則と解し，③ 原契約上の債務と原状回復債務とは別個性の原則にもかかわらず両者の関係は場合によって決めるとし，④ 545条3項も遡及効の制限規定である，などと解しているのである（四宮・前掲書208頁，北村実「解除の効果」『民法講座5』142頁参照）。

（**2**）**全面返還理論との現規定との矛盾**　〔旧来の議論において〕直接的効果説は，返還請求権を不当利得によるものとしながら，返還の範囲が，<u>不当利得返還原則である「現存利益」</u>（703条）ではなくて，なぜ「<u>全面返還（原状回復）</u>」<u>に拡大される</u>かにつき，十分に説明できなかった。この問題がより鮮明になったのは「使用利益」の返還に関してであり，判例は，つとに「原状回復義務の内容として」，目的物を使用したことによる利益（使用利益）の返還を認めていたが（最判昭51・2・13民集30巻1号1頁。この間の議論は，【IV第3版】94頁参照），この理論的説明ができなかったのであ

る。2017年改正は，この点につき，「受領の時以後に生じた果実」の返還を規定したことにより $\binom{新545}{条3項}$，立法的に解決した $\binom{詳細は，後掲}{(2)(c)\ (96頁)}$。

(3)　物権的請求権との競合関係を説明できない　　解除により物権（所有権）が遡及的に復帰する以上，売主は，所有権に基づく返還請求権（物権的請求権）を有することは明らかである。しかし，直接効果説は，原物の返還請求につき，不当利得による返還請求権と構成する（ただし，「占有の不当利得」理論の承認が前提である）。そうすると，この立場では，不当利得返還請求権と所有物返還請求権との競合関係が不明となり，その理論構成は学説によってまちまちである。ちなみに，我妻説では，所有権に基づいて返還請求することが不当利得の返還請求にほかならないといい，鈴木説では，不当利得による占有の返還（債権的）であると同時に，物権的請求権としての性格を有している，などとしている $\binom{問題の詳細は，近江・前掲「民法理論のいま」}{121頁，〔Ⅵ〕「不当利得」50頁以下・62頁以下参照}$。

(4)　損害賠償請求権の理論的根拠の欠如　　545条4項の損害賠償を債務不履行によるものと解した場合，解除によって契約関係は遡及的に消滅するとする以上，損害賠償請求権も遡及的に消滅するのが論の帰結だが，この場合には「遡及効が制限」されて「債務不履行責任」が残存するとする。弥縫的対処といわざるを得ない $\binom{詳細は，後述(5)(b)}{(101頁・103頁)参照}$。

(c)「原状回復」の基本構造　　以上，解除の効果である原状回復義務に関する理論的状況を概観したが，契約の解除とは，まだ履行しない債務があればそれを消滅させ，すでに履行した債務については，その契約規範に基づいて，契約以前の状態に戻させる，ということに尽きる。この場合に，契約の「遡及的消滅」という構成をとる必然性はまったくないのである。ここで重要なことは，その契約規範に基づいて原状回復が行われるべきことである $\binom{山下・前掲論文125頁以下，好美・前掲論}{文181頁，辰巳・前掲論文336頁・353頁}$。その考えに最も適合するのは，民法起草者の考えもそうであったといわれる〔C〕説（折衷説）であり，私もこの説が妥当であると考える。〔B〕説の履行拒絶の抗弁権や，〔D〕説の債権関係の転換理論も説得的ではあるが，若干論理操作的なきらいがあろう。そこで，本書の立場（折衷説）から解除の原状回復について若干敷衍しよう。

i　原状回復を目的とする債権関係の発生　　第1に，解除の基本は，

解除権の行使によって，〈原状回復〉を目的とする債権関係（原状に復させる義務）が発生するのであるから$\binom{545条}{1項}$，その債権関係に基づいて原状が回復されると解すべきである。したがって，原契約が無効・消滅するのではなく，原状回復されるまでは，原契約関係が依然存在しているとする理解が正しい。

ii　原契約に内在する規範による契約解消　第2に，原状回復の法理（契約解消プロセス）は，原契約に内在している契約規範によるものと解される。いかなる契約においても，「債務不履行があれば解除によって契約が解消され得る」旨の合意が存在していると観念することができるからである。その結果，原状回復の債権関係が，原契約の性質を受け継ぐことは当然である。すなわち，双務契約であればその返還関係は双務性を帯び，片務契約であれば片務的性格を帯び，商事債務であれば商事性を有することになる$\left(\substack{大判\\大5・7・18民録22巻1553頁，最判\\昭35・11・1民集14巻13号2781頁}\right)$。

iii　原状回復義務の履行としての物権復帰　第3に，権利の設定・移転などの物権変動は，原状回復義務の履行として復帰することになる$\left(\substack{鈴木禄\\弥『物\\権法講義〔3訂版〕』105頁，\\山中・前掲書140頁など}\right)$。この立場では，所有権に基づく返還請求権との競合問題は生じない（競合問題が生じるのは，法律効果の遡及的消滅を来たす「無効・取消し」（いわゆる「給付不当利得」）の場合であり，それと「解除」を混同してはならない）。

iv　全面返還　第4に，〈原状回復〉ということは，契約成立以前の状態に戻すことであるから，受領した物の「全面返還」であって，契約成立後に発生した果実や利得などもすべて返還しなければならない$\left(\substack{545条2項・3項。\\次掲(2)(a)参照}\right)$。

v　原状回復義務の履行による債権関係の消滅　第5に，この義務の履行によってはじめて，原契約から生じた債権関係（＝債権の規範的拘束）$\left(\substack{【Ⅳ】2頁\\以下参照}\right)$は消滅するにいたる。

【**解除と給付不当利得論**】（*この箇所は，旧版〔第3版〕で叙した2017年改正前の理論状況であり，改正121条の2第1項が無効・取消しの効果を原状回復と規定したことにより，「効果」の対立はなくなった。しかし，制度的異同の問題は残っており，従来何が問題だったのかを理解する上で参考になると思われるので，敢えて残してある*）

i 不当利得の二類型 不当利得法においては，類型論の発展に伴って，その基本的な形態を，「給付がされた場合の清算としての返還関係」と「財貨の帰属法秩序違反としての返還関係」とに分け，前者を「給付不当利得」とし，後者の「侵害不当利得」と区別して理論化する。

そして，「給付不当利得」とは，いったん契約が生じて給付がされたが，無効・取消しなど一定の法的原因によって契約自体が失効した場合に，その給付物の「返還関係」を不当利得として構成しようとするものである。契約自体の消滅であるから，既になされた給付が「遡及的無効」となるのは論理的帰結である。

ii 解除・無効取消し統一論 一方，「解除」の効果を考えた場合，その原因を捨象するならば，その目的は契約の解消・清算であるから，無効・取消しの場合と制度目的は同じである。それゆえ，「給付不当利得」統一論に立つある学説は，解除を無効・取消しと同類と考えて，統一的に不当利得として構成しようとする。そこで，解除を「給付不当利得」の範疇に組み込むためには，解除の効果をどうしても「遡及的消滅」（すなわち直接効果）としなければならないのである。

iii 両者の峻別 (α) 確かに，解除は，原契約の解消・清算という意味では，無効・取消しとその目的および返還関係において共通性を有することは否めない。しかし，解除は，いったん有効に成立した契約の解消に向かう義務の履行過程を問題にするものであるのに対し，一定の法定原因のために契約の存在自体が否定されて契約自体の遡及的消滅を来す無効・取消しとは，制度の趣旨が異なる（山下・前掲論文132頁以下，四宮・前掲書215頁注44など）。

(β) 問題は，給付不当利得の「返還の範囲」である。不当利得と構成したところで，不当利得の返還原則は，「現存利益」の返還（703条）であって，「原状回復」（全面返還）とは無縁である（→改正121条の2第1項により全面返還）。にもかかわらず，統一論は，性質を不当利得としながら，その効果を「全面返還」だというのである。

(γ) しかし，民法は，すでに契約解消制度として「解除」を規定し，その返還原則を「原状回復」として定めている（545条以下）。それゆえ，無効・取消しによる契約成立の否定すなわち契約の「遡及的無効」とは，「原状回復」であるから，制度的にも，「解除」の「原状回復」と同一視されたのである。（事実，解

除での原状回復効果を，無効・取消しの場合にも実現させるために給付不当利得構成が採られたとする理解も可能なのである）。そして，給付不当利得において，原契約規範に基づいて原状回復が行われるというのは$\left(\substack{上記(c)\,ii\\頁)\,参照}\right)$ (93)，解除理論の影響であることは明らかである。

そうであれば，解除について，その効果をいったん「遡及的消滅」だと変更し，その上でこれを「給付不当利得」だとするのは，論理性が逆であろう。要するに，解除と無効・取消しとは，共に既給付を返還して契約を白紙還元させる制度であるが，両者は異別の契約解消制度なのであるから，理論的にもそれらを統一して再構成する必然性はないのである。

(2) 原状回復の「範囲」

契約の解消，すなわち履行がされなかった状態に回復する範囲とは，どのようなことであろうか。これは，基本的には，当該契約から規範的に導かれなければならないことであるが，個別的に利得の返還という特殊的問題もある。

(a) 全面返還　契約の解消であるから，契約締結前の状態に回復することである。したがって，契約によって移動した物・価値は全部返還しなければならない$\left(\substack{545条2\\項・3項}\right)$。これが〈原状回復〉の基本である。返還されるものが金銭である場合にも，その金銭には，それを受領した時から利息を付して返還しなければならない$\left(\substack{545条2項。ただし，この法理自体は，《金銭は絶えず\\利子を生む》という経済原理から発露するものである}\right)$。

(b) 特殊な一部解除　建物等の工事請負契約につき，工事未完成の間の契約の解除については，特有な問題がある。工事内容が可分であり，かつ既施行部分について当事者が利益を有するときは，既施行部分の解除は許されず，未施行部分についてのみ解除ができる$\left(\substack{最判昭56・2・\\17判時996号61}\right.$頁$\left.\right)$。「工事内容が可分」かつ「当事者が利益を有する」とは，既施工部分を他の業者が引き取って工事を続行し，工事全体を完成させたという場合などである。

【一部解除】　前掲最判昭56・2・17。A工務店は注文者Yから建物新築工事を請け負っていたところ，Aに対して48万7000円の手形金債権を有して

いた X は，それを保全するため，A の Y に対する工事代金債権のうち 48 万 7000 円につき仮差押えの決定を得た（8 月 2 日）。そして，X は，その手形金請求認容の確定判決に基づき，上記仮差押中の債権につき，差押えおよび取立命令を得た（10 月 30 日）。ところが，A 工務店は，これより先の 8 月中旬頃，工事出来高が約 49％のところで履行できなくなったため，Y は，A に対し口頭で請負契約を解除する意思表示をした（9 月 10 日）。X から Y に対する取立金請求。

原審は，本件建築請負契約が A の債務不履行を理由に解除されたことにより，A の Y に対する工事代金債権も消滅したとして，X の請求を排除した。

破棄差戻し。「建物その他土地の工作物の工事請負契約につき，工事全体が未完成の間に注文者が請負人の債務不履行を理由に上記契約を解除する場合において，工事内容が可分であり，しかも <u>当事者が既施行部分の給付に関し利益を有するときは</u>，特段の事情のない限り，<u>既施工部分については契約を解除することができず</u>，ただ未施工部分について契約の一部解除をすることができるにすぎない」とする。

(c) 使用利益の返還 直接効果説 $\left(\begin{smallmatrix}判例・\\通説\end{smallmatrix}\right)$ は，返還法理として不当利得に依拠する以上，その返還の範囲が「現存利益」$\left(\begin{smallmatrix}703\\条\end{smallmatrix}\right)$ であることが，論の帰結であるが〔改正前の議論として〕，しかし，判例は，「解除によって <u>売買契約が遡及的に効力を失う</u> 結果として，契約当事者に該契約に基づく給付がなかったと同一の財産状態を回復させるためには，買主が <u>引渡を受けた目的物を解除するまでの間に使用したことによる利益をも返還させる必要がある</u>」として，使用利益の返還を認めていた $\left(\begin{smallmatrix}前掲最判昭51・2・\\13（自動車の場合）\end{smallmatrix}\right)$。理論的には筋が通らないが，「給付不当利得」論 $\left(\begin{smallmatrix}[Ⅵ]59頁\\以下参照\end{smallmatrix}\right)$ の主張そのものであり，結論的には妥当である。

この点は，改正法 545 条 3 項の新設により立法的に解決された。すなわち，「金銭以外の物を返還するときは，その受領の時以後に生じた果実をも返還しなければならない。」とされた。この「果実」には，当然に「使用利益」が含まれる。

なお，使用「利益」とは，使用「価値」と同一であり，具体的には，同一物を取引市場において「使用（用益）」に付した場合の価値をいう。したがっ

て，「用益」の対価と解されるから，「法定果実」相当分に該当する。ただし，売主が代金を受け取っていた場合は，買主の使用利益（法定果実相当分）と売主の支払うべき利息とは対等額で相殺され得る$\binom{575}{条}$。

(d) 滅失・損傷による
**　　返還不能の場合**
解除後に，買主（債務者）に給付された物が，<u>債務者の責めに帰することができない事由で滅失・損傷し，返還不能となった場合</u>である。この場合，解除によって発生した原状回復の債権関係（逆向きの債権関係）を前提として，一般の危険負担規定$\binom{536}{条}$が適用される。

　したがって，買主（債務者）は，解除時の価格による返還（＝填補物返還）をしなければならない（買主は，目的物の引渡しを受けて自己の支配領域に置いているのが通常であろうから，領域説からも是認されよう）。

(e) 必要費・有益費の償還
債務者Bが返還すべき目的物につき必要費または有益費を支出した場合，Bはその償還を請求できるであろうか。しかし，このような費用償還の性質は，本来の契約に基礎づけられた給付の返還請求という類のものではない。つまり，契約の原状回復義務の内容をなすものでなく，むしろ侵害不当利得による返還の問題である$\binom{好美・前掲}{論文195頁}$。

　したがって，売主Aは契約前の原状より悪い状態に置かれるからとして償還請求を否定する$\binom{谷口知平「契約責任と事務管理・不当}{利得との関係」『契約法大系Ⅰ』188頁}$のは妥当ではない。その観点から考えると，基本的に196条が適用となる問題であるから，必要費については全額償還を妥当とするが$\binom{通}{説}$，有益費については，債権者Aにとってはいわゆる「押しつけられた利得」であるから，Aにとって利得となる範囲でその償還を請求できると解すべきである$\binom{我妻・上195頁，山下・前掲論}{文142頁，好美・前掲論文196頁}$。

(3)　原状回復関係の同時履行性

　契約の各当事者は，原状回復として，互いに受領したものにつき返還すべき義務を負っているが，その返還関係は，同時履行である$\binom{546条→}{533条準用}$。同時履行$\binom{533}{条}$は，双務契約における義務履行の規準であるから，契約解消（＝契約締結の逆向き）の場面では直接的には適用されないが，双務契約の解消上当事

者間の公平性を保つ必要性から，準用されているのである。

(4)　第三者の保護

(a)「第三者の保護」理論　解除権が行使
された場合，

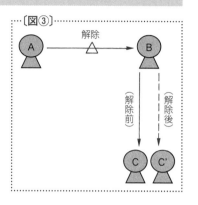

〔図③〕

それまでの契約関係は解消されるから，
契約を有効なものと信じて関与してきた
「第三者」を保護する必要がある。〔図③〕
Ａは，自己所有の不動産をＢに売却した
後にＢの不履行のため解除したが，Ｂが
その不動産をＣに転売してしまった場
合である。この場合のＣを保護する必

要から，民法は，解除の効果は「第三者の権利を害することはできない」と
規定した（545条1項ただし書）。しかし，この規定をどのように理解するかは，各学説の
依拠する理論によって異なる（この問題は，物権変動論の「対抗」をめぐる問題
なので，ここでは理論的基礎と概略を述べる）（詳細は，【II】101頁「解除」と登記」）。

　〔Ａ〕　**効果遡及説（直接効果説）**）　解除の効果が遡及的に消滅するとなる
と，物権または債権の移転などの処分行為も遡及的に効力を失うから，第三
者の権利を害すること甚だしい。それゆえ，この規定は，解除の遡及効を制
限して，解除は第三者の権利に影響を与えないとしたものと解する（取消効
果の制限 96 条 3 項と同じである（我妻＝有泉『新訂物権法』102-103頁））。したがって，この「第三者」
とは，解除「前」に出現した第三者に限られる。しかし，解除「後」に生じ
た第三者との関係は対抗問題として扱うべきだとする（我妻・上 197-199 頁，加藤・前掲書68頁など）。

　〔Ｂ〕　**相対的遡及消滅説（直接効果説修正説）**）　この説は，基本的には直
接効果説（遡及的消滅説）に立つが，対第三者関係での不都合を回避するため，
第三者に対してはその遡及効は生じないとする。ただし，545 条 1 項ただし
書の理解と第三者保護理論については，論者によって異なる。――

　　ⓐ　**第三者優先説**）　まず，髙森教授は，545 条 1 項ただし書の「第三者
の権利を害することはできない」とは，第三者は対抗要件なくして常に優先

する趣旨であり（それが立法者意思である），それは解除の前後を問わないが，ただ，解除後の悪意の第三者に対しては，94条2項，96条3項の悪意者排除と統一的に考えるべきだとする（髙森八四郎「解除と第三者」関法26巻1号115頁，同「解除と登記」民法の基本判例（第2版）59頁）。他方，石田助教授は，同様に解除前の第三者を対抗要件なくして常に優先させるが，解除後の第三者については，対抗問題として扱う（石田 96頁・100頁）。

（⒝　**対抗要件説**）　上記ⓐ説と若干異なり，解除の前後を問わず，第三者との関係はすべて対抗問題として処理しようとする（四宮和夫「遡及効と対抗要件」新潟9巻3号18頁，平井一雄「遡及的無効と登記」法セミ212号130頁）。

〔C〕　**効果非遡及説（復帰的物権変動説）**　　以上に対し，間接効果説・折衷説・債権関係転換説などの解除効果非遡及説では，既履行債務は，遡及的に消滅するのではなく，それが履行されなかった状態に巻き戻されことになり，したがって，いったん買主に移転した物権は，売主に対して「復帰的な物権変動」が生じる。そして，買主Bから第三者Cへの物権変動と，買主Bから売主Aへの復帰的物権変動とが生じ，この関係はちょうど二重譲渡の関係として捉えられるから，「第三者」Cと売主Aとは，基本的に「対抗関係」に立つ（この関係は，解除の前後に左右されない）。したがって，この立場では，545条1項ただし書は注意規定ということになる。

(b) 解釈上の対立点　　「第三者保護」問題についても，各説では以下のような解釈上の対立点が存する。——

　　i　解除の前後による峻別　　直接効果説によれば，既履行債務は解除時点で遡及的に消滅する結果，それまでに既履行債務に発生している第三者を保護するため，545条1項ただし書が置かれたものと解する。この解釈理論では，「第三者」は解除前に生じた第三者に限定されるから，解除後に生じた第三者に対しては，545条1項ただし書の射程外であり，規範規定がない。したがって，解釈に委ねられることになる。この場合に，多くの学説は，〔C〕説と同じく177条（対抗関係）による処理を妥当としているのである。

　　ii　解除前の第三者に善意を要求するか　　545条1項ただし書で保護される第三者には，善意・悪意を不問とするのが通説である。ところが，545条1項ただし書の法的性質につき，〔A〕説は，取消無効の制限（96条3項）と同様

の規定，すなわち無効遡及効の制限と解するわけだから，第三者が保護されるためには，本来的に善意を要求するのが帰結ではなかろうか（96条3項，94条2項の趣旨参照）。また，その問題を回避した〔B〕説は，対第三者関係では遡及的消滅自体を否定する結果，第三者が優先的に保護されることになるはずであるが（論理的帰結），現実的には悪意者を排除しなければならないであろう。

iii　解除前の第三者に登記具備を要求するか　第三者は登記を具備しなければ保護されないというのが判例（大判大10・5・17民録27輯929頁）・通説である（ただし，前掲〔B〕ⓐ説の高森説・石田説では登記具備を不要とする）。この問題も，545条1項ただし書から直截に導かれる結論ではないが，対抗要件的立場に立たなくても，登記の機能につきいわゆる権利保護要件（〔II〕78頁参照）として要求することは可能であろう。その場合には，対抗要件的処理（〔C〕説）と変わらないことになる。

　以上の各点につき，〔C〕説（間接効果説・折衷説・債権関係転換説）では，本来的に，逆方向への物権変動が始まると解するため，「第三者」は物権変動過程の中で対抗要件的な保護を受ける —— 登記による優劣決定 —— にとどまり，特別の優先的な保護を受けるわけではない（545条1項ただし書が注意規定だといわれるゆえんである）。この理は，解除前の第三者であろうと，解除後の第三者であろうと変わるところはない。善意の問題も登記の問題も，対抗要件的規範の中で処理されるのである。〔C〕説が妥当である。

(c) 第三者の範囲　「第三者」とは，解除された契約から生じた権利を新たに取得した者をいうが，債権の差押債権者や債権譲受人はこれに当たらないとされている（通説・判例）。しかし，反対説も有力である。〔図④〕例えば，A・B間の土地の売買契約において，売主Aが代金債権を第三者Cに譲渡し，Bにその通知をしたが，Aの債務不履行を理由にBが同契約を解除した。Cの支払請求に対し，Bは解除をもって対抗できるであろうか（近江「解除と第三者」田山編『民法演習II』61頁）。

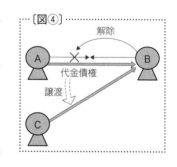

〔図④〕

〔A〕　第三者否定説　判例は，545条1項ただし書にいう第三者とは，

「特別なる原因に基き双務契約の一方の債権者より其受けたる給付に付き或権利を取得したる者」（大判明42・5・14 民録15輯490頁）をいい，それを承けて，「解除せられたる契約に基く債権其ものを譲受けたる特定承継人を包含するものに非ざる」（大判大7・9・25 民録24輯1811頁）ものであるとする。学説も，「解除によって消滅する債権そのものの譲受人は第三者ではない」とする（我妻：上198頁，末川：上169頁）。94 条 2 項，96 条 3 項と同じ意味である。

　〔B〕　第三者肯定説　545 条 1 項ただし書は，「契約に基づく履行効果や契約にもとづいてなされた履行について，第三者にたいして返還請求をなすことを許さぬとする趣旨」であり，その第三者とは，「解除された契約締結後解除前に利害関係をもつにいたった第三者をいう」（山中・前掲 書211頁以下）。これによれば，判例の否定する「契約上の債権の譲受人」，「契約上の権利の転付債権者」などは，第三者に該当することになる（石田 99頁）。

　第三者が保護されるのは，履行された給付につき権利を取得した場合である。しかし，買主 B の代金債務は，本来，解除によって当然に消滅するはずの未履行債務であって（間接効果説を除く），通知 467 条 1 項があったからといって，その消滅を制限するという論理は解除には存しない。同じく第三者が害される場合であっても，既履行給付の利害関係人とは違うわけだから，〔A〕説が正当である。

(5)　解除による損害賠償請求

(a) 問題の所在　　「解除権の行使は，損害賠償の請求を妨げない」（545条 4項）。解除による損害賠償請求権については，3 つの点が問題となる。第 1 は，債務不履行に基づく損害賠償なのか，それとも解除に基づく独自のものか，という法的性質に関する問題である。第 2 は，原状回復と損害賠償とはいかなる関係にあるか，である。第 3 は，損害賠償の範囲である。いずれも，解除の本質にかかわる問題であり，学説の依拠する理論に大きく左右される。

(b) 解除による損害賠償 の法的性質　　まず，解除の効果につき直接効果説に立った場合，契約の効力は遡及的に消滅するから，給付義務は

消滅する。損害賠償は，給付義務の遅滞ないし填補責任への転化であるから，給付義務が消滅する以上は，損害賠償請求権($\frac{415}{条}$)も消滅する。現行損害賠償制度は，債権関係の存続を前提とした不履行責任だからである。そうであれば，545条4項の損害賠償の制度そのものが問われることになろう。

〔A〕 **解除に基づく損害賠償とする説**   直接効果説に立てば，上記のような理論的桎梏が生じよう。そこで，この立場を貫徹するための方法の一つとして，545条4項の損害賠償請求は，債務不履行に基づくものではなく，解除に基づく独自の損害賠償制度ということが主張される。――

ⓐ **信頼利益賠償説（直接効果説）**   債務不履行による損害賠償($\frac{415}{条}$)でないとすると，履行利益の賠償請求が認められる余地はない。したがって，直接効果説に立つ学説は，契約の遡及的無効を根拠にして「信頼利益」の賠償であると主張する($\frac{柚木馨『債権各}{論』320頁以下}$)。ただ，松坂説（保護義務違反説）は若干異なる。すなわち，契約は信頼関係としての債権関係の上に成立する給付義務関係であるとし，この信頼関係は，契約の基礎としての保護義務（契約の締結・履行にあたり，相手方の人格・財貨を害しないよう適当な考慮を払うべき義務）を発生させる。そして，解除によって，給付義務関係（→給付義務の不履行による損害賠償請求権）は消滅するが，その基礎である信頼関係は消滅しないから，保護義務違反による損害賠償を排除するものではなく，この賠償の本質は信頼利益賠償であるとする($\frac{松坂佐一『債権者取消権の}{研究』277頁以下，松坂71頁}$)。

　この説は，直接効果説に立った場合の見解であり，その際の理論的不都合を巧みに回避している。しかし，理論の当然の帰結として，履行利益を問題とする余地はなく，信頼利益に限定せざるを得ない結果となっている。

ⓑ **法定賠償責任説**   545条4項の損害賠償を，一般的に解除そのものに基づく損害賠償と考えることもできよう。すなわち，解除によって損害を被った債権者を保護するために，法律が特別に認めた損害賠償制度とするのである($\frac{勝本正晃『債権法概}{論（総論）』85頁など}$)。賠償範囲は，法定といっても損害賠償の性格が明確でないから基準がなく，履行利益も含み得る($\frac{水本112}{頁参照}$)。ただ，債務不履行による損害賠償は，履行義務の価値的同一性を保った賠償義務への転化であるから($\frac{【IV】76}{頁参照}$)，この場合の損害賠償は不法行為責任的性格のもの

ということになろうか。

　〔**B**〕　**債務不履行による損害賠償とする説**）　545条4項の損害賠償を，解除自体に基づくものではなく，債務不履行によるものと解するのであるが，立場によって主張が異なる。——

　　ⓐ　**効果遡及説（直接効果説）の立場**）　解除によって履行義務は消滅するから，本来，債務不履行責任としての損害賠償請求権は発生しないが，債権者を保護するためにはなお存続するもの —— 解除の遡及効を制限するもの —— と解し，その賠償の範囲は履行利益であるとする（判例，我妻・上200頁など）。直接効果説を貫徹するためのもう一つの方法であると同時に，履行利益の賠償を引き出しているのである。

　　ⓑ　**効果非遡及説の立場**）　間接効果説・折衷説・債権関係転換説など，解除効果を非遡及と考える説では，解除によって既履行債務は消滅しないのだから，債務不履行による損害賠償（しかも履行利益賠償）が理論的に可能となる。したがって，545条4項は，債務不履行による損害賠償を当然に指しているものであり，その賠償は履行利益賠償であるとする（好美・前掲論文180頁，山中・前掲書139頁以下，山下・前掲論文130頁，三宅223頁以下，北村・前掲論文146頁など。なお，山下説については，〔A〕説と見る向きもあるが，損害賠償を原状回復の機能の一つと理解しているにすぎず，その本質を債務不履行責任としているのであるから，この範疇で捉えてよいであろう）。

　そもそも，545条4項の損害賠償については，法文から明らかでない以上は，解除に基づくものとも，債務不履行によるものとも考えられるのであるが，前者と考えたにせよ，近代法における損害賠償制度が民事制裁的機能を有しているからには，本人の帰責性（過失ないし責めに帰すべき事由）が要求されることになる。その意味では，どちらと考えても，実際上の差異はない。しかし，解除に基づく損害賠償と考える立場が説得性を有するのは，解除効果の遡及性（直接効果説）を前提としてのことであり，反対の非遡及的立場では，債務不履行による損害賠償の成立が十分可能なのだから，545条4項をして解除独自の損害賠償であるとする実益に乏しいのである。こう考えると，〔A〕説（特にⓐ説）は独自の理論としか評し得ない。債務不履行による損害賠償と考えた方が素直である。〔B〕ⓑ説が妥当である。

【**解除による損害賠償は履行利益賠償か信頼利益賠償か**】　解除による損害賠償の法的性質について，上記のように，かつて学説は激しく議論してきた。信頼利益の賠償は，無効・取消しなどの特殊な場合の賠償方法である（【IV】80頁参照）。しかし，解除による賠償は，契約を解消して本来的給付請求を諦め，契約が履行されたと同様の償いを得ることであるから，履行利益的賠償が基本とならなければならない（我妻・上201頁参照）。前掲(b)所掲学説で，〔A〕ⓐ説（信頼利益説）以外は，みなこの立場を採っている。ただ，直接効果説では，解除を無効・取消しと同様の遡及的無効を前提としているのだから，若干の理論的操作が必要である（損害賠償「債務」は特別に残存するとしなければならない）。

(c) 損害賠償と原状回復
との関係

損害賠償と原状回復との関係については，3つに分かれている。それぞれの依って立つ解除理論を前提にして理解しなければならない〔*この点も，改正前の議論を前提としている*〕。

〔**A**〕**並列的存在説**　第1は，通説的見解であり，解除の本質は原状に復すること —— 遡及的消滅であれ，将来的消滅であれ —— であるが，損害を受けた場合には（債務者の帰責事由を前提として），それと並列的に損害賠償の請求もできるとする（545条3項の「……を妨げない」を理由とする）。本書もこの立場に立つ。

〔**B**〕**原状回復に損害賠償を従属させる説**　第2は，解除の本質を，債務不履行責任の追及としての原状回復であるとの理解を前提に，損害賠償もまた，原契約関係の否定・給付の返還と共に，原状回復の一環をなすものとする（山下・前掲論文130頁）。

〔**C**〕**損害賠償に原状回復を従属させる説**　解除により原状回復と損害賠償請求とが生じるが，両者の関係は論理的であり，解除による原状回復の目的は，契約を結ばなかった状態に戻るのではなく，損害賠償（差額賠償）の前提を作ることだけである，として損害賠償に原状回復を従属させる（三宅223頁以下，北村・前掲論文146頁。ただし，この立場では，改正法に対する説明が必要となろう）。

5　解除権の消滅

(1)　民法の定める特殊な消滅原因

(a) 相手方の催告　解除権の行使につき期間を定めないときは，相手方は，解除権を有する者に対し，相当の期間を定めて，その期間内に解除するかどうかを確答すべき旨の催告をすることができる。そして，その期間内に解除の通知を受けないときは，解除権は消滅する$\left(\substack{547\\条}\right)$。債務者をいつまでも不安定な状態に置かないためである。

(b) 解除権者の目的物の滅失・損傷　解除権者が，故意若しくは過失によって契約の目的物を著しく損傷し，若しくは返還することができなくなったとき，又は加工若しくは改造によってこれを他の種類の物に変えたときは，解除権は，消滅する$\left(\substack{548条\\本文}\right)$。ただし，この場合，目的物が代替可能なときは解除権は消滅しないと解される$\left(\substack{通\\説}\right)$。

　なお，上記の解除権が消滅する各場合において，解除権者がその解除権を有することを知らなかったときは，解除権は消滅しない$\left(\substack{548条た\\だし書}\right)$。

(2)　解除権の消滅時効

　解除権は，取消権と同じく形成権であるが，取消権$\left(\substack{126\\条}\right)$と異なり，その消滅時効の定めがない。そこで，判例は，解除権の消滅時効は，債権に準じて，解除権発生から5年〔旧法下10年〕であり$\left(\substack{大判大6・11・14\\民録23輯1965頁}\right)$，また，解除権行使の結果生じる原状回復義務も5年とする$\left(\substack{大判大7・4・13\\民録24輯669頁}\right)$。

　しかし，解除権は債務不履行の効果であるから，本来の債務が消滅した後に，解除権（およびそれに基づく原状回復請求権）を行使することは許されないであろう$\left(\substack{我妻・上207頁以下，\\星野96頁，石田102頁}\right)$。

(3)　権利失効の原則

　「権利失効（Rechtsverwirkung）の原則」とは，権利者が信義に反して長く

権利を行使しないでいると，消滅時効・除斥期間とは別に，信義則上その権利の行使が阻止される，とするもので，ドイツの判例・学説で発展した理論である（成富信夫『権利の自壊による失効の原則』参照）。これによれば，解除権も失効する場合があり得る（最判昭30・11・22民集9巻12号1781頁（ただし，認めなかった）。詳細は，【I】368頁以下）。

6 　約定解除権

(1) 「約定」解除権の意義

(a) 約定解除権の発生　「約定解除権」とは，最初に述べたように，例えば，当該契約または別契約で，「この契約は，一方または双方の意思表示により，将来止めにすることができる」などの条項によって留保される解除権である。この場合には，その解除権の行使（一方的な意思表示）によって契約を解除することができる。契約が履行される前にだけ解除できるとする手付の交付（557条）や，売買契約での買戻特約（579条）などは，法律的には解除権を留保したもので，約定解除権の一種である（なお，約定解除は，手付や買戻以外は，あまり見られないといわれるが（我妻・上145頁），ビジネス契約書で一般に置かれている解除特約は，約定解除権と解されよう（後掲ii(β)参照））。

約定解除について，注意すべきことが2つある。

i　解除契約（合意解除）と峻別　第1は，契約関係を解消すること自体を内容とする解除契約（合意解除）とは峻別すべきことである。解除契約は，契約自由の原則から承認される類の契約であり，民法上の解除に関する規定の適用を受けない（前掲**1**(3)(a)(77頁)，後掲**7**参照）。これに反し，約定解除は，法定解除とは発生原因を異にするだけで，一方的な意思表示による解除という点では同一である。したがって，基本的には，法定解除権規定が類推適用され得る。

ii　法定解除権の成立要件を緩和する特約　第2は，債務不履行を理由とする法定解除権につき，その成立要件を緩和する特約がされることがある。

（α）　例えば，債務不履行に備えて，「1回でも遅滞したときは，無催告で解除できる」とする旨の特約であるが，これは，約定解除権ではなく，法定解除と解すべきだとされる $\left(\begin{smallmatrix}我　妻・\\上146頁\end{smallmatrix}\right)$。したがって，法定解除の規定が適用され，その制度趣旨からその有効性などが判断されよう。

（β）　しかし，世上で一般に行われている契約書ひな形において，「売主または買主のいずれかが本契約に基づく義務の履行をしないときは，その相手方は，催告のうえ契約を解除することができる。」とされ，「本契約に基づく義務」として様々な義務が課されているときはどうか。このような場合，「契約の目的を達することができない」という法定解除権の趣旨に反しない限りにおいて，若干ながら解除の成立要件が緩和されているものと解されよう。

(b) 約定解除権の行使　約定解除権の行使も，法定解除権と同じであり，相手方に対する意思表示でこれを行う $\left(\begin{smallmatrix}540条\\1項\end{smallmatrix}\right)$。そして，その撤回は許されない $\left(\begin{smallmatrix}同条\\2項\end{smallmatrix}\right)$。ただ，解除権の行使については，一定の要件が特約されるのが普通である。また，解除の不可分性の規定 $\left(\begin{smallmatrix}544\\条\end{smallmatrix}\right)$ の適用も妨げない。

(2)　約定解除権の効果

(a) 契約の解消（原状回復義務の発生）　解除によって原状回復義務が発生し，契約は巻き戻し的に解消されることなど，すべて法定解除権と同じと考えてよい。

(b) 損害賠償請求権は発生しない　しかし，約定解除権においては，損害賠償請求権は発生しない。損害賠償は債務不履行の本質的効果であるのに対して，約定解除権は，債務不履行を原因としないで発生するものだからである。

(3)　約定解除権の消滅

法定解除権の特別の消滅原因 —— 相手方の催告 $\left(\begin{smallmatrix}547\\条\end{smallmatrix}\right)$，目的物の損傷等 $\left(\begin{smallmatrix}548\\条\end{smallmatrix}\right)$ —— は，約定解除権についても適用される。約定解除権の消滅時効期

間は，原則として5年であり，債権者は，その期間内に解除権を行使し，か
つ原状回復請求もすべきであると解される $\left(\begin{smallmatrix}\text{我 妻・上 213}\\\text{頁，石田104頁}\end{smallmatrix}\right)$。

7　解除契約（合意解除）

(1)　解除契約の意義

　「解除契約」（合意解除）とは，すでに述べたように $\left(\begin{smallmatrix}\textbf{1}(3)(\textbf{a})\\(77頁)\end{smallmatrix}\right)$，両当事者の合
意で契約を解消することである。近時では，住宅を購入する際における，融
資が受けられなかった場合のローン特約や，自宅が売却できなかった場合の
買替え特約等などで見られる。

(2)　解除契約の効果

　合意解除の場合に，解除の効果を遡及させるか否かは，当事者の合意によっ
て決まるが，合意がないときは，遡及的消滅と考えてよい $\left(\begin{smallmatrix}\text{水 本}\\119頁\end{smallmatrix}\right)$。これは，
合意によって直ちに契約関係を白紙に戻すことが約されているからであり，
債務不履行を原因とする原状回復義務の発生とは無縁だからである。した
がって，法定解除権に関する規定は原則として適用がなく，不当利得返還規
範（給付不当利得）によって原状回復がされると解すべきである。現実におい
ても，不動産売買において，「申込金」として授受された金銭については，契
約が締結されないときは，無利息で返還される $\left(\begin{smallmatrix}\text{545条2項の}\\\text{適用がない}\end{smallmatrix}\right)$。

　ただし，「合意解約」といっても，第三者の権利を害することはできないか
ら，545条1項ただし書が類推されることになる。

第7節　定型約款

1　「定型約款」とは何か

(1)　約款と拘束力

(a)「約款」の意義　一般に「約款」とは，「多数取引に画一的に用いるためにあらかじめ定式化された契約条項」をいう（『債権法改正の基本方針』105頁，部会資料「11-2」60頁参照）。例えば，電気・ガス・水道の供給契約，銀行預金契約，インターネット回線契約，ホテル宿泊契約，ウェブ上の様々な契約などがそれである。これらの契約では，企業者が一方的に提示した契約内容につき，需要者がそれに同意するだけで成立する（内容に同意できないなら契約をしなければよいだけだが，生活上必需のものについては，契約締結を拒否する余地がない）。本来，契約とは，その内容を当事者間で協議して成立させるものであるが，約款では，そのような個別的な協議を経ないから，契約理論としては，かなり特殊である。反面において，約款は，上記の大量の取引を合理的・効率的に行うための手段として重要な意義を有していることも事実である。

このような，企業者が一方的に用意した契約につき，需要者がそれに同意・附合するだけの契約を，サレイユは contrat d'adhésion と命名した。日本では，これが「附合契約」と訳されている（杉山直治郎「附合契約の観念に就て」『法源と解釈』所収514頁参照。「附合契約とは，一切の条項が当事者の一方（即ち提供者）に依って予め確定せられ，当事者の他の一方（即ち附合者）が之に就て包括的に承認を与ふるに依て成立する契約を謂ふ」とする）。他方，ドイツでは，すでに19世紀の終わりから20世紀初頭にかけて，大量取引の迅速性・正確性に対処すべき法技術として，契約を定型化した「普通取引約款（一般的契約諸条項）」（allgemeine Geschäftsbedingungen）が考案され，契約としての拘束力が認められた（詳細は，河上正二『約款規制の法理』5頁以下，中田33頁以下参照）。

(b) 約款の拘束力 かつて，このような契約の有効性や拘束力の原理につき激しく争われたが，現在では，そのような論争は消え，約款の重要な社会的機能にかんがみて，原則的に（不合理な約款でない以上は），一契約類型として有効性が認められている（契約説）。ただ，契約として捉えるものの，拘束力の理論的根拠については，「意思の合致の擬制」とする説（星野15頁），「希薄な意思による拘束」と考える説（中田33頁）などが主張されている。

(2) 「定型約款」の意義

(a)「約款」の対象の限定 現代社会においては，約款は広範に利用され，個人間取引での相対契約を除けば，ほとんどが約款に依存しているといっても過言ではない。しかし，約款は，ある意味では契約内容の押し付けであり，消費者は，生活上又は営業上，その約款の締結を拒否することができない。そして，事業者は一般に経済的な優位者であるから，不合理な約款も押しつけられることになり，その社会的弊害が生じてこよう（このことが，約款の最大の問題であった）。

2017年民法改正による約款規定の民法への組み込みが議論されたとき，2つの問題があった。第1は，総論的問題として，これを積極的に推進しようとする消費者団体側（積極派）と，民法は市民社会の一般法であるから，〈事業者対消費者〉という特殊な構図の約款については，消費者保護法などの特別法で規制すべきであるとする経済界（消極派）との激しい対立があった。

第2は，約款を民法に組み入れるとしても，「約款」概念が曖昧であり，一般契約書のひな形や労働契約での就業規則がこれに含まれるのは妥当ではないとする懸念であった（部会資料「26-1・中間論点整理案」78頁以下）。

その結果，「約款」の対象を限定してその無限的適用を制限するものとして「定型約款」概念が導入され，決着が図られたのである。このように，「定型約款」は，一般の「約款」の適用範囲を制限した概念なのである（「約款」から「定型約款」概念への変更プロセスについては，大村＝道垣内編374頁以下〔角田美穂子〕に詳しい）。また，この概念は，上記の積極派と消極派との折衷案ともいえよう。ただし，具体的な適用事例等から，必ずしも明晰な概念とはいえない面もある（中田38頁参照）。

(b)「定型約款」概念　「定型約款」とは、「定型取引において、契約の内容とすることを目的としてその特定の者により準備された条項の総体」をいい（548条の2第1項柱書）、その「定型取引」とは、「ある特定の者が不特定多数の者を相手方として行う取引であって、その内容の全部又は一部が画一的であることがその双方にとって合理的なものをいう」（同項柱書）。このように、対象が制限された結果、次のような特約（約款）は排除される。

　i　「ひな形」の排除　世上で見られる契約書は、その取引に応じた「ひな形」が使われているのが現状である。そもそも、「ひな形」とは、契約書の手本ないし見本であって、実際の当事者は、これを手本として、内容を修正し、契約を締結するというのが原則である。したがって、内容の修正が可能である「ひな形」は、「定型取引」を前提とするものではないから、定型約款には当たらない。「定型」約款という文言も、立法過程から明らかなように、ひな形を排除するために工夫された用語である。

　　＊　**実際の「ひな形」**　契約書の手本ないし見本というのが、文字通り「ひな形」の本来の姿・機能である。しかし、現実には、これを手本として当事者が契約内容を一々修正合意するということはなく、そのままの形で契約書に取り込まれるのが普通であろう（2000年に廃止された全国銀行協会「銀行取引約定書ひな型」などで、特約条項の挿入は別として、各条項が修正を加えられるという話は聞いたことがない）。つまり、「ひな型」の体をなしていないのである。これはドイツでも同じであって、「ひな型」と「普通取引約款」とは本質的に同じであり区別すべき理由はないとして、判例上も同一に扱われている（エスルンスト・フォン・ケメラー／櫻田嘉章訳「普通取引約款とひな型契約」北大法学28巻1号2～8頁参照）。
　　　ただ、2017年改正法は、原則形態としての「ひな形」を前提としている。

　ii　「就業規則」の排除　「就業規則」は、労働者の個性に着目して締結されるもので、「不特定多数の者」を相手方とするものではないから、定型約款には当たらないことになる。ただし、就業規則については、その特殊性から、約款とは無縁であり、労働契約法その他の労働関係法令の規律によるものだとの指摘もある（部会資料「26-1」78頁、大村＝道垣内編380頁〔角田美穂子〕）。

2 定型約款の合意（みなし合意）

⑴ 「みなし合意」

(a)「みなし合意」の意味　上記の「定型取引」（不特定多数者を相手方として行う取引で，その内容の全部又は一部が画一的であることがその双方にとって合理的なもの）を行うことを「合意」（＝「定型取引合意」）した者は，次に掲げる場合には，「定型約款」の個別の条項についても合意をしたものとみなす（548条の2 第1項柱書）。このことは，次の事情があれば，定型約款の個別条項について，その内容を認識したか否かにかかわらず，「合意」をしたものとみなされることである（法律擬制）。

(b)「みなし合意」事由　**i　定型約款を契約内容とする旨の「合意」**　第1は，定型取引の当事者が，「定型約款を契約の内容とする旨の合意」をしたときである（548条の2 第1項1号）。

ii　定型約款準備者の定型約款を契約内容とする旨の「表示」　第2は，定型約款準備者が，あらかじめ定型約款を契約の内容とする旨を相手方に「表示」していたときである（548条の2 第1項2号）。「あらかじめ」とは，「定型取引合意に先だって」（定型取引合意の前）ということである（中田38 頁以下）。なお，定型取引合意の「前」において，相手方から請求があった場合には，定型約款準備者は，遅滞なく，相当な方法でその定型約款の内容を示さなければならず（548条の3 第1項本文），その請求を拒んだときは，みなし合意の規定は，適用されない（同条第2 項本文）。

⑵ 「みなし合意」に対する制限 —— 不当条項・不意打ち条項規制

(a)「みなし合意」に対する
**　　例外措置**　ただし，上記の「みなし合意」の規定〔548条の2第1項〕にかかわらず，同条項のうち，「相手方の権利を制限し，又は相手方の義務を加重する条項であって，その定型取引の態様及びその実情並びに取引上の社会通念に照らして1条2項〔信義誠

実の原則〕に規定する基本原則に反して相手方の利益を一方的に害すると認められるもの」については，合意をしなかったものとみなす$\binom{548条の}{2第2項}$。

　これは，広い意味での，約款規制に共通する「不当条項・不意打ち条項の排除」である。

【「不当条項」・「不意打ち条項」規制とは】　　「不当条項」とは，「契約の内容となった契約条項〔約款〕は，当該条項が存在しない場合に比し，約款使用者の相手方の権利を制限し，又は相手方の義務を加重するものであって，その制限又は加重の内容，契約内容の全体，契約締結時の状況その他一切の事情を考慮して相手方に過大な不利益を与える」ものをいう$\binom{部会資料「60」55頁以}{下「中間試案」参照}$。

　また，「不意打ち条項」とは，「約款に含まれている契約条項であって，他の契約条項の内容，約款使用者の説明，相手方の知識及び経験その他の当該契約に関する一切の事情に照らし，相手方が約款に含まれていることを合理的に予測することができないもの」をいう$\binom{部会資料「60」55頁}{「中間試案」参照}$。

　これらの規制は，各別に置くことは見送られたが，しかし，548条の2第2項が総じてこれらの規制を承継していることは明らかである$\binom{中田}{40頁}$。

(b)「みなし合意」に対する制限の効果　　上記の「相手方の権利を制限し又は義務を加重する条項」で，取引上の社会通念等に照らし，信義則に反して相手方の利益を一方的に害するものは，「合意をしなかったものとみなす」$\binom{548条の}{2第2項}$。この効果は，消費者契約法10条の不当条項規制の効果が「無効」となるのとは異なる。これは，消費者契約法が消費者と事業者との格差にかんがみて締結された不当条項を排除するものであるのに対し，定型約款は，「合意」したものとみなされる（＝擬制）効果を否定すればよいことだからである$\binom{中田40}{頁参照}$。

3 定型約款の表示と変更

(1) 定型約款の内容の表示

(a) 定型取引合意の「前」
又は「後相当の期間内」
定型取引を行い，又は行おうとする定型約款準備者は，定型取引合意の「前」又は定型取引合意の「後相当の期間内」に相手方から請求があった場合には，遅滞なく，相当な方法でその定型約款の内容を示さなければならない$\left(\substack{548条の3 \\ 第1項本文}\right)$。なお，定型取引合意の「前」とは，「定型取引合意に先だって」ということであるから$\left(\substack{中田 \\ 39頁}\right)$，この場合には，定型約款準備者が，あらかじめ定型約款を契約の内容とする旨を相手方に「表示」していることになろう$\left(\substack{548条の2 \\ 第1項2号}\right)$。

ただし，定型約款準備者が既に相手方に対して定型約款を記載した書面を交付し，又はこれを記録した電磁的記録を提供していたときは，定型約款の内容を示す必要はない$\left(\substack{同項た \\ だし書}\right)$。また，鉄道旅客運送取引・自動車運送取引や電子通信役務提供取引などでは，当該取引合意の前に定型約款の内容を相手方にあらかじめ表示することは困難であるから$\left(\substack{大村＝道垣内編383 \\ 頁〔角田美穂子〕}\right)$，548条の2第1項の「表示」につき，その特例として，「表示し，又は公表していた」との文言に改正された$\left(\substack{鉄道営業法18条の2，道路運送法87 \\ 条，電気通信事業法167条の2など}\right)$。

(b) 定型約款準備者の拒絶
定型約款準備者が定型取引合意の前において前項の請求を拒んだときは，前条の規定は，適用しない$\left(\substack{548条の3 \\ 第2項本文}\right)$。ただし，一時的な通信障害が発生した場合その他正当な事由がある場合は，この限りでない$\left(\substack{同項た \\ だし書}\right)$。

(2) 定型約款の変更

(a) 定型約款「変更」
の「みなし合意」
定型約款準備者は，次に掲げる場合には，定型約款の変更をすることにより，変更後の定型約款の条項について合意があったものとみなし，個別に相手方と合意をすることなく契約の内容を変更することができる$\left(\substack{548条の4 \\ 第1項柱書}\right)$。

　　i　**変更が相手方の利益に適合**　　第 1 は，定型約款の変更が，相手方の一般の利益に適合するとき，である$\left(\substack{同項\\1号}\right)$。

　　ii　**変更が合理的**　　第 2 は，定型約款の変更が，契約をした目的に反せず，かつ，変更の必要性，変更後の内容の相当性，この条の規定により定型約款の変更をすることがある旨の定めの有無及びその内容その他の変更に係る事情に照らして合理的なものであるとき，である$\left(\substack{同項\\2号}\right)$。

　(b)　変更の周知　　定型約款準備者は，上記の定型約款の変更をするときは，その効力発生時期を定め，かつ，定型約款を変更する旨及び変更後の定型約款の内容並びにその効力発生時期をインターネットの利用その他の適切な方法により周知しなければならない$\left(\substack{548条の\\4第2項}\right)$。

　(c)　変更の効力発生　　上記**(a) ii**の定型約款の変更は，上記**(b)**の効力発生時期が到来するまでにその変更の周知をしなければ，その効力を生じない$\left(\substack{548条の\\4第3項}\right)$。

　(d)　不当条項規制規定の不適用　　定型約款の変更は，相手方の利益に適合するか，又は合理的である場合に認められるものであるから$\left(\substack{上記(a)\\参照}\right)$，それが不当条項規制に引っ掛かることは考えられず，したがって，みなし合意に対する制限規定$\left(\substack{548条の\\2第2項}\right)$の適用はない$\left(\substack{548条の\\4第4項}\right)$。

第2章　契約法各論

第1節　贈　　与

1　贈与の意義

(1) 「贈与」とは何か

(a) 無償性　「贈与」は，当事者の一方が「ある<u>財産を無償で相手方に与える意思を表示し，相手方が受諾をする</u>」ことによって，その効力を生ずる（$\frac{549}{条}$）。

したがって，贈与の特色は，第1に，無償で財産を相手方に与えることである。しかし，およそ，自己の財産を他人に無償で与えるなどとは，世上理由もなしに行われるものではないであろう。そのような場合には，おそらく，その当事者間には何からの特別な事情ないし関係があるのが普通である。例えば，相手方やその親族に対する恩義や感謝から，あるいは好意で，あるいは社会的な慈善として，財産を贈与するなどである。そのような意味では，贈与はまったくの無償性というわけではない。しかも，近代社会以前においては，好意・感謝・恩義等に絡む封建的な身分的覊束関係が，そのまま贈与に密接に結びついていたのである。

しかし，近代法は，贈与を契約として取り込むにあたって，「無償性」以外の要素をすべて法的規範外に置いた。かくして，贈与は，「無償行為」として確立したのである。

(b) 契約性　第2に，贈与は，相手方（受贈者）が<u>受諾（承諾）の意思を表示</u>することによって成立する契約であるということである。一方

的意思表示（単独行為）によって財産移転の効果が生じる「遺贈」と異なることに注意すべきである。

(2) 日本贈与法の特色

贈与法を支配する理念はその「無償性」であるが，ただ，わが民法上は，有償・無償の区別はするものの，それが必ずしも契約法の理論的原理とはなっていない。わが民法はむしろ，贈与を一つの契約として保護しようとしており（契約的保護），無償性原理はそれほど強調されてはいない（来栖三郎「日本の贈与法」比較法学会編『贈与の研究』1頁以下，来栖245頁以下，加藤永一「寄付」『契約法大系Ⅱ』1頁以下，水本122頁以下）。以下に，その特色を示そう。

(a) 契約的保護 贈与は，意思表示のみで成立する無方式の諾成契約であるから（549条），例えば，AがBに高価な美術品を贈与することを約して引き渡さないうちに死亡した場合に，Bは，原則として，Aの相続人Cにその引渡しを請求できることになる。しかし，その事情を知らないCにとっては酷なことでもあろう（書面によらないときは取り消すことができるが）。欧米では，贈与は公正証書によることを要求するから，相続人に必ずしも不利益を与えるものではない。

(b) 贈与者の注意義務 贈与者には，善管注意義務（400条）が軽減されていない。したがって，AがBに建物を贈与することにしたが，Aの過失により焼失してしまった場合，BはAに対して，損害賠償を請求できることになる。この場合，ドイツでは，Aに故意・重過失がなければ損害賠償責任が生じないとしされている。

(c) 贈与者の撤回権 諸外国では，贈与者が，贈与により自己の生計維持が困難となったり，受贈者の忘恩行為があった場合には，履行前の贈与約束の拒絶や，履行後の返還請求が認められている。しかし，わが民法では，それらを認める規定はなく，したがって，一個の契約として保護されることになる。ただし，近時では，事情によっては認めるべきとする学説もある（詳細は，**3** 3) (c)(123頁)）。

2　贈与契約の成立

(1)　「財産を与えること」

(a) 贈与対象としての「財産」　贈与の対象としての「財産」$\binom{549}{条}$には，特に限定はないから，財産権も含まれることになる。総じて，取引の対象となるものであればよいと考える。ただ，無償で物を使用させる契約は使用貸借であり，無償で役務を提供する契約は準委任とされるから，他の法規との関係から自ずと限界が画されることになろう。人体の一部（血液・臓器・精子）などは，財産とはいえないとして否定する説$\binom{中田}{269頁}$もあるが，しかし，取引が禁止されるか否かから判断すべきではなかろうか。その意味では，特定人に対する精子の無償提供の合意などは，公序良俗に反しない限り，贈与とも考えられよう。

(b)「他人の財産」の贈与　改正法は単に「財産」というから$\binom{旧549条が「自己の}{財産」としていたのを改めた}$，「他人の財産」がこれに含まれることは，明らかである。いくつかの問題がある。

　　i　贈与者は所有権取得・移転義務を負うか？　贈与者は，「他人の財産」として贈与するわけであるから，その際は，その財産の所有権を取得して移転するという「特約」（ないし条件）で行われるのが普通であろう。したがって，この場合には，560条の類推により，その義務を負うと解すべきである$\binom{最判昭44・1・31判}{時552号50頁参照}$。

　　また，目的物の所有権は，贈与者がそれを取得すると同時に，受贈者に移転すると解して妨げない。「他人の物」であることを受贈者が了知している以上，所有権の転移は「特約」による移転の範疇で考えるべきである。

　　ii　贈与者が「自己の財産」として贈与　贈与者が「自己の物」として贈与した場合は問題である。この場合には，受贈者は目的物を即時取得するというのが，判例・通説である。しかし，即時取得は「取引行為」によって取得した場合でなければならない$\binom{192条}{参照}$。取引行為とは，市場における対

価（市場価格）の支払いを前提とした取得行為であるが，贈与契約は，無償行為である以上，取引行為に該当しないというべきである。したがって，受贈者が即時取得をすることはあり得ないと考えるべきである$\left(\begin{smallmatrix}詳細は【Ⅱ】\\153頁・160頁\end{smallmatrix}\right)$。

　この考え方を前提とすると，他人（第三者）からの受贈者に対する贈与物の追奪があり得る。そして，追奪された場合には，贈与者は，「特定した時の状態」（契約時）を基準として，債務不履行責任（損害賠償責任）を負わなければならない$\left(\begin{smallmatrix}551条\\1項\end{smallmatrix}\right)$。

> **【贈与（無償行為）と即時取得】**　　即時取得は，当該動産を「取引行為」によって取得することを成立要件としている$\left(\begin{smallmatrix}192\\条\end{smallmatrix}\right)$。そして，この取引行為には，贈与（無償行為）も含まれるとするのが判例・通説の考え方である。では，受贈者は，財産を無償で取得したことにつき，その代価相当分を原所有者に返還しなければならないのかどうか。
>
> 　学説の多くは，贈与による即時取得を認めた上で，受贈者は，即時取得により権利を失った原所有者に対して取得原因を対抗できないから不当利得として目的物価格相等額の返還義務を負うのだとする。そうすると，即時取得が正当な権利取得の方法でありながら，その「対価相当分」は不当利得として返還しなければならないという，奇妙な結果になるのである。
>
> 　このような結論が妥当でないことは明らかである。上で述べたように，そもそも，無償行為を取引行為として捉えたことに誤りが存するのだといわざるをえない。

(2) 合意による成立（諾成契約）

冒頭で述べたように$\left(\begin{smallmatrix}(1)\\b\end{smallmatrix}\right)$，贈与は，贈与者が受贈者に対して財産を与えることであるが，一方的意思表示による「遺贈」とは異なり，受贈者が受諾（承諾）の意思表示をすることによって成立する契約である。したがって，契約当事者は，後掲するように，一定の契約的保護を受け得ることになる。

(3) 無償・片務契約性

(a) **自由な解除**
（書面によらない贈与）　贈与は，「一方が他方に財産を与える」ことを内容とする「無償・片務契約」である。この法的性格の帰結として，各当事者は，原則として（次掲(b)を除き），贈与契約を自由に「解除」することができる*($\substack{550条\\本文}$)。

> ＊　**解釈規範としての無償性**　双務契約での有償性原理と同じように，片務・無償契約の解釈規範となるものは，その「無償性」である。それが意味するものは，有償性原理に基づいた契約当事者の対等性に対する修正と，一方的出捐者である贈与者の保護である。

(b) **解除権の喪失**　しかし，①「書面による贈与」($\substack{550条\\本文}$)と，② 書面によらなくても「履行の終わった部分」($\substack{550条た\\だし書}$)については，解除することができない。これは，贈与意思を明確にすることと，軽率な贈与を予防する趣旨であるとされるが，このように，書面によらない贈与が解除できるということは，実際的には，贈与に「書面」による方式を要求していることにほかならない。それゆえに，この規定は，贈与の取消しをめぐる限界につき，後述するように($\substack{\boxed{3}(3)(b)\cdot(c)\\122頁以下}$)，2つの観点から重要な問題を生じさせることになるのである。

③　贈与の効力

(1) 贈与者の引渡義務等

(a) **財産引渡義務**　贈与契約が成立したときは，「贈与者は，贈与の目的である物又は権利を，贈与の目的として特定した時の状態で引き渡し，又は移転することを約したものと推定する」($\substack{551条\\1項}$)。これにより，贈与者には財産の移転義務が発生し，受贈者にはその財産の移転請求権が発生する。贈与が無償行為であることから，受贈者の財産移転請求権を否定する立法例が多いが，わが国では契約的保護に厚い。日本贈与法に特有の効力

である。

(b) 特定物の贈与　特定物の贈与においては，贈与者は，引き渡すまでは，売買と同様，「債権の発生原因及び取引上の社会通念に照らして定まる善良な管理者の注意」をもって，その物を保存しなければならない（善管注意義務）$\binom{400}{条}$。

(c) 不特定物の贈与　不特定物（種類物）の贈与にあっては，401条1項の類推により，贈与者は，「法律行為の性質又は当事者の意思によってその品質を定めることができないときは，中等の品質を有する物を給付」しなければならない$\binom{401条1}{項参照}$。

(2) 贈与者の担保責任

(a) 特定時点での引渡義務を推定　旧規定においては，贈与者の担保責任はその無償性から導かれ，贈与目的物又は権利の瑕疵又は不存在については，贈与者は，原則として，その担保責任を負わない旨が規定されていた$\binom{旧551条}{1項本文}$。

しかし，改正法では，規制の方法を変えて，贈与者が負うべき負担の基準とその方法が規定された。すなわち，「贈与者は，贈与の目的である物又は権利を，贈与の目的として特定した時の状態で引き渡し，又は移転することを約したものと推定する」$\binom{551条1項。前}{掲(1)(a)参照}$。

この結果，贈与者は，贈与物が特定した時（特定物贈与は通常は「契約時」）の状態で引き渡すべき義務を負うことになるから，そこで不履行があれば，その時点から不履行責任を負担しなければならないことになる$\binom{中田272}{頁参照}$。ただし，不履行責任といっても，受贈者が，片務契約である贈与契約を解除しても意味がないから，損害賠償のみが問題となる。その賠償範囲は，契約の有効な履行を信じたことによる損失であるから，信頼利益である$\binom{通}{説}$。

また，これは「推定」であるから，財産の引渡等に関し，当事者間で「特約」等があれば，それに従うことになる。

(b) 負担付贈与　「負担付贈与」は，「負担」を対価と考えることもできるから，この場合は，贈与者は，その負担の限度において，売主

と同じく担保責任$\left(\substack{561条\\以下}\right)$を負わなければならない$\left(\substack{551条\\2項}\right)$。負担の範囲で有償契約に準じて扱うとする趣旨である。

(3)　解釈上の問題点

(a)「書面」による贈与　まず,「書面による」贈与とはいかなるものをいうか。判例を概観すると,――

i　書面の作成は, 贈与契約の成立と同時でなくてもよい$\left(\substack{大判大5・9・22\\民録22輯1732}\right)$頁$\right)$。

ii　贈与の意思表示が認められる書面があれば, 受諾の意思表示を示す書面を必要としない$\left(\substack{大判明40・5・6\\民録13輯503頁}\right)$。

iii　贈与の証書でなくとも, 書面に贈与の意思が現われていればよい$\left(\substack{大判大15・4・7民集5巻251頁（売渡証書を\\作成）, 大判昭13・9・28民集17巻1895頁}\right)$。

iv　贈与者・受贈者が連署して知事に提出した農地所有権移転許可申請書に,「権利を移転しようとする契約の内容」として無償贈与とする旨の記載があれば, 書面による贈与にあたる$\left(\substack{最判昭37・4・26民\\集16巻4号1002頁}\right)$。

v　直接に受贈者に宛てた書面でなくてもよい$\left(\substack{最判昭60・11・29民集39巻7号\\1719頁（受贈者への中間省略登}\right.$記手続を求める前主宛の内容証明郵便）, 前掲最判37・4・26$\left.\right)$。しかし, 功労者である村長に対する慰労金贈与を議決した村会の議事録は「書面」でないとされた$\left(\substack{大判昭13・12・8\\民集17巻2299頁}\right)$。

以上の判例を観察する限りは, 政策的配慮も働いていることは否定できないように思われる。結局において,「書面による」贈与とされるか否かは, 前述した贈与意思の明確化と軽率な贈与の予防の観点から判断されるものであろう$\left(\substack{来栖233頁, 水本・\\上108頁, 星野104頁}\right)$。

(b)「履行の終わった」の意味　次に,「履行の終わった」とはどのような場合をいうか。

i　動産の場合　動産では,「引渡しの終了」がそれに当たろう。

ii　不動産の場合　不動産では, ① 所有権移転登記$\left(\substack{最判昭40・3・26民集\\19巻2号526頁（登記}\right.$移転のみで建物はまだ引き渡していない場合）$\right)$, ② 権利証の交付$\left(\substack{大判昭6・5・7\\新聞3272号13頁}\right)$, ③ 引渡し（簡易の引渡し・占有改定でもよい）$\left(\substack{大判昭43・10・10民録16輯673頁,\\最判昭31・1・27民集10巻1号1頁}\right)$, ④ 未登記建物の受贈者への直接の所有権保存登記$\left(\substack{最判昭54・9・27\\判時952号53頁}\right)$, のいずれもが「履行の終わった」に

当たるとされている。

　ただ，書面によらない農地の贈与については，判例は，引渡しを受けていても知事の許可を受けるまでは取り消すことができるとしたが（最判昭41・10・7民集20巻8号1597頁（受贈者はすでに耕作している）），学説は，許可は農地移転の効力要件にすぎず，贈与契約自体は引渡しによって履行が終わったというべきだ（許可申請をＡが協力しないときは，Ｂは判決代用手続を取ることができる）として，強力に反対する（水本126頁 など）。

　以上の「履行の終わった」の各基準は，それらが所有権移転の一つの表象と考えられることからわかるように，<u>目的物に対する実質的な物的支配権が受贈者に移転した場合</u>と捉えられよう（水本・上110頁参照。末川70頁は，端的に「所有権が移転して履行が終わる」趣旨であるとする）。

　なお，贈与の解除の可否もまた上記(a)・(b)の基準から決定されることになるが，しかし，贈与を解除するという場合にはそれなりの事情があるのも事実であるから，契約保護的観点からだけではなく，無償性による贈与者側の利益も考えなければならないであろう。すでに，その観点から，履行終了後の返還請求も認められつつある（後述**4**3)頁(125) 参照）。より緻密な利益衡量が望まれる領域でもある。

(c) 贈与の撤回・贈与物の返還請求

　i　問題の所在　　贈与者が，贈与により自己の生計維持が困難となったり，受贈者の忘恩行為があった場合には，諸外国では，履行前においては贈与約束の拒絶が，履行後においては贈与物の返還請求が認められている（前述**1**(2)(c)(117頁) 参照）。しかし，わが民法では，それらを認める規定はないし，さらに，「書面による贈与の場合」や「履行が終了した場合」には，贈与者は確定的に取消権を喪失するとされるから（550条。前掲(3)(122)頁)の諸問題参照），そのような解釈は原則的に不可能である。しかし，日本民法は贈与につき契約性に偏重した構成をとっているのであって，そうであれば，贈与の無償・片務性にかんがみて，より柔軟に適用されてしかるべきであろう。

　ii　撤回・返還請求の法理　　では，履行が終了した贈与について，いかなる法理の下に解除ないし贈与物の返還請求を認めるべきか。下級審判例（新潟地判昭46・11・12下民集22巻11-12号1120頁）は，親族間の「情誼関係が贈与者の責に帰すべき事由に

よらずして破綻消滅し，上記贈与の効果をそのまま維持存続させることが諸般の事情からみて信義衡平の原則上不当と解されるときは，諸外国の立法例における如く，贈与者の贈与物返還請求を認めるのが相当である」として，「信義則」を根拠として返還請求を認めている。

後掲最判昭53・2・17$\left(\substack{後掲\textbf{4}\\(1)参照}\right)$は，負担付贈与の場合における義務の不履行を理由として，贈与契約の解除（→原状回復）を認めている。また，条件付贈与の場合には，条件の不成就による贈与効果の不発生も考えられよう。

4　特殊の贈与

(1)　負担付贈与

(a) 負担付贈与の特殊性　ここで「負担」とは，受贈者に一定の給付をすべき債務を課すことであって，贈与契約の一部を構成する（＝贈与契約の付款）。例えば，贈与者が，財産を贈与するに際して，「受贈者は毎年一定の米を贈与者に給付すること」，あるいは「老齢に達した贈与者（養親）を扶養し，円満な親子関係を維持し，養親から受けた恩愛に背かないこと」$\left(\substack{最判昭53・2・17\\判タ360号143頁}\right)$を受贈者の義務とするなどである。このように，負担とは，「給付の制限（ないし対価）」であるから，無償行為たる性質を変えるものではないが，負担の限度内においては有償行為の性質を帯びている。

(b) 負担付贈与の効果　したがって，その効果も，有償性・双務契約的性質を帯びてくる。すなわち，――

　i　有償性規範の準用　負担付贈与の贈与者は，その負担の限度において，売主と同じ「担保責任」を負わなければならない$\left(\substack{551条2項。前掲\textbf{3}\\(2)\textbf{(b)}(121頁)参照}\right)$。

　ii　双務契約規範の準用　負担付贈与については，原則的に双務契約に関する規定が準用されるから$\left(\substack{553\\条}\right)$，もし，受贈者が課された負担（債務）を履行しない場合には，贈与者は，541条・542条により，贈与契約を「解除」することができる$\left(\substack{前掲最判昭\\53・2・17}\right)$。

(2)　定期贈与

「定期贈与」とは，定期の給付を目的とする贈与である。例えば，大学在学の4年間毎月10万円ずつ贈るという場合がこれである。定期贈与は，贈与者または受贈者が死亡したときは，その効力を失う$\binom{552}{条}$。

(3)　死因贈与

「死因贈与」とは，贈与者の死亡によって効力を生じる贈与契約である。本人の死亡によって効力を生じるという点では「遺贈」と同じであるが，遺贈が一方的意思表示（単独行為）であるのに対し，死因贈与は，契約（双方の意思の合致によって成立）である。しかし，554条は，死因贈与が遺贈に関する規定に従うべきことを定めている。これにつき，準用されるのは効力の点に限られ，方式については準用されないと解されている$\binom{判例・}{通説}$。

　ちなみに，判例は，死因贈与については，遺言の取消しに関する民法1022条がその方式に関する部分を除いて準用され，したがって，いったん死因贈与がされたとしても，贈与者はいつでもこれを任意に解除することができるとする$\binom{最判昭47・5・25民集26巻4号805頁，}{東京地判昭54・8・30判時951号85頁}$。しかし，有力説はこれに反対し，方式の点でも遺贈の規定が準用されるべきだとしている$\binom{来栖 227-229}{頁，広中43頁}$。

　なお，負担付死因贈与の場合には，その負担が贈与者の生前にすでに履行されたときは，解除することはできないが，利害関係者の生活関係等に照らして解除がやむをえないと認められる特段の事情があるときは，解除することができる$\binom{最判昭57・4・30}{民集36巻4号763頁}$。

第2節　売　　買

1　売買の意義

(1)　「義務」（債権関係）を発生させる合意

(a) 「義務」を発生させることの意味

〔図①〕売買「契約」は，当事者の一方が，ある「財産権を相手方に移転する」ことを「約し」，相手方がこれに「代金を支払う」ことを「約する」ことによって，その効力を生ずる（${555 \atop 条}$）。すなわち，財産

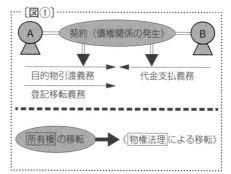

〔図①〕

権を移転する「債務」と，代金を支払う「債務」とを発生させる合意である。このように，売買契約は，純粋に債権債務のみを発生させる法律行為である。

　したがって，第1に，この契約から，直ちに，現実的な目的物の移転と代金の支払いとが導かれるわけではない。それらは，売買契約から生じる義務の履行行為と捉えることができ，義務自体を発生させる「契約」（法律行為）とは峻別されなければならない。

　第2に，財産権（所有権）の移転についても，売買契約から直ちにその効果が発生するわけではない。所有権は「物権」であるから，物権法理によって移転（物権的意思表示によって移転）するというのが，パンデクテン体系を採るわが民法制度の論理的帰結である（詳細は，【Ⅱ】44頁以下，55 ${頁以下「所有権移転の時期」}$）。ただ，555条は，売主に所有権移転(物権的意思表示)の義務を発生させているのであるから，これによって,売主は所有権を相手方に移転させなければならないことになる。

(b)《**要物売買から諾成契約へ**》　売買の始源的形態は，「交換」，すなわち物（目的物）と物（対価）との交換であった（ここでいう「交換」とは，限定された 586 条の交換よりも広い概念である）$\binom{詳細は，}{後掲第3節}$。ここにあっては，目的物の現実の交換（引渡し）がなければ売買自体が成立しないわけだから（契約の要物性），相手方に対して物を要求するという債権概念の成立する余地はなかった。それゆえ，そのような売買行為は，債権契約とは峻別される物権契約（物権行為）であったということができる。

　その後，社会・経済の発展に伴って「信用」が社会基盤を形成するようになると，買主が代金（対価）を後で支払う形態（異時的交換関係）が生じ，さらには双方が将来給付する債務を負うだけの形態が認められるようになった $\binom{我妻・中一239}{頁以下参照}$。このようにして，<u>債権契約としての売買</u>，すなわち「諾成」契約としての売買が成立したのである。近代法は，このように，売買契約を，<u>純粋に債権関係を発生させるだけの契約</u>として捉えているのである。

(2)　売買契約の法的性質

(a)　**諾成契約・不要式契約**　売買契約は，「約し」・「約する」── 双方の意思表示の合致 ── によって成立する，「諾成・不要式」の契約である。契約成立に目的物の引渡しを要件とする「要物」契約に対置する概念である。

(b)　**双務契約**　売主は財産権の移転債務を，買主は代金の支払債務を，それぞれ負担する「双務」契約である。当事者の一方のみが債務を負担する「片務」契約に対置する概念である。

(c)　**有償契約**　有償契約とは，目的物の引渡しに対して対価が支払われる契約であり，売買契約は，有償契約の典型である。それゆえ，売買契約は，他の有償契約に準用されることになる $\binom{559}{条}$。しかし，その準用される範囲は明確でない $\binom{我妻・中}{-248頁}$。無償契約に対置する概念である。

2　売買の成立

(a) 双方の意思表示の合致　売買は，売主が財産権を移転する意思を表示し，買主がそれに代金を支払う意思を表示する —— 双方の意思表示が合致する —— ことによって成立する（$\binom{555}{条}$）。

　　i　明示又は黙示の意思表示　その意思表示は，明示のものに限られず，黙示の意思表示と認められるものでもよい。

　　ii　債権関係を発生させる意思表示　売買契約は，債権債務関係を発生させるものであるから，債権的意思表示（債権契約）である。したがって，物権的効果を導くかどうかは，別の問題と考えなければならない（$\binom{前述\mathbf{1}1)}{(a)参照}$）。

　問題となるのは，契約と同時に目的物と代金とを即時に交付し合う「現実売買」の場合である。この場合には，売主・買主共に債務の履行を残さない。理論的にどのように考えるべきか。

　〔A〕　**物権契約説**）履行義務を発生させるものではないから，物権行為（物権契約）としての有償契約であると解する。

　〔B〕　**債権契約・物権契約同時説**）一個の契約から，目的物を移転するという物権的な効果を生じるとともに，他方では，もしその移転を生じないときはこれを移転する義務を負い，その他担保責任など債権的な効果も生じるとする（$\binom{我妻・中}{一246頁}$）。

　確かに，物権の移転が行われただけだから，債権契約を観念する必要がないといえばない。しかし，不完全な履行がされた場合，完全履行請求・瑕疵修補請求ができるかという点では見解を異にしよう（$\binom{我妻・中}{247頁}$）。〔A〕説では，債権規範としての完全履行請求は認められない。反対に，〔B〕説では，債権規範が適用になるから，債務不履行として完全履行請求が認められることになる。〔B〕説が妥当であろう。なお，〔B〕説に類するものに，常に債権契約が先行するとする説（債権契約先行説）もあるが，観念的にせよ，債権契約の

後に物権契約が行われなければならないとする理論的必然性はない。

(b) 反対給付は「金銭」　反対給付は，「金銭」でなければならない。金銭でない場合には，「交換」$\binom{586}{条}$ として扱われるである$\binom{この問題は，}{第3節参照}$。

---

(2) 売買の予約 （一方の予約）

(a) 売買の予約 （一方の予約）
の意義　「予約」とは，将来における本契約の締結を文字どおり「予約」(＝確保) するものであって，そのことにつき，当事者を拘束する合意 (契約) である。売買契約について，一方当事者が売買を完結する意思を表示した時から売買の効力が生ずるとする「一方の予約」のみが認められている$\binom{556条}{1項}$。

【「予約」制度の歴史的経緯】　**(1) 売買予約の法的構成**　売買予約の構成については，法律的には2つの方法が考えられる。① 第1は，当事者が，本契約を締結しようと欲して申込みをすれば，相手方は承諾しなければならない債務を負う形態である (その場合，その申込権を一方のみが有する「片務予約」と，双方が有する「双務予約」があり得る)。② 第2は，より簡便に，予約権を有する者が，本契約を締結する意思表示をすれば，相手方の承諾を必要としないで本契約が成立するという形態である (この場合，予約権者いかんで「一方の予約」と，「双方の予約」とが考えられ得る)。①では，相手方が承諾しなければそれを求める訴訟を提起しなければならないから，迂遠である。そのため，民法は，②の方法を採用した$\binom{556}{条}$。

　(2) 「一方の予約」のみ承認　次に，なぜ「一方の予約」であるのか。このことは，多少歴史的な理解を要する。元来，売買が要物契約 (目的物の移転が売買の本体) であった時代においては$\binom{上記 \blacksquare (1)(b)}{(127頁) 参照}$，将来的な給付の約束 (約諾) は，意味がなくはないが，法的拘束力をもたなかった。つまり，ここでは，法律的には予約の概念は問題とならなかったのである。

　しかし，契約方式の自由が認められ，売買が要物契約から諾成契約の方向に向かう過程においては，目的物の移転を売買の本体としつつも，それに先行する「売ろう・買おう」という約諾にも効力が認められるようになった。これが法律的な「予約」である。

　その後，契約自由の原則が確立し，売買契約が純粋に「売ろう・買おう」という約諾でのみ成立するようになると（＝諾成契約の成立），「売ろう・買おう」とする約諾は，もはや売買の予約ではなく，売買契約そのものになったのである。したがって，諾成契約としての売買契約に先行する「予約」（「売ろう・買おう」）なる概念は，ここにおいては無用のものなのである。

　ただ，売買が諾成契約として成立しても，「一方のみが売買契約を締結する権利を有する」とする予約だけは，有用性がある。すなわち，一定の事由が生じた場合には一方当事者は本契約を締結することができるとする場合である（債権担保の目的で行われる「代物弁済の予約」（仮登記担保）は，この応用である）。このようにして，「売買の一方の予約」のみが規定されたのである（来栖22頁以下による）。

(b) 予約完結権　予約権を「予約完結権」といい，当事者の一方のみが，これを有する。予約完結権は，一方的意思表示によって売買契約を成立させる形成権である。したがって，予約権者が予約完結権を行使した時に売買契約が成立する（556条1項）。

　予約完結権の行使期間は契約で定められようが，その期間を定めなかった場合には，予約権者は，相手方に対し，相当の期間を定めて，その期間内に売買を完結するかどうかを確答すべき旨の催告をすることができ，もしその期間内に相手方が確答をしないときは，売買の一方の予約は，効力を失う（556条2項）。

(c) 売買予約の担保的機能　売買の予約の機能は，もっぱら債権の担保である。そして，目的物が不動産の場合には，その予約完結権を仮登記（請求権保全の仮登記）によって保全することができるから（不登105条2号），売買予約は，強力な担保的機能を営むことになるのである。例えば，BがAから1000万円を借り，1年後にそれを返済できないときは，自己所有の土地をAに1000万円で売却することを約し（＝予約），この予約完結権を仮登記によって保全するなどである。

　この機能のために，取引社会で慣行的に生じてきたのが，「売買の予約」・「代物弁済の予約」，「再売買の予約」（買戻しに同じ）などの予約である。これらは，

とりわけ不動産の変則担保として重要な役割を果たしている。「予約」は，実際には，このような担保制度として使われているのである（逆に，担保的機能でない予約がどれだけ使われているかは疑わしい）$\left(\begin{smallmatrix}詳細は，【Ⅲ】\\290頁以下\end{smallmatrix}\right)$。

(3) 手 付

(a)「手付」とは何か 「手付」とは，契約締結に際して，当事者の一方から相手方に対して交付される金銭その他の有償物である。何のために交付されるかというと，手付の種類（以下の 3 種類）によって異なるが，通常は，i の解除権（約定解除権）の留保のためであり，他の ii・iii は，手付没収（手付流し・手付倍返し）についての機能というべきであろう。なお，手付の交付自体は，一つの契約（要物契約）であるが，本契約締結に付随した従たる契約である。

i 解約手付 当事者が解除権を留保する目的で交付する手付である。契約は，合意（契約）または法律の規定によらなければ解除できないが $\left(\begin{smallmatrix}540\\条\end{smallmatrix}\right)$，解約手付による解除は，前者の一場合である $\left(\begin{smallmatrix}第 1 章第 6 節\mathbf{1} 1)\\(b) i （74頁）参照\end{smallmatrix}\right)$。そして，解約手付が手付の原則であり，「買主が売主に手付を交付したときは，買主はその手付を放棄し，売主はその倍額を現実に提供して，契約の解除をすることができる」$\left(\begin{smallmatrix}557\\条\end{smallmatrix}\right)$。

ii 証約手付 契約が成立したことを証する効力をもつものである。手付の交付があれば，契約が成立した証拠となるもので，他の 2 つの手付においても，この意義が内在していることは疑いない。諸外国では，証約手付を手付の原則形態としている。

iii 違約手付 契約によって発生した債務を履行しない場合の手付の「没収」機能に着目したもので，次の 2 つの場合があり得る。

(α) 違約罰 手付を違約罰として没収するとするもので，この場合には，それ以外に損害賠償も請求できる。契約自由の原則の範疇というべきであろう。

(β) 損害賠償の予定 手付を損害賠償額の予定とするもので，この場合には，それ以外に損害賠償請求をしない。民法は違約金を損害賠償の予

定と推定しているから$\binom{420条}{3項}$，通常の違約手付は，この場合と解すべきであろう$\binom{川　井}{131頁}$。

　なお，違約手付の場合には解除意思が必ずしも明確でないが，手付交付者（買主）が手付倍返しを請求したとき$\binom{最判昭38・9・5民}{集17巻8号932頁}$，または手付受領者（売主）が手付流しとして確定的に自己に帰属させる旨を告知したとき，に契約関係が終了すると解される$\binom{川　井}{131頁}$。

　【内金と申込金】　手付と似て非なるものに，内金と申込金がある。「内金」は，売買契約が成立した後に，その代金支払の一部として交付されるものである。契約が解除されなければ代金に充当される点では，手付と同じであるが，解除権が留保されたものではない（ただ，現実には不明な場合も少なくないが）。

　他方，「申込金」は，売買契約成立前の予約段階において，予約の成立を証するものとして交付される「予約金」である（通常，10万円位の金額）。契約に至らなくても，違約罰なくして返還されるのが普通である。

　(b) 手付解除の要件　民法は解約手付を原則としたのみならず，世上で行われる手付のほとんどが解約手付なので，これを中心に述べると，「手付解除」の要件は$\binom{557条1}{項本文}$，——

　i　手付流し　買主は手付を放棄すること（＝手付流し）。

　ii　手付倍返し　売主は買主から受領した手付の倍額を償還すること（＝手付倍返し）。「倍額の償還」は，「放棄」との均衡から，口頭の提供では足りず，現実の提供を要すると解すべきである$\binom{最判平6・3・22民}{集48巻3号859頁}$。

　iii　「履行に着手する前」　ただし，この手付による解除は，その相手方が契約の履行に着手した後は，することができない$\binom{557条1項}{ただし書}$。

　(c) 手付解除の効果　**i　契約の「解除」**　手付の効果は，契約の「解除」である$\binom{557条1}{項本文}$。ただ，この場合，法定解除のように債務不履行を前提とするものではないから，それだけに契約の効力を弱めるということにもなろう。しかし，反対に，契約を解除する場合には手付金を取られてしまうから，かえって契約の履行を確保する作用もある$\binom{我妻・中}{一261頁}$。

　なお，手付による解除の際に，解除者が負担する手付金相当額$\binom{宅建業者の場合は，代金額の20\%以上を手付として受領することができない。宅建業39条1項}{}$は，当事者間での損害賠償額の予定であると解され

よう$\binom{420条, 宅建}{業38条参照}$。

　ii　損害賠償請求の否定　　手付解除は，債務不履行による解除ではないから，545 条による損害賠償請求が否定されることは，当然である$\binom{557}{条2}$項$)$。

　【違約手付は解約手付を排除するか】　　契約書に「買主が不履行のときは，手付金は，売主が没収し，その返却の義務なきものとする。売主が不履行のときは，手付金を買主に返還するとともに，手付金と同額を違約金として別に賠償し，もって各損害補償に供するものとする」という文言があった場合，この手付が違約手付であることは明らかであるが$\binom{上記(\mathbf{a})}{\mathrm{iii}参照}$，この場合に，売主は解約できないのであろうか。考え方は分かれる。

　〔A〕　**併存否定説**　　そもそも違約手付は，契約の効力を強めるためのものであって，契約の効力を弱める解約手付との併存は矛盾だとし，当事者が契約の拘束力を強めることを欲していた場合には，解約手付を排除して違約手付のみを認めるべきだとする$\binom{広中142頁以下，柚木＝高木『新版注民(14)』，品}{川・上45頁，吉田豊「手付」『民法講義5』184頁}$。

　〔B〕　**併存肯定説**　　しかし，判例$\binom{最判昭24・10・4}{民集3巻10号437頁}$は，「解除権留保と併せて違約の場合の損害賠償額の予定を為し，其額を手付の額によるものと定めることは少しも差支えなく，十分考へ得べき処である」とし，任意規定である557 条の適用が排除されるためには，特に手付が違約手付のためにのみ授受されたものであるとする当事者の「反対の意思表示」がなければならず，上記のような文言があるだけでは足りないとする。

　解約手付・違約手付を概念的に比較した場合には，確かに，〔A〕説の考え方にも一理あろう。しかし，現実においては両者の概念を区別することが困難な場合が多く，また，わが国の取引慣行上，手付は独自の解約制度としての意味をもってきたのである。したがって，〔B〕説が妥当であると考える。

　(d)「履行に着手」による解約制限　　当事者は，手付流し・手付倍返しによって契約を解除できるが，ただ，その相手方が「履行に着手した後」は，この制度による解除はできない$\binom{557条1項}{ただし書}$。この規定との関係で，以下の問題がある。

　i　「履行に着手」とはいかなる場合か　　特に，「履行の準備」との関係であるが，判例は，「履行に着手」とは，「債務の内容たる給付の実行に着

手すること，すなわち，客観的に外部から認識しうるような形で履行行為の一部をなし又は履行の提供をするために欠くことのできない前提行為をした場合」$\binom{\text{最大判昭40・11・24}}{\text{民集19巻8号2019頁}}$であり，単なる履行の「準備」とは区別されるべきもの，との基準を立てている。「履行の提供に不可欠な前提行為」とは，具体的な事案に左右されるが，一般に，第三者所有不動産の売買で，売主がその第三者から不動産の所有権を取得して登記を得ること$\binom{\text{前掲最大判昭}}{\text{40・11・24}}$や，履行期到来後に，履行の準備（代金の用意）をして請求（催告）すること$\binom{\text{最判昭57・}}{\text{6・17判時}}\binom{\text{1058号}}{\text{57頁}}$などは，履行の着手に当たる。

　　ii　「履行に着手」した者からの解除はできるか　　例えば，A は，履行に着手した後，B が履行に着手しない間に，手付を放棄ないし倍返しをして解除できるか。履行着手後の解除を禁止するのは，履行に着手した当事者が不測の損害を被るからである$\binom{\text{例，費用を支出し，契約に多}}{\text{くの期待を寄せていたなど}}$。したがって，履行に着手していない当事者に対しては，自由に解除権を行使できる。このことは，解除者が履行に着手した者（上記例の A）であっても同じである。反対説（B は，履行の着手をした A はもはや解除しないと期待する）もあるが，しかし，「着手」によって生じる「不測の損害」を法的に保護しようというのであるから，それ以前の単なる期待は法的保護に値しないといわなければならない$\binom{\text{前掲最}}{\text{大判昭}}\binom{\text{40・}}{\text{11・24}}$。

　　iii　履行期前において「履行に着手」はあり得るか　　判例は，前掲最大判昭 40・11・24 を承けて，そのような履行の着手は，「債務に履行期の約定がある場合であっても，……ただちに，上記履行期前には，民法 557 条1項にいう履行の着手は生じ得ないと解すべきものではない」とする$\binom{\text{最判昭}}{\text{41・1・21}}\binom{\text{民集20巻}}{\text{1号65頁}}$。そして，そのような履行期前の履行の着手に当たるか否かは，「当該行為の態様，債務の内容，履行期が定められた趣旨・目的等諸般の事情を総合勘案して決すべきである」$\binom{\text{最判平5・3・16民}}{\text{集47巻4号3005頁}}$として，履行期前においても「履行に着手」があり得ることを認めている。なお，借家人を立ち退かせて建物を引き渡す売買契約において，売主が借家人に立ち退かせる要求をほとんどしないため，買主が，建物引渡しの本訴を提起するとともに，売主方に赴いて残代金を受け取るように求めたことは，履行の着手に当たる$\binom{\text{最判昭51・}}{\text{12・20判時}}$

843号46頁・近江『不動産取
引判例百選（第2版）』2頁 ）。

　総じて，判例上は「履行に着手」概念が拡張されてきたのであるが，この
ことは，手付制度による無理由解除を阻止してきたともいえるのである（吉田
豊「近代民事責任の原理と解約手附制度との矛
盾をめぐって」法学新報72巻1・2・3号142頁 ）。

⑷　売買契約に関する費用

　売買契約に関する費用は，当事者双方が等しい割合で負担する（558
条）。例
えば，目的物の評価，契約書作成に必要な経費等である。不動産の登記料は，
売主の債務弁済の費用（485
条）として，売主が負担する。

3　売買の効力 (1) ── 売主の義務と担保責任

⑴　売主の義務と担保責任の構造

(a) 売主の義務の基本原則　売主の担保責任は，売主の義務と表裏の関係に
あるから，両者は一体的に理解されなければな
らない。売主の義務の基本構造および担保責任の関係は，2017 年改正「中間
試案」で示された「基本原則」が，的確に捉えている（部会資料「60」58頁以下。その
後の「要綱案」では表現が
変更されている。部
会資料「75A」7頁 ）。以下の通りである。

> 【売主の義務】
> (1) 売主は，財産権〔権利・所有権〕を買主に移転する義務〔財産権移転義務〕
> 　を負うほか，売買内容に従い，次に掲げる義務を負うものとする。
> 　ア　買主に売買の目的物を引き渡す義務〔⇒目的物引渡義務〕
> 　イ　買主に，登記，登録その他の売買の内容である権利の移転を第三者に対
> 　　抗するための要件を具備させる義務〔⇒対抗要件具備義務〕
> (2) 売主が買主に引き渡すべき目的物は，種類，品質及び数量に関して，当該
> 　売買契約の趣旨に適合したものでなければならないものとする。〔⇒物の契
> 　約不適合責任〕
> (3) 売主が買主に移転すべき権利は，当該売買契約の趣旨に反する他人の地

　　上権，抵当権その他の権利による負担又は当該売買契約の趣旨に反する法
　令の制限がないものでなければならないものとする。〔⇒権利の契約不適合
　責任〕
(4)　他人の権利を売買の内容としたとき（権利の一部が他人に属するときを含
　む。）は，売主は，その権利を取得して買主に移転する義務を負うものとす
　る。〔⇒他人の権利売買責任〕

　売主が上記の義務を負う結果，移転すべき目的物又は権利が契約に適合し
ない場合は，義務違反（債務不履行）として，それぞれの内容に応じた上記各
責任を負わなければならない。これを，売主の「担保責任」という。

(b) 概念の整理　　**i　「瑕疵」概念から「契約不適合」概念へ**　　従来，契約
目的物が契約の趣旨に適合しない場合を「瑕疵」と呼び，
物については「瑕疵担保責任」としてきたが（旧570条），改正法では，「瑕疵」の
用語が使われず，「契約不適合」概念に統一された。これは，① 瑕疵は客観
的な瑕疵のみを意味するように読めること（実務では主観的瑕疵も含めてい
る），② 権利については売主がどこまで引き受けていたかの解釈が重要であ
るから移転すべき権利に関する売主の義務を明確にした方がよいこと，③
物についても契約の趣旨を踏まえ「通常有すべき性状」を確定した上で判断
されるべきことなどから廃止されたという（部会資料「75A」7頁以下。なお，潮
見・概要259頁以下，中田300頁以下参照）。

　しかし，「瑕疵」とは"キズ・欠陥"をいうのであって，法律的に置き換え
れば「不適合」（契約目的に合致しない）ということになろう。この用語は，
「瑕疵」が「隠れた」と一体的に観念されてきたから，特に①のような見解が
出るのである。旧570条からもわかるように両者は結合した概念ではないの
である。そこで，上記②・③のような問題点を払拭した上で，新たに，「契約
不適合」概念として「瑕疵」の用語を使うことは，決して不当ではないであ
ろう。「瑕疵」は，法律用語として長年にわたって使われ，他の法律でも使わ
れているのであるから，排除する必要もない（実際，同時に改正された住宅品質確保法第
7章の章名も「瑕疵担保責任」（94条以下）
であり，建設工事の特殊性からだ
としても，用語法に統一性がない）。ただ，改正法では条文から消えたので解釈の規範
とはなり得ないが，整理概念としては有用であるので，本書では，その意味
で使う。

ii 「担保責任」概念と債務不履行責任　他方,「担保責任」の概念についても,疑義が呈されている。担保責任は,旧来,その性質が法定責任か債務不履行責任かの対立があったが,改正法では,後者に統一されたことから,売主の「担保責任」だけを独立して存置させる必要がなくなった(一般の債務不履行として考えれば足りる)というのである。しかし,担保責任を,各種の典型契約の特性に結合した一つの債務不履行形態として存置することは不都合でないであろう(中田300頁)。565条以下の条文の「見出し」でも,「担保責任」の用語が使われているのである。

(2) 財産権移転義務と果実の帰属

(a)「財産権」移転義務　売買契約が成立した場合,売主は,「財産権を相手方に移転すべき義務」を負う(555条)。ここで,「財産権」というのは,売買目的物についての「権利」(通常は所有権)をいう。既に詳述したように(Ⅰ(1)(a)(126頁)Ⅱ43頁~53頁参照),所有権は物権であるからその移転は物権的意思表示によるべきであり,売買契約によって直ちにこれが移転するものではない。そこで,売主に所有権を移転させるべき義務を負わせたのである(なお,高森八四郎「売買における売主の所有権移転義務」関法43巻5号1頁は,意思主義の下では所有権移転義務はありえず目的物の引渡義務であるとするが,これはおかしい。物権的意思表示をすべき義務を負わせているのであるから,債権契約によって売主に物権的意思表示をすべき義務が発生し,この義務の履行(物権的意思表示)により物権が移転すると解するのが理論的にも正しい)。

(b)「目的物」引渡義務　「目的物の引渡し」とは,物理的な意味での「物体」の移転であり,上記(a)の「権利」の移転とは異なる。俗に言う,契約目的物の引渡しである。目的物の範囲は,社会通念によろう。従物(87条2項)が付属しているときは,従物も含まれる。銃砲刀剣の売買では,都道府県が発行する銃砲刀剣類登録証が従物に当たる(これがないと,買主は,原則として不法所持になるからである)。

(c)「対抗要件」具備義務　売主は,買主に対し,登記,登録その他の売買の目的である権利の移転についての「対抗要件」を備えさせる義務を負う(560条。2017年新設)。売主の主たる給付義務と解してよい。対抗要件が用意されている物については,対抗要件を備えない限り,第三者に対抗できず,権利として無価値になるからである。

不動産については「登記」$\binom{177}{条}$，動産については「引渡し」$\binom{178}{条}$，債権については確定日付ある証書による「通知」$\binom{467}{条}$，自動車については「登録」$\binom{車両5}{条1項}$，などがこれに当たる。

(d) 付随義務群 債権関係として「義務」が発生した場合，その履行が債務の本旨に従って実現するよう，注意ないし配慮する義務が生じる。これを「付随義務」ということは既述した$\binom{【Ⅳ】8}{頁以下}$。売買契約においては，農地の売買での農業委員会の許可，賃借権の売買では賃貸人の承諾などが，これに当たる$\binom{中田296頁は,この義務を「権利の移}{転に必要な行為をする義務」とする}$。

(e)「果実」の帰属関係 債権契約が成立しても，目的物を買主にまだ引き渡さない間に，その目的物が果実を生じたときは，その果実は売主に帰属する$\binom{575条}{1項}$。民法は，原則的に，「引渡し」（占有）を物的支配の表象と見ているのである$\binom{「引渡後」については,}{【4】4)(149頁)参照}$。

なお，この権限は，自分の債務の遅滞に関係しない。すなわち，売主は，目的物の引渡しを遅滞しても，引渡しまでは果実収取権がある。

(3) 担保責任の要件 ——「契約不適合」

(a) 目的物の「契約不適合」 「契約不適合」とは，目的物が「種類，品質又は数量」に関して契約の内容に適合しない場合，すなわち通常または契約上予定された用途に適さない場合をいい，従来の「瑕疵」概念と，基本的に同一と考えてよい。

　ⅰ　**目的物**　「目的物」は，「物」又は「権利」$\binom{物についての規定が権}{利に準用される。565条}$である。前者については，特定物であるか不特定物であるかを問わない。

　ⅱ　**不適合の判断基準**　「不適合」の判断は，目的物の用途ないし契約目的と切り離して考えることはできないから，客観的基準のみならず，当該契約当事者の主観的基準からも判断すべきである。例えば，売買目的物である建物内でかつて殺人ないし自殺があったことも，主観的な契約不適合といえる$\binom{大阪高判平18・12・19判時1971号130頁}{殺人があったことから代金を5\%減額}$。

　ⅲ　**売主の保証**　見本や広告など，売主が保証した一定の性能・品質を具備しないこと$\binom{大判昭8・1・14}{民集12巻71頁}$なども，契約不適合に該当する。近時見られ

る「表明保証」も，この一種と解される。

　　iv 「隠れた」観念の排除　　改正法では，瑕疵（契約不適合）が，「隠れ
た」ものであることは必要でない。この意味は，その「瑕疵」が，隠れたも
のであろうが，表出しているものであろうが，問わないことである。

　(b)「引き渡された」こと　　　目的物は「引き渡された」ことを要する。これは，
　　　　　　　　　　　　　　　目的物の占有が，既に買主に移転されたことであ
る。したがって，履行がされた場合の債務不履行の問題であり，履行遅滞や
履行不能は問題とならない。

　(c)「種類，品質又は数量」　　　「契約不適合」（すなわち，「瑕疵」）は，「種類，品
　　　　　　　　　　　　　　　質又は数量」に関してである（565条）。これらは，
売買契約を構成する要素だからである。

　契約不適合事由の存在は，原則として引渡時である。ただし，売買契約に
は保証期間が付随している場合もあり，また，一定の経時により品質が変化
している場合もある。これらの場合についても担保責任の範囲と考えられる
から，この原則が唯一というわけではない。契約の趣旨と内容に照らして，
社会通念から判断されるべきである。

(4) 担保責任の効果〔I〕── 権利取得及び移転義務（他人の権利の売買）

　(a)「他人物売買」とは　　　他人の所有する物を売買契約の目的物とした場合で
　　　　　　　　　　　　　ある。その「物」については，売主は，権利を有しな
いのであるから，その売買契約は，法理論から言えば，「無効」である。事実，
フランス法は，これを無効としている。しかし，「契約」制度の意義を考えた
場合，「契約」は，当事者にそれぞれの履行「義務」を課しているにすぎない
（555条参照）。そうであれば，履行義務が尽くされ契約目的が実現するかどうかは
別として，義務を発生させるだけの「契約」自体は，法律行為として有効に
成立するとする理論が，一方にある。日本民法は，この立場を採った。

　(b)「権利取得及び移転」義務　　他人物売買は，契約としては有効に成立する。
　　　　　　　　　　　　　　　　それゆえ，売主は，「他人の権利（権利の一部
が他人に属する場合におけるその権利の一部を含む。）を売買の目的としたとき

は，売主は，その権利を取得して買主に移転する義務を負う」$\binom{561}{条}$。契約当時に真の権利者がその物を他に譲渡する意思がなかった場合でも，契約は有効である$\binom{大判明31・1・26民録4輯1巻35頁，}{最判昭25・10・26民集4巻10号497頁}$。

(c) 解釈上の問題　　　　　　いくつかの解釈上の付随的な問題がある。

i　所有権の移転　　売主が，他人からその権利（所有権）を取得したときは，その取得と同時に買主が売主から所有権を取得し，また，売主の占有取得と同時に買主が占有改定によりその占有を取得する$\binom{最判昭40・11・19民集19巻8号}{2003頁（他人所有船舶の売買）}$。

ii　買主の保護　　他人物売買における買主の保護は，① 条件付売買$\binom{128条-}{130条}$とするか，② 履行不能（債務不履行）とする方法が考えられる。いずれの主張も可能である。

iii　売主または所有者の死亡　　他人物売買の売主または所有者が死亡し，所有者または売主が相続した場合は，「無権代理と相続（地位の同化）」と同様の問題が生じる$\binom{詳細は,【 I 】}{246頁以下}$。その際，追認については，116条が類推されよう$\binom{最判昭37・8・10民}{集16巻8号1700頁}$。

(5)　担保責任の効果〔Ⅱ〕── 追完請求権

(a)「種類，品質又は数量」　　引き渡された目的物の「種類，品質又は数量」につき，契約不適合事由が存在する場合，買主は，履行の追完を請求することができる$\binom{562条1}{項本文}$。

(b)「追完」（完全履行）の方法　　「追完」請求とは，契約不適合を解消させるための「完全履行」の請求である。追完の方法は，買主の選択により，以下の3通りである$\binom{562条1}{項本文}$。

①　物の「修補」

②　「代替物の引渡し」

③　「不足分の引渡し」

(c) 他の方法による追完　　ただし，売主は，買主に不相当な負担を課するものでないときは，買主が請求した方法と異なる方法による履行の追完をすることができる$\binom{562条1項}{ただし書}$。

(d)「買主の責めに帰すべき事由」による場合　契約不適合が「買主の責めに帰すべき事由」によるものであるときは，買主は，上記(b)で述べた履行の追完請求をすることができない$\binom{562条}{2項書}$。

【住宅品質確保法上の瑕疵担保責任】　住宅品質確保法$\binom{その全体は，250頁}{【住宅品質確保法の概略】参照}$は，新築住宅建築請負の場合とともに，新築住宅の売買についても，瑕疵担保責任に関する特別規定を置いた。その概略は，次のとおりである。

⑴　**対象**　新築住宅の売買契約であること。ただし，一時使用のため建設されたことが明らかな住宅については，適用しない$\binom{法95条1}{項，96条}$。

⑵　**責任の範囲**　住宅のうち「構造耐力上主要な部分等」の「瑕疵」である$\binom{法95}{条1項}$。なお，本法でいう「瑕疵」は，「不適合」と同一概念である$\binom{法95}{条3項参照}$。

⑶　**責任の内容**　民法の規定で準用されるものは，次のとおりである$\binom{法95}{条1項}$。

　(a)　追完請求権（562条）

　(b)　代金減額請求権（563条）

　(c)　損害賠償請求（415条）

　(d)　催告解除（541条）

　(e)　無催告解除（542条）

⑷　**責任の存続期間**　売主が，買主に引き渡した時から10年間である$\binom{法95}{条1項}$。ただし，特約により，目的物を買主に引き渡した時から20年以内とすることができる$\binom{法97}{条}$。

⑸　**強行規定**　以上の⑶(a)〜(e)の規定$\binom{法95条1}{項所掲}$に反する特約で買主に不利なものは，無効とする$\binom{法95}{条2項}$。

⑹　担保責任の効果〔Ⅲ〕── 代金減額請求権

(a)　代金減額請求権とは　担保責任の効果としての「代金減額請求」とは，目的物の瑕疵が追完されない場合において，その瑕疵のある目的物と当初合意された代金額との均衡が失われているときに，一方の代金を減額させ，その瑕疵目的物との対価的均衡を保つことである（こ

の考え方は，細部ではやや異なるが，ドイツ学説の影響の下で「代金減額請求権説（対価的制限説）」$\binom{加藤正信『現代民法学}{の展開』399頁以下など}$ が唱えていた説である）$\binom{学説の鳥瞰は，【旧}{V】138頁以下参照}$。

代金減額の上限は，当然ながら，代金額に画定されることになる$\binom{東京高判}{昭23・7・}$
19高民集1巻2号106頁，加藤・前掲書399頁以下，円谷峻「瑕疵担保責任」
『民法講座5巻』270頁以下，半田吉信「担保責任の再構成」107頁以下など）。

(b) 代金減額請求権の発生　代金減額請求権は，売主による履行の追完がないときに，次に掲げる各場合に応じて発生する$\binom{563条}{1項}$。

　　i　**催告期間内に追完がないとき**　買主が相当の期間を定めて履行の追完の催告をし，その期間内に履行の追完がないときは，買主は，その不適合の程度に応じて代金の減額を請求することができる$\binom{563条}{1項}$。

　　ii　**追完が不能なとき**　履行の追完が不能なときは，催告することなく，直ちに代金の減額を請求できる$\binom{同2項}{1号}$。

　　iii　**追完の拒絶のとき**　売主が履行の追完を拒絶する意思を明確に表示したときも，催告をしても意味がないから，直ちに代金の減額を請求できる$\binom{同2項}{2号}$

　　iv　**追完適時が経過したとき**　契約の性質又は当事者の意思表示により，特定の日時又は一定の期間内に履行をしなければ契約をした目的を達することができない場合において，売主が履行の追完をしないでその時期を経過したときも，催告を要せず，直ちに代金減額を請求できる$\binom{同2項}{3号}$。

　　v　**追完の見込みがないとき**　上記 i ～ivに掲げる場合のほか，買主がその催告をしても履行の追完を受ける見込みがないことが明らかである場合には，直ちに代金減額を請求できる$\binom{同2項}{4号}$。

(c)「買主の責めに帰すべき事由」による場合　契約の不適合が，「買主の責めに帰すべき事由」によるものであるときは，買主は，前iii～ivの規定による代金の減額の請求をすることができない$\binom{563条}{3項}$。

(7)　担保責任の効果〔Ⅳ〕── 損害賠償請求及び解除

上記の「追完請求権」$\binom{562}{条}$及び「代金減額請求権」$\binom{563}{条}$の行使については，415条による損害賠償請求（債務不履行に基づく）並びに541条及び542

条による解除権の行使を妨げない $\binom{564}{条}$ 。

(8)　「権利」の契約不適合への準用

(a)「権利」の契約不適合　上記で述べた目的物の「契約不適合」に関する規律は，目的物が「物」である場合を念頭に置いた規定であるが，これらの規定が「権利」の契約不適合の場合に準用されている。すなわち，「追完請求権」$\binom{562}{条}$及び「代金減額請求権」$\binom{563}{条}$の規定は，移転した「権利」が契約の内容に適合しない場合（権利の一部が他人に属する場合においてその権利の一部を移転しないときを含む。）に準用される$\binom{565}{条}$。後掲(7)の「損害賠償請求」及び「解除」も同様である$\binom{565}{条}$。

(b) 数量指示売買　しばしば問題となるのは，「数量指示売買」の場合である。数量指示売買とは，「一定の面積，容積，重量，員数または尺度あることを売主が契約において表示し，かつ，この数量を基礎として代金額が定められた売買」$\binom{最判昭43\cdot8\cdot20民}{集22巻8号1692頁}$である。土地の売買で，その面積が合意された面積を下回る場合には，買主は，代金の減額を請求でき$\binom{565条}{\to563条}$，それで契約目的を達することができない場合には，解除$\binom{565条\to}{415条}$・損害賠償$\binom{565条\to541}{条\cdot542条}$を請求できることになる。

(c) 数量「超過」の場合は　では，逆に，数量が「超過」する場合に，売主は，代金の増額を請求できるか？　2つの考え方がある。

〔A〕　**代金増額否定説**　判例は，565条は数量指示売買における数量不足の場合または物の一部滅失の場合の売主の担保責任を定めた規定にすぎないから，数量が超過する場合に，同条の類推適用を根拠に売主が代金の増額を請求することはできないとする$\binom{大判明41\cdot3\cdot18民録14輯295頁，最判}{平13\cdot11\cdot27民集55巻6号1380頁。通説}$。そして，売主に代金増額請求権があるかどうかは，民法に規定がないのだから，契約の一般原則により，売買当事者の「意思」の解釈によって決すべきであるとする$\binom{前掲大判明}{41\cdot3\cdot18}$。

〔B〕　**代金増額肯定説**　代金増額請求を肯定する説であるが，ⓐ 松岡説は，数量指示売買の効果が，判例のいうように合意（意思）を基礎とするも

のであり，それが拘束力を有するとすれば，数量指示売買には，「原理的に代金補正の意思的根拠」があると見るべきとする（松岡久和『新版注民(04)』240頁）。ⓑ これについて，潮見説は，当事者が当該契約で示した合意内容が明らかでない場合は問題が残るとし，「契約の行為基礎の脱落を理由とした契約内容の改訂」を認める方向で解決を図るべきだとする（潮Ⅰ142頁見）。いずれの説も，買主には，代金増額請求に応じるか，契約を解除するかの選択権が与えられるとする。

さて，契約当事者を公平に保護すべき必要のあることは〔B〕説の主張のとおりであるが，旧565条（現563〜564条，566条）は，売買契約における買主保護制度としての売主の担保責任規定であるから，これを根拠に売主の代金増額請求を認めようとすることは場違いであろう。したがって，判例（〔A〕説）の指摘のごとく，売買契約において売主保護の特別規範は存在しないのであるから，法律行為の一般原則によるほかはないというべきである。

(d) 抵当権等を排除した場合の特則 買い受けた不動産について契約の内容に適合しない先取特権，質権又は抵当権が存していた場合において，買主が費用を支出してその不動産の所有権を保存したときは，買主は，売主に対し，その費用の償還を請求することができる（570条）。

(9) 担保責任の期間制限

売主が「種類又は品質」に関して契約の内容に適合しない目的物を買主に引き渡した場合において，買主がその不適合を知った時から1年以内にその旨を売主に通知しないときは，買主は，その不適合を理由として，履行の追完の請求，代金の減額の請求，損害賠償の請求及び契約の解除をすることができない（566条本文）。権利の失効である。

ただし，売主が引渡しの時にその不適合を知り，又は重大な過失によって知らなかったときは，この限りでない（566条ただし書）。

⑽　危険の移転

(a)　「双方の責めに帰することができない事由」で滅失・損傷

売主が買主に目的物を引き渡した場合において，その引渡しがあった時以後にその目的物が当事者「双方の責めに帰することができない事由」によって滅失し，又は損傷したときは，買主は，その滅失又は損傷を理由として，履行の追完の請求，代金の減額の請求，損害賠償の請求及び契約の解除をすることができない（567条1項前段）。この場合において，買主は，代金の支払を拒むことができない（同項後段）。危険の債権者への移転である。危険は，本来債務者負担であるところ（536条1項），物権法理上「引渡し」を分水嶺として物的支配が決定され，引渡しを受けた買主が当該目的物の物的支配権を取得するからである（第1章第4節(56)頁以下）参照）。

(b)　買主の受領拒絶又は受領不能

売主が契約の内容に適合する目的物をもって，その引渡しの債務の履行を提供したにもかかわらず，買主がその履行を受けることを拒み，又は受けることができない場合において，その履行の提供があった時以後に当事者双方の責めに帰することができない事由によってその目的物が滅失し，又は損傷したときも，前(a)と同様とする（567条2項）。

⑾　「競売」における担保責任

(a)　「競売」への準用

売買の担保責任規定は民事執行法等に基づく「競売」の場合にも準用され，その買受人は，541条条及び542条並びに563条及び565条の規定により，債務者（売主）に対し，契約の解除をし，又は代金の減額を請求することができる（568条1項）。ここでの「競売」は，強制執行に基づく「強制競売」のほか，担保権実行に基づく「任意競売」を含む。

(b)　債務者が無資力の場合

前項の場合において，債務者（売主）が無資力であるときは，買受人は，代金の配当を受けた債権者に対し，その代金の全部又は一部の返還を請求することができる（568条2項）。

(c) **債務者又は債権者の「悪意」** 　上記(a)・(b)の場合において，債務者が物若しくは権利の不存在を知りながら申し出なかったとき，又は債権者がこれを知りながら競売を請求したときは，買受人は，これらの者に対し，損害賠償の請求をすることができる（568条3項）。

(d) **「種類又は品質」は不適用** 　前三項の規定は，競売の目的物の種類又は品質に関する不適合については，適用しない（568条4項）。

⑿ 「債権」の売主の担保責任

　債権の売買においても，その債権に契約不適合事由があるときは，売主に担保責任が発生する。ただ，債権が無効または弁済により消滅している場合には，契約自体が無効となる。

　また，「債権」の売主が債務者の資力を担保したときは，契約の時における資力を担保したものと推定する（569条1項）。ただし，弁済期に至らない債権の売主が債務者の将来の資力を担保したときは，弁済期における資力を担保したものと推定する（同条2項）。

⒀ 担保責任を負わない旨の特約

　担保責任に関する規定は任意規定であるから，当事者間で，売主が担保責任を負わないとする特約は，原則として有効である（572条参照）。

　しかし，その免責「特約」が，① 562条1項本文に規定する「目的物が種類，品質又は数量に関して契約の内容に適合しないものである場合」，又は，② 565条に規定する「権利が契約の内容に適合しないものである場合（権利の一部が他人に属する場合においてその権利の一部を移転しないときを含む。）」においては，売主は，「知りながら告げなかった事実（例，瑕疵の存在）及び自ら第三者のために設定し（例，抵当権の設定）又は第三者に譲り渡した権利」については，その責任を免れることができない（572条）。ただ，買主がそのことを知っている場合には，その免責特約は有効であると解される（通説）。

　担保責任免除特約は，一般消費者に酷な結果をもたらす場合が多い。そこ

で，宅地建物取引業法は，担保責任期間を2年以下とする特約を無効とした（宅建業40条）。また，約款契約において担保責任を負わない旨の特約は，合理的理由がない限り，有効とは解されない（548条の2第2項参照）。

(14)　担保責任と保証責任

(a) 売主の品質保証　売主が売買目的物につき一定の性質（品質）を保証する場合がある。この場合，その保証責任と，民法上の担保責任との関係はどうなるか。このような保証は，「性質担保契約」というべきものであろう。当事者間において，特定の事項につき契約があれば，それが優先されることは当然である。その場合には，民法の規定は，補充規定にすぎない。

しかし，わが国では，ドイツと同じく，独自の契約的発展を見ずに，瑕疵担保責任の中で議論され，瑕疵担保責任の一形態（特殊な瑕疵担保責任）として認められてきたといってよい（藤田寿夫『表示責任と契約法理』131頁以下，笠井修「ドイツ民法における性質保証責任の法的性格」帝京17巻1号，2号，18巻1号，笠井「性質保証責任の法的構成について」一法8巻3号1頁以下参照）。そこで，売主の保証があった場合には，契約不適合はその保証内容から判断されてきた。この結論は，正当であるが，ただ，「責任の法的構成」上は，次掲の「合意規範」の視点から捉えられるべき問題であろう。

(b) 「合意規範」としての表明保証・コベナンツ条項　近時，実務界で盛んに使われているのが，当事者間における独自の「合意条項」である。これは，アメリカの実務を承継したもので，実際の取引においては，契約の方式や効力，優先弁済の方法までが当事者の「合意」によって決められることが多い。これを，「合意規範」と称しておこう。

その中で，一定の品質等を保証するものとして，「表明保証」・「コベナンツ（誓約）条項」が締約されるのが常である。これらは，当事者を拘束する規範として，実際上大きく作用するが，もとより，不合理でなければ有効である。

また，民法の担保責任規定は，一回限りの売買契約を前提とした義務違反→契約解消を前提としているといえるが，この「合意規範」は，継続的取引を前提とし，例え表明保証に違反したとしても，その違反は損害賠償に止め，

取引関係は継続させるというのが商慣習といえる。

4　売買の効力 (2) —— 買主の義務

(1)　代金支払義務と支払拒絶権

(a) 代金支払義務　買主は，代金を支払うべき義務を負う$\binom{555}{条}$。売買の目的物の引渡しについて「期限」が定められたときは，代金の支払いについても同一の期限を付したものと推定する$\binom{573}{条}$。代金の支払いと目的物の引渡しとは，一般に同時履行の関係（主たる債務関係）にあるものと考えられるからである。なお，目的物の引渡しと同時に代金を支払うべきときは，その引渡しの場所において支払わなければならない$\binom{574}{条}$。

(b) 代金支払拒絶権　以下の場合には，買主は代金の支払いを拒絶することができる。

i　同時履行の抗弁権が存する場合　双務契約における履行の同時性である$\binom{533}{条}$。

ii　他人が権利を主張する場合　売買の目的について権利を主張する者があることその他の事由により，買主がその買い受けた権利の全部若しくは一部を取得することができず，又は失うおそれがあるときは，買主は，その危険の程度に応じて，代金の全部又は一部の支払を拒むことができる$\binom{576条}{本文}$。ただし，売主が相当の担保を供したときは，この限りでない$\binom{同条た}{だし書}$。また，売主は，買主に対して代金の供託を請求できる$\binom{578}{条}$。

iii　抵当権等の登記がある場合　買い受けた不動産について契約の内容に適合しない抵当権の登記があるときは，買主は，抵当権消滅請求の手続が終わるまで，その代金の支払を拒むことができる$\binom{577条1}{項前段}$。この場合において，売主は，買主に対し，遅滞なく抵当権消滅請求をすべき旨を請求することができる$\binom{同項}{後段}$。

この規定は，買い受けた不動産について契約の内容に適合しない先取特権又は質権の登記がある場合について準用する$\binom{577条}{2項}$。

この場合についても，売主は，買主に対して代金の供託を請求できる$\binom{578}{条}$。

(2) 利息支払義務

買主は，目的物の引渡しを受けた日より，代金の利息を支払わなければならない$\binom{575条2}{項本文}$。買主は，「引渡し」（占有）を受けることによって，目的物に対する排他的支配権を取得するからである。引渡しにより，果実が買主に帰属することは当然である$\binom{同条}{1項}$。

ただし，代金の支払いにつき期限があるときは，その期限の到来するまでは，利息を支払う必要はない$\binom{575条2項}{ただし書}$。

(3) 目的物受領義務

買主に，売買目的物の受領義務があるかどうか。この問題は，債権者一般に受領義務があるかどうかの問題と関係する。改正前の旧413条は，「債権者が債務の履行を受けることを拒み，又は受けることができないときは，その債権者は，履行の提供があった時から遅滞の責任を負う。」とされていた。これにつき，判例・通説は，受領遅滞を債権者の債務不履行ではなく特別の責任であると解していた。おそらくそのため，2017年改正では，アンダーライン部分が削除された。この削除によって，債権者の受領義務は，いっそう不明確になったのである。

しかし，当事者の双方が義務を負担し合う双務契約において，一方の債務者に債務不履行責任があるとすれば，他方の債務者にも債務不履行責任が発生することは，当然の理論的帰結であろう。したがって，買主には，特別の理由がない限り，目的物受領義務があると解さなければならない。なお，この問題は，「受領遅滞」$\binom{413}{条}$についての債務不履行構成説$\binom{我妻榮『新訂債権総}{論』236頁以下，前田達}$$\binom{明『口述債権総論』296頁}{〔第三版〕}$に通じるものである$\binom{詳細は【Ⅳ】}{66頁以下参照}$。

(4) 果実収取権

買主は，売買契約の成立により代金支払義務が発生するが$\binom{上記}{(1)(a)}$，目的物

の引渡しを受けた日から「利息」を支払わなければならない（575条2項本文）。この原則は、自分の債務の遅滞に関係しない。すなわち、売主は、目的物の引渡しを遅滞しても、引渡しまでは果実収取権があり、他方、買主は、代金の支払いを遅滞しても、目的物の引渡しを受けるまでは利息を支払う義務はない（大判大13・9・24民集3巻440頁）。

　なお、買主が代金を支払えば、引渡しがなくても、買主に果実収取権が移転する（大判昭7・3・3民集11巻274頁）。代金支払いによって所有権自体が移転するからである。

5　買戻し

(1) 買戻し制度の意義

(a) 担保的機能

〔図②〕広く俗称で「買戻し」というときは、売主がいったん買主に売却した物を取り戻す制度を指す。このような売却物取戻制度の意義は、金銭が入用なために財

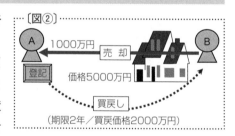

〔図②〕

A ←1000万円― 売却 B
登記　価格5000万円
買戻し
（期限2年／買戻価格2000万円）

産を売却し、返済可能な金銭がたまったときに買い戻す、という場合の利用にある。すなわち、買戻しの経済的作用（目的）はもっぱら担保であり、このことは、学説上異論をみない。この担保方法は、制限物権型の「担保物権」に対して、「権利移転型」担保制度（変則担保）と呼ばれる（買戻制度の詳細は、近江『研究』1頁以下、近江＝小賀野晶一『民法コンメンタール』12巻2101頁以下参照）。

　この担保方法に特有なことは、「売買」制度を基底とするために、「金銭が入り用なため」という担保目的が「売買」行為の中に埋没してしまうことである。つまり、債権・債務を残さない売買行為のために、本来の担保制度において認められる貸金の返還請求権や清算義務が生じないのである。しかし、担保であれば当然に清算されなければならない。現在では、買戻しにお

いても買主に清算義務を認めるべきだとの見解が有力である。

(b) 非担保的機能　　買戻の主たる意義は，上記の担保的機能にあるのであるが，買戻しには，別の作用もある。例えば，公団や公社が住宅・宅地の分譲に際し，特定の契約条件（使用方法，転売禁止など）を定め，被分譲者がそれに違反したときには公団・公社が「買い戻す」という場合である（例，新潟地判昭42・12・26判時524号64頁）。この「買戻し」は，上で述べた意味での担保的機能ではなく（ただし，川井健『担保物権法』213頁は，履行の確保という意味で一種の担保的役割をもつとする），むしろ，フランス法やドイツ法で見られる先買権に類似する機能である。

> **【買戻しの先買権的機能】**　　買戻しのこのような使われ方は，わが国では新しいが，ドイツ（とりわけプロイセン地方）ではすでに18世紀後半から19世紀にかけてみられた。すなわち，対ポーランド政策などに基づく「内地植民」政策のために，各ラントは大農場を分割して中・小作農に分譲し，その自立経営化を図るのであるが，これら分譲を受けた農民が自立できずに土地を手離すにいたる結果，大農場経営が再び社会を構成することになり，その政策目的を達することができなくなる事態に直面した。
>
> 　そこで，小作農が土地を手離す場合には，ラントみずからが「買戻権」（物権的買戻権＝登記制度を媒介とする）を行使するという方法がとられたのである（田山輝明「内地植民問題を通じてみたドイツ民法施行法の一側面」早誌19巻49頁以下）。

(c) 買戻しと不動産質権　　民法典上，買戻しは売買契約の付款として，不動産質権は担保物権として，それぞれ別個のものとして規定されている。しかし，歴史的には，両者は別個独立の制度ではなく，売買担保と質入の観念が混同したもので，実体的には同一の担保手段であった（近江『研究』40頁以下参照）。買戻しと不動産質権とが法理論上分化したのは，わが民法典がパンデクテン・システムに依拠した結果であって，本来，旧来の担保制度からすれば，両者が実体的に分かれ得るものではなかったのである。このことは，① 不動産質権者の用益権能（356条）←→買主の用益権能（所有権が移転するから当然），② 質権者の費用負担（357条）および利息請求の不可（358条）←→買戻代金の等価性および果実と利息との相殺（579条），③ 質権の存続期間（360条）←→買戻しの買戻期間（580条）の同一性，などの諸規定に明白に現れている（不動産質権については，【Ⅲ】106頁以下）。

(d) 買戻しと不動産譲渡担保 買戻しと同じく，譲渡担保もまた，担保のために物の所有権を債権者に移転し，債務者が，金銭ができたときに買い戻すという制度である。だが，「担保のための所有権」とか，「譲渡担保」とかの名称は，爾後的に，しかも学問的分析の結果として付与されたものにすぎない。すなわち，譲渡担保は，買戻しないし再売買予約の一形態が「担保手段」として法認されたものにすぎないのである。例えば，BがAから借金をする代わりに，自己の居住建物をAに売却し，後で買い戻す（ないし再売買の予約をする）特約をしたとしよう。売却しても，居住建物である以上は，占有をAに移すわけにはいかない。このような「目的物の占有を移転しない」形態の売買担保は，「売切抵当」とか「売渡抵当」とか呼ばれていた。この形態を，判例は実質に即して担保手段として承認し，学説はこれに「譲渡担保」の名称を与えたのである。

　そうであれば，譲渡担保と買戻しないし再売買予約の性質的な区別はつかないことになる。両者は，担保制度として同一だからである。ただ，敢えて区別を立てるとすると，判例が承認してきたように，担保目的物の「占有」の移転の有無を基準として区別する以外にはない。つまり，目的物の占有を債務者Bが保留する形態を譲渡担保とし，占有を債権者Aに移転する形態を買戻し・再売買予約として構成するものである（三藤邦彦「不動産の譲渡担保・所有権留保」私法33号34頁，来栖221頁以下，槇悌次『担保物権法』307頁以下，近江『研究』265頁以下）。あたかも制限物権型担保が抵当権・質権と分かれることと同じ対応である（譲渡担保の理論的展開と論争については，【Ⅲ】286頁以下参照）。

【占有を移転しない買戻特約付売買を譲渡担保と認定】 最判平18・2・7（民集60巻2号480頁）である。事案を簡略化すると，Xは，Yに対し，750万円を貸し付け，その担保としてY所有の土地・建物（時価1800万円）につき買戻期間を2か月半後とする買戻特約付売買契約を締結した。その際，買戻期間内に土地・建物を引き渡す約定はなく，Yが依然占有していた。そして，Yが期日までに買戻権を行使しなかったことにより，Xが建物の明渡しを請求した。Yは，本件売買は，真正な売買ではなく，譲渡担保であることを主張。

　原審は，本件契約書が「買戻約款付土地建物売買契約書」となっていることから，担保である証拠もないとして，「本件契約は，譲渡担保契約ではなく，真

正な買戻特約付売買契約であると認め」た。

　これに対し，本判決は，「真正な買戻特約付売買契約であれば，売主から買主への目的不動産の占有の移転を伴うのが通常であり，民法も，これを前提に，売主が売買契約を解除した場合，当事者が別段の意思を表示しなかったときは，不動産の果実と代金の利息とは相殺したものとみなしている（579条後段）。そうすると，買戻特約付売買契約の形式が採られていても，目的不動産の占有の移転を伴わない契約は，特段の事情のない限り，債権担保の目的で締結されたものと推認され，その性質は譲渡担保契約と解するのが相当である。」として，原判決を破棄し，Xの請求を棄却した。

　結論が妥当であることはいうまでもないが，この問題は，学説上は既に1970年代に決着したものであり，今もって裁判で争われていることが信じられないくらいである。買戻特約付売買において，「占有」が債務者に留保される形態が譲渡担保であることは，学説上定説である。

(2) 買戻しの目的物と買戻権の設定

(a) 不動産の買戻し　579条以下に規定する買戻しの目的物は，不動産に限られる。動産の買戻しも有効であるが（契約自由の原則），ただ，579条以下の適用を受けないだけである。

(b) 買戻権の設定　買戻権は，不動産の売買契約に際して，その「付款」として特約される契約であるが，これは売買契約に付随するものの，独立した契約である。この特約が当該不動産の所有権登記に付記された場合には，買戻権は物権的に保全されることになる（後掲(5)(c)頁 参照(157)）。もちろん，付記登記のない買戻特約も有効である。

　なお，買戻権は，一つの財産権として譲渡性を有する（通説・判例）。この場合には，譲受人は売主の地位を承継する。

(3) 買戻しの要件

　買戻しが特約として認められるためには，以下の厳格な4つの要件を充たさなければならない。

(a) 買戻特約の同時性　買戻特約は，売買契約と同時にすることを要する。法文は，「売買契約と同時にした買戻しの特約は，買主が支払った代金及び契約の費用を返還して，売買の解除をすることができる。」（579条本文）である。このことの意味は，民法579条以下の規定によって保護される「買戻し」特約は，売買契約と同時でなければならず，同時でない買戻特約は，「買戻し」ではない（「買戻し」としては無効）ということである。注意すべき点は2つある。

i　同時でない買戻特約は　第1は，同時でない買戻特約，すなわち売買契約後に締結された買戻特約は，「買戻し」としては無効であるが，「再売買の予約」としては有効である（大判明33・2・21民録6輯2巻70頁（近江・判例プラクティス民法II192頁））。「再売買の予約」は，民法の規定にはなく，契約自由の原則の下で承認される制度だからである。

ii　意思表示によって成立　第2は，買戻特約は，契約であるから，意思表示にのみによって成立し，登記が必要とされるわけではない。したがって，ここでいう「同時」というのは，買戻特約の「意思表示」であり，買戻特約の「登記」を指すわけではない。ただし，「登記」も同時でなければ第三者対抗力を有しない（581条1項。詳細は，後掲(5)(c)（157頁）。）。

(b) 買戻代金　買戻代金は，「買主が支払った金額」であるが，別段の合意をした場合には，その「合意による金額」である（579条前段）。元々は，買戻代金は売買代金と同額でなければならなかったが，それは，買戻しが，封建時代の用益質（質入）の系統を引くことの名残であり，買主は果実を取得する反射として，代金に利息を付加することが禁じられたからである。しかし，近代においては，土地は用益的利用から離れ，交換的価値物へと移行しているのであるから，長期的な契約期間における買戻代金の同額性は，与信者である買主にとっては，苦痛であろう。同額でない金額による買戻しが，つとに再売買の予約として承認されてきたことは，ここにも原因があるのである。それゆえ，この規定は，2017年改正で，強行規定から任意規定に変更された。

(c) 買戻期間の制限 買い戻すことができる期間は 10 年であり, もしこれより長い期間を定めたときは 10 年に短縮する ($\substack{580\\条1}$ 項)。不動産質権の 360 条と同じ趣旨である。買戻期間を定めたときは, 後日それを伸長することができない ($\substack{同条\\2項}$)。また, 買戻期間を定めないときは, 買戻権を行使できる期間は 5 年である ($\substack{同条\\3項}$)。期間経過により, 買戻権は消滅する。

　以上のように, 買戻特約として認められるための要件はかなり厳格であり, 特に, 買戻代金の同額性と利息と果実との相殺は封建時代の用益質的性格を残しているものであって, 債権者 (買主) には不快なものとなっている。そのため, 買戻しによらないで, 契約自由の原則に依拠する「再売買予約」($\substack{後掲\\(6)\\頁}$ $\substack{(158)\\頁}$ 参照)がもっぱら使われることになる。もとより, 上記の要件に外れる買戻しも, 再売買予約として効力が認められる場合が多い。

⑷ 買戻権の実行

(a) 契約の解除 買戻権の行使は, 最初の売買契約の「解除」である ($\substack{579\\条本\\文}$)。ドイツ法の買戻しが再売買構成を採るのと異なるところである。

(b) 買戻権行使の相手方 問題となるのは, 買主が買戻特約の登記が付いた不動産を第三者 (転得者) に転売した場合である。買戻権を行使すべき相手方は, 最初の買主なのか, それとも転得者なのか。売主の買戻権は, 一種の物権的な契約として, 登記によって保護されている ($\substack{581\\条}$)。したがって, 買戻権の行使は, 物権的な追及効の行使でもあるから, その相手方は「転得者」である (最判昭36・5・30民集15巻5号1459頁。なお, この判例の上告理由の“理屈”と判決の攻防には, 理論的に「面白い」ものがある。詳細は, 近江・判例プラクティス民法Ⅱ195頁参照)。

(c) 代金等の提供 売主は, 買戻権を行使するには, 期間内に, 「代金及び契約の費用」を提供しなければならない ($\substack{583条\\1項}$)。

(d) 費用の償還 買主または転得者が不動産について費用を支出したときは, 売主は, 196 条の規定に従い, これを償還しなければならない ($\substack{583条2\\項本文}$)。ただし, 有益費については, 裁判所は, 売主の請求により,

相当の期限を許与することができる$\left(\begin{smallmatrix}\text{同項た}\\\text{だし書}\end{smallmatrix}\right)$。

(e) 共有持分の買戻特約の特則 不動産の共有持分も買戻特約付で売買できるが，買戻権行使前に不動産の分割または競売があった場合について，民法は特別規定を置いた。すなわち，A・B共有の不動産につきAがその持分を買戻特約付でCに売却した後，C・Bの協議で分割・競売がされた場合，——

　　i 　Aは，分割・競売によってCが受けた（または受けるべき）部分または代金について買戻しができる$\left(\begin{smallmatrix}584\text{条}\\\text{本文}\end{smallmatrix}\right)$。

　　ii 　Aに通知しないで分割・競売をしたときは，Aは共有関係の存続を主張して，Cの持分を買い戻すことができる$\left(\begin{smallmatrix}584\text{条た}\\\text{だし書}\end{smallmatrix}\right)$。

　　iii 　分割のための競売において，Cが買受人（不動産の単独所有者）となったときは，Aは，競売の代金および583条所掲の費用を支払って不動産全部を買い戻すこともできるし$\left(\begin{smallmatrix}585\text{条}\\1\text{項}\end{smallmatrix}\right)$，その持分のみを買い戻すこともできる。

　　iv 　しかし，他の共有者Bの分割請求によって，Cが競売の買受人（単独所有者）となったときは，売主Aは，その持分のみについて買戻しをすることはできない$\left(\begin{smallmatrix}585\text{条}\\2\text{項}\end{smallmatrix}\right)$。

(f) 買戻権の代位行使 売主の債権者が，売主の買戻権を代位行使しようとする場合は，買主は，裁判所において選定した鑑定人の評価に従い，不動産の現在の価額から売主が返還すべき金額を控除した残額に達するまで，売主の債務を弁済し，なお残余があるときは，それを売主に返還して買戻権を消滅させることができる$\left(\begin{smallmatrix}582\\\text{条}\end{smallmatrix}\right)$。

(5) 買戻しの効果

(a) 権利関係の復元 売主が買戻権を行使したときは，「解除」の効果として$\left(\begin{smallmatrix}579\text{条}\\\text{参照}\end{smallmatrix}\right)$，権利関係が，売買契約がなかった状態に戻される。この権利関係の復元が，法的にどのように構成されるかは（直接効果なのか間接効果なのかなど），解除の一般理論による。既述したので$\left(\begin{smallmatrix}\text{第1章第6}\\\text{節}\boxed{4}\text{(1) (88}\\\text{頁以下)}\\\text{参照}\end{smallmatrix}\right)$，ここでは触れない。

(b) 利息と果実の相殺 買主が目的物の用益権能を取得する結果，当事者が，用益価値（果実）と利息とは価値的に対等とみなされる$\binom{579条}{後段}$。不動産質権の358条と同じ趣旨である$\binom{近江「不動産質権」}{NBL266号31頁以下}$。

(c) 第三者に対する対抗 買戻特約は，売買契約の付款ではあるが，売主と買主の合意で成立する独立した契約である。この買戻特約は，不動産の所有権移転登記に付記することができる（買戻特約の付記登記）。そして，買戻契約が売買契約と同時に登記されたときは，買戻しは，第三者に対しても対抗力を有する$\binom{581条}{1項}$。しかし，いくつかの問題がある。

第1は，事後的にされた買戻特約の登記はどのように扱われるべきか。本来，このような登記は受理させるべきではないが，それが受理された場合である。買戻しは，売買契約と同時に登記されたときは第三者に対して対抗力を有するのであるから，同時でない場合には，当然ながら，対抗力を有しないことになる。ただし，登記がなくても，買戻特約は有効である$\binom{前掲(\mathbf{3})(\mathbf{a})\,\mathbf{ii}}{(154頁)\,参}$照。その意味では，大決大15・10・19（民集5巻738頁）は，事実関係が不明ではあるが，疑問が残る（近江・判例プラクティス民法Ⅱ193頁参照））。

第2は，買戻権の譲渡である。買戻権の譲渡は，特約の登記の移転によって行うことができる。

第3は，未登記の買戻権の譲渡である。売買契約の付款である買戻権は，本契約に対する取消権や解除権と同じく，本契約の存在・消滅を導く法律行為であり，これは契約当事者の意思に基礎を置くものであるから，契約当事者の地位に伴う権利と考えてよい。したがって，その譲渡は，契約上の地位の移転・譲渡によりなされるものである（539条の2参照。改正前の最判昭35・4・26民集14巻6号1071頁（近江・判例プラクティスⅡ194頁）参照）。

(d) 賃借権の短期的保護 買戻特約のある不動産が第三者に賃貸されて，その賃借権登記を経由した場合には，その賃借権は，残存期間中1年を超えない期間に限り，売主に対抗できる$\binom{581条2}{項本文}$。ただし，売主を害する目的でされた賃借権についてはこの限りでない$\binom{同項た}{だし書}$。抵当権における建物賃借権の保護規定395条と同一の趣旨である。

(6) 再売買予約

(a) 再売買予約の意義　「再売買の予約」とは，売買契約を締結する際に，<u>売買目的物を，再度，買主から売主に売却すること（再売買契約）を，「予約」する制度である</u>。最初の売買契約を解除するのではなく，文字通り「再売買」を行うのであって（ドイツの買戻し（Wiederkauf）はこの再売買構成をとる），この再売買契約を「予約」制度によって保全するものである。経済的機能としては，「買戻し」と変わるところはない。

(b) 予約完結権と対抗要件　再売買予約においては，再売買を行うとする権利（売主の取戻権）は，「予約完結権」の留保によって確保される。すなわち，A→B 間の売買に付随して B→A 間の再売買が予約され，この予約完結権を A が行使したときは，A から B に移った所有権が再び B から A に復帰するわけである。新たな売買をする「予約完結権」は，仮登記（不登105条2号）によって順位を保全することができる。これによって，再売買予約には，ほぼ物権的な効果が与えられることになる。

(c) 買戻しとの関係　再売買予約は，狭義の「買戻し」とまったく同一の機能・作用を営む。それというのも，再売買予約は，「買戻し」の厳格な要件（制限）を嫌って発達したものだからである。すなわち，買戻しの厳格性を桎梏とし，契約自由の原則を盾に，「売買の一方の予約」の規定（556条）を基礎として生じてきたもので，その実体は，買戻しと同一であるところの担保手段（権利移転型担保）なのである。

　判例も，既述したように，事後的に締結された買戻特約を，「買戻し」としては認められないが，「再売買の予約」としては有効としている（前掲大判明33・2・21。前掲(3)(a) i （154）頁）参照）。

　ただし，両者は，法理論的な差異は歴然としているものの，現実の具体的場合においては，「買戻し」に当たるのか「再売買予約」のケースなのかにつき，当事者の意思が不明確な場合が少なくない（世上では，一般に「買戻し」の用語が使われている）。また，厳格な要件に外れる買戻しを無効とすべきかどうかの問題もある。

　このような場合には，従来は，再売買予約的構成，すなわち，原則として再売買予約と解し，当事者が買戻しとする意思が明白なときは「買戻し」と解する理論構成（再売買予約は買戻しを包含する広義概念）$\left(\substack{\text{川井健「買戻と再売買の}\\\text{予約」『契約法大系Ⅱ』}\\\text{72頁}}\right)$が主流であった。しかし，最近では，両者が担保手段として実質的に接近させられている点に着目し，再売買予約にも担保の実質に即した合理的な解釈をすべきだとする見解$\left(\substack{\text{星野149頁}\\\text{以下など}}\right)$が有力である。ここでも「清算」義務が要求されるべきことは，買戻しの場合と同様である。

第3節　交　換

1　交換の意義と性質

(1)　交換の歴史的意義

　交換とは，民法上は，当事者が互いに「金銭の所有権以外の財産権」を移転する契約をいうが$\binom{586条}{1項}$，広義では（ないし一般的には），物と物（あるいは金銭）の所有権を互いに取り替えることをいう。したがって，広義の交換は，「売買」をも包摂し，「取引」概念も包含するものである。交換は，商品経済が発達する以前から存した意思の合致形態であって，「売買」の始源的形態なのである。

　しかるに，貨幣経済の浸透により，相手方の物に対して貨幣を提供する形態が漸次社会的意義を認められ，これが「売買」として独立するにいたった。ここにおいて，「売買」と「交換」とは，少なくとも法律学的には峻別されることになった。つまり，対価として，金銭が渡されるのが「売買」であり，金銭以外の財産権が渡される（すなわち，「売買」以外の場合）のが「交換」であるという，"新たな概念"峻別がされたのである（そのことから逆に，「交換」が「売買」の一変態であるなどといわれることがあるが（柚木=高木『注民』(14)322頁），この理解は正しくない）。

　ところで，このような交換の始源において，交換の基礎となっているものは，相手方の所有物に対する一定の必要性（ないし欲求）であり，この必要性が価値基準となっている。だが，貨幣経済が発展すると，すべての物は価格化（＝商品化）し，価格を基準として価値が決定されるようになる。そして，さきの交換における価値基準である一定の必要性は，金銭的判断である価格化へと抽象化されるにいたるのである。「売買」というものは，このようにして物に対する一定の必要性が抽象化したところの「価格」を価値基準とした，

法的交換行為なのである。したがって,「売買」は,いわば交換の純化形態ともいえよう$\left(\substack{\text{以上の詳細は,近江=小賀野晶一『民法コ} \\ \text{ンメンタール第12巻』2276頁以下参照}}\right)$。

このことからわかるように,貨幣経済の発達した今日では,交換の社会的意義はあまり大きくはない。わが国では,特殊的に,土地改良法が農業経営の合理化を図る一手段として農用地の交換分合を規定している$\left(\substack{\text{土地改良} \\ \text{97条以下}}\right)$。

(2) 交換の法的性質

交換は,古くローマ法では,当事者の一方がその約した給付を相手方に履行することにより,相手方が反対給付の債務を負うにいたる契約として,無名の要物契約とされていた$\left(\substack{\text{広中} \\ \text{98頁}}\right)$。しかし,近代民法は,これを,売買と同じく,諾成・不要式の契約として構成した。有償契約(対価的等価性),双務契約であることも売買と同一である。

2　交換の成立と効果

(1) 交換の成立

交換は,当事者が互いに,「金銭の所有権以外の財産権」を移転することを約することによって,その効力を生じる$\left(\substack{\text{586条} \\ \text{1項}}\right)$。売買と異なるところは,対価が金銭でないことの一点であるといってよい。若干の問題がある。

　　ⅰ　双方の給付物が金銭に評価され外観上2つの売買が結合しているような場合　この場合は,「売買」であろうか「交換」であろうか。かつて,「単純交換」に対して「価値的交換」とする説$\left(\substack{\text{勝本正晃『債権法} \\ \text{概論(各論)』144頁}}\right)$が存した。しかし,すべての物が価格化(=商品化)しており,貨幣が商品ないし物交換の基軸として確立している現段階にあっては,「交換」においても,価格的価値観念がその基礎に存在しているものと考えるべきである。要するに,「交換」といえども,「売買」と同じく,原則的には価格的な等価性を前提としているということである$\left(\substack{\text{同旨,柚木=高木} \\ \text{『注民⑭』324頁}}\right)$。したがって,単純的交換と価値的交換とに分ける実益は,観念的にはともかく,ないであろう。

判例 $\left(\begin{smallmatrix}東京高判昭28\cdot6\cdot8東\\高民時4巻2号47頁\end{smallmatrix}\right)$ は，当事者の一方が一定の金額を支払うことを約
し，ただその代金の支払いに代えてそれに相当する物を給付することを約し
たと認められる場合は，その性質を売買と解すべく，交換契約とは解しがた
いとした。この判例は，当該契約を大戦後の宅地建物等価格統制令に服させ
ようとした事情も絡んで「売買」と認めた由であるが，しかし，その契約を
交換と解するとともに，これに売買に関する上記統制法規を適用することも
可能であったはずである $\left(\begin{smallmatrix}柚木＝高木『注\\民(14)』322頁\end{smallmatrix}\right)$。したがって，このような場合をあえて
「売買」と認定する必要もないであろう。

　　ii　両　替　　両替とは，両事者が，金銭所有権を移転する契約である。
民法典起草者は，これを交換と捉えたが，通説は，売買でも交換でもなく，
一種特別の無名契約であり $\left(\begin{smallmatrix}広中\\99頁\end{smallmatrix}\right)$，売買の規定を準用 $\left(\begin{smallmatrix}559\\条\end{smallmatrix}\right)$ すべきだとする
$\left(\begin{smallmatrix}我妻・中(1)341頁，柚木\\＝高木『注民(14)』322頁\end{smallmatrix}\right)$。

(2)　交換の効果

　交換については，有償契約の一種として，売買の規定が準用されると解し
てよい $\left(\begin{smallmatrix}559\\条\end{smallmatrix}\right)$。特に，所有権の移転，解除，担保責任などが重要な準用規定で
ある。

　交換の目的物の価格間に差があり，その差額を補うために，当事者の一方
が財産権と共に金銭所有権の移転を約束する場合がある。この金銭を「補足
金」というが，この補足金については，売買の代金に関する規定が準用され
る $\left(\begin{smallmatrix}586条\\2項\end{smallmatrix}\right)$。補足金以外の物が他人の所有に属していて移転不能の場合，担保
責任として 561 条を準用すべきか，それとも一部不能として 563 条を準用す
べきか。判例 $\left(\begin{smallmatrix}東京高判昭25\cdot2\cdot18下\\民集1巻2号232頁\end{smallmatrix}\right)$ は，交換の目的物が金銭の所有権以外の「物」
のみであるとして，561 条の準用を認めた。学説も賛成する $\left(\begin{smallmatrix}我妻・中(1)342頁，\\柚木＝高木『注民(14)』\end{smallmatrix}\right)$
$\left(\begin{smallmatrix}324頁，\\広中100頁\end{smallmatrix}\right)$。

第4節　消費貸借

1　消費貸借の意義と性質

(1)　消費貸借の意義

(a) 金銭消費貸借の重要性　消費貸借は，金銭その他の物（消費物）を借りて消費し，それと「種類・品質・数量」の同じ物（代替物）を返還する契約である。古くは，金銭以外に，米など日常生活の物資の貸借も盛んに行われたが，資本主義経済では，全ての物が金銭で手に入るため（米なども金銭があれば買うことができる），消費貸借の中心は「金銭」に移った。

　しかし，金銭消費貸借には，深刻な問題が内在している。窮迫な事情に迫られて借金をせざるを得ないことにつけ込み，「高利」で金を貸す高利貸・サラ金業が跋扈することである。「高利」を無限定に認めると，国民の生活は破綻し，壊滅するに至る。それゆえ，金銭消費貸借については，国家は，適切に規制しなければならない（例，利息制限法，出資法，貸金業規制法，質屋営業法など）。同時に，社会福祉制度（例，国民や農林漁業者・中小企業者に対する低利融資制度，健康保険制度，信用保証制度など）の充実に努めなければならない。しかし，その問題は別の箇所で扱うことなので，ここでは，消費貸借の法律的構造を論じる（近江「金銭消費貸借契約」伊藤進編『契約法』124頁以下参照）。

(b) 二つの形態　消費貸借契約には，次の二つの形態がある。

　　i　要物的消費貸借　第1は，契約の意思表示だけでなく，目的物の授受を伴うことによって契約が成立する「要物的消費貸借」契約である（587条）。すなわち，「貸そう・借りよう」とする合意だけで成立するものではなく，目的物の授受をまって初めて成立する。これを，「要物契約」という（使用貸借593条，寄託657条でも同様）。民法上，消費貸借が要物契約とされたのは，主とし

てローマ法以来の沿革と各国の立法例からであった（詳細は，広中俊雄『契約法の研究〔増訂版〕』61頁以下）。従来は，消費貸借契約はこの類型だけであった。

ii 諾成的消費貸借 第2は，消費貸借契約は，<u>当事者の意思表示のみによって成立</u>するとする「諾成的消費貸借」契約である（587条の2）。2017年改正により，新たに創設された類型である。なお，この類型の契約は，「書面」でしなければならないが（「書面でする消費貸借」という），それは，軽率に消費貸借契約を締結してしまうことを防止するためである（潮見・概要280頁）。したがって，要式行為である。

(2) 消費貸借の法的性質

(a)「要物・片務・不要式」契約 要物的消費貸借は，貸主が目的物を引き渡すことによって成立する契約であるから（587条），貸主に，貸す債務（目的物引渡債務）を生じる余地はない。したがって，その契約の性質は，「要物契約」であり，「片務契約」である。また，何らの形式を必要としないから，「不要式契約」である。

(b)「諾成・双務・要式」契約 これに対し，諾成的消費貸借は，「当事者の一方が金銭その他の物を引き渡すことを約し〔引渡義務の発生〕，相手方がその受け取った物と種類，品質及び数量の同じ物をもって<u>返還をすることを約する</u>〔返還義務の発生〕ことによって，その効力を生ずる」（587条の2第1項）。したがって，「〜を約し，を約する」ことによって成立するから「諾成契約」であり，また，双方に義務を発生させる「双務契約」である。また，「書面」によることを要するから，「要式契約」である。

(c)「種類・品等・数量」の同じ物を返還 消費貸借は，貸主が借主に対し，一定の期間貸借物の使用を許容し，期間が終了した時に返還する「貸借」であるが，<u>借主はその物の所有権を取得し，それと種類・品質・数量の同じ物を返還</u>すればよく，同一物を返還することを要しない（というよりも，消費してしまった以上，同一物の返還は物理的に不可能）という点で，使用貸借および賃貸借と異なる。また，特定の期間（契約終了まで）貸借をめぐる法的関係が継続するという点で，一種の継続的契約関係でもある。

(d) 無償契約又は有償契約　　消費貸借の目的物については,「利息」が発生しないのが原則であるが, 特約がある場合には, 貸主は, 利息を請求できる $\left(\substack{589条\\1項}\right)$。したがって, 特約がない消費貸借は「無償契約」であり, 利息の特約がある消費貸借は「有償契約」である。

[2] 消費貸借の成立

(1) 要物的消費貸借の成立要件

(a) 代替可能物　　消費貸借は,「種類, 品質及び数量」の同じ物を返還する契約である。したがって, その目的物は, 消費されることが前提の物（代替可能物）でなければならない。

(b) 要物性　　要物的消費貸借は, 当事者の一方が種類, 品質及び数量の同じ物をもって「返還をすることを約して」, 相手方から「金銭その他の物を受け取ることによって, その効力を生ずる」$\left(\substack{587\\条}\right)$。したがって, 当事者の合意だけでは契約は成立せず,「金銭その他の物」を授受がなければならない（要物性）。

(2) 諾成的消費貸借の成立要件

(a) 諾成性　　諾成的消費貸借は, 当事者間で,「貸そう・借りよう」という合意だけで成立し, 目的物の授受を必要としない消費貸借である。すなわち, 一方が「物を引き渡すことを約し」, 他方が「同じ物を返還することを約する」ことによって成立する $\left(\substack{587条の\\2第1項}\right)$。

(b)「書面でする消費貸借」　　ただし, この類型の契約は,「書面」でしなければならない $\left(\substack{587条\\の2}\right)$。上記したように, 窮迫な事情から軽率に契約を締結してしまうことを防止するためである。これを, 従来の要物的消費貸借と区別して,「書面でする消費貸借」という。

> 【「書面」を要求することの意味】　契約の締結に「書面」を要求すること
> は，当該契約に危険性が存在することを認識させ，そのことを理解した上で締
> 結するかどうかは「自己責任」とする，ということを意味する。ただ，現実を
> 考えた場合，金銭を入り用とする者について，このような「自己責任の論理」
> が適切な方法かどうかは，必ずしも疑問なしとしない。というのは，多くの場
> 合，そのような危険性を認識していても，彼らにとっては，"契約を締結しな
> い"という選択肢はないであろうからである。総じて，高利を貪る高利貸等を
> 制限しなければ，解決しない問題なのである。その意味では，2006 年の利息
> 制限法及び出資法の改正は，正当な方法であった。また，587 条の2 第2 項の
> 「物を受け取るまで」解除権を認めたことは，同様に，適切な処置であった。
> 　なお，この問題は，ここだけに止まらず，不動産売買・賃貸契約などで要求
> されている「説明義務」の場面でも同じであろう。

(c) 解除の特則　書面でする消費貸借においては，「借主は，貸主から金銭そ
の他の物を受け取るまで，契約の解除をすることができる」$\binom{587条の2}{第2項前段}$。解除権は，債務不履行の場合を除けば，手付解除などで認められ
るにすぎないから，この解除権は，書面でする消費貸借で認められる特則で
ある。ただし，この場合において，貸主は，その契約の解除によって損害を
受けたときは，借主に対し，その賠償を請求することができる$\binom{同項}{後段}$。

(d) 破産手続の場合の特則　書面でする消費貸借は，借主が貸主から金銭そ
の他の物を受け取る前に当事者の一方が破産手
続開始の決定を受けたときは，その効力を失う$\binom{587条の}{2第3項}$。

(e) 電磁的記録に準用　諾成的消費貸借が，書面ではなく，その内容を記録
した電磁的記録によってされたときは，その消費貸
借は，書面によってされたものとみなして，587 条の2 第1 項～3 項の規定を
適用する$\binom{587条の}{2第4項}$。

3　消費貸借の効力

(1)　利　息

(a) 利息特約がない場合　利息特約がない消費貸借は，無償性の片務契約である。この形態を，民法は消費貸借の原則としている。そして，当然ながら，特約がない以上は，借主に利息を請求することができない$\left(\substack{589条\\1項}\right)$。

(b) 利息特約がある場合　利息特約がある消費貸借は，有償性の双務契約である。この場合，利息は貸借の対価として牽連関係にある。したがって，貸主は，借主が金銭その他の物を受け取った日以後の利息を請求することができる$\left(\substack{589条\\2項}\right)$。

(2)　貸主の義務（目的物引渡義務）と担保責任

要物的消費貸借では，物の引渡しによって契約が成立するのみだから，貸主に引渡義務（貸す義務）は生じない。この義務が生ずるのは，諾成的消費貸借の場合である。そこで，引き渡した目的物が契約不適合の場合の担保責任との関係が問題となる$\left(\substack{改正法では「担保責任」の用語を使わないが，\\規制の実体は同じである。潮見・概要284頁参照}\right)$。

(a) 利息特約のない消費貸借　この場合は，片務契約であるから，目的物が契約不適合であっても，基本的に担保責任は発生しない。したがって，借主は，不適合状態で返還すればよいことになる（旧590条2項は，「瑕疵ある物の価額の返還」を認めている）。そこで，この場合には，同じく片務契約である贈与に関する規定を準用し，貸主は，その物を，「消費貸借の目的として特定した時の状態で引き渡すことを約したものと推定する」とした$\left(\substack{590条1項→\\551条準用}\right)$。その結果，借主は，引渡時における不適合物の価額の返還でよいことになる$\left(\substack{590条\\2項}\right)$。損害賠償の請求も妨げられない$\left(\substack{旧590\\条後\\段}\right)$。

(b) 目的物の契約不適合　利息の特約の有無にかかわらず，貸主から引き渡された物が「種類又は品質」に関して契約の内容に適合しないものであるときは，借主は，その物の価額を返還することができる$\left(\begin{smallmatrix}590条2項。旧\\590条2項参照\end{smallmatrix}\right)$。上記(a)同様，不適合による減損を差し引いた額を返還すればよいということである。損害賠償の請求も妨げられない$\left(\begin{smallmatrix}旧\ 590\\条後段\end{smallmatrix}\right)$。

(3)　借主の義務 —— 返還義務

(a) 返還義務　借主は，契約が終了した時に，受け取った物と「種類，品質及び数量の同じ物」（＝代替物）を返還しなければならない$\left(\begin{smallmatrix}587\\条\end{smallmatrix}\right)$。その「受け取った物」が契約不適合であった場合の，借主の返還の範囲については，上記したとおりである$\left(\begin{smallmatrix}(2)参\\照\end{smallmatrix}\right)$。有効な返還がされた時に，消費貸借契約は終了する。

(b) 返還の時期　**i　返還時期の定めがある場合**　返還時期の定めがある場合には，当然ながら，その「定め」に従う。借主が期日までに返還しないときは，債務不履行として，一般の不履行責任$\left(\begin{smallmatrix}415\ 条\\419条等\end{smallmatrix}\right)$を負うことになる$\left(\begin{smallmatrix}中田368\\頁参照\end{smallmatrix}\right)$。

　他方，返還時期の定めがあっても，借主は，その時期の前に目的物を返還することができる。ただし，これによって貸主が損害を受けたときは，貸主は，借主に対し，その賠償を請求することができる$\left(\begin{smallmatrix}591条\\3項\end{smallmatrix}\right)$。利息を目的として金銭を貸し付ける金融業者にとっては重要な問題となろう。

　ii　返還時期の定めがない場合　返還の時期を定めなかったときは，貸主は，相当の期間を定めて返還の「催告」をすることができる$\left(\begin{smallmatrix}591条\\1項\end{smallmatrix}\right)$。したがって，412条3項（請求を受けた時からの遅滞責任）はそのまま適用されず，「相当の期間」の経過によってはじめて返還義務が生じるものと解される$\left(\begin{smallmatrix}星野170-\\171頁\end{smallmatrix}\right)$。貸主が催告に期間を定めなかった場合，または定めた期間が相当でなかった場合には，客観的な相当の期間経過後に，遅滞責任が生じる$\left(\begin{smallmatrix}通\\説\end{smallmatrix}\right)$。

　iii　借主からの返還　借主は，返還の時期の定めの有無にかかわらず，いつでも返還をすることができる$\left(\begin{smallmatrix}591条\\2項\end{smallmatrix}\right)$。ただし，返還時期の定めがある場

合には，一定の制限がある$\binom{591条}{3項}$ことは，既述した$\binom{上記 i}{参照}$。

(c) 価額の償還　借主が，貸主から受け取った物と種類，品質及び数量の同じ物をもって返還をすることができなくなったときは，<u>その時における物の価額を償還しなければならない</u>$\binom{592条}{本文}$。ただし，金銭の消費貸借において，特種の通貨で返還する約束をし，返還時にその通貨が強制通用力を失ったときは，他の通貨で返還しなければならない$\binom{同条ただし書・}{402条2項}$。

4　準消費貸借

(1)　準消費貸借の意義

(a)「準消費貸借」とは何か　「金銭その他の物を給付する義務を負う者がある場合において，当事者が<u>その物を消費貸借の目的とすることを約した</u>ときは，消費貸借は，これによって成立したものとみなす」$\binom{588}{条}$。

例えば，〔例1〕BがAから1000万円を横領し，それが発覚して，返済の協議をする中で，AのBに対する1000万円の不法行為に基づく損害賠償ないし不当利得返還請求につき，これを，AのBに対する消費貸借契約に切り替えた（その際，B所有の不動産に対する抵当権の設定のほか，弁済期日2年間，利息10％，遅延損害金15％など，債権保全につき万全の方策がとられるのが普通である）。また，〔例2〕Aからある品物を100万円で買ったBが，半年たってもその代金を返済できなかったので，A・Bの協議により，今後その100万円を元本とし年1割の利率を利息とする貸金債務に改めた，などの場合である。これを，「準消費貸借」契約という。

(b) 成立要件の緩和　要物的消費貸借契約は，金銭等の現実の授受（目的物の引渡し）があってはじめて成立し（要物性），諾成的消費貸借にあっては，金銭を「貸そう・借りよう」とする合意だけで成立する（諾成性）。しかし，いずれも，まだ目的物の引渡しはされていない。

しかし，準消費貸借にあっては，<u>借主が貸主に帰属する金銭等を既に保有</u>

しており，その返還義務があるところ，これを「新たな債務」として「消費貸借」契約の目的物としようとするものである。債務者は，既に返還すべき目的物を有しているのであるから，要物契約である必要はなく，また，諾成契約として新たな双方債務を発生させるものではない。

このように，準消費貸借は，弁済期にある旧債務を弁済期の遅い新債務に切り替え，新たに取引関係を創出するところにある（来栖263頁）。〔例1〕でも不法行為に基づく損害賠償債権は直ちに弁済期にあるから，弁済期を遅らせる意味もある。

(2) 準消費貸借の成立

(a) 旧債務の新債務への切り替え　準消費貸借は，旧債務を消費貸借による新債務に切り替えることであり，実質的には旧債務の弁済期の延長である。旧債務は，消費貸借によるものであっても，消費貸借以外の法律行為によるものであってもかまわない（588条。旧588条の「消費貸借によらない」場合に限定する文言は削除された。大判大2・1・24民録19輯11頁）。

(b) 旧債務と新債務は有因関係　旧債務が無効であるときは，新債務は成立せず，新債務に付された抵当権設定も無効となる。反対に，新債務が無効であれば，旧債務は消滅しなかったことになる。両者は，原因・結果の関係，すなわち有因関係にある。

(3) 準消費貸借の効果

準消費貸借において，旧債務と新債務との関連性が問題となる場合がある。更改（513条以下）や和解（695条以下）と共通する問題である。

(a) 同時履行の抗弁権　旧債務に付着していた同時履行の抗弁権は，準消費貸借の成立によって当然に消滅するか。

〔A〕「同一性」判断説）判例は，準消費貸借によって新旧債務の同一性が失われるときは，抗弁権や担保権は消滅し，その同一性が維持されるときは存続するとする。そして，「同一性」の有無は当事者の意思によるが，当事者の意思が明らかでないときは「同一性」があるものと推定する（大判昭8・2・24民集12巻

265)。

[B] 「契約締結事情」判断説 　これに対し，学説は，「同一性」の有無からの判断は妥当ではなく，準消費貸借のされた趣旨から個別的具体的に判断すべし，としている（来栖263頁以下，星野173頁）。

(b) 担保・保証　　例えば，旧債務の借主の保証人は，新債務の借主の保証人となるのかどうか。判例は，上記(a)と同じく，新旧債務の同一性の有無で判断している（大判大7・3・25民録24輯531頁（連帯債務者の1人と準消費貸借を締結した場合，他の連帯債務者の債務は消滅しない））。旧債務を担保する意思は，新債務に変更しても存続すると解すべきであるから，原則として承継されるものと考えるべきである（水本193頁）。

第5節　使用貸借

1 使用貸借の意義と成立

⑴　「使用貸借」とは何か

(a)「無償性」の意味　使用貸借とは，他人から物を「無償で」借りて「使用及び収益」をする契約である $\left(\substack{593\\条}\right)$。同じく「使用及び収益」を契約目的とする「賃貸借」とは，後者が有償である点で異なる。自己の物を他人に無償で使用収益させるなどとは，通常は生ぜず，親族間や親しい友人又は取引上の関係など，「無償」とするだけの理由があるからであろう。その意味では，使用貸借も，有償性（対価関係）に支えられているともいえよう。しかし，そのような前提的事情は，使用貸借契約の前面には出てこない。近代法は，使用貸借を，純粋に「無償契約」として捉えているのである。

(b) 使用貸借の法的性質　使用貸借は，当事者の一方が，無償で使用および収益をした後に返還することを約して，相手方からある物を受け取ることによって効力を生じる契約である $\left(\substack{593\\条}\right)$。したがって，① 無償契約性，② 片務契約性，③ 要物契約性，であることを特徴とする。これらの性質は，当該使用貸借契約の解釈においては，重要な規範となる。

⑵　使用貸借の成立

(a) 要物性　使用貸借は，借主が物を受け取ることによって効力を生ずる「要物契約」である $\left(\substack{593\\条}\right)$。したがって，当事者間に，履行義務を発生させない。しかし，消費貸借の場合と同じく，「使用貸借の予約」，「諾成的使用貸借」も有効である $\left(\substack{通\\説}\right)$。この場合には，無償契約であるゆえに，贈与

の規定($\frac{550}{条}$)を類推し，書面によらないものは，履行があるまでは取り消すことができると解される。

(b) 無償性　使用貸借は「無償」が原則である。しかし，親族間の不動産の貸借などでは，賃料はとらないが，借主が一定の費用（例えば，公租公課や必要費・有益費など）を支払っていることが多い。そこで，貸主（所有者）が死亡して相続が生じたときや，貸主が当該不動産を第三者に売却したときに，当該貸借が無償なのかどうか，したがって賃貸借なのか使用貸借なのか，が争われるケースが少なくない。

　一般論からいえば，その費用が「対価性」（賃料）を有しているのか否かから判断すべきであろう。判例上では，① 家屋を妻の叔父に貸与して 1000 円（相場の約 20 分の 1）しか受け取らないケースでは，その金銭は対価というより人間関係に基づく謝礼であるとして，使用貸借とされ（$\frac{最判昭35 \cdot 4 \cdot 12}{民集14巻5号817頁}$），② 家屋の借主（従兄弟）が固定資産税などを支払う場合でも，それが対価的意義を有すると認められる特段の事情がない限り，使用貸借であるとする（$\frac{最判昭41 \cdot}{10 \cdot 27民集20}$ $\frac{}{巻10号1649頁}$）。

　また，土地の無償利用につき，無償の地上権との区別も困難であるが，契約をした趣旨から判断するしかない。

② 使用貸借の効力

(1) 貸主の義務

(a)「用益をさせる」義務　使用貸借は，物に対する「使用及び収益」（用益）を内容とする権利であるから，貸主は，借主に対して，この「用益をさせる」義務を負うことになる。「使用及び収益」は，物権（用益物権）の「物的支配権能」と競合する。しかし，使用貸借は，物権ではないから，「使用及び収益」についての排他的支配性はない。だが，貸主は，借主に「使用及び収益」権能を与えた以上は，みずからこれを侵害してはならない義務を負うことは，信義則上当然である。

　ただし，貸主が当該不動産の所有権を第三者に移転することは可能であって，第三者から借主に対して物の返還請求があったとしても，別問題である。権利の対抗関係として処理される問題である。

(b) 目的物引渡義務　貸主は，目的物を借主に引き渡すべき義務を負う。この場合，「貸主は，使用貸借の目的である物を，使用貸借の目的として<u>特定した時の状態で引き渡す</u>ことを約したものと推定」される$\left(\substack{596条\to551条1項。第1 \\ 節\boxed{3}2(\mathrm{a})（121頁）参照}\right)$。

　これは，貸主が，目的物を特定時（通常は「契約時」）の状態で引き渡すべき義務を負うということであるから，その時点において，目的物に契約不適合があったとしても，担保責任を負わないことを意味する$\left(\substack{旧596条\to旧551 \\ 条1項と同じ趣旨}\right)$。また，これは「推定」であるから，当事者間で特約があれば，それに従うことになる。

(2)　借主の権利及び費用の負担

(a)「使用及び収益」　借主は，目的物の使用収益に際しては，契約又は目的物の性質によって定まった用法に従わなければならない（用方遵守義務）$\left(\substack{594条 \\ 1項}\right)$。また，貸主の承諾がなければ，第三者に借用物の使用収益をさせることができない$\left(\substack{同条 \\ 2項}\right)$。以上の規定に反する使用収益をしたときは，貸主は，契約の解除をすることができる$\left(\substack{同条 \\ 3項}\right)$。

　この場合，貸主は，債務不履行による損害賠償の請求ができるが，その請求期間は，目的物の返還を受けた時から1年である$\left(\substack{600条 \\ 1項}\right)$。この損害賠償請求権については，貸主が返還を受けた時から1年を経過するまでは，時効は完成しない$\left(\substack{同条 \\ 2項}\right)$。

(b) 目的物保管義務　借主は，当該目的物を後に返還するわけだから，契約が終了するまでは，特定物の保管として，善管注意義務が課される$\left(\substack{400 \\ 条}\right)$。

(c) 費用の負担と費用償還請求権　**i　「通常の必要費」**　固定資産税など「通常の必要費」については，借主が負担する$\left(\substack{595条 \\ 1項}\right)$。必要費は，物の「保存」に必要な費用である。そうであれば，震災等による破損の修繕

費などの「非常の必要費」も，この範疇で捉えられるべきであろう。

　　ii　「通常の必要費以外の費用」　「通常の必要費以外の費用」は，貸主の負担となる。「改良」など物の有益性を高める費用である。これには，「買戻し」に関する規定が準用される$\left(\substack{595条2項→\\583条2項}\right)$。すなわち，「改良」によってその価格の増加が現存する場合に限り，貸主の選択により，その支出額又は増加額を$\left(\substack{同→196条\\2項本文}\right)$，貸主に対して償還請求できる。ただし，この場合は，貸主の請求により，裁判所が相当の期限を付与することができる$\left(\substack{同→169条2\\項ただし書}\right)$。

　　iii　費用償還請求権の期間制限　費用償還請求権は，貸主に返還した時から 1 年以内に請求しなければ，消滅する$\left(\substack{600条\\1項}\right)$。

(3)　使用貸借の対抗力

(a)「対抗」の問題　使用貸借は，賃借権のような対抗要件$\left(\substack{605\\条}\right)$を具備する方法がないから，第三者に対しては対抗できない。

　　i　対抗要件による優劣　例えば，A が自己所有の甲家屋を使用貸借として B に貸しているときに，甲家屋を A が C に売却又は賃貸して登記（対抗要件）を経由した場合には，常に C が勝つ。この場合に，使用貸借を賃借権に準じて保護すべきだとする向きもないではないが，現行法の解釈では無理である。なお，「対抗要件」による権利の主張が権利濫用に当たる場合は，別である$\left(\substack{次掲(b)\\参照}\right)$。

　　ii　使用貸借と賃貸借の競合　賃借権と使用借権とが競合する場合，両者は共に債権であるから優劣関係にはなく，したがって，「占有」による早い者勝ちというべきである。両者は，「占有」を内容とする債権だからである。ただし，賃借権が対抗要件（登記）を備えれば賃借権が勝つことは，いうまでもない。

(b) 明渡請求の権利濫用性 と金銭的給付　　i　問題の所在　上記(a) i で述べたように，使用貸借には対抗力がないから，第三者からの明渡請求に対しては無力である。このことが，現在において深刻な問題を生じさせている。

　例えば，夫 A が所有する甲土地上に妻 Y 名義の乙建物が存在し，そこに

夫婦で住んでいたが，AとYとの関係が悪化し，Aは家を出て別居するかたわら，早急に生活費が必要なため，甲土地を，A一家の事情をよく知る不動産業者Bに売却した。Aは高齢・軽度の認知症で不動産売買に疎く，早急に現金を必要としていたことなどから，売買代金は更地価格の3割にも満たないものであった。Bは，甲土地を同業者のXに転売し，Xは，Yに対して，直ちに建物収去土地明渡を請求した。他方，Yは，幼少の頃からこの地域に住んでいて終生離れたくなく，また高齢・病弱であり，転居する金銭的余裕もなかった（このような事情は，その地域性から，B・Xも熟知していた）。

　このような場合に，Xの土地明渡請求を阻止する方法はあるであろうか（この問題の詳細は，近江「民法理論のいま(2)使用貸借の明渡請求が権利濫用とされる場合に立退料を支払えば権利濫用ではなくなるか」判時2410号123頁以下参照）。

　　ii　「対抗」と権利濫用　　法理論からいえば，Yの土地利用権は，家族といえども一般には使用借権とされるから，第三者であるXに対抗できず，建物を収去して土地を明け渡さなければならない。しかし，上記のような"事情"がある場合において，「権利濫用」としてこれを認めない判決が現れるようになった（その走りは東京高判昭61・5・28判時1194号79頁（親族間（当事者間）の紛争ではあるが，譲受人が他の親族なので「第三者関係」の範疇で捉えることができる）。判例整理は，笹村將文「不動産使用貸借の終了事由について」判タ906号12頁以下参照）。

　　iii　立退料支払による権利濫用性の払拭　　ところが，判例は，第三者の明渡請求を「権利濫用」と認定した上で，「立退料ないし補償金」（金銭的給付）の支払いにより権利濫用とはならないとし，金員との引換給付による明渡しを認める判決が現れた（東京高判平5・12・20判時1489号118頁，東京高判平30・5・23判時2409号42頁）。

　しかし，「立退料」（財産上の給付）というのは，「賃貸借」において，「当事者間」の問題である更新拒絶をする場合の「正当の事由」を補強する材料である（借地借家6条・28条）。第三者からの明渡請求に対しては，「対抗」（の可否）のみが問題となるのであって，契約当事者間の事由である「正当の事由」は，そもそも問題とならず，論外といわなければならない。このように，判例が使っている「立退料の支払いによる権利濫用の否定」の論理は，辻褄が合わない。あるいは，使用借権は無条件で敗訴するところ，現代においては，このような形で変容し，その保護に傾斜していると考えるべきなのか。

　　iv　引換給付判決の問題点　　第三者は，立退料の申出により引換給付

判決を求めることになる。引換給付判決は，原告の請求内容がある程度<u>被告</u><u>の意思にも合致する</u>であろうと考えられる場合に，一定の給付を提供することにより妥当なところで解決しようとする一部認容判決の一種類である。法律上明文規定のある場合は当然であるが，明文規定がなくても，被告が留置権や同時履行を抗弁として提出している場合など，被告の意思の推認を基礎として認められる（前掲第1章第3節**3**(1)（54頁）参照）。

したがって，明文規定がない場合や，被告の意思に反する場合には，安易に引換給付判決を出すべきではないであろう。この点，笹村判事は，「金銭を払えばたとえ権利の濫用であっても使用貸借を終了させる又は明渡を認めさせることができるということにつながりかねない。<u>和解ではなく判決による</u>場合には慎重な検討が求められる」（笹村・前掲論文26頁。アンダーライン筆者）として，安易な引換給付判決に警鐘を鳴らしている。和解や調停では，十分に当事者の意見が反映されるのに対し，引換給付判決では，当事者の一方的な申出を基に簡単に判断される傾向があるからである。現状を言えば，引換給付判決の前提となる「立退料」は原告の主張した額を基準に裁判所が任意に判断するが，判決だから当事者はそれに従わなければならない。和解や調停と異なるところである。

(c) 妨害排除 使用借権は，不動産用益権として賃借権と共通性を有するが，対抗要件が用意されていない債権であるから，賃借権と異なり，いわゆる「物権化」（第6節**6**3(211頁)）とは無縁の制度である。したがって，妨害を受けても，直接的な妨害排除請求はできない（【IV】149頁参照）。ただし，債権者代位権の転用による，不動産所有者の妨害排除請求権を代位行使することは可能である（詳細は【IV】130頁参照）。

3 使用貸借の終了と解除

(1) 「期間満了」による使用貸借の終了

使用貸借は，次の3つの場合に，終了する。

(a)「期間」を定めた場合　第1は，当事者が使用貸借の期間を定めた場合であり，この場合は，当然ながら，その「期間が満了」することによって使用貸借が終了する$\binom{597条}{1項}$。

(b)「使用及び収益」の終了　第2は，当事者が使用貸借の期間を定めなかった場合において，「使用及び収益の目的を定めた」ときは，使用貸借は，借主がその目的に従い「使用及び収益を終える」ことによって終了する$\binom{597条}{2項}$。

　　i　「目的」　使用貸借の「目的」とは，一般には，その目的物の通常の用法に従って，客観的に決定されるであろうが（例えば，建物の場合は居住目的，土地の場合は建物所有または耕作），しかし，貸主と借主との間で，主観的に特別な目的から建物を使用貸借する場合もある（例えば，老齢のＡが自分の身辺を世話させる目的でＢに建物を貸すなど）。問題は，「目的」と「使用及び収益を終える」との関係，及び「使用及び収益をするのに足りる期間」$\binom{598条2}{項}$との区別が困難なことである$\binom{山中康雄『新版注民}{(15)』116頁以下参照}$。

　　ii　目的に従った使用収益の終了　契約目的に従った「使用収益の終了」である。判例上は，① Ａが，親族であるＢの生活費補填のために土地を使用貸借として使用させていたが（Ｂが土地上に貸家を建て，賃料収入から生活費を補填），その後の両者の激しい感情の対立から，情誼・信頼関係がまったく失われた場合$\binom{東京地判昭51・4・}{21判時815号53頁}$，② 建物所有目的での土地の使用貸借で6年を経過した場合$\binom{東京地判昭27・4・23}{下民集3巻4号541頁}$，③ 酒類醬油等の販売営業目的ための建物の使用貸借で11年を経過した場合$\binom{最判昭39・4・23裁}{判集民73巻383頁}$，などで使用収益の終了が認められた。

　　ただし，判例は，この判断に際しては，契約締結当時の諸事情，目的物の種類と性質，契約後の経過期間，契約後の貸主・借主の事情を総合的に考量しているといわれる$\binom{笹村・前}{掲論文9頁}$。ちなみに，④ 大阪地判昭29・4・16$\binom{下民集}{5巻4号}$$\binom{499}{頁}$は，Ａは，住むところがなくて困っていたＢ一家のために建物を無償で提供していたが，自分の工場従業員の宿舎にするために使用貸借の解約を申し入れた事案で，使用収益の目的が終了したともいえず，また使用収益をするのに足りる期間が経過したともいえないとしつつも，「貸借当時の事情，借

主の使用期間，貸主が返還を必要する事情等を斟酌」して，契約後5年余を経過していることを理由として，その解約を認めた。

　また，この「使用収益の終了」をめぐっては，訴訟の場では，借主側が必ずといってもよく「終了していない」旨を主張する。その際には，後掲の「使用及び収益をするのに足りる期間」が問題となってくる $\binom{\text{後掲}(2)(\mathbf{a})}{(182頁)}$。それゆえ，この「使用収益の終了」と「使用及び収益をするのに足りる期間」とは，判断の同一基準として機能するのである。

(c) 借主の死亡　　　第3は，借主の死亡である $\binom{597条}{3項}$。

　　　i　信頼関係の終焉　　使用貸借は，借主の死亡によって終了する。使用貸借は，相手方に無償で物を貸すという，貸主の借主に対する信頼（緊密な人間関係）が基礎となっているからである。

　ii　使用収益目的との関係　　ただし，借主の死亡がすべての場合に使用貸借を終了させるかは，検討を要する。例えば，建物所有の目的で土地を使用貸借したときは，借主が死亡した場合でも，使用収益目的が終わった $\binom{597条}{2項}$ とはいえず，また使用収益をするのに足りる相当の期間が経過した $\binom{598条}{1項}$ ともいえないからである。また，家族と居住する目的で建物を使用貸借した借主が死亡した場合でも，家族の居住目的は失われていない。このように考えれば，「借主の死亡」による終了とは，結局のところ，「使用収益の目的」ないしは「相当の期間」との関係で判断されなければならない。判例・学説は，借主が死亡したとしても，直ちに使用貸借の終了を認めず，借主の同居者・相続人に使用収益権の承継を認めようとする。ただ，考え方が分かれる $\binom{\text{この問題の詳細は，近江「建物の使用借主の死亡}}{\text{と使用借権の相続」リマークス27号30頁以下参照}}$。

〔**A**〕　**使用貸借関係承継説「黙示の特約」説**）　建物所有を目的とする「土地」の使用貸借においては，その終期は建物の所期の用途に従って使用が終わった時であると解されるから，建物の使用が終わらない間に借主が死亡しても，敷地の使用貸借は終了しないというのが当事者の意思（黙示の特約）であり，したがって，任意規定・補充規定である597条3項の適用は排除されるとする $\binom{\text{大阪高判昭55・1・30判夕414号95頁，東京地判昭56・3・12判時1016号76頁，東京地判平5・}}{9・14判夕870号208頁。山中『新版注民⑮』126頁，広中127頁，谷口＝加藤編『新版・民法演}$ 習4債権各論』55） 頁〔加藤一郎〕）。

「建物」の使用貸借の場合にも，貸主と借主・家族との間には，特別な人的関係からその住居を確保するという配慮（目的）があり，したがって，借主の死亡によって使用貸借が直ちに終了するものではないとする（東京地判平元・6・26判時1340号106頁，東京高判平13・4・18判タ1088号211頁）。

〔B〕　**使用貸借終了・賃貸借開始説**）　それに対し，使用貸借は人的な関係から生じるものであるから，借主が死亡した場合には，その使用貸借関係は原則として終了するが，借主の相続人は，賃貸借の賃借人として保護すべきだとする説がある。2説がある。──

ⓐ　「**有償契約転化**」説）　建物所有のための土地使用貸借は，人的な関係から建物が存続する限り存続するとの約束であったであろうが，世代が変われば無償の利用関係が存続するなどとは双方とも考えていなかったと推測されるから，代が変われば無償の利用関係は有償のそれに転化すると解する（石田喜久夫『現代の契約法』145頁以下）。

ⓑ　「**賃貸借─免除・放棄**」説）　前掲ⓐ「有償契約転化」説では，借主が死亡した場合や期間の定めがある場合には，借主の権利は直ちに消滅し，建物の収去を余儀なくされる。そこで，発想を変えて，すべての不動産の貸借関係は，対価的出捐を伴う契約関係を基礎としており，したがって，借地借家法の適用を受けるが，ただ，当事者が密接な関係にあるため，対価支払いの免除ないし支払請求権の放棄がされているのだと解する。それゆえ，そうした関係や免除・放棄の意思がなくなれば，通常の賃貸借契約になるとする（村田博史「不動産使用貸借論序説」高島平藏古稀『民法学の新たな展開』598頁）。

〔C〕　**私　見**）　財貨を無償で他人に貸与したり譲渡したりすることは，世上あまり行われることではない。例えば，相手方の先代に大変世話になったからとか，徳義心から困っている人のために役立てたいとか，何らかの原因があるはずである。しかし，これらの心理的原因は，近代法の構造の下では対価的意味をもち得ず，「無償性」として位置づけられたのである。このことは，2つのことを意味している。第1は，借主の死亡によりその貸借関係は直ちに消滅すべきことである（597条3項の趣旨）。第2は，それと相反することであるが，貸主に依然としてその特別な関係を継続する意思があれ

ば —— 通常，建物建築の承認や借主が家族と共に居住することを認める場合にはその意思が推認できる ——，それを尊重すべきことは当然である（特約による597条3項の排除）。

　土地や建物は「生活」する場所であって，特定の関係からそれを無償で貸したとしても，借主と同居している家族と貸主とはまったく無関係であるということはできない。その家族は，おそらく借主本人の経済的庇護の下に生活しており，そのことを，貸主も窺知し，したがって黙示的に容認していると考えられるからである。この論理が，597条3項に内在している以上，「黙示の特約」から使用貸借関係の承継を認めた判例の理論は，原則として正当であると考える。

　しかし，問題は，借主が死亡し，使用貸借関係も長期間継続してきた場合である。その際には，おそらく，貸主も死亡しているのが普通であろう。このように，世代が交代している状況において，数十年も前の義理・人情が絡んだ無償貸与関係を，その事情をあまり知らない新世代に承継させることは，必ずしも適切とはいえない。しかし，使用貸借関係自体が終了するとするならば，賃借人と実質的に変わらない使用借人の地位がきわめて不安定な地位に置かれることになる。それゆえ，この場合には，どうしても，「賃借人」として保護する必要があろう。前掲石田（喜）説・村田説の主張の主眼はそこにある。

　このことを総合して考えれば，私は，基本的には，「黙示の特約」による使用貸借の継続を認めるべきことが妥当であるが（〔A〕説），ただ，「借主の死亡」は使用貸借終了事由であることも事実なのであるから，使用貸借が長年にわたりかつ世代が交代して無償性を貫く人的関係が存在しなくなったという事情の下では，貸主側又は借主側から有償契約（賃貸借契約）への転化の主張があれば，これを認めるべきだと思う（その限りにおいて，〔B〕説のように使用「貸借」契約そのものを否定すべきではない）（近江・前掲リマーク　ス論文30頁以下参照）。

(2)　使用貸借の「解除」

　使用貸借の解除権（解約告知）は，次の3つの場合に発生する。

(a)「使用収益をするのに足りる期間」の経過　第１に，当事者が使用貸借の期間を定めなかった場合において，使用及び収益の目的を定めたときは，その「目的に従い借主が使用及び収益をするのに足りる期間を経過」したときは，契約の解除をすることができる（598条1項）。

これは，597条２項所掲の「使用収益が終了」しなくても，「使用及び収益をするのに足りる期間」が経過」したときは，貸主は，契約を解除できることである。「使用及び収益をするのに足りる期間」とは，抽象的には，契約で定められた目的に従い使用収益が終わる期間（＝相当の期間）であるといえよう。しかし，この要件については，以下の問題がある。

i　「使用収益の終了」（597条２項）との関係　まず，上記「使用収益の終了」との関係が曖昧なことである。とりわけ，「現に使用収益を継続していて長期間が経過した場合」に，使用収益をするのに足りる期間が経過したかどうかが問題となる（契約から「相当期間」が経過した場合には，現に使用収益中であっても，諸般の事情を考量して判断すべきであるとするのが判例・通説）。しかし，その場合には，「使用収益の終了」も意味するはずである。判例では，① 契約目的からして，家屋の焼失で住宅に困っていたＢが他に適当な建物を見つけるまでの間としてＡから建物を借りていて６年余が経過した場合（最判昭34・8・18裁判集民37号643頁），② 酒類醬油等の販売営業目的のため建物を借りていて11年を経過した場合（前掲昭39・4・23。前掲(1)(b)ii（178頁）参照），③ 借主およびその家族の長期間の居住を目的としてされた建物の使用貸借につき契約から23年余が経過した場合（最判昭59・11・22裁判集民143巻177頁）に，それぞれ使用収益をするのに足りる期間が経過したとされたが，いずれの場合も，契約目的からすれば，使用収益の終了ともなろう。

ii　「借主の死亡」（597条３項）との関係　次に，「使用及び収益をするのに足りる期間」とは，その期間が終了していないとすれば，前掲の「借主の死亡」（597条3項）が使用貸借の終了とならないとする場面で機能することである。このことは，前記した(1)(c)（179頁）参照）。

iii　598条１項の類推適用　さらに，598条１項は「使用及び収益をす

るのに足りる期間」が経過した場合に，貸主からの返還請求を認めるものであるが，しかし，その期間が経過しなくても，貸主・借主間で使用貸借上の信頼関係が破壊された場合には，同条項を類推して，その使用貸借を終了させることができるというべきである。判例は，父母が子に対して土地を使用貸借させた目的が，建物を所有して会社を経営し，併せてそこから生じる収益で老父母を扶養することであったが，借主は，その扶養をやめ，兄弟とも往来を立ち，貸主との信頼関係は地を掃うに至って，土地を無償使用させておく理由がなくなったという事情がある場合に，貸主からの解約を認めた（最判昭42・11・24民集21巻9号2460頁）。

　なお，建物の使用貸借で，貸主の請求あり次第直ちに建物を収去して土地を明け渡すという約定は，本条項の「相当の期間」の使用を認めたものと解される（山中『新版注民(15)』124頁）。

(b) 期間及び使用収益目的も定めない場合　第2に，当事者が使用貸借の期間並びに使用及び収益の目的を定めなかったときは，貸主は，いつでも契約の解除をすることができる（598条3項）。ただし，この規定はめったに適用されないといわれ（笹村・前掲論文19頁），その肯定例も少ない。

(c) 借主の解除権　第3に，借主は，いつでも契約の解除をすることができる（598条3項）。

(3)　目的物の返還と原状回復

(a) 原状回復義務　借主は，「契約が終了したときに」"借りた物"を返還するときは，現状に復することが原則である（599条3項, 599条, 旧598条参照）具体的には，以下の義務が発生する。

(b) 目的物返還義務　借主は，契約が終了したときは，物を無償で返還しなければならない（593条）。

(c) 付属物収去義務　借主は，借用物を受け取った後にこれに附属させた物がある場合において，使用貸借が終了したときは，その附属させた物を収去する義務を負う（599条1項本文）。ただし，借用物から分離することができない物又は分離するのに過分の費用を要する物については，こ

の限りでない$\left(\begin{smallmatrix}同項た\\だし書\end{smallmatrix}\right)$。

　なお，599条2項は，「借主は，借用物を受け取った後にこれに附属させた物を収去することができる」として，契約終了の限定がないが，これは，契約存続中であっても，収去することができるという意味である$\left(\begin{smallmatrix}中田\\403頁\end{smallmatrix}\right)$。従来，付属物の収去については，借主の義務と解されていたが$\left(\begin{smallmatrix}通説・\\判例\end{smallmatrix}\right)$，契約途中の収去であるから，義務と解する必要はない。

(d) 損傷修復義務　借用物を受け取った後に生じた損傷がある場合において，使用貸借が終了したときは，借主は，その損傷を原状に復する義務を負う$\left(\begin{smallmatrix}599条3\\項本文\end{smallmatrix}\right)$。ただし，その損傷が借主の責めに帰することができない事由によるものであるときは，この限りでない$\left(\begin{smallmatrix}同項た\\だし書\end{smallmatrix}\right)$。

(e) 損害賠償　借主は，契約の本旨に反する使用又は収益によって生じた損害について，賠償責任を負うことは当然であるが，その請求権の行使期間は，「返還を受けた時」から1年である$\left(\begin{smallmatrix}600条\\1項\end{smallmatrix}\right)$。

第6節　賃　貸　借

1　賃貸借の意義

(1)　「賃貸借」とは何か

(a) 〈使用収益〉権限の対人的移転　賃貸借は，当事者の一方（賃貸人）が，相手方（賃借人）に対し，ある「物の使用及び収益をさせる」ことを約し，相手方（賃借人）がこれに対して「賃料を払う」こと及び「引渡しを受けた物を契約が終了したときに返還すること」を約することによって，その効力を生ずる契約である（${601 \atop 条}$）。

　このように，賃貸借契約の中心的要素は，〈使用収益〉権限の移転である。ただし，この権限の移転とは，賃貸人（所有権者）が本来的に有している排他的支配権としての〈使用収益〉権能自体を「移譲」する（${譲り \atop 渡す}$）のではなく，賃借人に対して，その権能を対人的・債権的に「貸与」する（${貸し与 \atop える}$）ことである。

　また，賃貸借の目的物は「物」であるから，動産・不動産を問わず，広く「物を使用収益せる」場合一般に当てはまる。

(b) 賃貸借の法的性質　賃貸借は，物の使用収益をさせることを約することによって成立する諾成・不要式の契約であり（この点で，要物的消費貸借・使用貸借と異なる），また，賃借人が対価として賃料を支払うから，有償契約であり双務契約である。

(2)　不動産用益権の二重構造と物権的保護の必要性

(a) 不動産用益権の二重構造　賃貸借の目的物は動産・不動産を問わないが，しかし，「不動産」を目的とする場合には，特殊な問題がある。それは，民法が，不動産賃貸借の本則を，排他的支配権能と

しての〈使用収益〉権能の「移譲」（＝物権の設定）に置いていることである。すなわち，建物所有のために土地を使用収益させる場合は「地上権」の設定，耕作をするため土地を使用収益させる場合は「永小作権」の設定などである。

　ところが，「賃借権」は対象を問わないから，「不動産」を使用収益させる場合にも利用することができる。この利用形態は，制度の本則からいえば，例外ということになるが，「移譲」であるか「貸与」であるかの法律構成の違いがあるものの，「使用収益」という権利の内容に変わりはない。ここにおいて，「不動産の用益権」は，物権としても現れるし，また債権としても現れることになる。これが，いわゆる「不動産用益権の二重構造」である（詳細は【II】264頁以下）。

　この結果，世上で行われる不動産の用益は，そのほとんどが賃借権に依拠したものであり，反対に，物権の設定はほとんど見られない。これは，〈使用収益〉の内容および効力につき，物権であれば厳格に法定されるのに対し，賃借権では，契約自由の原則により，所有者が有利に定めることができるからである（詳細は，後掲**6**2）（211）頁），【II】265頁以下）。

(b) 賃借権の物権的保護の必要性　こうなると，本則であるはずの物権の設定が例外的であり，賃借権による不動産利用が事実上原則化する。これは，上記のように，不動産の用益関係が物権・債権の二重構造をとることの必然的な結果なのであるが，より根本的には，契約の根本規範である「対等性・平等性」及び「自由性」（契約自由の原則）が，現実には，「経済力原理」により変容し，経済的優位に立つ者が契約関係を支配するからである。契約自由の原則は，不平等を容認する理論と化しいている。

　しかし，不動産の用益は，賃借人にとっては死活問題であり，それが賃貸借によるものであっても，民法の理想である本則どおりに，物権と同じような保護を受けなければならない。この要請に応えて，借地借家法，農地法などの特別法により，不動産賃借権の効力が強化された。この法現象を「賃借権の物権化」という（後掲**6**（210頁），【IV】157頁以下）。

2　賃貸借の成立と存続期間

(1)　賃貸借の成立

(a) 賃貸借の目的物　賃貸借の対象は，「物」一般である。しかし，動産については，同一物の返還であるから $\left(\substack{601条\\参照}\right)$，消費貸借の対象はこれから外れる。企業自体や権利の賃貸借は，「物」には該当しないので賃貸借に類似した無名契約とし，賃貸借の規定を類推して解釈すべきとしている $\left(\substack{通\\説}\right)$。

(b)「他人の物」の賃貸借　賃貸借の目的物が他人の所有であり，賃貸人が賃貸権限を有しない場合は問題である。例えば，賃貸人Ａが賃借人Ｂに賃貸した物が，実は第三者Ｃの所有であったとか，ＡがＣから買い受けた物をＢに賃貸していたが，Ｃがその売買契約を取り消した場合などである。

ⅰ　当事者間の関係　まず，当事者Ａ・Ｂ間では，他人物の売買と同じく，賃貸借契約は有効に成立し，ＡはＢに対して，目的物を正常に用益させる債務を負担する。したがって，──

(α)　賃借人Ｂは，Ａに対して，目的物が他人の所有に属することを理由に錯誤無効を主張できない $\left(\substack{大判昭3・7・11\\民集7巻559頁}\right)$。他人物であること自体は，Ａの履行義務に直接関係しないし，賃貸借契約の要素でもない（Ａが目的物の処分権限を得ればすむ）からである。ただし，判例は，そのことを当事者が特に重要なものとしたときは錯誤になるというが $\left(\substack{大判大7・3・27\\民録24輯559頁}\right)$。条件とした場合でない限り錯誤の主張は許されないとする反対説もある $\left(\substack{我妻\\429頁}\right)$。

(β)　賃借人Ｂの賃料支払義務の相手方は，賃貸人Ａであり，物の権利者Ｃではない $\left(\substack{大判明39・5・17\\民録12輯773頁}\right)$。

(γ)　権利者Ｃから目的物の返還請求を受けて，賃借人Ｂが使用収益をすることができなくなった場合，まず，① 賃貸人Ａの債務は履行不能となるから，賃借人Ｂは，解除または損害賠償の請求ができる $\left(\substack{559条→\\561条参照}\right)$こと

はもとより，それ以後の賃料の支払いを拒むことができる。

　しかし，②「延滞賃料」については問題である。延滞賃料はすでに使用収益したことの対価であるから，その収得権がＡにあることは疑いない。したがって，Ｂは，Ａからの支払請求を拒絶することができない。ただ，これについて，真の権利者Ｃから「不当利得」返還請求があった場合には，別の問題が生じる。後述する（後掲 **ii**（β）参照）。

　ii　権利者との関係　　次に，真の権利者Ｃとの関係である。

　（α）　権利者Ｃは，賃貸人Ａに対して，すでに収受した賃料について，不当利得返還請求権を有することは当然である。ただし，Ａが，「善意」占有者として果実収取権を有する（189条）ときは，賃料を返還する必要はない（大判大14・1・20民集4巻1頁。我妻・中(1)430頁）。

　（β）　権利者Ｃは，賃借人Ｂに対して，「目的物」の返還請求権を有する。「賃料」については，① すでにＡに支払った賃料が，Ｃに対して不当利得を構成することはない。②「延滞賃料」は，既述したように（上記 **i**（γ）②），その収受権がＡにあるから，Ｃがこれを請求してきた場合に，Ｂが支払いを拒絶できることは明らかである（我妻・中(1)431頁）。

　問題は，Ｃが，Ｂに対し，その延滞賃料相当額を「不当利得」を根拠に返還請求した場合である。「不当利得」制度は，その時の状態における「不当な利得」を，「公平」的観点から排除しようとする制度である。したがって，Ａに「対価を収得する権能のないことが明らかとなったときは，すでになされた用益についての不当利得も，終局的にその利得を収め得る者（真の権利者）と用益した者との間に成立する」（我妻・中(1)431頁）と解するのが妥当である（大判昭13・8・17民集17巻1627頁は，Ｃからの賃料請求を肯定するが，賃料「相当額の不当利得」返還請求と解すべきである）。これは，もはや不当利得の問題であって，賃貸借法理の問題ではない（【Ⅵ】65頁以下参照）。

　(c) 賃貸借の成立態様　　賃貸借は，当事者間の合意で成立する諾成・不要式の契約である（601条）。賃貸借の予約も可能である（559条→556条）。

　また，賃貸借は時効によって取得することも可能である（最判昭43・10・8民集22巻10号2145頁，最判昭44・7・8民集23巻8号1374頁。詳細は，【Ⅰ】377頁参照）。さらに，法律が賃借権を発生させる場合がある（法定

賃借権）$\binom{仮登記担}{保10条}$。

(2) 賃貸借の存続期間

(a) 存続期間の制限 　賃貸借の存続期間は，50年を超えることができない$\binom{604条1}{項前段}$。もし，契約でこれより長い期間を定めた場合でも，その期間は50年とする$\binom{同項}{後段}$。

(b) 短期賃貸借 　「処分の権限を有しない者」が賃貸借をする場合には，長期の賃貸借は許されず，下記に掲げる一定の期間内の賃貸借とする$\binom{602条柱}{書前段}$。「処分の権限を有しない者」とは，① 第1は，被保佐人など，処分について行為能力を制限された者である$\binom{13条1}{項3号}$。本人保護（財産の散逸防止）の視点からの処分行為の制限である。② 第2は，無権代理人，不在者の財産管理人など，他人の財産を管理する者の当然の制限である$\binom{103}{条, 28}$ $\binom{}{条}$。他人の財産管理人は，「管理行為」に限定され，「処分行為」はこれに含まれないからである。

　この場合の賃貸借は，それぞれ下記の当該各号に定める期間を超えることができない$\binom{602条柱}{書前段}$。契約でこれより長い期間を定めたときであっても，その期間は，当該各号に定める期間とする$\binom{同柱書}{後段}$。

　　i 　樹木の栽植又は伐採を目的とする山林の賃貸借　　10年

　　ii 　それ以外の土地の賃貸借　　5年

　　iii 　建物の賃貸借　　3年

　　iv 　動産の賃貸借　　6か月

　この期間は，更新することができるが，その場合は，期間満了前，土地については1年以内，建物については3か月以内，動産については1か月以内に，更新しなければならない$\binom{603}{条}$。

　また，上記の期間を超えた賃貸借は，その超えた期間については，有効性が否定される。被保佐人の場合は取消しの対象となり$\binom{13条}{4項}$，不在者管財人の場合は無権代理として無効となる$\binom{113}{条}$。超えない部分（期間）については，有効である$\binom{通}{説}$。

(c) 賃貸借の更新　「合意」による更新と，「黙示」の更新がある。

i 「合意」による更新　賃貸借は，当事者間の「合意」で更新することができる。この場合の賃借権の存続期間も，更新時より50年を超えることができない$\binom{604条}{2項}$。

ii 「黙示」の更新　賃貸借の期間満了後，賃借人が賃借物の使用又は収益を継続する場合において，<u>賃貸人がこれを知りながら異議を述べないとき</u>は，従前の賃貸借と同一の条件で更に賃貸借をしたものと「推定」する$\binom{619条1}{項前段}$。いわゆる「黙示の更新」である。ただし，「推定」であるから，反証により覆されることがあり得る。

(α) 黙示更新賃借権の解約申入れ　この「黙示の更新」による賃借権は，「期間の定めのない賃貸借」とされ，各当事者は，617条の規定により，「いつでも解約の申入れをすることができる」$\binom{619条1項後}{段→617条}$。

(β) 担保の消滅　黙示更新賃貸借においては，当事者が担保を提供していたときは，その担保は，期間の満了によって消滅する$\binom{619条2}{項本文}$。

(γ) 敷金の承継　ただし，「敷金」$\binom{622条の}{2第1項}$については，消滅せず，更新賃借権に承継される$\binom{619条2項}{ただし書}$。

iii 「更新料」は　賃貸借の「更新」に際しては，「更新料」の授受があるのが普通である。更新料は，「賃料の前払い」および「礼金」的性格を有している。「賃料の支払義務」は賃借人の主たる給付義務であるから，約定された更新料の不払いは，解除原因となろう$\binom{最判昭59・4・20民集38巻6号610頁（ただし，}{この判例では，他に不履行要因があり，更新料だけの問題ではない）}$。

なお，借家の更新料特約につき，京都地判平21・7・23$\binom{判時2051}{号119頁}$は，「本件更新料特約による更新料は，契約期間2年に対し月額賃料の2か月分を支払うものであるところ，<u>正当事由</u>$\binom{借地借家}{法28条}$の有無に関係なく支払わなければならないこと，<u>法定更新なら全く金員を支払う必要がない</u>ことからすると，原告〔借主〕にとって大きな負担となる」とし，貸主の主張には合理性がないから，消費者契約法10条により無効とする$\binom{なお，本判決は，同じく締結された「敷引}{特約」も同10条に反して無効とする）。大阪}$高判平21・8・27金判1327号26頁も，建物賃貸借契約における「更新料支払条項」を同10条により無効とする）。

3 賃貸借の効力

(1) 対抗要件

(a) 不動産賃借権　不動産の賃借権は，「登記」をすれば，その後その不動産について物権を取得した者その他の第三者に対抗できる$\binom{605}{条}$。不動産賃借権が，用益物権と同じ内容をもつ権利であることから認められた「対抗要件」制度である。しかし，賃貸人には登記協力義務はないから，制度目的とは裏腹に，登記がされる賃借権はほとんどない。

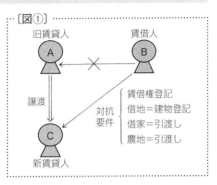

〔図①〕

旧賃貸人　A
賃借人　B
譲渡
対抗要件
新賃貸人　C

賃借権登記
借地＝建物登記
借家＝引渡し
農地＝引渡し

〔図①〕そこで，賃借権保護の目的から，建物所有を目的とする借地権については「登記建物」の所有$\binom{借地借家}{10条1項}$，借家賃借権については「引渡し」$\binom{同}{31}$$\binom{条1}{項}$，農地賃借権については「引渡し」$\binom{農地18}{条1項}$があれば，第三者に対する対抗力を有するとされた（「売買は賃貸借を破らず*」）。

> *　**状態債務関係**　これが，「賃借権の物権化」であることは説明した$\binom{\mathbf{1}\,2)\,(\mathbf{b})}{(186頁)}$。なお，「賃借権」が「物権」（＝使用収益権限の移譲）となるわけではないから，新賃貸借関係（債権関係）が発生することになるが，この場合を，貸借関係が賃貸目的物の所有権に結合する一種の状態債務関係（Zustandverhältnis）であり，これが所有権と共に移転するのだと説明されることがある$\binom{我妻・中}{(1)420頁}$。

(b)「不動産譲渡」による賃貸人たる地位の移転　**i　制度創設の意義**　賃借権が，605条による「賃借権の登記」，借地借家法10条による「建物の登記」（借地権の場合），同31条による建物の「引渡し」（建物賃借権の場合），その他の法令（農地法16条）による農地又は採草放牧地の「引渡し」（農地の場合）により対抗要件を備えた場合において，<u>その不動産が譲渡された</u>

ときは，その「不動産の賃貸人たる地位」は，その譲受人に移転する$\left(\begin{smallmatrix}605条\\の2第1\\項\end{smallmatrix}\right)$。賃貸借の目的不動産が譲渡された場合における，賃借人の費用償還や敷金返還に対処した制度の創設である$\left(\begin{smallmatrix}2017年\\改正\end{smallmatrix}\right)$。

ii 「賃貸人たる地位の移転」の留保　　前項の規定にかかわらず，不動産の譲渡人及び譲受人が，「賃貸人たる地位を譲渡人に留保する旨」及びその「不動産を譲受人が譲渡人に賃貸する旨」の合意をしたときは，賃貸人たる地位は，譲受人に移転しない$\left(\begin{smallmatrix}605条の2\\第2項前段\end{smallmatrix}\right)$。この場合において，譲渡人と譲受人又はその承継人との間の賃貸借が終了したときは，譲渡人に留保されていた賃貸人たる地位は，譲受人又はその承継人に移転する$\left(\begin{smallmatrix}同項\\後段\end{smallmatrix}\right)$。

iii 対抗要件　　605条の2第1項$\left(\begin{smallmatrix}上記\\i\end{smallmatrix}\right)$又は第2項後段$\left(\begin{smallmatrix}上記\\ii\end{smallmatrix}\right)$の規定による「賃貸人たる地位の移転」は，賃貸物である不動産について「所有権の移転の登記」をしなければ，賃借人に対抗することができない$\left(\begin{smallmatrix}605条の\\2第3項\end{smallmatrix}\right)$。

iv 「費用償還及び敷金返還」債務の承継　　上記の規定$\left(\begin{smallmatrix}605条の2第1項\\又は第2項後段\end{smallmatrix}\right)$により賃貸人たる地位が譲受人又はその承継人に移転したときは，「賃借人が負担した費用（必要費・有益費）償還」に係る債務$\left(\begin{smallmatrix}608\\条\end{smallmatrix}\right)$，及び「敷金の返還」に係る債務$\left(\begin{smallmatrix}622条の\\2第1項\end{smallmatrix}\right)$は，譲受人又はその承継人が承継する$\left(\begin{smallmatrix}605条の\\2第4項\end{smallmatrix}\right)$。

(c)「合意」による賃貸人たる地位の移転　　不動産の譲渡人が賃貸人であるときは，その賃貸人たる地位は，賃借人の承諾を要しないで，譲渡人と譲受人との合意により，譲受人に移転させることができる$\left(\begin{smallmatrix}605条\\の3前\\段\end{smallmatrix}\right)$。この場合においては，賃貸人たる地位の移転は，所有権移転の登記がなければ賃借人に対抗できず$\left(\begin{smallmatrix}同条後段→605\\条の2第3項\end{smallmatrix}\right)$，また，賃借人が負担した費用（必要費・有益費）の債務についても，譲受人が承継する$\left(\begin{smallmatrix}同条後段→605\\条の2第4項\end{smallmatrix}\right)$。

(d) 動産賃貸借　　動産の賃借権については，対抗要件を具備する方法がない。したがって，動産賃借権には対抗力がないことになる。例えば，AがBに賃貸していた自己所有の動産をCに売却し，CがBに対してその動産の引渡しを請求した場合，Bはその賃借権をCに対抗できない。

　これにつき，A→Cへの動産売買について，CがBに所有権取得を対抗するためには，指図による占有移転を要すると解する説$\left(\begin{smallmatrix}我妻・中\\(1)453頁\end{smallmatrix}\right)$がある。指図による占有移転の効果は，直接の占有者Bの占有権限（賃借権）によって制

限されるものと解すべきだからであるとする。しかし動産賃借権は，いわゆる「賃借権の物権化」とは無縁の制度であり，対抗要件ももたないのであるから，そのように解することはできないであろう（【Ⅱ】「間接占有下にある動産の譲渡と『対抗』」146頁以下参照）。

(2)　賃貸人の義務

(a) 使用収益させる義務　使用収益権が物権であれば，排他的支配権として物権者に移転するから，設定者に使用収益の義務は発生しないが，賃借権（債権）の場合には，使用収益権限が賃貸人（所有者）に帰属する以上，「使用収益させる」義務は，賃借人に対して負担する基本的な義務となる（601条）。この「使用収益させる」義務から，賃貸人には，目的物引渡義務や第三者による使用収益の妨害を排除すべき義務のほか，いくつかの重要な義務が生じる。

(b) 修繕義務　賃貸人は，賃貸物につき，その使用及び収益に必要な「修繕をする義務」を負う（606条1項本文）。ただし，――

i　特約による排除　修繕義務は，任意規定と解されるから，特約によって排除することは可能とされる（通説）。

ii　賃借人の「責めに帰すべき事由」による場合　ただし，賃借人の責めに帰すべき事由によってその修繕が必要となったときは，賃貸人は，修繕義務を負う必要はない（606条1項ただし書）。

iii　修繕義務の不履行　賃貸人が修繕義務を履行しない場合は，修繕されるまで，賃料の一部または全部の支払いを拒むことができる（同時履行の抗弁）（大判大5・5・22民録22輯1011頁）。この場合，611条を類推して賃料の減額請求ができるとする説（我妻・中(1)444頁）がある。

(c) 賃貸人の保存行為　賃貸人が賃貸物の保存に必要な行為をしようとするときは，賃借人は，これを拒むことができない（606条2項）。

ただし，賃貸人が「賃借人の意思に反して保存行為」をしようとする場合において，そのために賃借人が賃借した目的を達することができなくなるときは，賃借人は契約を解除することができる（607条）。

(d) 担保責任　賃貸借は有償契約であるから，賃貸人は，売主と同じく担保責任を負担する$\left(\substack{559\\条}\right)$。しかし，瑕疵などについては修繕義務によって処理することができるから，実際に担保責任が問題となるのは，目的物が他人の所有物の場合$\left(\substack{前掲\textbf{2}1)(b)\\(187頁)}\right)$，数量が不足な場合，担保物権の実行によって使用収益が不可能となった場合などであろう。

(3)　賃借人の権利・義務

(a) 使用収益権・用方遵守義務　賃借人は，賃借期間中は，「契約又は目的物の性質によって定まった用法に従い」，目的物を「使用及び収益」しなければならない$\left(\substack{616条→\\594条1項}\right)$。賃貸借の用益遵守義務である。また，契約終了時に引渡しを受けた物（特定物）の返還義務を負担しているゆえに$\left(\substack{601\\条}\right)$，賃借物につき善管注意義務を負う$\left(\substack{400\\条}\right)$。

(b) 対価支払義務　賃借人は，賃貸借の基本的義務として，使用収益の対価（賃料）を支払わなければならないが$\left(\substack{601\\条}\right)$，いくつかの特則がある。

　i　「対価」（賃料）の支払い　使用収益の「対価」である賃料（借賃）は，金銭その他の物でもよいが，農地の賃貸借については金銭でなければならない$\left(\substack{農地\\21条}\right)$。賃料の支払時期は，動産，建物および宅地については毎月末，その他の土地については毎年末である$\left(\substack{614条\\本文}\right)$。ただし，収穫季節があるものについては，その季節の後に遅滞なく支払わなければならない$\left(\substack{同条た\\だし書}\right)$。しかし，この規定は任意規定と解されるから，これに反する特約は有効である。

　ii　減収による賃料減額請求権・解除権　耕作又は牧畜を目的とする土地の賃借人は，不可抗力によって賃料より少ない収益しか得られなかったときは，その収益の額に至るまで，賃料の減額を請求することができる$\left(\substack{609\\条}\right)$。

　そして，「不可抗力によって賃料より少ない収益」しか得られなかった状態が2年以上続いた場合には，契約を解除することができる$\left(\substack{610\\条}\right)$。

(c) 一部滅失による賃料減額及び解除　賃借物の「一部」が滅失その他の事由により使用及び収益ができなくなった場合において，それが「賃

借人の責めに帰することができない事由」によるものであるときは, 賃料は, 「その使用及び収益をすることができなくなった部分の割合に応じて」, 減額される $\binom{611条}{1項}$。

この場合において, 残存する部分のみでは賃借人が賃借をした目的を達することができないときは, 賃借人は, 契約の解除をすることができる $\binom{同条}{2項}$。

なお, 賃借物が「全部」滅失した場合には, ① 双方に帰責性がないときは賃貸人の負担となり, 賃借人は賃料の支払いを拒むことができる（危険負担の問題）$\binom{536条}{1項}$。② 賃貸人に帰責性があるときは, 賃貸人の債務不履行として損害賠償の問題となる $\binom{我妻・中}{1470頁}$。いずれの場合も, 目的物が消滅するから, 賃借権自体も消滅する。

(d) 通知義務　賃借物が修繕を要し, 又は賃借物について権利を主張する者があるときは, 賃借人は, 遅滞なくその旨を賃貸人に通知しなければならない $\binom{615条}{本文}$。ただし, 賃貸人が既にこれを知っているときは, この限りでない $\binom{同条た}{だし書}$。

(e) 妨害停止請求権　不動産の賃借人は, 登記その他の対抗要件 $\binom{605条の2}{第1項所掲}$ を備えた場合において, 次の各号に掲げるときは, それぞれ当該各号に定める請求をすることができる $\binom{605条の}{4柱書}$。

　i　その不動産の占有を第三者が妨害しているとき　その第三者に対する妨害の停止の請求 $\binom{同条}{1号}$

　ii　その不動産を第三者が占有しているとき　その第三者に対する返還の請求 $\binom{同条}{2号}$

(f) 修繕権　賃借物の修繕が必要である場合において, 次に掲げるときは, 賃借人は, その修繕をすることができる $\binom{607条の}{2柱書}$。

　i　賃借人が賃貸人に修繕が必要である旨を通知し, 又は賃貸人がその旨を知ったにもかかわらず, 賃貸人が相当の期間内に必要な修繕をしないとき $\binom{同条}{1号}$。

　ii　急迫の事情があるとき $\binom{同条}{2号}$。

(g) 費用償還義務　賃借人は, 賃借物について「賃貸人の負担に属する必要費」を支出したときは, 賃貸人に対し, 直ちにその償還

を請求することができる$\binom{608条}{1項}$。

　また，賃借人が賃借物について「有益費」を支出したときは，賃貸人は，賃貸借の終了の時に，196条2項の規定に従い，その価格の増加が現存する場合に限り，みずから選択して，その支出した金額又は増価額を償還しなければならない$\binom{608条2}{項本文}$。ただし，裁判所は，賃貸人の請求により，その償還について相当の期限を許与することができる$\binom{同項た}{だし書}$。なお，賃貸人が交替した場合は，新賃貸人が有益費の償還義務を承継し，旧賃貸人はその償還義務を負わない$\binom{最判昭46・2・19}{民集25巻1号135頁}$。

　以上の費用償還請求権の行使期間は1年である$\binom{622条\to}{600条1項}$。また，賃借人は，費用償還請求権につき，留置権を行使できる。

(4)　賃借権の譲渡・賃借物の転貸

(a) 譲渡・転貸に関する民法原則　**i　賃貸人の「承諾」**　賃借人Bが賃貸人Aに対する賃借権を第三者Cに譲渡すると，Bは契約関係から離脱し，A・C間の賃貸借契約が生じる。しかし，Bが賃借物をCに転貸した場合には，B・C間に転借契約関係が生じるが，B・A間には依然賃貸借関係が存続している。この場合に，民法は，賃貸人の「承諾」を前提として，賃借権の譲渡，および賃借物の転貸を認めた$\binom{612条}{1項}$。

　ii　承諾のない譲渡・転貸は解除の対象　賃借人が，この規定に反して第三者に賃借物の使用収益をさせたときは，賃貸人は，契約を「解除」することができる$\binom{612条}{2項}$。しかし，後述するように，判例は，承諾のない譲渡・転貸であっても，賃貸人に対する背信的行為と認めるに足らないときは，解除権は発生しないとし，いわゆる「信頼関係理論」を承認するにいたった$\binom{後掲(d)\,ii\,(\alpha)}{(199頁)\,参照}$。

　「賃借権の譲渡」と「賃借物の転貸」とを分けて考える必要がある。

(b) 承諾のある「譲渡」の法律関係　まず，承諾のある「賃借権の譲渡」である。賃借人Bが，賃貸人Aの承諾を得て，賃借権をCに譲渡した場合は，CがBの賃借権を承継し，賃貸借契約の当事者はA・Cとなり，Bは契約関係から離脱する。Bの契約上の責任は終了すると考えるべ

きである。

(c) 承諾のある「転貸」
の法律関係　　次に，承諾のある「賃借物」の転貸の場合である。賃借人Bが，賃貸人Aの承諾を得て賃借物を転借人Cに転貸したときは，転借人Cは，A・B間の賃貸借に基づく「賃借人Bの債務の範囲を限度として」，賃貸人Aに対し，「転貸借に基づく債務を直接履行する義務」を負う(613条1項前段)。この場合においては，CはBに対する「賃料の前払い」をもってAに対抗できない(同項後段)。他方，Aは，Bに対して権利を行使することができる(同条2項)。すなわち，──

i　B・C間　　通常の賃貸借関係として成立する。BはCに対して転貸料支払請求権を有する（ただし，CがAに直接転借料を支払うときは，その限度でBへの支払いを免れる）。この転貸借は，A・B間の賃貸借の上に成立するものであるから，A・B間の賃貸借が消滅すれば，消滅するのが原則である(次掲ii・iii参照)。

ii　A・B間　　転貸借の成立によって影響を受けない。Bは契約関係から離脱しないから，A・B間には従来と同一の契約関係が存続している。したがって，Aは，Bに対して賃料の請求権を失わない。Bに不履行があれば，Aは解除権を行使できる(その効果については，次掲iii参照)。なお，Cの不履行によってAに損害を与えたときは，BはAに担保責任を負うと解すべきである。

iii　A・C間　　承諾転貸は，B・C間の転貸借（使用収益関係）が適法となるだけであって，A・C間に賃貸借関係が成立するのではない(我妻・中(1)462頁)。しかし，CはAに対して直接に義務を負うから(613条1項前段)，AはCに転借料の支払いを請求することができる。もっとも，Cは，BがAに対して負担する以上の義務は負わないから，Cの支払うべき額もBの負担する賃料の範囲内であり，支払時期も両方の弁済期到来後となる（しかし，B・C間で約定された支払期日前のBへの支払いをもって，Aに対抗できない(大判昭7・10・8民集11巻1901頁。613条1項後段の趣旨参照)。もとより，Cがいずれか一方に支払えば，他方に支払う必要はない）。このほか，Cは，目的物保管義務，用方違反による損害賠償義務等をAに対して負担する。

iv　A・Bの賃貸借解消と転借人Cとの関係　　問題は，A・Bの賃貸借

契約の解消等が転借人Ｃにどのような影響を及ぼすかである。

　　(α)　「解除」　　まず，Ａ・Ｂ間の賃貸借が<u>Ｂの債務不履行を理由とし</u>て「解除」された場合である。ⓐ　判例は，Ｂ・Ｃ間の転貸借は，ＡがＣに対して目的物の返還を請求した時に，ＢのＣに対する転貸人としての債務の履行が不能となるから，終了するとする（最判平9・2・25民 集51巻2号398頁）。ⓑ　これに対しては，Ｃに第三者弁済をさせるため，解除前にＣに履行の催告をすべきであるとする説（ただし，この説は，ＣがすでにＢに賃料を支払っている場合には二重払いを強いる結果になる。なお，判例は，催告も不要とする（最判平6・7・18 判時1540号38頁））や，ⓒ　ＡはＢとの契約を解除しても，545条1項ただし書の類推によりＣに対抗できないとする説（石田241 頁参照）がある。

　　しかし，転貸借は，Ａ・Ｂ間の賃貸借（信頼関係）を基盤として成立かつ存続し，Ｂも契約関係から離脱するわけではないから（613条2 項参照），Ｂがその信頼を裏切った場合には，転貸借関係も影響を受けることはやむを得ないと思われる。

　　(β)　「合意解除」　　次に，Ａ・Ｂ間で賃貸借契約が「合意解除」（合意解約）された場合には，賃貸人Ａは，この合意解除を転借人Ｃに対抗できない（613条 3項）。この場合には，債務不履行解除の場合のような帰責性的要素は存在せず，転借人ＣがいることをＡも承知の上で賃貸借契約を解消しようというのであるから，その解約をＣに対抗できないことは当然である。その際の法律構成については，Ｂは解約によって契約関係から脱落するから，転借権を消滅させない範囲でＡ・Ｂ間の賃貸借が存続すると解する（我妻・中 (1)464頁）のは妥当ではなく，賃貸人Ａは賃借人Ｂの地位を引き継ぎ，Ａ・Ｃ間の直接的な賃貸借になるとする説（星野英一『借地借家法』377頁，鈴木禄弥『借地法(上)〔改訂版〕』 1199頁，原田純孝『新版注民(15)』別冊959頁。同旨，石田240頁）が妥当である。Ａの意思に反することにはならないからである。

　　ただし，この場合，その解除の当時，賃貸人が賃借人の債務不履行による解除権を有していたときは，この限りでない（613条 3項）。上記(α)の法定解除として扱うのが妥当である。

　　なお，サブリース契約など転貸借を当然の前提としている賃貸借においては，Ａ・Ｂ間の「更新拒絶」で賃借人が契約から離脱したときは，上記の「合

意解除」に準じ，信義則上賃貸借の消滅をもって転借人Ｃに対抗できず，Ａ・Ｃ間で直接的賃貸借関係が生じると解すべきである（最判平14・3・28民集56巻3号662頁。転借人の保護につき，平林美紀〔判批〕金沢45巻2号433頁参照）。

(d) 承諾のない譲渡・転貸の法律関係　〔図②〕賃貸人Ａ，賃借人Ｂ，賃借権の譲受人ないし賃借物の転借人Ｃ間において，Ａの承諾のない譲渡・転貸はどうなるか。

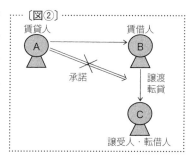

〔図②〕

賃貸人　Ａ　　賃借人　Ｂ

承諾　　譲渡・転貸

譲受人・転借人　Ｃ

i　Ｂ・Ｃ間　Ａの承諾がなくても，Ｂ・Ｃ間では，他人物売買と同じ法理で，有効に譲渡・転貸ができる。

したがって，ＢはＣに対して譲渡代金・転貸賃料を請求できる。もとより，Ｂは，Ｃに対してＡからの承諾を得る義務を負うが（最判昭34・9・17民集13巻9号1412頁），ＢがＡの承諾を得られなかった場合は，561条を準用ないし類推して，Ｃに対して担保責任を負うべきことになる（石田232頁）。

ii　Ａ・Ｂ間　まず，Ｂ・Ｃ間の譲渡・転貸はＡには対抗できないから，Ａは，Ｂに対して賃料を請求することができる。問題なのは，承諾がないことによって発生する「解除権」である（612条2項）。

(α)　「信頼関係」から判断　解除権は，単に譲渡・転貸があっただけでは足りず，Ｃが賃借物を使用収益してはじめて発生する（判例・通説）。しかし，判例は，さらにこれを，賃貸人・賃借人間における「信頼関係」の存否から判断している。すなわち，612条2項は，「賃貸借が当事者の個人的信頼を基礎とする継続的法律関係であることにかんがみ，……賃貸人の承諾なくして第三者をして賃借物の使用収益を為さしめたときは，賃貸借関係を継続するに堪えない背信的所為があったものとして」解除ができるとした。それゆえ，「賃貸人の承諾なく第三者をして賃借物の使用収益を為さしめた場合においても，賃借人の当該行為が賃貸人に対する背信的行為と認めるに足らない特段の事情がある場合においては，同条の解除権は発生しないものと解するのを相当とする」（最判昭28・9・25民集7巻9号979頁）。この判例は，後の判例を先導し，借地借家関

係における確固たる「信頼関係理論」を定着させた $\left(\substack{最判昭30・9・22民集9巻10号\\1294頁（借家の無断譲渡），最判}\right)$
昭31・5・8民集10巻5号475頁（借家の無断転貸），最判昭39・7・28民集18巻6号1220頁（無断修繕等），前掲最
判昭41・4・21（禁止特約に反する増改築）など。なお，86頁【小作争議と「信頼関係破壊」理論の成立】参
照)。信頼関係理論については，既述した$\left(\substack{84頁\\〔B〕説}\right)$。

　　(β)　**譲渡担保権設定の場合**　　Ａから土地を賃借して建物を建てたＢ
が，その建物をＣに譲渡担保に供した（建物所有権の移転）ときは，土地賃借
権の無断譲渡に当たるか。建物の所有権名義が移転されたとしても，譲渡担
保権が実行されるまでは，設定者は受戻権を行使して所有権を回復できるか
ら，設定者が引き続き建物を使用している限り，賃借権の無断譲渡・転貸に
は当たらない$\left(\substack{最判昭40・12・17\\民集19巻9号2159頁}\right)$。

　　しかし，譲渡担保権者が建物の引渡しを受けて使用または収益をするとき
は，いまだ譲渡担保権が実行されておらず，受戻権の行使によって所有権の
回復が可能であるとしても，「敷地の使用主体が替わることによって，その使
用方法，占有状態に変更を来たし，当事者間の信頼関係が破壊されるもの」
であるから，他に信頼関係を破壊すると認めるに足りない特段の事情のない
限り，612条2項の解除事由に該当する$\left(\substack{最判平9・7・17民\\集51巻6号2882頁}\right)$。

　　　(γ)　**法人の構成員の変更**　　Ｂが法人であり，その構成員ｂらがｃに
持分を全部譲渡し，ｃを中心として引き続き同一の営業を営む場合には，法
人格の同一性が失われるものではないから，ｂらの持分譲渡は賃借権の譲渡
には当たらない$\left(\substack{最判平8・10・14民\\集50巻9号2431頁}\right)$。

　　iii　Ａ・Ｃ間　　Ａの承諾がない場合には，Ｃは不法占有者となるから，
ＡはＣに対して，所有権に基づく明渡請求$\left(\substack{最判昭26・4・27\\民集5巻4号325頁}\right)$，損害賠償請求が
できる。解除をしないで明渡請求をすることもできる$\left(\substack{最判昭26・5・31\\民集5巻6号359頁}\right)$。しか
し，無断譲渡・転貸が信頼関係を破壊せず，Ａが解除できないときは，Ｃは，
承諾なくてもＡに対抗できる。

4　賃貸借の終了（1）—— 一般的終了事由

(1)　期間の満了

　賃貸借に期間の定めがある場合（既述**2**2)(189頁)）は，更新がない限り，その満了によって消滅する（616条→597条1項）。しかし，借地・借家の場合には，その期間が法定され，更新拒絶の際には「正当の事由」が要求されるなどの制限が加えられていることに注意しなければならない（後述**7**・**8**参照）。

(2)　解約の申入れ

(a)　期間の定めがない賃貸借　期間の定めがない場合には，当事者はいつでも解約の申入れをすることができる（617条1項柱書前段）。この場合には，賃貸借は，解約申入れの日からそれぞれ次の各号に定める期間を経過することによって，終了する（同柱書後段）。

- i　土地の賃貸借　　1年
- ii　建物の賃貸借　　3か月
- iii　動産及び貸席の賃貸借　　1日

(b)　収穫期のある土地賃貸借　収穫の季節がある土地の賃貸借については，その季節の後次の耕作に着手する前に解約の申入れをしなければならない（617条2項）。ただし，この解約申入れについても，借地借家法・農地法では修正されている。

(c)　解約権を留保した場合　当事者が賃貸借の期間を定めた場合であっても，その一方又は双方がその期間内に解約権を留保したときは，上記の617条の規定が準用され，期間の定めがない場合として扱われる（618条）。

(d)　解除（解約）の効力　賃貸借契約は，継続的契約であり，既になされた履行について，契約の最初に遡って白紙還元することは無意味であり，かつ不可能である。したがって，賃貸借の解除（解約）は，

「将来に向かってのみその効力を生ずる」ことになる$\left(\substack{620条\\前段}\right)$。この場合においては，損害賠償の請求を妨げない$\left(\substack{同条\\後段}\right)$。

(3)　目的物の滅失

賃借物の全部が滅失その他の事由により使用及び収益をすることができなくなった場合には，賃貸借は，これによって終了する$\left(\substack{616条\\の2}\right)$。賃借権は，物の使用収益をすることを目的とする権利であるから，目的物の滅失によって使用及び収益ができなくなることによって権利自体が消滅することは，物権の法理と同じである。この場合は，消滅原因の問題（債務不履行または危険負担など）として処理されよう。

(4)　混　同

賃借人が賃借物の所有権を取得するなど，賃借人と賃貸人との地位が同一人に帰したときは，原則として，賃借権は消滅し，賃借人は終了する。

[5]　賃貸借の終了 (2)
——「敷金」の充当と「原状回復義務」

(1)　敷　金

(a)「敷金」とは何か　「敷金」とは，「賃貸借から生じた賃借人の賃貸人に対する金銭債務」を担保する目的で，賃借人が賃貸人に交付した「金銭」をいう$\left(\substack{622条の\\2第1項}\right)$。

　i　「債務不履行による損害」　「賃貸借から生じた賃借人の賃貸人に対する金銭債務」とは，賃料不払いや故意・過失による目的物の損傷など，賃借人の「債務不履行による損害」を指す。しかし，どのようなものがそれに含まれるかは問題がある$\left(\substack{詳細は\\後掲(b)}\right)$。

　ii　賃貸借に付随する契約　敷金特約は，法律的には賃貸借契約から独立した性質の契約ではあるが，賃貸借契約に付随従属しているもので，こ

れと離れて独立性を有するものではない（最判昭48・2・2民集27巻1号80頁）。また，敷金特約は，登記事項である（不登81条4号）。

iii 無利息の返還 賃貸人は，契約終了に際して（時期の問題は後掲(c)），「賃借人が負担すべき金銭債務」額を控除した残額を返還するが，現状では「無利息」返還である。しかし，金銭債権は，不可抗力による債務不履行もあり得ず（419条3項参照），絶えず利潤を生む価値物であるから，その利潤を賃貸人が収得するというのもおかしい。

iv 「いかなる名目によるかを問わず」 敷金に類するものに，保証金・権利金・礼金などがある。「保証金」は，賃料の保証という意味で，特に関西では敷金と同じものとされている。「権利金」は，賃料の前払いの性質をもつもの，賃借権の譲渡・転貸の承諾料の意味をもつものなど，その内容は様々であるが，敷金と異なり，賃貸人の返還義務はないとされる。「礼金」は，文字どおり，賃貸人に対するお礼であるから，返還義務は生じない。

これらは，賃貸家屋が逼迫し，賃貸人が圧倒的に優位に立っていた時代の遺物であって，現代においては合理性をもつものではない。そのため，2017年改正では，「いかなる名目によるかを問わず」賃料等を担保する目的で賃借人が賃貸人に交付する金銭は，すべて「敷金」とされた（622条の2第1項。これらの法律的意義については，生熊長幸「建物賃貸借契約終了時における敷金・保証金・権利金の取扱い」『民事法秩序の生成と展開』（広中俊雄古稀論集）303頁以下参照）。

(b) 敷金のカバーする範囲 **i 「債務不履行による損害」（原則）** 「賃貸借から生じた賃借人の賃貸人に対する金銭債務」とは，上に述べたように，不払い賃料や，故意・過失により賃借物を滅失・損傷させたことによる損害などである。したがって，通常の使用によって不可避的に発生する賃借物の摩耗・劣化（例えば，畳表の摩耗，壁の黄ばみなど）については，敷金はカバーしないというべきである。前記したように，賃貸人は，賃貸目的物につき，通常の使用収益に必要な範囲で修繕義務を負い（606条1項本文），他方，賃借人も，賃借物につき必要費・有益費を支出したときはその償還請求ができるからである（608条）。

しかし，新たに規定された「原状回復義務」（621条）での通常損耗・特別損耗との関係や622条の2に反する特約は有効かなど，厄介な問題がある。これ

らの問題は，追って扱う。

ii　「敷引特約」は有効か？　「敷引」特約とは，賃貸借の終了時に「敷金」から一定割合（例えば8割）を無条件に差し引き，その残額を返還するとする当事者間の合意をいう。それが何に充当されるかは明言されていない場合が多いが，「通常損耗料，リフォーム費用，空室損料，契約の謝礼，前払賃料，中途解約権の対価などが渾然一体となった金員」だと説明されることがある（京都地判平21・7・23判時2051号119頁（貸主側の主張））。契約は自由であるから一般的には有効とされるが，本来「債務不履行による損害」に充当されるはずの敷金につき，その大部分を理由なく差し引くことは，借主の利益を著しく害する信義則に反した行為といわざるを得ない。

　判例は，このような内容の敷引特約を，消費者契約法10条に反して無効としている（次掲(α)）。しかし，敷引金の充当対象が明確であり，通常の敷金充当と比べて，その金額に著しい差がないようであれば有効とされよう。

　(α)　消費者契約法10条により無効　判例は，敷金（保証金）のうち大部分を「敷引金」とした特約につき，「本件敷引特約は，賃貸借契約に関する任意規定の適用による場合に比し，賃借人の義務を加重し，信義則に反して賃借人の利益を一方的に害するものであるから，消費者保護法10条により無効である」としている（神戸地判平17・7・14判時1901号87頁（保証金30万円ののうち25万円を敷引き）。京都地判平21・7・23判時2051号119頁（保証金30万円のうち30万円を敷引き。本判決は，本件の敷引特約だけでなく更新料特約も法10条に反して無効とする（前掲**2**(2)(c)iii (190頁)）)。なお，この問題は，後掲の「通常損耗を賃借人負担とする特約」に共通する（後掲(2)(c) (207)頁）参照）。

　(β)　災害により賃貸家屋が滅失して賃貸借契約が終了した場合　災害によって契約が終了した場合であっても敷引金を返還しないという合意があったとはいえない，として敷引特約の効力を否定した（最判平10・9・3民集52巻6号1467頁）。

　(c)　敷金の返還義務　**i　返還義務の発生**　賃貸人の敷金返還義務は，正確には，次の場合に発生する（622条の2第1項）。

　(α)　賃貸借が終了し，かつ，賃貸物の返還を受けたとき（同項1号）。賃借人が負担すべき損害額は，賃貸家屋の返還を受けて点検しなければ明確とはならないからである。したがって，賃借人の明渡義務は，「先履行」義務となり，敷金返還請求権とは同時履行の関係には立たない。

(β)　賃借人が適法に賃借権を譲り渡したとき $\left(\substack{同項\\2号}\right)$。当初の賃貸借関係が終了し，これによって，賃貸人には，当初の敷金の返還義務が発生する（契約関係の清算）。

ii　賃借物の返還義務との関係　　賃借人は，上記のように，賃借建物の明渡しにつき，先履行義務を負うから，敷金の返還請求とは同時履行の関係に立たず，留置権も成立しない。この関係につき，判例は，① 敷金契約と賃貸借契約とは別個の契約であって，家屋明渡債務と敷金返還債務とは対価的債務関係にないから同時履行の抗弁権は成立せず，② また，契約終了時における家屋明渡債務は敷金返還との関係では先履行義務であるから留置権は成立しないとして，2つの論拠をから否定する $\left(\substack{最判昭49・9・2民\\集28巻6号1152頁}\right)$。これに対して，多くの学説は，賃借人の保護に欠けるとして反対する。

しかし，判例の挙げる①の論拠はおかしい。同時履行の関係に立つ債務は，主たる債務関係（対価的債務関係）であるのを原則とするが，それ以外の場合でも，公平の見地から同時履行が認められる場合があるので $\left(\substack{第1章第3節②\\(1)（46頁）参照}\right)$，対価的債務関係にないことは否定の理由にならない。

敷金は，賃借人の将来あるかもしれない「債務不履行による損害」を担保する金銭である。そして，「債務不履行による損害」とは，上記 i で述べたように，滞納賃料のほか，賃借人の故意・過失による損害（例，窓ガラスの破損等）であるが，通常の使用に伴う摩耗・汚れ等（例，畳の表替えや壁の塗替え）などは入らない。そして，<u>建物の明渡しを受けた後で</u>，敷金が負担すべきものかどうかの点検を経た後に控除額が返還される。したがって，<u>建物明渡債務が先履行であるから敷金返還と建物明渡しとは同時履行の関係に立たない</u>，とする論理が正しい。

(d) 当事者の変更と敷金との関係　　賃貸人または賃借人の変更があった場合に，旧契約上の敷金が新契約に引き継がれるかどうかであり，従来の論争点であったが，2017 年改正で立法的に解決された。

i　賃貸人の変更（賃借物の譲渡）　　不動産が譲渡されたことによる「<u>賃貸人たる地位の移転</u>」があった場合 $\left(\substack{605条の\\2第1項}\right)$ である。この場合には，「敷金の返還」に係る債務 $\left(\substack{622条の\\2第1項}\right)$ は，<u>譲受人又はその承継人が承継する</u> $\left(\substack{605条の\\2第4項}\right)$。

　　ii　賃借人の変更（賃借権の譲渡）　　賃借人が適法に（賃貸人の承諾を得て）賃借権を第三者に譲り渡したときは$\binom{612条1}{項参照}$，<u>賃貸借関係は終了</u>し，賃貸人は，賃借人に対し，その受け取った敷金の額から「賃借人の賃貸人に対する債務」の額を<u>控除した残額を返還</u>しなければならない$\binom{622条の2第1項。}{柱書及び同2号}$。

　(e) 敷金の充当　　賃貸人は，賃借人が賃貸借に基づいて生じた金銭の給付を目的とする債務を履行しないときは，敷金をその債務の弁済に充てることができる$\binom{622条の2}{第2項前段}$。この場合において，賃借人は，賃貸人に対し，敷金をその債務の弁済に充てることを請求することができない$\binom{同項}{後段}$。

(2)　原状回復義務

　(a) 賃借人の「原状回復義務」　　賃借人は，賃借物を受け取った後にこれに生じた「損傷」（「<u>通常の使用及び収益によって生じた賃借物の損耗</u>」並びに「<u>賃借物の経年変化</u>」を除く）がある場合において，賃貸借が終了したときは，その<u>損傷を原状に復する義務</u>を負う$\binom{621条本文。}{2017年新設}$。

　(b)「通常損耗」と「特別損耗」の峻別　　言葉の意味における「原状回復」とは，当該賃貸借がなっかた元の状態に戻すことを意味しよう（121条の2第1項及び545条1項の「原状に復させる」とは，その意味である）。しかし，621条で原状回復の対象となる「損耗」は，カッコ書きで「通常の使用及び収益によって生じた賃借物の損耗」（＝「通常損耗」）を除外するから，「特別損耗」のみが原状回復の対象になるのである。そうすると，次のようになる。

　　i　通常損耗＝賃貸人負担　　このことは，「賃貸人は，賃貸物の使用及び収益に必要な修繕をする義務を負う」として，606条1項が明言するところでもある。既に例示したように，通常の使用に伴う畳の摩耗や壁の汚れ等は生活上必然的に生じる損耗である。

　　ii　特別損耗＝賃借人負担　　通常損耗及び経年変化以外の損耗である。より詳しく「賃借人の故意・過失，善管注意義務違反，その他の通常の使用を超えるような使用による損耗・毀損」$\binom{後掲ガイド}{ライン8頁}$といわれることがあ

るが，要するに「債務不履行による損害」である。

　そこで，何が通常損耗・特別損耗なのかにつき，適切な例を挙げている国土交通省「原状回復をめぐるトラブルとガイドライン」（再改訂版2011（平23）。「ガイドライン」とする）を引用しよう。

(c)「通常損耗」を賃借人負担
とする特約は　では，本来賃貸人が負担すべき「通常損耗」を，賃借人負担とする「特約」は有効であろうか。理論的前提は「契約自由の原則」であるから，特約は当事者間の合意として有効である。もとより，権利濫用，信義則違反又は消費者契約法 10 条などの強行法規に抵触する場合には無効となるが，この法理の適用はハードルが高い。そこで，判例や学説は，「説明義務」という用語を使い，賃借人が十分に理解したという前提で，「合意」を引き出すのが最近の傾向である。

　　i　合意の不存在　　最判平 17・12・16（判時1921号61頁）は，明確な合意がないとして，これを否定した。本件賃貸借契約において，あらかじめ「退去跡補修費等負担基準」が作成され，その中で，「襖紙・障子紙」の「汚損（手垢の汚れ，タバコの煤けなど生活することによる変色を含む）・汚れ」，「各種床仕上材」の「生活することによる変色・汚損・破損と認められるもの」，「各種壁・天井等仕上材」の「生活することによる変色・汚損・破損」については，これを退去者（賃借人）X が負担するものとされていた。原審は，賃貸人（大阪府住宅供給公社）Y の主張を認めたため，賃借人が上告。

　破棄差戻し。通常損耗が賃貸人負担であるとの一般論を述べた上で，「建物の賃借人にその賃貸借において生ずる通常損耗についての原状回復義務を負わせるのは，賃借人に予期しない特別の負担を課すことになるから，<u>賃借人に同義務が認められるためには，少なくとも，賃借人が補修費用を負担することになる通常損耗の範囲が賃貸借契約書の条項自体に具体的に明記されているか，仮に賃貸借契約書では明らかでない場合には，賃貸人が口頭により説明し，賃借人がその旨を明確に認識し，それを合意の内容としたものと認められるなど，その旨の特約が明確に合意されていることが必要である</u>」とし，本件ではその合意が成立しているとはいえないとした。

　　ii　国交省ガイドライン　　国交省ガイドラインは，「賃借人に特別の

【契約書の原状回復条項のひな型】（ガイドライン25頁）

賃貸人の負担となるもの	賃借人の負担となるもの
【床（畳・フローリング・カーペットなど）】	
1．畳の裏返し，表替え（特に破損していないが，次の入居者確保のために行うもの） 2．フローリングのワックスがけ 3．家具の設置による床，カーペットのへこみ，設置跡 4．畳の変色，フローリングの色落ち（日照，建物構造欠陥による雨漏りなどで発生したもの）	1．カーペットに飲み物等をこぼしたことによるシミ，カビ（こぼした後の手入れ不足等の場合） 2．冷蔵庫下のサビ跡（サビを放置し，床に汚損等の損害を与えた場合） 3．引越作業等で生じた引っかきキズ 4．フローリングの色落ち（賃借人の不注意で雨が吹き込んだことなどによるもの）
【壁，天井（クロスなど）】	
1．テレビ，冷蔵庫等の後部壁面の黒ずみ（いわゆる電気ヤケ） 2．壁に貼ったポスターや絵画の跡 3．壁等の画鋲，ピン等の穴（下地ボードの張替えは不要な程度のもの） 4．エアコン（賃借人所有）設置による壁のビス穴，跡 5．クロスの変色（日照などの自然現象によるもの）	1．賃借人が日常の清掃を怠ったための台所の油汚れ（使用後の手入れが悪く，ススや油が付着している場合） 2．賃借人が結露を放置したことで拡大したカビ，シミ（賃貸人に通知もせず，かつ，拭き取るなどの手入れを怠り，壁等を腐食させた場合） 3．クーラーから水漏れし，賃借人が放置したため壁が腐食 4．タバコ等のヤニ・臭い（喫煙等によりクロス等が変色したり，臭いが付着している場合） 5．壁等のくぎ穴，ネジ穴（重量物をかけるためにあけたもので，下地ボードの張替えが必要な程度のもの） 6．賃借人が天井に直接つけた照明器具の跡 7．落書き等の故意による毀損
【建具等，襖，柱等】	
1．網戸の張替え（破損はしていないが，次の入居者確保のために行うもの） 2．地震で破損したガラス 3．網入りガラスの亀裂（構造により自然に発生したもの）	1．飼育ペットによる柱等のキズ・臭い（ペットによる柱，クロス等にキズが付いたり，臭いが付着している場合） 2．落書き等の故意による毀損
【設備，その他】	
1．専門業者による全体のハウスクリーニング（賃借人が通常の清掃を実施している場合） 2．エアコンの内部洗浄（喫煙等の臭いなどが付着していない場合） 3．消毒（台所・トイレ） 4．浴槽，風呂釜等の取替え（破損等はしていないが，次の入居者確保のために行うもの） 5．鍵の取替え（破損，鍵紛失のない場合） 6．設備機器の故障，使用不能（機器の寿命によるもの）	1．ガスコンロ置き場，換気扇等の油汚れ，すす（賃借人が清掃・手入れを怠った結果汚損が生じた場合） 2．風呂，トイレ，洗面台の水垢，カビ等（賃借人が清掃・手入れを怠った結果汚損が生じた場合） 3．日常の不適切な手入れもしくは用法違反による設備の毀損 4．鍵の紛失または破損による取替え 5．戸建賃貸住宅の庭に生い茂った雑草

負担を課す特約の要件」として，次の各事項を挙げている（ガイドライン7頁）。

　　① 　特約の必要性があり，かつ，暴利的でないなどの客観的，合理的
理由が存在すること

　　② 　賃借人が特約によって通常の原状回復義務を超えた修繕等の義務
を負うことについて認識していること

　　③ 　賃借人が特約による義務負担の意思表示をしていること

　本ガイドラインは，平成 23 年作成であるから，前掲最判平 17・12・16 が
提示した論理を受け継いでいることは，内容からも明らかである。

　　iii　消費者契約法 10 条による排除　　大阪高判平 16・12・17（判時1894号19頁）。「自然損耗等についての原状回復義務を賃借人が負担するとの合意」が
ある原状回復特約につき，自然損耗等についての原状回復の内容をどのよう
に想定し，費用をどのように見積もったのか等につき賃借人に適切な情報が
提供されたとはいえず，このような状況でされた「本件原状回復特約，即ち，
自然損耗等についての原状回復義務を賃借人が負担するとの合意部分は，民
法の任意規定の適用による場合に比し，賃借人の義務を加重し，信義則に反
して賃借人の利益を一方的に害しており，消費者契約法 10 条に該当し，無効
である」とした。その後も，「通常損耗部分を賃借人負担とする特約」（名称は
様々）を消費者契約法 10 条により無効としたものに，京都地判平 20・4・30
（判時2052号86頁。「補修分担金特約」），大阪高判平 21・8・27（金判1327号26頁）などが続く。この問題は，既
述した「敷金特約」に共通するので，前掲(1)(b)ii（204頁）を参照。

　　iv　「説明義務」⇒「認識・合意」？　　上記 iii を除き，i・ii は，「説
明義務」なるものを措定し，それを尽くすことによって相手方の「認識・合
意」を引き出し，契約の合理性を主張する手法である。そして，当該特約で
は明確な合意がないとして，特約を否定した。そうすると，逆に，説明して
いれば，通常損耗を賃借人負担とする特約が有効だということになろう。こ
の論理が果たして妥当かどうかは疑問である。

　それ以上にこの手法が問題なのは，この場面に限らず，不動産売買・賃貸，
金融商品取引，医療契約など，あらゆる契約の場面で行われていることから
わかるように，ズブの素人を相手とする格差のある取引において，十分な情

報を与えることにより,「対等の立場」を創出し, それによって取引が公平に行われたことを正当化する論理なのである。この手法を使えば, 賃借人に選択又は拒否する余地がほとんどないのが一般であるから, ある程度不利な条件でも飲まざるを得ないであろう$\left(\begin{smallmatrix}第1章第1節■\\(2)(c)ii\end{smallmatrix}(9頁)\right)$ (ただし, 医療契約における Informed Consent Doctrine は, 全く異なる理論であって, 市場取引での説明義務とは異なる$\left(\begin{smallmatrix}第3章第2節■\\(4)(c)\end{smallmatrix}(313頁)\right)$)。

6　特別法による民法原則の修正（序説）

(1)　民法原則の修正の意義

以上の**5**までが, 民法典における賃貸借制度の一般原則である。ところで, 不動産の用益権(「使用及び収益」を目的とする貸借権)については, 民法がその典型を「物権」(地上権・永小作権・地役権)構成に置いたものの,「債権」(賃借権)構成も可能としたことにより, ＜物権・債権の二重構造＞となった$\left(\begin{smallmatrix}詳細は【II】\\264頁以下\end{smallmatrix}\right)$。しかも, 例外であるはずの賃借権による不動産用益が事実上原則化し, 物権が設定されることはほとんどなくなった。これは, 貸借関係においては「経済力原理」(経済的優位者が劣位者を支配するという原理)が働き, 債権(賃借権)構成の方が, 経済的に優位である貸主に圧倒的に有利だからである。その結果, 不動産貸借の契約関係は貸主に支配され, 借主は劣悪的な条件を押しつけられることになった。このような現実に直面して, 不動産賃貸借は, 賃借人保護の観点から, 本則の「物権」と同じように扱われるべき必要性が出てきたのである。

ところで,「不動産賃貸借を物権と同じように扱う」とする民法原則の変更は, 民法典の改正ではなく, 借地借家法(旧借地法・借家法), 建物保護法, 農地法などの「特別法」によって修正するという手法が採られた。このような, 本体を改正するのではなく特別法によって修正するという手法は, その善し悪しは別として, わが国の法律制度(立法政策)の一つの特徴でもある。

ともあれ, 不動産賃貸借は, 上記の各特別法群によって賃借人の保護に傾

斜し,「物権」的な効力が与えられることになった。この法現象を＜賃借権の物権化＞と呼んでいる（「売買は賃貸借を破る」という法諺も,この局面では「売買は賃貸借を破らない」とされた）$\left(\begin{smallmatrix}下記(3)\\参照\end{smallmatrix}\right)$。

　以下では,＜賃借権の物権化＞を実現させている特別法につき,「借地関係」,「借家関係」及び「借農地関係」を観察し,併せて,借家関係で新しい問題を提起している「サブリース契約」を取り上げよう。

(2)　〈使用収益〉に関する物権原則と債権原則

　不動産の「使用収益」に関して,物権原則と債権原則とでは著しい差異がある。その基本的な「原則」は,次のとおりである$\left(\begin{smallmatrix}詳細は【Ⅱ】\\265頁以下\end{smallmatrix}\right)$。

(a) 対抗力　物権の排他的支配性は,公示制度が整備されて対抗力を有するが,賃借権は,人に対する請求権（債権）であるから,公示する方法もなく,第三者に対抗できない。

(b) 存続期間　物権は,長期存続が原則である。賃借権は,当事者の合意で決定されるが,「経済力原理」に支配される結果,長期的存続が約定されないのが一般である。

(c) 譲渡性　物権は本質的に譲渡性を有するが,賃借権は,相対権（二当事者関係）であるから,譲渡性がない。

(d) 利用の態様　物権は,排他的な物的支配権である使用収益権能の割譲・移譲であるが,賃借権は,所有者に帰属する使用収益権能の対人的な「貸借」である。

(e) 対　価　対価は,物権ではその契約要素ではない。賃借権では,対価は契約の本質的要素であるが,これは当事者間の合意で決まるものであるから,その額や更新時の値上げなどは「経済力原理」に支配される結果,現実には恒常的な値上げにつながっていく。

(3)　賃借権の物権的保護＜賃借権の物権化＞

　民法は,不動産用益に対する権利の典型を「物権」に置いている。しかし,以上の原則の相違を見てもわかるように,不動産の所有者（貸主）にとっては

賃貸借の方が圧倒的に有利であるため，世上での土地・建物の貸借のほとんどが賃借権によって行われているのである（経済力原理）。物権では，その内容・効力が法定されているのに対し，賃貸借は債権であるから，内容を自由に決めることができ（契約自由の原則），また，第三者に対する対抗力はない（「売買は賃貸借を破る（Kauf bricht Miete）」）からである。

　このような制度の仕組みによって，農地・宅地・借家の所有者（賃貸人）は，その地位と権利を恣にしてきた。その結果として，賃借人の生活が脅かされ，わが国の歴史でも類を見ないほど大きな社会問題となった。

　この問題に対処した上記の「一連の特別法群」（賃借人保護立法）は，賃借権による使用収益をできるだけ物権に近づけ，物権的地位を付与することによって賃借人の保護を図ってきた。すなわち，上記各原則につき，賃借権の存続期間の法定，契約更新の制限，譲渡性・対抗力の法定付与などにより，賃借権の"内容・条件を自由に決定することを否定"したのである。

　こうなると，賃借権はもはや純粋な賃借権ではなくなり，ほとんど"物権に接合"したことになる。これが，＜賃借権の物権化＞であって，不動産用益権の二重構造の修正として生じてきた法現象である（詳細は【Ⅱ】266頁以下，【Ⅳ】157頁。なお，フランス，ドイツ，スイスでの対処と立法政策については，我妻・中(1)417頁以下。フランスにおける賃借権の物権的構成については，小柳春一郎『近代不動産賃貸借法の研究』参照）。

7　借地関係

(1)　借地権の意義

　現在の「借地借家法」は，建物保護法（明治42年），借地法（大正10年），借家法（大正10年）を改革・統合して，1991年に制定されたものである。

　「借地権」とは，建物所有を目的とする地上権または土地賃借権を総称する概念であるが（借地借家2条1号），建物所有目的の地上権は現実にはほとんど設定されず，設定されたとしても物権として保護されるから，借地借家法は，実際には土地賃借権の保護を目的としているといっても過言ではない。そして，さきに「賃借権はもはや純粋な賃借権ではなくなり，ほとんど物権に接合した」

といったが，「借地権」の性質は，物権と債権の混合（アマルガム）形態である。ただし，そのことが直ちに債権である賃借権が物権に転化したことを意味するものではない。厳密にいえば，特別法上の賃借権といえども，基本的性質が依然として「債権」であることに変わりはないのである。

(2)　借地権の存続期間

(a)　原則＝30年　借地権の存続期間は，原則は 30 年であるが（法3条本文。なお，旧借地法では，建物が堅固か否かにより60年・30年であった），契約でこれより長い期間を定めたときは，その期間とする（同条ただし書）。

(b)　更新後の期間　契約が更新された場合，設定後の最初の更新は 20 年，その後の更新は 10 年とする（法4条本文）。ただし，当事者がこれより長い期間を定めたときは，その期間とする（同条ただし書）。

(c)　建物再築による期間延長　期間満了前に建物が滅失し又は取壊しがあった場合において，借地権者が借地権設定者（土地所有者）の承諾を得て「残存期間を超えて存続すべき建物」を築造したときは，承諾日または建物築造日のいずれか早い日から 20 年間存続する（法7条1項本文）。ただし，残存期間がこれより長いとき，又は当事者がこれより長い期間を定めたときは，その期間による（同条ただし書）。

なお，借地権者が借地権設定者に対して建物再築の通知をした場合に，借地権設定者が 2 か月以内に異議を述べなかったときは，原則としてその承諾があったものとみなす（法7条2項）。

(3)　借地権の更新

(a)　更新の形態　借地権の更新には，以下の形態がある。

ⅰ　当事者の合意　当事者の合意による更新である。

ⅱ　更新請求　期間満了に際しての借地権者からの更新請求である（法5条1項）。

ⅲ　借地権者の土地使用継続　期間満了後において借地権者（転借地

権者を含む）が土地の使用を継続する場合である（法5条2項・3項）。

　ただし，上記 **ii・iii** の場合には，建物の存続が条件となるほか，借地権設定者が遅滞なく異議を述べたとき（法5条1項ただし書, 同2項）は認められない（次掲(b)参照）。

　なお，更新，建物滅失・再築等に関する規定は強行規定であり，これに反する借地権者に不利な特約は無効である（法9条）。

(b) 更新拒絶の制限
＝「正当の事由」　　借地権設定者の「異議」（法5条1項ただし書, 同2項）は，① 借地権設定者及び借地権者（転借地人を含む）が土地の使用を必要とする事情のほか，② 借地に関する従前の経過及び土地の利用状況並びに借地権設定者が土地の明渡しの条件として又は土地の明渡しと引換えに「財産上の給付」をする旨の申出を考慮して，「正当の事由」があると認められる場合でなければ, 述べることができない（法6条）。要するに, 当該土地につき,「賃貸人側の土地の使用を必要とする事情」と「賃借人側が継続して土地を使用する事情」を比較衡量して, その必要度が高い方を勝たせようとする手法（＝利益衡量的手法）であるが, それで決着がつかない場合には,「正当の事由」の補強材料として,「財産上の給付」（立退料）の提供を認めようということである。

　【「財産上の給付」は「正当の事由」の補完制度】　　借地借家法は,「賃貸人の恣意的な契約解消や更新拒絶を許さない」。この思想は, すでに 1941（昭和16）年に, 社会法原理の発現として謳われた借地法・借家法改正の中で,「正当ノ事由」として現れた。その後, 1991 年に,「利益衡量」という新しい判断方法が採り入れられた, 新「正当の事由」（借地借家法 6 条・28 条）として再構築された（立法の経緯は, 鈴木禄弥『借地・借家法の研究 I 総論・借地法』145頁以下参照。「正当ノ事由」（居住の必要性）の判断要素については, 鈴木禄弥『居住権論〔新版〕』(1981・有斐閣) 123頁以下参照）。

　「正当の事由」とは, 本来,「貸主がみずから使用する必要性」を論拠づける概念であったが, 戦後に展開された利益衡量論の影響を受けて,「当事者双方が土地の使用を必要とする事情」（基本的要素）を基本として,「従来の土地利用の経過や状況並びに立退料の申出」（補充的要素）を考慮の上, 更新拒絶の可否を判断する概念へと発展したのである。

　問題なのは,「財産上の給付」（立退料）の補充的要素としての意味である。

これは，「正当の事由」につき，上記の「基本的要素」では判断がつかない場合に，それを補完する要素として機能する判断材料（利益調整規範）である（広中俊雄・佐藤岩夫『新版注民⒂』939頁（借家につき），内田勝一『新版注民⒂』835頁（借地につき））。すなわち，高額の<u>金銭給付（立退料）</u>を提供しさえすれば契約を解消させることができるというのではなく，「<u>当事者双方の建物〔土地〕の使用を必要とする事情をまず考慮して『それで甲乙つけがたい場合』に他の補充的要素が考慮される</u>」（改正法案国会審議の際の法務省民事局長の答弁（『新版注民⒂』937頁による））〔アンダーライン筆者。以下同じ〕ことである。このことは，参議院法務委員会平成3年8月30日の附帯決議でも，「更新拒絶の正当事由につき斟酌するに当たっては，<u>貸主及び借主の使用の必要性が主たる要素で他の要素は補完的に考慮されるものである点において従来と異ならないものであり</u>，とくに財産上の給付の申し出が明文化されたことによりその提供が義務化されたわけではなく，他方その提供のみによって<u>正当事由が具備されるものではないこと</u>」が明記された（『新版注民⒂』837頁による）。

　　i　借地権者の所有建物の賃貸（建物賃借人の事情を考慮すべきか）　　借地権設定者Aの土地に借地権の設定を受けて建物を所有する借地権者Bが，その<u>建物をCに賃貸</u>している場合において，BがAから借地権の更新拒絶を受けた場合ときに，借地権者B側の事情として，建物賃借人Cの事情が考慮されるべきか否か。判例は，借地権者側の事情として建物賃借人の事情を斟酌することは許されず，それが許されることがあるのは，「借地契約が当初から建物賃借人の存在を容認したものであるとか又は実質上建物賃借人を借地人と同一視することができるなどの特段の事情の存する場合」であるとする（最判昭58・1・20民集37巻1号1頁）。「借地」に関する必要性が問題なのだから，Cの事情はこれとは無関係であり，妥当な判断である。

　　ii　立退料の提供の時期　　「立退料」の提供は，正当の事由を判断する補強材料であるから，「正当の事由」が判断されるまで（＝控訴審の口頭弁論終結時）ということになる。判例も，同様に，借地権設定者が借地権者の更新請求を拒絶するには「遅滞なく異議を述べ」なければならないから（法5条1項ただし書），「その異議が申し出られた時を基準として判断すべきであるが，……立退料等金員の提供ないしその増額の申出は，土地所有者が意図的にその申出

の時期を遅らせるなど信義に反するような事情がない限り，事実審の口頭弁論終結時までにされたものについては，原則としてこれを考慮することができる」$\binom{\text{最判平6・10・25民集48巻7号1303頁（異議）}}{\text{申出から4年後の控訴審口頭弁論時に提供}}$とする。

(c) 更新後の建物滅失による解約申入れ　借地権者・借地権設定者双方からの解約申入れがある。

　i　借地権者の解約申入れ　更新後に建物が滅失したときは，借地権者は，借地権の解約申入れ（＝地上権の放棄または賃借権の解約申入れ）をすることができる$\binom{\text{法8条}}{\text{1項}}$。その場合には，借地権は，申入れ日から3か月の経過によって消滅する$\binom{\text{同条}}{\text{3項}}$。

　ii　無断再築による借地権設定者の解約申入れ　建物滅失後に，借地権設定者の承諾を得ないで，残存期間を超えて存続すべき建物を再築したときは，借地権設定者は借地権の解約申入れをすることができる$\binom{\text{法8条}}{\text{2項}}$。借地権は3か月を経て消滅する$\binom{\text{同条}}{\text{3項}}$。

(4) 借地権の効力

(a) 借地権の対抗力（対抗要件）　**i　「権利本体」の登記**　借地権が，地上権（物権）であれば「地上権の登記」$\binom{177}{\text{条}}$，賃借権であれば「土地賃借権の登記」$\binom{605}{\text{条}}$である。

　ii　「建物」の登記　借地権は，上記 i の登記がなくても，土地の上に借地権者が「登記されている建物」を所有するときは，これをもって第三者に対抗することができる$\binom{\text{法10条1項。旧建物保}}{\text{護法を受け継いだもの}}$。建物の登記は，所有者が単独でできるもので，賃借権登記のように借地権設定者の協力を必要としない。建物の登記は，所有権「保存登記」を原則とするが，「表示の登記（表題登記）*」でもよい$\binom{\text{最判昭50・2・13}}{\text{民集29巻2号83頁}}$。

　問題となるのは，登記の内容が借地権の実体と異なる場合である。判例は，錯誤または遺漏による借地の「地番」間違いはたやすく更正登記ができるので建物登記として対抗力を有するが$\binom{\text{最判昭40・3・17}}{\text{民集19巻2号453頁}}$，本人が親族名義で保存登記をした場合は他人に該当するゆえに対抗できないとした$\binom{\text{最大判昭41・4・27}}{\text{民集20巻4号870頁}}$（長男名義），最判昭47・6・22）。後者については，裁判官の反対意見もあり，学説に
民集26巻5号1051頁（妻名義）

も強力な反対説がある。

> ＊　「表示の登記」（表題登記）　　不動産登記には，「表示」に関する登記と「権利」に関する登記がある。前者は，不動産の物理的同一性を示すものであり，登記簿の「表題部」に行われる。建物の場合，登記事項は，建物の所在地，家屋番号，種類・構造・床面積などのほか，新築家屋では所有者の氏名・住所である$\binom{\text{不登}44}{\text{条}1\text{項}}$。
>
> 　「表示の登記」は法的義務行為である。「新築した建物又は区分建物以外の表題部がない建物の所有権を取得した者は，その所有権取得の日から1月以内に，表題登記を申請しなければならない」$\binom{\text{不登}47}{\text{条}1\text{項}}$。また，表示の登記（表題部）に所有者として登記（記載）された者は，所有権の「保存登記」を申請することができる$\binom{\text{同}74}{\text{条}1\text{項}}$。

iii　建物が滅失した場合（借地権存在の掲示）　　建物の滅失があっても，借地権者が，「その建物を特定するために必要な事項，その滅失があった日及び建物を新たに築造する旨」を土地上の見やすい場所に掲示するときは，<u>2年間は借地権を第三者に対抗できる</u>$\binom{\text{法}10\text{条}2}{\text{項本文}}$。ただし，建物の滅失があった日から2年を経過した後にあっては，その前に建物を新たに築造し，かつ，その建物につき登記した場合に限る$\binom{\text{同項た}}{\text{だし書}}$。

　なお，この「掲示」は，一種の明認方法であるから，継続して存在していなければならないと解される。

iv　罹災都市法の特例　　「罹災都市借地借家臨時処理法」の適用される災害地における借地権は，災害で建物が滅失しても，5年間は対抗力が存続する$\binom{\text{同法}10\text{条}\cdot}{25\text{条の}2}$。

v　対抗力のない賃借権　　以上の対抗力を有しない賃借権は，原則として第三者に対抗できない。しかし，借地権設定者から当該土地を買い受けた第三者において，借地権者を立ち退かせる目的で取得したなどの事情があるときは，建物収去を求めることは権利濫用として許されない$\binom{\text{最判昭}38\cdot5\cdot24}{\text{民集}17\text{巻}5\text{号}639\text{頁}}$。

(b) 地代等増減請求権　　地代等（＝地上権における「地代」と賃借権における「借賃」）が，土地の公租公課の増減により，「<u>土地の価格の上昇若しくは低下その他の経済事情の変動により，又は近傍類似の土地の地代等に比較して不相当となったとき</u>」は，契約の条件にかかわらず，当事

者は，将来に向かって，地代等の増減を請求できる（事情変更の原則）$\binom{法11}{条1項本文}$。ただし，「一定の期間は地代等を増額しない」旨の特約がある場合は，その定めに従う$\binom{同項た}{だし書}$。この請求は，形成権である。

　「増額」について協議が調わない場合は，借地権者は，裁判が確定するまでは，みずから相当と認める額を支払えばよい$\binom{法11条2}{項本文}$。ただし，裁判が確定して既払額に不足があるときは，その不足額に年1割の利息を付けて支払わなければならない$\binom{同項た}{だし書}$。反対に，「減額」について協議が調わないときは，借地権設定者は，裁判が確定するまでは，相当と認める額の支払いを請求できる$\binom{同3項}{本文}$。受領額が裁判で確定した額を超えるときは，その超過額に年1割の利息を付して返還しなければならない$\binom{同項た}{だし書}$。

　(c) 借地権設定者の先取特権　借地権設定者は，2年分の地代請求権につき，借地権者の建物上に先取特権を有する$\binom{法12}{条1項}$。したがって，地代の支払いが滞れば，建物につき競売の申立てをすることができる。この先取特権の対抗要件は，地上権登記または賃借権登記であり$\binom{同条}{2項}$，他の権利に対して優先する$\binom{同条}{3項}$。

　(d) 建物買取請求権　借地権の存続期間が満了して契約の更新がない場合は，借地権者は，借地権設定者に対して，建物その他借地権者が権原により土地に付属させた物を，時価で買い取るべきことを請求できる$\binom{法13}{条1項}$。

　この場合において，建物が，借地権の存続期間満了前に，借地権設定者の承諾を得ずに残存期間を超えて存続すべきものとして新たに築造されたものであるときは，裁判所は，借地権設定者の請求により，代金の全部又は一部の支払いにつき，相当の期限を許与することができる$\binom{法13}{条2項}$。

　以上の規定〔法13条1項及び2項〕は，転貸借の場合に準用される$\binom{同条}{3項}$。

　他方，借地上の建物その他附属物を借地権者から取得した第三者は，借地権設定者がその借地権の譲渡・転貸を承諾しないときは，上記と同様，借地権設定者に対し，建物その他附属物の買取請求権を行使できる$\binom{法14}{条}$。なお，第三者のそれ以外の方法については，後掲$\binom{(5)(d)}{(220頁)}$参照。

　この建物買取請求権は，形成権であるから，請求（意思表示）した時点で売買の効果が生じる。また，上記の規定は強行規定であり，建物買取請求権を特約で排除することはできない（法16条）。

　(e) 自己借地権　借地権を設定するにあたり，その借地権を借地権設定者が他の借地権者と共有する場合に限って，借地権設定者の借地権（自己借地権）の成立が認められる（法15条1項）。反対に，借地権が借地権設定者に帰した場合であっても，他の借地権者と共有する場合には，その借地権は消滅しない（同条2項）。借地権が土地所有者に帰した場合は，借地権は混同によって消滅するから（179条・520条），その例外ということになる。ただし，自己借地権を一般的に認めたわけではない。

　これは，① 借地権設定者が，土地上に分譲のマンションを建て，土地所有権付ではなく，借地権付で分譲する場合（法条1項）への対処と（借地権の準共有として登記し，順次販売していく），および，② 借地権設定者が，借地権付マンションの所有者からマンションを買い取る場合（同条2項）への対処である。混同原則を機能させないための手段として考案されたものである。

(5)　借地条件の変更等

　(a) 借地条件の変更　既存の借地条件建物の種類・構造・規模・用途の制限が，法令の規制その他の事情変更によって建物所有の目的に適合しない場合，借地条件の変更が相当であるにもかかわらず，当事者の協議が調わないときは，裁判所は，当事者の申立てにより，一切の事情を考慮して，借地条件を変更することができる（法17条1項・4項・6項）。この場合には，裁判所は，当事者の利益の衡平を図るため，「財産上の給付」を命じ，その他相当の処分をすることができる（同条3項）。

　(b) 増改築　土地の通常の利用上増改築を相当とする場合に，それを制限する借地条件に抵触し，当事者間で協議が調わないときは，裁判所は，借地権者の申立てにより，一切の事情を考慮して，借地権設定者の承諾に代わる許可を与えることができる（法17条2項・4項・6項）。「財産上の給付」を命じることができること等についても，上記(a)と同様である（同条3項）。

(c) 更新後の建物再築　　更新後に、「残存期間を超えて存続すべき建物」を再築することにつきやむを得ない事情（更新後に震災で家屋が倒壊したなど）がある場合に、借地権設定者が承諾をしないときは、裁判所は、借地権者の申立てにより諸般の一切の事情を考慮して借地権設定者の「承諾に代わる許可」を与えることができる（法18条）。

(d) 賃借権の譲渡・転貸　　借地権者が所有建物を第三者に譲渡しようとする場合において、その第三者が賃借権を取得または転借をしても借地権設定者に不利益を与えるおそれがないにもかかわらず、借地権設定者がその譲渡または転貸を承諾しないときは、裁判所は、借地権者の申立てにより、借地権設定者の「承諾に代わる許可」を与えることができる（法19条1項前段）。この場合、当事者間の利益の衡平を図るため必要があれば、借地条件の変更を命じ、またはその許可を財産上の給付に係らせることができる（同項後段）。

　この許可手続は、第三者ががその建物を競売または公売によって取得した場合も同様であり、第三者は、同じく借地権設定者の承諾に代わる「許可」を申し立てることができる（法20条1項前段）。

　裁判所がこれらの裁判をするには、賃借権の残存期間、借地に関する従前の経過、賃借権の譲渡又は転貸を必要とする事情その他一切の事情を考慮しなければならない（法19条2項, 20条2項）。

　なお、上記の申立てがあった場合に、借地権設定者がみずから建物の譲渡および賃借権の譲渡または転借を受ける旨の申立てをしたときは、裁判所は、上記の規定にかかわらず、相当の対価および転貸の条件を定めて、これを命じることができる（法19条3項, 20条3項）。

【競売による「借地上建物」の買受人の地位】　　借地上のB所有建物が競売に付され、Cが買い受けた場合、借地権はいわゆる「従たる権利」として建物所有権に随伴するから、Cは、借地権付建物を取得することになる。しかし、これは、賃借権の譲渡に当たり、612条の解除事由となる。

　i　借地権設定者の不承諾の場合　　そこで、借地権設定者Aが承諾しない場合には、Cの保護手段はどうなるか。

第1は、前述した「建物買取請求権の行使」である（法14条）。これによって、その建物を時価で買い取るべきことを請求できる。

第2は、借地権設定者の「承諾に代わる裁判所の許可」の取得である（法20条1項前段）。

ii　賃借権譲渡「許可」と「敷金」交付命令　次に、上記 i 第2の借地人Cから「承諾に代わる許可」の請求があった場合に、裁判所は、その許可を「敷金」の交付に係らせることができるか。

敷金の交付は、契約に際しての担保の差し入れであり、厳密には借地借家法20条1項後段の「借地条件の変更、ないし財産上の給付」には当たらない。しかし、「承諾に代わる許可」が下りた場合には、第三者との新賃貸借関係が発生し、しかも、旧敷金は新賃貸借関係に引き継がれないのであるから、賃貸人は敷金による担保を強制的に失うことになる。そこで、判例は、「法20条1項後段の付随的裁判の一つとして、当該事案に応じた相当な額の敷金を差し入れるべき旨を定め、第三者に対してその交付を命ずることができる」とする（最決平13・11・21民集55巻6号1014頁）。

(6)　定期借地権等

借地借家法は、借地方式の土地利用を促進させるため、9条・16条の規定にかかわらず、契約更新のない三種の定期借地権を認めた。これらの借地権も、存続期間、更新、建物買取請求権などについて異なるだけで、それ以外は一般の借地権と異なるところはない。

(a) 定期借地権　存続期間を50年以上として借地権を設定する場合においては、契約の更新および建物の築造による存続期間の延長がないものとし、ならびに、建物買取請求をしないとする旨の約定をすることができる（法22条）。この特約は、公正証書など書面によらなければならない。これを「定期借地権」という。

(b) 建物譲渡特約付借地権　借地権の設定に際しては、借地権を消滅させるため、設定後30年以上を経過した日に土地上の建物を借地権設定者に相当の対価で譲渡することを特約することができる（法24条1項）。それによって借地権が消滅した場合に、なお建物の使用を継続して

いる旧借地権者または建物賃借人が請求したときは，請求の時に，その建物につき，旧借地権者または建物賃借人と借地権設定者との間で，「期間の定めのない賃貸借」が締結されたものとみなす$\binom{同条}{2項}$。

　なお，上記の特約がある場合に，その建物につき「定期建物賃貸借」契約$\binom{同条}{38条}$をしたときは，前項$\binom{同\ 24}{条2項}$の規定は適用されない$\binom{同条}{3項}$。

(c) 事業用借地権　もっぱら事業の用に供する建物居住用の建物を除くの所有を目的とし，かつ，存続期間を 10 年以上 20 年以下として借地権を設定する場合には，3条〜8条，13条〜18条の規定は適用しない。この事業用借地権の契約は，公正証書によってしなければならない$\binom{法}{23条}$。

(d) 一時使用目的の借地権　「臨時設備の設置，その他一時使用のため」の借地権は，3条〜8条，13条，17条，18条および22条〜24条は適用しない$\binom{法25}{条}$。これは，旧借地法でも認められていたものだが$\binom{借地}{9条}$，それほどの利用はない。

8　借家関係

(1) 借家権の意義

　借地借家法においては，借家の場合は，借地の場合に借地権の用語が使われるのと異なり，「建物の賃貸借」の用語が使われている。しかし，前述したように$\binom{6\ 3)}{(211頁)}$，物権的に強化され，民法上の賃貸借とは内容的に異なっている。そこで，本書では「借家権」と呼ぶ。物権的効力が与えられた建物賃貸借であり，その性質は，「債権」を基礎とした物権と債権のアマルガムであることは，「借地権」と同様である$\binom{この問題の詳細は，藤井俊二『現}{代借家法制の新たな展開』参照}$。

(2) 借家契約の「更新」と「解約」

(a) 「更新」と「解約」の問題　「借家契約」（＝「建物の賃貸借」をいう）においては，「期間の定めがある場合」にはその「更

新」（ができるか否か）が問題となり，「期間の定めがない場合」には「解約」（の申入れができるか否か）が問題となる。

　なお，期間の定めがある場合でも，その期間が1年未満とする借家契約は，期間の定めのない契約とみなされる（法29条）。ただし，民法604条（50年の存続期間）は建物賃貸借には適用されない。更新，解約申入れに関する規定は強行規定であり，建物の賃借人（借家人）に不利な特約は無効である（同条30）。

(b)「更新」（期間の定めがある借家契約）　**i　期間満了と「更新」**　期間の定めがある借家契約においては，期間満了の1年前から6か月前までの間に，相手方に対して「更新をしない旨の通知又はまたは条件を変更しなければ更新をしない旨の通知」をしなかったときは，従前の契約と同一の条件で契約を更新したものとみなされる（法定更新）（法26条1項本文）。その期間は，「定めがない」ものとされる（同項ただし書）。

　上記の通知をした場合であっても，期間満了後，建物の賃借人（借家人）が使用を継続する場合に，建物の賃貸人（家主）が遅滞なく異議を述べなかったときは，上記と同様の「更新」（法定更新）をしたものとみなされる（法26条2項）。この規定は，転貸借の場合にも準用する（同条3項）。

　ii　更新拒絶の制限＝「正当の事由」　建物の賃貸人が更新拒絶の通知をするには，① 建物の賃貸人及び賃借人（転借人を含む）が建物の使用を必要とする事情のほか，② 建物の賃貸借に関する従前の経過，建物の利用状況及び建物の現況並びに建物の賃貸人が建物の明渡しの条件として又は建物の明渡しと引換えに建物の賃借人に対して「財産上の給付」をする旨の申出をした場合におけるその申出を考慮して，「正当の事由」があると認められる場合でなければならない（法28条）。「正当の事由」の判断枠組みは，借地の場合と同様である（**7**3(b)(214頁)参照）。

(c)「解約」（期間の定めがない借家契約）　**i　「解約の申入れ」**　期間の定めがない借家契約においては，各当事者はいつでも解約の申入れをすることができ，その申入れがあった場合は，賃貸借は3か月後に終了する（617条1項2号）。しかし，「家主」側が解約申入れをする場合には，解約申入れ日から6か月後に終了する（法27条1項）。借家契約の終了

後になお建物の賃借人が使用を継続し，建物の賃貸人が遅滞なく異議を述べなかったときは，更新したものとみなされ，期間の定めのない借家となる（同条2項）。転貸借の場合にも準用される（同条2項）。

ii 解約申入れの制限＝「正当の事由」 建物の賃貸人が解約申入れをするには，「更新拒絶の制限」と同じく（前記(b)ii所掲），厳格な「正当の事由」がなければならない（法28条）。

(3) 借家権の効力

(a) 借家権の対抗要件

i 賃貸借の「登記」 建物の賃貸借（借家）は，「登記」したときは，物権者その他の第三者に対して対抗できる（605条）。

ii 建物の「引渡し」 建物の賃貸借は，その登記がなくても，建物の「引渡し」があれば，その後その建物について物権を取得した者に対し，その効力を生ずる（法31条1項）。賃借権の登記は，賃貸人の協力を必要とするため，建物賃借権が登記されることはまずない。そこで，建物自体の「引渡し」をもって対抗要件としたのである（旧借家1条（大正10年）参照）。いわゆる「地震売買」（「売買は賃貸借を破る」）に抗した規定である。

(b) 賃料増減請求権（事情変更の原則）

i 「事情の変更」による増減額請求 建物の借賃が，① 土地若しくは建物に対する<u>租税その他の負担の増減</u>により，② 土地若しくは建物の<u>価格の上昇若しくは低下その他の経済事情の変動</u>により，又は③ <u>近傍同種の建物の借賃に比較して不相当となったとき</u>は，契約の条件にかかわらず，当事者は，<u>将来に向かって</u>建物の借賃の額の増減を請求することができる（法32条本文）。「事情変更の原則」（前掲第1章第1節**2**3）（11頁以下），近江「民法理論のいま(4)・(5)（行為基礎と事情変更の原則）」判時2436号114頁以下・2448号123頁以下参照）を表明した規定である。ただし，この場合，一定の期間建物の借賃を増額しない旨の特約がある場合には，その定めに従う（同項ただし書）。

固定資産税の増額に応じて家賃を増額する家賃改定特約（スライド条項）もこの一種であり，有効と解される（森泉＝田山＝近江編著『詳解・新借地借家法』147頁参照）。

ii 「増額」請求の場合 「増額」について協議が調わないときは，建

物の賃借人は，裁判が確定するまでは，みずから相当と認める額を支払えばよい（法32条2項本文）。ただし，裁判が確定して既払額に不足があるときは，その不足額に年1割の利息を付けて支払わなければならない（同項ただし書）。

iii 「減額」請求の場合　反対に，「減額」について協議が調わないときは，建物の賃貸人は，裁判が確定するまでは，相当と認める額の支払を請求できる（法32条3項本文）。受領額が裁判で確定した額を超えるときは，その超過額に年1割の利息を付して返還しなければならない（同項ただし書）。

(c) 造作買取請求権　建物の賃貸人の同意を得て建物に造作（畳，建具など）を施した場合，賃借人は，契約の終了に際して，賃貸人に対し，その造作を時価で買い取るべきことを請求できる（法33条1項前段）。建物の賃貸人から買い受けた造作についても同様である（同項後段）。買取請求権は形成権であり，請求したときに売買効果が生じる。

この規定は，転貸借にも準用される（法33条2項）。なお，造作買取請求権は，旧法では強行規定であったが，新法では任意規定とされた（同37条）。したがって，建物の賃貸人が，賃借人の造作の要望に際して，造作買取請求権を行使しないことを条件に同意することは有効である。

(d) 契約終了時の転借人の保護　当該建物が転貸されている場合において，借家契約が期間満了又は解約によって終了するときは，建物の賃貸人は，転借人にその旨の通知をしなければ，その終了を転借人に対抗することができない（法34条1項）。建物の賃貸人がこの通知をしたときは，転貸借は，通知日より6か月を経過した時に終了する（同条2項）。

(e) 借地上の建物賃借人の保護　借地権の目的である土地上の建物につき賃貸借がされている場合において，借地権の存続期間満了により建物賃借人が土地を明け渡すべきときは，建物賃借人が借地権の存続期間満了をその1年前までに知らなかった場合に限り，裁判所は，賃借人の請求により，これを知った日から1年を超えない範囲で，土地の明渡しにつき相当の期限を許与することができる（法35条1項）。期限の許与がされたときは，建物の賃貸借は，その期限の到来により終了する（同条2項）。

(f)「同居者」の借家権の承継　居住用建物の「賃借人」が相続人なしに死亡した場合において，「その当時婚姻又は縁組の届出をしていないが，建物の賃借人と事実上夫婦又は養親子と同様の関係にあった同居者」は，婚姻・縁組の届出をしていなくても，建物の賃借人の権利義務を承継する$\binom{法36条1}{項本文}$。この場合には，借家関係から生じた債権・債務も引き継ぐ法$\binom{同条}{2項}$。ただし，その同居者が，死亡した建物賃借人に相続人がいないことを知った後1か月以内に，建物賃貸人に反対の意思を表示したときは，上記の建物賃貸借に関する権利義務は承継されない$\binom{法36条1項}{ただし書}$。

「内縁の妻」も，この制度により建物賃借人の権利義務（借家権）を承継し，居住を継続することができる。しかし，建物賃貸人に相続人がいる場合には問題が残る。賃借権が相続の対象となり得る権利だからである。そこで，判例は，内縁の配偶者は，その「相続人の賃借権を援用」して，賃貸人に対してその居住権を主張できるとする（援用権説）$\binom{最判昭42・2・21民集21巻1号155頁（亡}{\substack{賃借人Aの内縁の妻Bに，その間の子Cの\\有する賃借権の\\援用を認めた)}}$。しかし，学説の多くは，内縁の妻の借家権相続を認めるべきだとする（相続権説）。

(4)　定期建物賃貸借等

(a) 定期建物賃貸借　契約の更新がなく，期間の満了によって終了する建物賃貸借を，「定期建物賃貸借」という$\binom{法38条1}{項前段}$。この契約は，公正証書によって行わなければならず，また，期間が1年未満であっても，法29条1項の規定は適用されない$\binom{同条}{1項}$。

この契約を締結しようとするときは，建物賃貸人は，あらかじめ，賃借人に対し，契約の更新がなく期間の満了によって賃貸借が終了する旨を記載した書面を交付して説明しなければならず$\binom{同条}{2項}$，それを怠った場合には，契約更新がないとする定めは無効となる$\binom{同条}{3項}$。

期間が1年以上である場合に，賃貸人は，「通知期間」（期間満了の1年前から6か月までの間）内に，期間満了により賃貸借が終了する旨の通知をしなければ，その終了を賃借人に対抗することができない$\binom{法38条4}{項本文}$。ただし，賃貸人が通知期間経過後賃借人に対しその旨を通知した場合，その通知日から6

か月を経過した後は，この限りでない$\left(\begin{smallmatrix}\text{同項た}\\\text{だし書}\end{smallmatrix}\right)$。

他方，居住の用に供する「定期建物賃貸借」（床面積が 200 m²未満のものに限る）において，賃借人は，転勤，療養，親族の介護その他のやむを得ない事情により，当該建物を自己の生活の本拠として使用することが困難となったときは，その賃貸借の解約の申入れをすることができる$\left(\begin{smallmatrix}\text{法38条5}\\\text{項前段}\end{smallmatrix}\right)$。この場合には，解約申入れの日から 1 か月を経過することにより，終了する$\left(\begin{smallmatrix}\text{同項}\\\text{後段}\end{smallmatrix}\right)$。

以上の法 38 条 4 項・5 項の規定に反する特約で，建物賃借人に不利なものは無効とする$\left(\begin{smallmatrix}\text{同条}\\\text{6項}\end{smallmatrix}\right)$。また，賃料の改定に関する特約がある場合には，法 32 条（借賃増減額請求）の規定は適用しない$\left(\begin{smallmatrix}\text{同条}\\\text{7項}\end{smallmatrix}\right)$。

(b) 取壊し予定の建物賃貸借 法令又は契約により一定期間を経過した後に建物を取り壊すべきことが明らかな場合には，法 30 条（強行法規性）の規定にかかわらず，建物を取り壊す時に賃貸借が終了するとする特約を定めることができる$\left(\begin{smallmatrix}\text{法 39}\\\text{条1項}\end{smallmatrix}\right)$。この特約は，「建物を取り壊すべき事由」を記載した書面でしなければならない$\left(\begin{smallmatrix}\text{同条}\\\text{2項}\end{smallmatrix}\right)$。

(c) 一時使用目的の建物賃貸借 期限付借家権というわけではないが，一時使用のために建物の賃貸借をした場合には，借地借家法の規定が適用されない$\left(\begin{smallmatrix}\text{法40}\\\text{条}\end{smallmatrix}\right)$。

9 サブリース契約

(1) 「サブリース契約」の意義

(a) 「サブリース契約」とは何か ［図③］「サブリース」というのは，「元の賃貸借」（マスターリース）からの賃貸借すなわち「転貸借」（サブリース）を指す概念である。本来，賃貸借は，賃貸人と賃借人との二者間の貸借関係であるところ，その中間にサブリース業者が入り，① 賃貸人との関係では，転貸借を行うことを目的とする賃貸借契約と，その住宅の管理を目的とする住宅管理委託契約を締結し，② 賃借人に対しては，住宅の管理業務を行うものである。

その他，③ 賃料保証（空室保証）や④ 長期保証（長期間契約）が強調されることがあるが，これらは，契約の本質的要素ではなく，付随的な条項である。

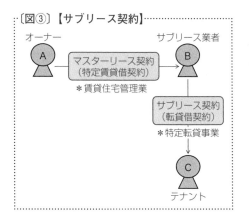

〔図③〕【サブリース契約】

(b) 賃貸住宅管理業法による規制

「サブリース契約」は，かつて最高裁まで争われた大きな社会問題ともなり，現在でも，紛争が絶えない。そこで，2020（令和2）年に，「賃貸住宅管理業法」(「賃貸住宅の管理業務等の適正化に関する法律」)が制定され，国交省・消費者庁・金融庁が一丸となって規制と適正化に当たっている。サブリース業者に対しては，次の2つを義務づけている。

i 業者の「登録」 賃貸住宅管理業を営もうとする者は，国土交通大臣の登録を受けなければならず，この登録は，5年ごとに更新を受けなければならない(法3条)。

ii 管理受託契約の「書面の交付」 賃貸住宅管理業者は，管理業務を委託しようとする賃貸人に対し，契約締結「前」に，管理受託契約の内容等に関する事項につき「書面」を交付して説明しなければならない(法13条1項)。また，締結「後」には，一定の事項を記載した「書面」を交付しなければならない(法14条1項)。

【社会問題化した「サブリース契約」論争】 **(1)「サブリース契約」を発生させた社会状況** 1987-90年頃のバブル期においては，不動産価格及び不動産賃料は高騰して上昇の一途をたどり，下落することが想像すら不可能だった。この異常な社会的経済的状況のなかで，不動産は下落しないする根強い「不動産神話」を背景に，土地所有者は土地を容易に手放さなくなった。

そこで，不動産会社は，みずから土地を取得して賃貸ビルを建設することを諦め，上昇を続ける賃料に目をつけて，賃貸ビルの全部又は一部を一括して借り上げ（ビルの管理も引き受ける），それを，テナント（転借人）へ転貸借して転

賃料を収取する反面，ビル所有者には，たとえ空室が生じても一定の賃料を支払うことを約する契約を考案した。転貸借を前提とした特殊な賃貸借契約であり，これを「サブリース契約」と呼んだ（近江「サブリース契約の現状と問題点」早稲田法学76巻2号57頁以下参照）。

(2) サブリース契約の内容 当時のサブリース契約内容は，次のようなものであった。

① **賃料保証（空室保証）** 賃料は，転貸賃料の90％に相当する額あたりが一般的であった。この約定賃料につき，賃借人は，転借人（テナント）が見つからなくても支払わなければならない。

② **賃料の自動「値上げ」条項** サブリース会社が所有者に支払う家賃については「2年ないし3年ごとに8～10％を値上げする」とする賃料「自動増額」条項があるのが普通であった。「不動産神話」を背景とした，片面的条項である。

③ **長期契約・中途解約禁止** 通常20年～30年の長期の契約として設定され，この期間は，中途解約ができないとする禁止条項が付された。この条項が，「賃料保証」を実質的に機能させているものである。

(3) バブルの崩壊によるサブリース紛争 1990年からのバブルの崩壊は，経済事情を一変させ，不動産価格の暴落と転貸賃料収入の激減をもたらした。ところが，サブリース契は，賃料保証・賃料の自動増額・中途解約の禁止を内容とするから，サブリース業者にとっては苦痛であった。そこで，事情変更の原則を理由として，借地借家法32条を根拠に，契約の改訂を求めた。これに対し，賃貸人は，契約遵守の原則を縦に，これを拒否した。これが，「サブリース論争」といわれるものである（詳細は，近江・前掲論文のほか，近江〔判批〕「サブリース契約と借地借家法32条の適用の有無」リマークス24号46頁以下，近江「サブリース問題の核心—最判平14・9・12に関して—」金法1661号1頁参照。簡単には【旧Ⅴ】225頁以下）。

(4) 最高裁の統一的見解 サブリースに関しては，下級審では見解が対立していたが，最高裁は，最三判平15・10・21平12（受）573・574号（民集57巻9号1213頁）を嚆矢として，最三小判平15・10・21平12（受）123号（判時1844号50頁），最一小判平15・10・23（判時1844号54頁）及び最二小判平16・11・8（判時1883号52頁）が同旨を述べ，全小法廷が統一的見解を示した（詳細は，近江『サブリース問題』再論」早稲田法学80巻3号21頁以下参照）。すなわち，──

i 「賃貸借」契約性 第1に，サブリース契約なるものは，契約を締結する際の経済的動機ないし背景にすぎず，「本件契約における合意の内容は，

X〔ビル所有者〕がY〔サブリース会社〕に対して本件賃貸部分を<u>使用収益させ</u>，<u>YがXに対してその対価としての賃料を支払う</u>というものであり，本件契約は，建物の賃貸借契約であることが明らかであるから，本件契約には，<u>借地借家法が適用され，同法32条の規定も適用される</u>ものというべきである」。

ii　借地借家法32条1項の強行法規性　第2に，「<u>借地借家法32条1項の規定は，強行法規であって，本件賃料自動増額特約によってもその適用を排除することができない</u>ものであるから$\binom{\text{掲示判}}{\text{例省略}}$，本件契約の当事者は，本件賃料自動増額特約が存するとしても，そのことにより直ちに上記規定に基づく賃料増減額請求権の行使が妨げられるものではない」。

iii　「賃料減額請求の当否及び相当賃料額を判断」する事情　第3に，「本件契約における賃料額及び本件賃料自動増額特約等に係る約定は，XがYの転貸事業のために多額の資本を投下する前提となったもの」であって，「これらの事情は，本件契約の当事者が，前記の<u>当初賃料額を決定する際の重要な要素となった事情</u>であるから，衡平の見地に照らし，借地借家法32条1項の規定に基づく<u>賃料減額請求の当否</u>（同項所定の賃料増減額請求権行使の要件充足の有無）及び相当賃料額を判断する場合に，重要な事情として十分に考慮されるべきである」。そして，その判断に当たっては，「賃貸借契約の当事者が賃料額決定の要素とした事情その他諸般の事情を総合的に考慮すべきであり，本件契約において賃料額が決定されるに至った経緯や賃料自動増額特約が付されるに至った事情，とりわけ，当該約定賃料額と当時の近傍同種の建物の賃料相場との関係（賃料相場とのかい離の有無，程度等），Yの転貸事業における収支予測にかかわる事情（賃料の転貸収入に占める割合の推移の見通しについての当事者の認識等），Xの敷金及び銀行借入金の返済の予定にかかわる事情等をも十分に考慮すべきである」。

(5)　最高裁判決後の「サブリース契約」　上記の判例には，賃料減額請求の「当否」などの解釈問題が残されたが，判決の理論は実務に影響を与え，当時の契約条項は契約書ひな型からも消えた。しかし，誇大広告や不当勧誘と見られるものが後を絶たず，2020年にいたって，既述した「賃貸住宅管理業法」が制定され，これにより規律されることになった。

⑵　サブリース契約の内容

　賃貸住宅管理業法は，サブリース契約の内容を明定している。サブリース契約は，以下の3点を本質的要素とする契約である。

(a)「特定賃貸借契約」
（「転貸目的」での賃貸借）
　第1は，賃借人（サブリース業者）が「当該賃貸住宅を第三者に転貸する事業」を営むことを目的として締結される賃貸借契約である。この契約を，「特定賃貸借契約」という（法2条4項）。

(b)「賃貸住宅管理業」
　第2は，サブリース業者が，賃貸人から委託を受けて，次に掲げる業務を行う事業をいう（法2条2項柱書）。この業務を，「管理業務」という。サブリース業者は，管理業務を，第三者に再委託してはならない（法15条）。

　i　「維持保全」業務　「維持保全」とは，当該賃貸住宅につき，「住宅の居室及びその他の部分について，点検，清掃その他の維持を行い，及び必要な修繕を行うこと」をいい，この中には，「賃貸住宅の賃貸人のために当該維持保全に係る契約の締結の媒介，取次ぎ又は代理を行う業務」が含まれる（法2条2項1号）。

　ii　「金銭管理」業務　当該賃貸住宅に係る家賃，敷金，共益費その他の「金銭の管理」を行う（前記iに掲げる業務と併せて行うものに限る）（同項2号）。

(c)「特定転貸事業」
（「転貸」事業）
　第3は，サブリース業者は，特定賃貸借契約に基づき賃借した賃貸住宅を第三者に転貸する事業を営む（法2条5項）。

(d)　その他の付随条項について
　サブリース契約は，賃貸人に対して，従来から，賃借人が見つからなくても，「長期間」にわたって「賃料を保証」することこを謳い文句としてきた。そのことを実現してきたのが，①「賃料保証」（空室保証）条項と，②「解約禁止」（契約の長期間継続）条項である。しかし，これらの条項が，かつて大きな問題となり，現在でもその危険性が指摘されているため，賃貸住宅管理業法は，特に，「適

正化のための措置」を規定した$\left(\begin{smallmatrix}後掲\\(3)\end{smallmatrix}\right)$。

(3) 特定賃貸借契約の適正化のための措置

(a) 誇大広告の禁止　特定転貸事業者又は勧誘者（特定転貸事業者等）は，特定転貸事業$\left(\begin{smallmatrix}法2条\\5項\end{smallmatrix}\right)$に係る特定賃貸借契約（マスターリース契約）の条件について「広告」をするときは，特定賃貸借契約に基づき特定転貸事業者が支払うべき家賃，賃貸住宅の維持保全の実施方法，特定賃貸借契約の解除に関する事項その他の国土交通省令で定める事項について，著しく事実に相違する表示をし，又は実際のものよりも著しく優良であり，若しくは有利であると人を「誤認させるような表示」をしてはならない$\left(\begin{smallmatrix}法28\\条\end{smallmatrix}\right)$。

　サブリース契約は，「賃料保証」（空室保証）条項と「解約禁止」（契約の長期間継続）条項により，"入居者がいなくても長期的に賃料が保証されるから安心"などの広告がされることがある。しかし，そのような条項があったとしても，サブリース業者は，借地借家32条1項に基づき，「賃料の減額請求」はできる。したがって，減額請求ができる旨が書いてない広告は，「誇大広告」に当たる。

(b) 不当勧誘の禁止　特定転貸事業者等は，特定賃貸借契約の締結を「勧誘」するに際し，又はその「解除を妨げる」ため，特定賃貸借契約の相手方又は相手方となろうとする者に対し，当該特定賃貸借契約に関する事項であって特定賃貸借契約の相手方又は相手方となろうとする者の判断に影響を及ぼすこととなる重要なものにつき，「故意に事実を告げず，又は不実のことを告げる行為」をしてはならない$\left(\begin{smallmatrix}法 29\\条1項\end{smallmatrix}\right)$。

　サブリース契約の「解除」については，賃借人（サブリース業者）が解約することができる旨の条項が入っているのが普通であるが，賃貸人（オーナー）からの解約（更新拒絶）を申し出るには，借地借家法28条により「正当の事由」が必要だから，簡単には解約できない。このような説明がない場合は，「不当な勧誘」に該当しよう。

(c) 特定賃貸借契約の「書面の交付」 特定転貸事業者は，特定賃貸借契約を締結しようとするときは，特定賃貸借契約の相手方となろうとする者に対し，当該特定賃貸借契約の締結「前」に，特定賃貸借契約の内容及びその履行に関する事項等につき，書面を交付して説明しなければならない$\left(\substack{法\,30\\条1項}\right)$。また，特定賃貸借契約の締結「後」は，当該特定賃貸借契約の相手方に対し，遅滞なく，法30条1項1号から7号に掲げる事項を記載した書面を交付しなければならない$\left(\substack{法\,31\\条1項}\right)$。

(d) 入居をする者に対する注意喚起 法律に規定されている事項ではないが，国交省・消費者庁・金融庁は，入居をする者に対し，「貸主が建物の所有者でない場合」には貸主（所有者）と借主（サブリース業者）間で賃貸借契約の終了等により不利益を受ける場合があるため，以下の点を契約書で確認するよう注意を喚起している$\left(\substack{同省庁のパンフ\\レットによる}\right)$。

　i　入居の部屋がサブリース住宅かどうか　契約書には所有者とサブリース業者が併記されている。

　ii　貸主が変わった場合に住み続けられるかどうか　貸主が変わった場合の「地位の承継に関する規定」があるかどうかである。

　iii　サブリース業者から維持保全の内容や連絡先の記載があるかどうかサブリース業者には，これらの内容を記載した書面を通知しなければならないからである。

10　農地関係

(1) 農地賃貸借の特殊性（特別保護の必要性）

　民法は，農地の用益関係の典型を永小作権に置いているが，明治民法典が施行されて以来，永小作（物権）が新たに設定されることはまずなく，賃借小作（賃借権）がほとんどであった。このこと自体は，直接的には，用益物権の二重構造$\left(\substack{前掲\boxed{1}\,2)\\(185頁)}\right)$と，そこでの賃貸人の現実的優位性（経済力原理）に由因するのであるが，しかし，同時に，民法典の用益物権に対する姿勢も理解しな

ければならない。すなわち，第1は，近代的土地所有関係である「一地一主」制を実現するために，小作関係においては，小作料徴収権者（＝地主）を所有権者と定め，また，従来の永小作権を制限物権として扱ったこと，第2は，永小作権の存続期間を50年とする（278条）とともに，民法施行前から存在していた永小作権についても，その存続すべき期間を民法施行後50年間に制限したことである（民施47条）。

　そして，相次ぐ不況で農民が土地を手放し，反面，寄生地主が大量に土地を集積していく中で，小作争議が頻発したため，その調停という目的から，政府は，小作調停法（大正13年），農地調整法（昭和13年）を制定するが，しかし，いずれも，小作の実体関係に変更をもたらすものでなく，ほとんど効果が上がらなかった（【Ⅱ】276頁【小作関係小史】参照）。小作権の実体的な保護（物権的構成）は，第2次大戦後の，GHQの指令による農地解放（寄生地主からの土地の解放）と，それに伴う「農地法」の制定（昭和27年。従来の農地調整法・自作農創設特別措置法・農地強制譲渡に関するポツダム政令を一本化したもの）によらなければならなかった。これによって，自作農が近代農業の基本として捉えられ，その推進政策の下で永小作権が整理され，永小作地の強制買収・耕作者への売渡しなどの処置がとられたのである。このような農業関係の変革の結果，民法典上の永小作権はほとんど機能していないのである。

(2)　農地賃借権の強化

(a) 農地賃借権の要式性　農地（＝農地または採草放牧地）につき，賃借権を設定するには，農業委員会または知事の許可を受けなければならない（農地3条1項）。その契約については，存続期間，小作料の額および支払条件等を「書面」で明らかにし，これを農業委員会に通知しなければならない（同25条）。

　「更新」については黙示の更新があり得る（農地19条）。「解約申入れ」については知事の許可を必要とする（同20条）。

(b) 農地賃借権の「対抗」　農地賃貸借は，その登記がなくても，その「引渡し」があったときは，その農地につき物権を取得した第三者に対抗できる（農地18条1項）。

(c)　小作料　小作料は定額の「金銭」で支払わなければならない（農地21条，22条）。なお，小作料については特殊な問題がある。——

ⅰ　小作料増減額請求権　　借地借家法と同様に，「小作料の額が，農産物の価格若しくは生産費の上昇若しくは低下その他の経済事情の変動により，又は近傍類似の農地の小作料の額に比較して，不相当となつたとき」は，当事者は，将来に向つて小作料の額の増減を請求することができる（農地21条）。

【小作地の宅地並み課税は小作料増額請求事由か】　　最大判平13・3・28（民集55巻2号611頁）。Xは，市街化区域内にある自己所有の農地をYらに賃貸し，農業委員会が定めた小作料の標準額による小作料を受領していたところ，本件小作地が宅地並み課税の対象とされたため，Xは，その課税の適用が除外される生産緑地地区の指定を受けようとした。ところが，Yらは，将来の離作補償で不利になることを危惧して，それに同意しなかった。そこで，固定資産税等が小作料を大きく上回ったため，小作料の増額を請求した。原審は，Xの請求を容認。

　判決は，① 上記増減額請求の事由に公租公課の増減は含まれていないこと，および，耕作者の地位ないし農業経営の安定を図るために「小作料標準額」制度（後掲ⅲ）を設けていること，を考え併せると，小作料の額は，「当該農地において通常の農業経営が行われた場合の収益を標準として」定めるべきものであり，農地法23条1項もこの趣旨に沿って解釈すべきである。② 宅地並み課税は，市街化区域農地の値上がり益が当該農地の資産価値の中に化体していることに着目して導入されたものであるから，その税負担は，値上がり益を享受している農地所有者が担うべきである。小作料は農地の使用収益の対価であって，小作農は，農地を農地としてのみ使用することができるにすぎず，宅地として使用することができないのであるから，宅地並みの資産の経費を小作料に転嫁できるとする理由はない。③ 農地所有者が小作料を上回る税を負担するという不利益は，本来，宅地並み課税の制度目的が宅地の供給を促進することにあるのだから，当該農地の賃貸借契約を解約し（合意解約ができない場合は，転用計画（農地20条2項2号）または「逆ざや現象」であること（同5号）を理由とする知事の許可を求めることができる），これを宅地に転用することで解消される —— として，Yらの上告を棄却した（ただし，6名の裁判官の反対意見がある）。

　ii　不可抗力による減額請求権　「小作料の額が，<u>不可抗力により</u>，田にあつては，収穫された米の価額の2割5分，畑にあつては，収穫された主作物の価額の1割5分を超えることとなつたとき」は，小作農は，その農地の所有者又は賃貸人に対し，その割合に相当する額になるまで小作料の減額を請求することができる$\left(\substack{農地\\22条}\right)$。

　iii　小作料標準額制度　農業委員会は，その区域内の農地につき，耕作者の経営の安定を図るために，その自然的条件及び利用上の条件を勘案して必要な区分をし，その区分ごとに，通常の農業経営が行なわれたとした場合における生産量，生産物の価格，生産費等を参酌して「小作料の標準額」を定めることができる$\left(\substack{農地\\23条}\right)$。

　この場合に，農業委員会は，契約で定める小作料の額が，小作料標準額に比較して著しく高額であると認めるときは，当事者に対し，その小作料の減額を勧告することができる$\left(\substack{農地\\24条}\right)$。

第7節　雇　　用

1　雇用の意義と成立

(1)　雇用の意義

　雇用契約は，人間の労働（労務）を商品化したものであり，当事者の一方（労働者）が労働に従事することを約し，相手方（使用者）がこれに対して報酬を与えることを約することによって成立する$\binom{623}{条}$。民法は，契約自由の原則の下でこの雇用契約を捉えた。しかし，雇用関係において，対等な立場で契約が締結されることが幻想であることは，すでに歴史が証明してきたところである。わが国でも，第二次大戦後，労働関係の立法化が進み労働基準法，労働関係調整法，労働組合法など，体系的に整備されてきている。これらの法律は，民法雇用規定の特別法であるから，雇用関係では優先的に適用される。それゆえ，民法雇用規定は，ほとんど適用される場面がないので，ここでは原則論を中心に概略するにとどめる。

(2)　雇用の成立

　雇用契約は，労働者（＝労務者）と使用者との合意で成立し，その合意内容は，労働者が「労働に従事すること」と，使用者が「報酬を与えること」である$\binom{623}{条}$。したがって，有償・不要式・諾成の契約である。

　労働基準法は，親権者又は後見人が，未成年者に代わって労働契約を締結すること$\binom{労基58}{条1項}$，および未成年者に代わって賃金を請求することを禁止する$\binom{同59}{条}$。また，15歳未満の児童を労働者として使用してはならない$\binom{同56}{条1項}$。

2 雇用の効力

(1) 労働者の義務

(a) 労働提供義務　　労働者は，労働に従事しなければならない $\binom{623}{条}$。第三者をして，自己に代わって労働に従事させる場合は，使用者の承諾がなければならない $\binom{625条}{2項}$。これに反した場合は，使用者は契約を解除することができる $\binom{同条}{3項}$。

　反対に，使用者も，その権利（労働の提供を受ける権利・地位）を第三者に譲渡するには，労働者の承諾を得なければならない $\binom{625条}{1項}$。

(b) 付随義務　　労働者は，労働提供に際しては，就業規則を遵守すべき義務，職務上知り得た事項の守秘義務商法上には明文があるなどの付随義務を負う。一般の契約と同じである。これらの違反に対しては，使用者は懲戒権，解除権を有している。

(2) 雇用の「報酬」

(a) 報酬の支払い　　使用者は，労働の対価として，報酬を支払わなければならないが $\binom{623}{条}$，労働者は，その約した「労働の終わった後」でなければ，報酬を請求できない $\binom{624条}{1項}$。ただし，「期間によって定めた報酬」は，その期間が経過した後に，請求することができる $\binom{同条}{2項}$。

(b) 履行の割合に応じた報酬　　労働者は，次に掲げる場合には，<u>既にした履行の割合に応じて</u>報酬を請求することができる $\binom{624条の}{2柱書}$。

　　i 「使用者の責めに帰することができない事由」によって労働に従事することができなくなったとき $\binom{624条の}{2第1号}$。　従来のドイツの領域理論（Sphärentheorie）などが支配していた論点につき，立法的に解決したものである $\binom{2017年}{新設}$。

　反対に，「使用者の責めに帰すべき事由」によって労働者が労働を提供する

ことができない場合には，使用者は，休業期間中，その平均賃金の 100 分の 60 以上の手当を支払わなければならない（労基26条）。

ii　雇用が履行の中途で終了したとき（624条の2第1号）。

いずれも，「報酬」について，割合的な報酬の支払い義務を認めたものである。これに反する特約は，無効である。

(3)　安全配慮義務等

(a) 安全配慮義務　労働契約においては，使用者は，労働場所・施設・労働管理等の設定・維持につき，生命・健康に対する危険から労働者を保護すべき義務があるというべきである（最判昭50・2・25民集29巻2号143頁（自衛隊員の轢死事故））。このような義務を「安全配慮義務」と呼んでいる。この義務は，一般には給付義務に付随する付随義務と考えられようが，契約類型（例えば，医療契約など）によっては給付義務に該当する場合もある。

(b) 使用者の無過失損害賠償責任　労働者が，自己に過失なく損害を受けたときは，使用者に賠償請求できるであろうか。日本民法には，残念ながらこれを規律する規定はない。そこで，宮本健蔵教授は，委任に関する 650 条 3 項を根拠に，使用者の無過失損害賠償責任を構築し，その類型化を提案している（労働問題プロパーなので，詳細は，宮本健蔵『労働災害と使用者のリスク責任』336頁以下を参照）。

(c) 労災関係　労働者が業務上負傷し，または疾病にかかった場合においては，使用者は，その費用で必要な療養を行い，または必要な療養の費用を負担しなければならない（労基75条1項）。この関係から，使用者には，政府管掌の労働者災害補償保険への加入が強制されている。

3　雇用の終了

(1)　期間満了による解除

(a)「期間の定めのある雇用」　期間の定めのある雇用の場合，雇用の期間が 5 年を超え，又はその終期が不確定であるときは，

当事者の一方は，5年を経過した後，いつでも契約の解除をすることができる$\binom{626条}{1項}$。この場合，解除をしようとする者は，それが使用者であるときは3箇月前，労働者であるときは2週間前に，その予告をしなければならない$\binom{同条}{2項}$。

　なお，雇用契約は継続的契約であるから，雇用の「解除」は，将来に向かって効力を生ずる$\binom{630条→}{620条}$。

(b) 雇用の更新の推定　期間満了後に，労働者が引き続きその労働に従事する場合において，使用者がこれを知りながら異議を述べないときは，従前の雇用と同一の条件で，更に雇用をしたものと推定する$\binom{629条1}{項前段}$。この場合は「期間の定めのない雇用」となり，各当事者はいつでも解約の申入れをすることができる$\binom{同項}{後段}$。従前の雇用について，当事者が担保を供していたときは，その担保は，身元保証金を除き，期間満了により消滅する$\binom{同条}{2項}$。

(2)　解約申入れ

(a)「期間の定めのない雇用」　期間の定めのない雇用の場合，各当事者は，いつでも解約の申入れをすることができる$\binom{627条}{1項前}$段）。この場合には，雇用は，解約申入れ後2週間を経過した時に終了する$\binom{同項}{後段}$。

(b)「期間によって報酬を定めた場合」　期間によって報酬を定めた場合には，使用者からの解約の申入れは，次期以後についてすることができる$\binom{627条2}{項本文}$。ただし，その解約の申入れは，当期の前半にしなければならない$\binom{同項た}{だし書}$。6箇月以上の期間によって報酬を定めた場合には，上記の解約の申入れは，3箇月前にしなければならない$\binom{同条3}{項}$。

(3)　「やむを得ない事由」による解除

　当事者が雇用期間を定めた場合であっても，「やむを得ない事由」があるときは，各当事者は，直ちに契約を解除することができる$\binom{628条}{前段}$。ただし，そ

の事由が, 当事者の一方の過失によって生じたものであるときは, 相手方に対して損害賠償の責任を負う$\left(\substack{\text{同条} \\ \text{後段}}\right)$。

⑷ 使用者の破産手続開始決定

　使用者が破産手続開始の決定を受けたときは, 雇用期間の定めがあっても, 労働者または破産管財人は, 627条の規定 (期間の定めのない雇用) に従って, 解約の申入れをすることができる$\left(\substack{\text{631条} \\ \text{前段}}\right)$。この場合には, 各当事者は, 相手方に対し, 解約によって生じた損害の賠償を請求することができない$\left(\substack{\text{同条} \\ \text{後} \\ \text{段}}\right)$。

第8節 請 負

1 請負の意義と成立

(1) 「請負」とは何か

(a)「仕事の完成」 請負は，当事者の一方（請負人）がある「仕事を完成」することを約し，相手方（注文者）がその仕事の結果に対して報酬を支払うことを約することによって，その効力を生ずる（632条）。このように，請負契約の基本的要素は，「仕事の完成」である。仕事については，その種類を問わず，「完成」があるものであればよい。建物の建築や自動車の修理など物理的な仕事のほか，演奏や講演など無形の仕事の場合もある。

したがって，例えば，医療行為などのように，「仕事の完成」があり得ない契約は請負ではなく，単に「事務の処理」を請け負う契約となる（第3章第2節 **1**（301 頁）参照）。

(b) 報酬の支払い 相手方は，「仕事の完成」に対して，報酬支払義務を負担する（報酬の詳細は後掲**2** 2）。報酬「額」を定めなかった場合でも契約は成立するが，その場合には，客観的に相当な額が報酬額になる。

> **【「製作物供給契約」は】** 請負の範疇に入るものに，製作物供給契約がある。これは，製作者が，「注文者の注文に応じ，もっぱら又は主として自己の材料を用いて製作し，その完成物を引き渡す」契約である。ここには「売買」と「請負」の要素が混在しているが，この契約類型をどのように理解すべきかは，学説の対立が激しい。私は，混合契約と捉え，事案によって請負規定と売買規定を類推すべきとの立場をとるが，詳細は後述する（第3章第1節 **1**（291頁）。近江編「製作物供給契約」伊藤編『契約法』115頁以下参照）。

(c) 約款による規制　　請負が一般的に問題となるのは，建設請負や運輸・輸送請負であろう。このため，この領域では法令や約款に依る規制が行われている。建設関係では，公共工事標準請負契約約款中央建設業審議会，四会連合協定工事請負契約約款日本建築学会，日本建築協会，日本建築家協会，及び全国建設業協会が組織され，その約款のひな型は，公共工事や民間工事の請負に関する標準約款となっている。

(2) 請負の成立

(a)「意思表示」による成立　　請負契約の内容は，請負人が「仕事を完成」することを約し，注文者がその完成した仕事に対して報酬を支払うことを約することである。したがって，民法の原則どおり，「意思表示」だけで成立する。

　仕事については，前記したように，その種類を問わず，「完成」があるものであればよい。しかし，このことと，「完成がない仕事」につき，「完成」を約束すること（契約）とは，別問題である。例えば，美容整形や歯科技工などは，厳密には（物理学的には）完成があり得ないが，それでも，当事者がその「完成」につき契約の内容とするならば，契約（請負契約）としては有効に成立する。「完成」と認められない場合には，仕事完成義務は，損害賠償債務に転化するだけだからである。

(b)「書面」の交付　　しかし，建設請負などでは，意思表示だけでは契約内容が不明確となるため，紛争が絶えない。そこで，建設業法は，建設工事請負契約の締結に際し，契約の内容を記載した「書面」の交付を要求した（建設業19条）。ただし，これは，後日の紛争を防止するため（客観的な証拠）であって，契約の成立要件ではない（水本307頁）。

(c) 請負の法的性質　　i　「諾成・不要式・有償」契約　　請負は，上記したように，意思表示だけで成立する諾成・不要式・有償の契約である。したがって，仕事の完成を契約内容としない雇用（仕事遂行に独立性がない雇用）や，単に事務処理を行うだけのものは「準委任」であり，雇用とは異なる。

ⅱ 仕事完成義務と報酬支払義務の関係　　請負人の仕事完成義務と注文者の報酬支払義務とは，「対価」関係に立つ。ただし，後者の報酬「請求権」は，契約と同時に成立するが，原則として「仕事が完成した後」でなければ，報酬を請求できない$\left(\begin{smallmatrix}633条→624条1項。\\634条はその例外\end{smallmatrix}\right)$。

2　請負の効力

(1) 請負人の義務

(a) 仕事完成義務　「仕事を完成」させることが，請負人の中心的な義務である$\left(\begin{smallmatrix}632\\条\end{smallmatrix}\right)$。

ⅰ　下請負（下請け）　請負は，仕事の完成を目的とする契約であり，履行補助者を使うことを禁止されていないから，その仕事を，第三者（下請負人）に請け負わせることができる。これを「下請負」という。もとより，請負人本人が仕事をしなければならない場合（例，講演や演奏など）には許されない。請負人は，下請負人（履行補助者）が故意・過失によって生じさせた損害については，責任を負わなければならない。

ⅱ　完成期日　仕事の完成期日は，契約で決められていよう。期日までに仕事の完成がない場合は，履行遅滞となる（催告解除）$\left(\begin{smallmatrix}541\\条\end{smallmatrix}\right)$。しかし，その期日までに完成しなければ契約目的を達することができないときは，履行不能と同視することができるから，注文者は無催告で解除ができる$\left(\begin{smallmatrix}543条\\の類推\end{smallmatrix}\right)$。さらに，いつまでに仕事に着手すべきかは，その期日との関係から決定される。適当な時期に着手がなければ，注文者は契約を解除することができる催告解除）$\left(\begin{smallmatrix}541\\条\end{smallmatrix}\right)$。

(b) 目的物引渡義務　請負人は，完成させた目的物を，注文者に引き渡さなければならない。この義務は，仕事完成義務の一部であるとする見解$\left(\begin{smallmatrix}鈴木\\638頁\end{smallmatrix}\right)$もあるが，しかし，理論的には，完成義務そのものではなく，それから派生する義務と考えるべきである。そして，これは報酬請求権と同時履行の関係に立つ$\left(\begin{smallmatrix}633条\\参照\end{smallmatrix}\right)$。

(2) 注文者の義務

(a) 報酬支払義務 注文者の仕事の結果に対する報酬支払義務は，契約と同時に発生するが $\binom{632条}{参照}$，その支払いは，仕事の目的物の引渡しと同時履行の関係にある $\binom{633条}{本文}$。目的物の引渡しを要しない仕事については，仕事の終了後（後払い）である $\binom{同条ただし書}{→624条1項}$。ただし，この規定は，任意規定である。実際の建築請負などにおいては，次掲(b)のように，「出来形^{でき がた}」に応じて支払われるのが普通である $\binom{最判昭56・2・17判}{時996号61頁参照}$。

(b) 報酬の「出来形^{でき がた}」払い 仕事が以下の「特定の理由で完成しなかった場合」において，「既にした仕事の結果」が可分であり，その「可分な部分の給付」によって注文者が利益を受けるときは，「その部分を仕事の完成とみなす」 $\binom{634条柱}{書前段}$。この場合において，請負人は，注文者が受ける利益の割合に応じて報酬を請求することができる $\binom{同柱書}{後段}$。建築請負では一般的な慣習として認められていた「出来形」（工事施行が完了した部分）に応じた支払につき，要件を整備して明文化したものである $\binom{2017年}{新 設。}$ 最判昭56・2・17判時996号61頁の判断の踏襲である。なお，その場合の「代金」を，出来形に対応しているから「出来高^{でき だか}」という 。

仕事が「特定の理由で完成しなかった」というのは，次の2つの場合である。

(α) 第1は，「注文者の責めに帰することができない事由」によって仕事を完成することができなくなったとき $\binom{同条}{1号}$。多くは，請負人の破産など，「請負人の責めに帰すべき事由」によって仕事が完成しなかったときなどであろう。もとより，双方の責めに帰すべき事由かない不可抗力の場合もこれに当たる。

(β) 第2は，請負が仕事の完成前に「解除」されたとき $\binom{同条}{2号}$。

(c) 協力義務 注文者は，必要に応じて，材料の提供や指図を与えることなど，請負人の仕事の遂行に協力する義務を負っている。

(d) 受領義務 ドイツ民法は，債権者には受領義務がないとしつつも，売買と請負について，債権者の引取義務を認めた。わが国では，同様の見解をとる説もあるが，債権者受領義務は債権者（注文者）の本質的義

務として債務不履行を構成すると解すべきであろう（詳細は【Ⅳ】）。

(3)　目的物の所有権の帰属

　完成した目的物（特に建物）の所有権は，誰に帰属するのか。この問題は，所有権の帰属が請負代金債権回収の担保として機能すること，および，目的物への執行に対する相手方からの異議の可否と，密接に関係している。

　〔A〕　「材料提供者」帰属説）　判例・通説の立場であり，次のようにいう（我妻・中(2)616頁以下，米倉明「建設請負における完成建物の所有権の帰属について」自由と正義47巻3号72頁以下など）。すなわち，——

　　i　「注文者」が「材料の全部または主要部分を提供した場合」は，所有権は注文者に帰属する（大判昭7・5・9民集11巻824頁）。加工に関する 246 条 1 項ただし書は適用されない。

　　ii　「請負人」が「材料の全部または主要部分を提供した場合」は，所有権は請負人に帰属するが，引渡しによって注文者に移転する（大判大3・12・26民録20輯1208頁など）。

　　iii　いずれの場合も，「特約」によって，相手方に所有権を原始的に帰属させることは可能である（担保の目的でこのような特約を付けることがある）。

　〔B〕　「注文者」帰属説）　請負人が自己に所有権を帰属させるのは工事代金回収のためであり，所有の意思はないから，所有権は注文者に原始的に帰属するとする。ただ，帰属の時期については，ⓐ 建物完成時とする説（鈴木638頁など。北川81頁も同旨）が有力であるが，そのほか，ⓑ 建物が不動産となった時とする説（水本314頁），ⓒ 所有権がいかなる段階にあるかを問わず注文者に帰属する説（石田328頁），がある。

　上記〔A-ⅰ〕の，注文者が材料を提供した場合に注文者に帰属することには問題はない。〔A-ⅲ〕の「特約」ある場合についても同様である。問題なのは，〔A-ⅱ〕の，請負人が主たる材料を提供した場合である。確かに，請負人が建物所有権を有する必要はなく，あるとすれば代金回収の担保である。そのことから，〔B〕注文者帰属説は，請負人の保護は請負代金の回収に尽き，そのためには，同時履行の抗弁権・留置権・先取特権で十分だとするのである（鈴木638頁，水本313頁など。ただし，米倉・前掲論文72頁以下は，それらの手段はいずれも注文者が破産などのときには無力であると反駁する）。

　ところで，第1に，請負は，(α) 元来は，職人が注文者の所有物を修理するとか，所有者の材料を使って物を製作するような形態であったが，(β) 経済の発展により，請負人が材料を供給する場合も包摂するようになった（我妻・中(2)604頁参照）。それゆえ，請負契約自体は，伝統的に「仕事の完成」のみを目的とするだけあって，ここには所有権帰属が決定されるという論理は入っていないのである。だが，このように，材料を請負人が提供する場合も請負となると，請負には，どうしても所有権移転・帰属の論理 —— すなわち物権法の論理 —— が必要とされるのである。したがって，請負における材料提供の有無の区別は重要である。

　第2に，他方において，請負人が全材料を提供して物を製作し完成させた場合に，代金の支払もないままで，その完成と同時に注文者が所有権を原始取得するというのは，一般の取引観念に反しよう。動産の例で説明すると，例えば，顧客Ａが，中古車業者Ｂに，往年の名車トヨタ2000GT1台の製作を頼んだとしよう。Ｂは，ポンコツの2000GT2台を基礎とし，他から部品を調達して1台のカスタム名車を完成させた場合に，「請負」だからといって，Ａは，代金も支払わないまま，その完成と同時に所有権を取得するであろうか。建物建築も，登記の点を除けば，これと変るところはない。注文者が原始取得するとなれば，代金も支払わず，引渡しも受けないままで，所有権の諸々の権能を取得する反面，危険も負担しなければならないことになるというのが論の帰結であろう。これが，公平性すなわち同時履行観念に支えられた取引観念に反することは明らかである。

　以上の2点から検討すると，〔Ｂ〕説は，注文者の保護のみを強調しているだけで，物権法理論からも，取引観念からも正当化され得ないのである（ちなみに，〔Ｂ@〕説では，材料の所有権請負人帰属が完成を契機として注文者に転化することの説明がつかない。また，〔Ｂ©〕説では，債権契約と同時に（代金の支払もないのに）注文者が所有権を取得するとは不可解である）。

　それゆえ，私は，〔Ａ〕説（材料提供者帰属説）に与し，〔Ａ-ⅱ〕の「請負人が主たる材料を提供した場合」には，建物は請負人が原始的に取得し，「引渡し」によって注文者に移転すると解する。ただし，修正を加えなければなら

ない点がある。──

　第1は，「請負代金が建築の出来形（工事施行が完了した部分）に応じて支払われる場合」である（建築請負で一般的に見られる形態）。この場合には，代金はその出来形に対応しているから，材料の所有権も漸次注文者に移転し，不動産となった時には建物所有権を注文者が原始的に取得すると考えるべきであろう（本来，請負代金は仕事の完成に対する報酬であるが，このように，請負人が材料を提供した場合には，売買的側面もあるのだから，売買代金的機能も有していることは確かである）（最判昭44・9・12判時572号25頁（ただし，完成時に原始取得するという），最判昭60・5・17判時1168号58頁参照）。この修正は，〔A-ⅲ〕の「特約」の範疇で捉えてもよい。

　第2は，注文者と請負人との間で，契約が中途で解約された際の出来形の所有権は注文者に帰属する旨の約定がある場合である。この場合は，工事を一括して下請けした下請負人が材料を提供していても，注文者と下請負人との間で格別の合意がない限りは，その出来形の所有権は注文者に帰属するとしなければならない。下請負人は，注文者との関係では，元請負人の履行補助者にすぎず（前掲**2**(1)(a)ⅰ（244頁）参照），元請負人と異なる権利関係を主張できる立場にないからである（最判平5・10・19民集47巻8号5061頁）。

　【建物建築請負の特殊性】　〔A〕説に対しては，完成した建物の所有権を請負人が取得したとしても，その敷地利用権がないから，無意味だとの批判がある。動産の請負と異なるところである。しかし，建物が当該土地上に建築される以上，第三者所有の土地であっても，建物利用の範囲内では，その敷地を留置できるというべきである（米倉教授は，さらに進んで，388条の法意を援用して法定賃借権の成立を主張する。米倉・前掲論文80頁以下）。それから先の問題（例，注文者の破産や商事留置権成立の可否など）については，もはやここで捕捉する問題ではない。

---

(4)　担保責任の制限

(a) 担保責任の原則　請負契約の目的物の「仕事の完成」につき，契約不適合があれば，民法の一般原則（債権総則，契約総則及び有償契約原則の「責任」規定）により担保責任が発生する（中田〔旧版〕508頁参照）。債務不履行責任である。この一般担保責任を前提として，民法は，以下のような責

任の制限規定を設けている$\left(\substack{2017年\\改正}\right)$。

(b)「引渡し」後の担保責任の制限　請負人が,「種類又は品質」に関して契約の内容に適合しない仕事の目的物を注文者に「引き渡したとき」(引渡しを要しないものについては, 仕事終了時にその目的物が「種類又は品質」に関して契約の内容に適合しないとき)は, 注文者は,「注文者の供した材料の性質又は注文者の与えた指図」によって生じた不適合を理由として,「履行追完請求, 報酬減額請求, 損害賠償請求及び契約の解除」をすることができない$\left(\substack{636条\\本文}\right)$。ただし, 請負人がその材料又は指図が不適当であることを知りながら告げなかったときは, この限りでない$\left(\substack{同条た\\だし書}\right)$。

(c) 担保責任の期間制限　**i**　636 条本文$\left[\substack{前掲\\(b)}\right]$に規定する場合において, 注文者がその不適合を知った時から 1 年以内にその旨を請負人に通知しないときは, 注文者は, その不適合を理由として,「履行追完請求, 報酬減額請求, 損害賠償請求及び契約の解除」をすることができない$\left(\substack{637条\\1項}\right)$。

ii　上記 i の規定は, 仕事の目的物を注文者に「引き渡した時」(引渡しを要しない場合にあっては, 仕事が終了した時)において, 請負人が同項の不適合を知り, 又は重大な過失によって知らなかったときは, 適用しない$\left(\substack{637条\\2項}\right)$。

(d)「住宅品質確保法」上の瑕疵担保責任　「住宅品質確保法」$\left(\substack{下掲【住宅品質確\\保法の概要】参照}\right)$は, 新築住宅の「売買」の場合とともに,「請負」の場合について, 特に瑕疵担保責任に関する規定を置いた。

i　**対 象**　住宅新築請負契約における「構造耐力上主要な部分」又は「雨水の浸入を防止する部分」として政令で定めるもの(「住宅の構造耐力上主要な部分等」)についての「瑕疵」である$\left(\substack{法 94\\条1項}\right)$。

ii　**責任の内容**　上記の「住宅の構造耐力上主要な部分等」につき, 請負人は, 以下の責任を負う$\left(\substack{法 94\\条1項}\right)$。

(α)　損害賠償　債務不履行による損害賠償責任$\left(\substack{415\\条}\right)$である。

(β)　解除　催告解除$\left(\substack{541\\条}\right)$及び無催告解除$\left(\substack{542\\条}\right)$である。

(γ)　追完請求権　引き渡された物が契約の目的に適合しない場合である$\left(\substack{559条→\\562条}\right)$。

(θ)　**代金減額請求権**　　目的物の契約不適合の場合に，追完が不能又は拒絶するときである（559条→563条）。

iii　責任の存続期間　　請負人が，建物を注文者に「引き渡した時から10年間」である（法94条1項）。

iv　強行規定　　以上の各項に反する特約で注文者に不利なものは，無効とする（法94条2項）。

【住宅品質確保法の概要】　　「住宅の品質確保の促進等に関する法律」は，住宅の品質確保の促進，住宅購入者の利益の保護，および住宅に関する紛争の迅速な解決を図ることを目的として，1999年（平成4）年に制定されたもので（2000年4月1日施行），3つの骨格から成る。

i　住宅性能表示制度の創設　　国土交通大臣は，「日本住宅性能表示基準」を定め，併せて，その基準に従って表示すべき「評価方法基準」を定めるものとする（法3条の2第1項）。指定された「住宅性能評価機関」は，申請により，その「評価方法基準」に従って（通常，「構造の安定」，「火災時の安全」，「温熱環境」，「高齢者への配慮」等9項目に関して），「住宅性能評価」を行い，国交省令で定める標章を付した「住宅性能評価書」を交付することができる（法5条1項）。

住宅建設工事の請負人は，設計された住宅に係る住宅性能評価書（「設計住宅性能評価書」）を請負契約書に添付し，またはその評価書を注文者に交付した場合においては，当該設計住宅性能評価書に表示された性能を有する住宅の建設工事を行うことを契約したものとみなされる（法6条1項）。

新築住宅の売買契約の場合も，売主が，「設計住宅性能評価書」（建設工事完了前）または「建設住宅性能評価書」（建設工事完了後）を売買契約書に添付または交付したときは，同様である（法6条2項）。

ii　紛争処理制度の創設　　弁護士会等により設立された法人は，「指定紛争処理機関」となり，建設住宅性能評価書が交付された住宅（評価住宅）の建設工事の請負契約または売買契約に関する紛争につき，当事者からの申請により，「住宅紛争処理」（当該紛争のあっせん，調停および仲裁）の業務を行う（法66条・67条）。

また，指定紛争処理機関の行う紛争処理の業務の支援（費用の助成，情報・資料の提供，調査・研究等），その他住宅購入者等の利益の保護および住宅に係る

紛争の迅速かつ適正な解決を図るため（住宅建設工事の請負・売買契約に関する相談・助言・苦情処理等），一般財団法人「住宅紛争処理支援センター」が設立される$\left(\substack{法82条・\\83条}\right)$。

iii 瑕疵担保責任規定 住宅新築請負契約および新築住宅売買契約における目的物の「瑕疵」については，特に規定を置いた。

(5) 契約の解除（請負の終了）

(a) 注文者による解除(1) **── 仕事未完成間** 請負人が仕事を完成しない間は，注文者は，いつでも損害を賠償して契約の解除をすることができる$\left(\substack{641\\条}\right)$。注文者が必要としなくなった仕事を強いて完成させることは，注文者にとっても，社会的にも，無意味だからである$\left(\substack{我妻・中\\(2)650頁}\right)$。損害賠償をすることによって，請負人に不利益を与えない。

(b) 注文者による解除(2) **── 請負人の倒産** 請負人が倒産した場合である。請負人が工事の途中で倒産し，注文者が請負人の債務不履行を理由に請負契約を解除した場合に，請負人は，その途中までの工事代金を請求できるのかどうか。従前の論争点であったが，仕事の内容が可分である場合に，その「出来形」については報酬請求権が発生するとする判例$\left(\substack{最判昭56・2・17\\判時996号61頁}\right)$を踏襲して，改正634条により，立法的手当がされた$\left(\substack{詳細は前掲(2)\\(b)（245頁）}\right)$。

(c) 請負人による解除（注文者の破産） **i** 注文者が破産手続開始の決定を受けたときは，請負人又は破産管財人は，契約の解除をすることができる$\left(\substack{642条1\\項本文}\right)$。ただし，請負人による契約の解除については，仕事を完成した後はできない$\left(\substack{同項た\\だし書}\right)$。

ii 上記 i（請負人による解除）の場合において，請負人は，既にした仕事の報酬及びその中に含まれていない費用について，破産財団の配当に加入することができる$\left(\substack{同条\\2項}\right)$。

iii 上記 i の場合には，契約の解除によって生じた損害の賠償は，破産管財人が契約の解除をした場合における請負人に限り，請求することができる$\left(\substack{642条3\\項前段}\right)$。この場合において，請負人は，その損害賠償について，破産財団の配当に加入する$\left(\substack{同項\\後段}\right)$。

第9節 委　　任

1 委任の意義と成立

(1) 「委任」とは何か

(a) 「法律行為」の委託　委任は，当事者の一方（委任者）が，「法律行為」をすることを相手方に委託し，相手方（受任者）がこれを承諾することによって，その効力を生ずる$\binom{643}{条}$。これは，受託者によって，<u>委任者の法律行為としての効果が発生する</u>ことである。

(b) 「委任」と「準委任」　他方，民法は，「法律行為でない事務」を委託する場合を，「準委任」とし，これに委任の規定を全面的に準用させた$\binom{656条。後掲\boxed{4}}{(261頁)参照}$。

　したがって，委任と準委任との区別は，委託する事務が法律行為か否かの違いにすぎず，適用条文や構造に違いがあるわけではない。そこで，委任は，一般に「事務の処理」を委託する契約として理解されている。

(c) 委任の法的性質　**i　諾成・不要式契約**　委任は，委任者と受任者との間で，一定の事務を処理することを<u>約することによって成立</u>するから$\binom{643}{条}$，諾成契約であり，不要式の契約である。

　ii　片務契約（原則）　また，報酬の授受は，委任の要素ではないから，片務契約である。ただし，現実において，報酬の約束がない委任はほとんどない。したがって，この場合には，双務契約となる$\binom{648}{条}$。

　iii　「代理権」を含むのか　法律行為の委託の場合，通常は，「代理権の授与」を伴うであろう。受任者は，委任者の「代理人」となって法律行為をするのが一般だからである（644条の2第2項の「代理権を付与する委任」とは，この場合を想定している）。なお，「代理権」とは，実際には，管理行為と区

別された「処分権」を含む概念である（【1】20頁参照）。

　他方，問屋・仲買人・準委任など，代理権の授与を伴わない委任もあり得る。したがって，「代理権の授与」は，委任契約の本質的要素ではない。

　なお，公法的行為（例，印鑑証明書や住民票の交付願い）においても委任が行われるが，民法上の委任ではない。

(2)　委任の成立

　委任は，委任者と受任者との間において，法律行為を委託・受託することの合意（意思表示）によって成立する（643条）。前述したように，何らの形式を必要としない。

　しかし，法律行為の委任においては，現実的には，委任者から受任者に「委任状」が交付されるのが普通である。〔図〕（下掲の例【委任状の例】参照）ただ，これは，法律的には，「法律行為を行うことの権限」を与えたことの証明書であって，「委任」の成立要件とは無関係である。そうはいうものの，現実の社会においては，「委任状」は契約成立の際の重要な書面となっており，委任状がない場合には，取引すら成り立たない場面が多い。

〔図〕【委任状の例】

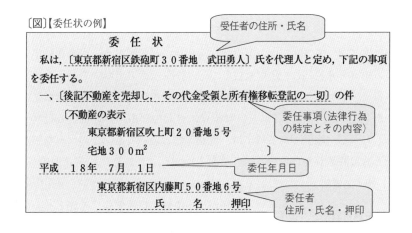

$\boxed{2}$　委任の効力

(1)　受任者の義務

(a) 善管注意義務　受任者は，委任の本旨に従い，善良な管理者の注意（善管注意義務）をもって，委任事務を処理する義務を負う $\left(\substack{644\\条}\right)$。

　一方，寄託においては，無償寄託の場合には，「自己の財産に対するのと同一の注意」$\left(\substack{659\\条}\right)$ に軽減されている。原則として無償である委任の場合に，どうして無償寄託より高度の善管注意義務が課されているのかというと，委任は，有償・無償を問わず，当事者の信頼関係を基礎に置いているからだ，と説明されている。しかし，信頼関係を基礎とするといっても，<u>好意的要素の強い無償委任</u>の場合にも，このような善管注意義務を課すことは，受任者に酷なことがあろう。それゆえ，無償（ないし低額報酬）の委任については，黙示の諒解 $\left(\substack{我妻・中\\(2)672頁}\right)$ ないし659条の類推により注意義務を軽減するか $\left(\substack{鈴木647\\頁，石田}\right.$ $\left.\substack{347\\頁}\right)$，注意義務を軽減しなくても損害賠償額の減縮を図ること $\left(\substack{広　中\\280頁}\right)$ が妥当である。

　この点に関して，判例は，Ａ生命保険会社の嘱託医Ｂが，生命保険申込者Ｃの肺結核を見過ごし，Ｃが死亡して，Ａが保険金の支払いを余儀なくされた事案で，ＡからＢに対する善管注意義務違反を理由とする損害賠償請求を認めた $\left(\substack{大判大10・4・23\\民録27輯757頁}\right)$。これを，学説は，上記の理由からこぞって批判している。しかし，医師である以上は，低額報酬といっても，このような初歩的判断ミスは許されないというべきである（ただ，この事案では，雇用関係からしても，損害賠償額の減縮は認めるべきであろう）。

(b) 自己執行義務と「復委任」　委任が，当事者の信頼関係を基礎として成立する以上，受任者Ｂは，義務履行のために，他人Ｃを使うことは許されない。したがって，受認者は，「みずから事務処理を行うべき義務」（自己執行義務）を負うことを本則とする。しかし，<u>「委任</u>

者Ａの許諾を得たとき」，又は「やむを得ない事由があるとき」は，復受任者を選任することができる（復委任）$\binom{644条の}{2第1項}$。

　この場合において，委任者Ａと復受任者Ｃとの関係は，Ａ・Ｂ間の委任契約がどのようなものであったかにより，異なる。

　　ｉ　「代理権を授与する委任」　「代理権を授与する委任」（Ｂの受任権限に「代理権」が含まれている場合）においては，「受任者Ｂが代理権を有する復受任者Ｃを選任」したときは，委任者と復受任者間に直接的な関係が生じ，「復受任者は，委任者に対して，その権限の範囲内において，受任者と同一の権利を有し，義務を負う」$\binom{644条の}{2第2項}$。「代理権を有する復受任者Ｃ」は，「代理権を有する受任者Ｂ」と同一の権限を有するからである。

　　ｉｉ　「代理権を授与しない委任」　そうすると，受任者Ｂの受任権限に「代理権」が含まれていない場合は，Ｂは，一定の場合には復受任者を選任することはできるが$\binom{644条の2第1}{項。104条参照}$，復受任者は，委任者に対し直接的な関係をもたず，受任者の履行補助者ということになろう。したがって，復受任者が委任者に与えた損害は，受任者が負うことになる（ただし，この点については，旧来から，復委任は，「委任者の許諾又はやむを得ない事由」がある場合に認められるのだから，受任者と同一の権利義務を有するとすべきだとする説$\binom{水本333}{頁など}$がある）。

　(c) 報告義務　　受任者は，委任者の請求があったときは，いつでも委任事務処理の状況を報告し，委任が終了した後は，遅滞なくその経過及び結果を報告しなければならない$\binom{645}{条}$。

　(d) 受取物等引渡義務 ・権利移転義務　　受任者は，委任事務を処理するに当って受け取った金銭その他の物を委任者に引き渡さなければならない$\binom{646条1}{項前段}$。その収取した果実についても，同様とする$\binom{同項}{後段}$。

　受任者が「委任者のために自己の名で取得した権利」は，原則として受任者に帰属するから，委任者に移転しなければならない$\binom{646条}{2項}$。ただし，あらかじめ委任者に権利を取得させる特約があった場合，又は委任者が買受代金として金銭を受任者に交付したときは，買受時に受任者から委任者に所有権移転の合意があったものと解される$\binom{大判大4・10・16}{民録21輯1705頁}$。

(e) 金銭消費の特則　　受任者が，委任者に引き渡すべき金額，又は委任者の利益のために用いるべき金額を，自己のために消費したときは，その消費以後の利息を支払わなければならない$\binom{647条}{前段}$。この場合，損害が生じたときは，その賠償責任を負う$\binom{同条}{後段}$。受任者の背信行為と解されるからである。

(2)　委任者の義務

(a) 報酬支払義務　　民法の委任は無償委任が原則であり，「特約がなければ」報酬を請求できない$\binom{648条}{1項}$。しかし，現実に行われる委任のほとんどが有償委任なので$\binom{商事委任は有償が原}{則である（商512条）}$，ここでは，「報酬特約がある委任」を前提として，述べる。

　　i　報酬の受領時期　　受任者は，「委任事務を<u>履行した後</u>」でなければ，報酬を請求することができない$\binom{648条2}{項本文}$。ただし，「期間」によって報酬を定めたときは，その期間の経過後に請求することができる$\binom{同項ただし書}{→624条2項}$。

　　ii　履行の割合に応じた報酬　　受任者は，次に掲げる場合には，<u>既にした履行の割合に応じて報酬を請求</u>することができる$\binom{648条2}{項柱書}$。

　　(α)　委任事務の履行不能　　「委任者の責めに帰することができない事由」によって委任事務の履行をすることができなくなったとき$\binom{同項}{1号}$。

　　(β)　委任の中途終了　　委任が履行の中途で終了したとき$\binom{同項}{2号}$。

【不動産仲介業者の報酬請求権】　　不動産仲介業者の報酬請求権は，その仲介・あっせん行為と取引成立の間に「因果関係」が認められてはじめて成立する$\binom{水本}{338頁}$。その意味では，成功報酬（請負的）である。そこで，Aから不動産の売却を依頼されたBが買受け方Cと交渉を進めている最中に，AがBを出し抜いて，Cと直接に売買契約を締結した場合には，Bは，その成立が自己の行為と因果関係のある限り，「故意に条件の成就を妨げた」ことによる条件の成就とみなし$\binom{130}{条}$，報酬を請求できる$\binom{最判昭45・10・22民集24巻11}{号1599頁。詳細は【Ⅰ】324頁}$。

　しかし，Aが，Cではなく，無関係のDに売却したときは，上記の因果関係は存しないから130条は使えない。この場合には，648条3項を類推して，履行の割合に応じた報酬を請求できるというべきである。

---

iii 成果に対する報酬 委任事務の履行により得られる<u>「成果」に対して報酬を支払う</u>ことを約した場合において，その成果が「引渡し」を要するときは，報酬は，その<u>成果の引渡しと同時</u>に，支払わなければならない $\left(\begin{smallmatrix}648条の \\ 2第1項\end{smallmatrix}\right)$。

その際，次に掲げる場合において，受任者が既にし委任事務の成果のうち<u>可分な部分の給付</u>によって委任者が利益を受けるときは，その部分を委任事務の成果とみなす。この場合において，受任者は，<u>委任者が受ける利益の割合に応じて報酬を請求する</u>ことができる $\left(\begin{smallmatrix}648条の2第 \\ 2項→634条\end{smallmatrix}\right)$。

(α) 「委任者の責めに帰することができない事由」による履行不能

(β) 委任の事務処理前の解除

(b)「費用」の負担 **i 費用の前払義務** 委任事務を処理するについて費用を要するときは，委任者は，受任者の請求により，その前払をしなければならない $\left(\begin{smallmatrix}649 \\ 条\end{smallmatrix}\right)$。

ii 費用等の償還義務 受任者は，委任事務処理上必要と認められる費用を支出したときは，委任者に対し，その費用及び支出の日以後におけるその利息の償還を請求することができる $\left(\begin{smallmatrix}650条 \\ 1項\end{smallmatrix}\right)$。

(c) 債務弁済義務 受任者は，委任事務の処理上必要な「債務を負担」したときは，委任者に対し，自己に代わってその弁済をすることを請求することができる $\left(\begin{smallmatrix}650条2 \\ 項前段\end{smallmatrix}\right)$。この場合，その債務が弁済期に達していないときは，委任者に対し，相当の担保を提供させることができる $\left(\begin{smallmatrix}同 \\ 項 \\ 後 \\ 段\end{smallmatrix}\right)$。

(d) 損害賠償義務 受任者が，委任事務処理にあたって，自己に過失なく「損害」を受けたときは，委任者に対し，その賠償を請求できる $\left(\begin{smallmatrix}650条 \\ 3項\end{smallmatrix}\right)$。

3 委任の終了

(1) 当事者の「任意解除」

(a) 自由解約原則　　各当事者は，いつでも委任を「解除」することができる（自由解約）$\left(\substack{651条\\1項}\right)$。委任は当事者間の個人的な信頼関係を基礎とするから，相手方を信頼できなくなれば，委任者・受任者双方は，特別な理由なしに，いつでも契約を終了させるのが妥当であるという趣旨である。委任事務処理に着手している途中でもかまわない。

なお，法文は「解除」というが，「解除」$\left(\substack{415\\条}\right)$は債務不履行を前提とした契約解消であって，ここでは，債務不履行を前提としないから，その解除とは異なる。また，解除は，契約を遡及的に無効とする制度であるが，委任の解除は，将来に向かってのみその効力を生じる$\left(\substack{652条→\\620条}\right)$。このことから，委任契約の解除は，債務不履行の解除$\left(\substack{415\\条}\right)$と峻別して，「解約又は解約告知」と称されることがある。

(b) 解釈上の問題　　委任の解除については，いくつかの解釈問題がある。

i 「解除権の放棄」特約　　651条は強行規定ではないから，解除権を放棄する特約は，原則として有効である$\left(\substack{通\\説}\right)$。もとより，恩給担保の場合（債務者が恩給年金の受領を債権者に委託し，債権者は，受領金を自己の債権に充当する）など，公序良俗に反する特約は無効である$\left(\substack{ただし，例外\\的に認められ\\る場合がある。}\right)$なお，後掲する「受任者の利益をも目的とする委任」では，解除権放棄の黙示の特約を推定するのが通説である。

ii 任意解除と債務不履行解除との関係　　委任の解除につき，541条以下〔催告解除〕の規定を適用すべき余地はあるか。債務不履行による解除では，催告と契約目的不達成という厳格な要件が要求される。かつては，委任にはもっぱら651条が適用されるべきだとする説（非適用説）もあったが，しかし，契約類型によっては，541条の適用を妥当とする場合がある。例えば，継続的契約の性質をもつ請負型・雇用型・賃貸借型などの「混合的委任」

の場合である（広中293頁（651条が適用されるのは無償委任であるとする），水本346頁など）。このような場合には，委任というよりも，当該契約の性質によって判断されるべきである（石田362頁）。なお，541条以下が適用される場合であっても，その効果は原状回復を来さないことはいうまでもない（652条。水本教授は，売買の委任や不動産の仲介など，一時的契約の委任では遡及効を認めるべきだとするが（水本346頁），委任は事務処理のプロセスを問題とするのであるから，遡及効を問題とする余地がないのではないか。そうしないと，648条3項が機能しないことになる）。

次に，債務不履行を理由として解除したが，債務不履行が存在しない場合，651条の解除（自由解除）として有効であるか。両規定は要件が異なるのであるから転用は認められないとする説もあるが（広中93頁（ただし，無償委任の場合は除く）など），債務不履行を理由とすること自体すでに信頼を失っているし，相手方の保護は651条2項1号で確保されるから認めるべきである（水本346頁，川井311頁）。

iii　三者関係委任の解除　委任契約に，第三者が関係している場合がある。例えば，AがCに米2万袋を売り渡したが，Cはその米をB銀行に担保として引き渡し，Cが1袋につき7円50銭を支払えばB銀行は米の内出を許可し，その際，50銭はA会社の債権に充当する旨の契約（AのCに対する代金債権のB銀行への取立委任）が，A・B・C間で成立した。この場合には，B銀行は，第三者Cの同意のない限り，Aに対して委任を解除することはできない（大判大6・1・20民録23輯68頁）。

(c) 損害賠償　委任はいつでも解除できる（自由解除）が原則であるが，解除をした者は，次に掲げる場合には，相手方の損害を賠償しなければならない（651条2項柱書本文）。ただし，「やむを得ない事由」があったときは，損害賠償をする必要はない（同柱書ただし書）。

(α)　相手方に<u>不利な時期</u>に委任を解除したとき（651条2項1号）。

(β)　委任者が「受任者の利益（専ら報酬を得ることによるものを除く）をも目的とする委任」を解除したとき（同項2号）。委任は，本来，「委任者の利益」のために事務処理を行う契約である。このことは，有償の場合でも変わるところはない（対価としての「報酬」は，契約目的である「利益」とは異なる）。しかし，中には，「受任者の利益をも目的とする委任」もあり得る。例えば，不動産の賃貸人Aが，賃貸不動産の管理一切をBに委託し，同時に，賃借人Cらから受け取る保証金（敷金）を，Bが自己の事業資金として使ってもよいと

する約定などである。

判例は，当初，651条は委任者の利益のためにする委任の規定であるから，受任者の利益のためでもある委任については適用されないとしたが$\binom{\text{大判大9・}}{\text{4・24民録}}$$\binom{\text{26輯}}{\text{562頁}}$，その後，やむを得ない事由がない場合であっても，「受任者の利益のためにもなされていることを理由として，委任者の意思に反して事務処理を継続させることは，委任者の利益を阻害し委任契約の本旨に反することになるから」，解除権を放棄した事情がない限りは，委任者は651条の解除ができるとした$\binom{\text{最判昭56・1・19民集35}}{\text{巻1号1頁（上記事例）}}$。

「受任者の利益をも目的とする」とは，当事者間での特約にすぎない。しかし，651条は，委任の原則としての解除を定めるものであって，当事者間の特約には左右されるものではないから，解除権を放棄したと認められる事情がない以上は，解除ができるというべきである。その際，やむを得ない事情がない限り，損害賠償をしなければならない。

(d) 解除の効力　一般に「解除」というときは，債務不履行による解除$\binom{415}{\text{条}}$を指し，その効力は，契約を白紙還元（原状回復）させるものである。しかし，委任契約の解除は，債務不履行を前提とせず，また，既に行われた委任事務処理を無効とすることに意味がないから，委任の解除は「将来に向かってのみその効力を生ずる」$\binom{652条→}{620条}$とする明文規定が置かれた。このことから，委任契約の解除は，債務不履行の解除$\binom{415}{\text{条}}$と峻別して，「解約又は解約告知」と称されることがある。

(2)　委任の終了事由

委任は，次の事由によって終了する$\binom{653条}{柱書}$。

(a) 当事者の死亡　委任は，委任者又は受任者の死亡によって終了する$\binom{653}{\text{条1}}$$\binom{}{\text{号}}$。これは，委任が当事者の個人的な信頼を基礎としているため，相続人に承継されることは妥当ではないからである。したがって，当事者の死亡によって，委任の内容が変わらない場合には，死亡によって終了しないというべきである$\binom{石田}{362頁}$。例えば，委任者が登記申請を委託して死亡した後，受任者である司法書士が登記申請をして登記された場合の登

記は有効である（最判昭29・12・17 民集8巻12号2182頁）。もちろん，当事者が死亡しても委任が終了しないとする当事者間の特約は有効である。例えば，A が，預金通帳を B に預け，自分の死後の医療費や家政婦への謝礼，法要費用等の支払を委託し，A の死後に B がそれを履行した場合，このような契約は，A の死亡によっても委任を終了させない旨の合意を包含しており，653 条 1 号が否定するものではない（最判平4・9・22 金法1358号55頁）。

(b) **当事者の破産手続開始決定** 委任は，委任者又は受任者が破産手続開始の決定を受けたときは，終了する（653条 2号）。同様に，信頼を基礎とするからである。

(c) **受任者の後見開始の審判** 委任は，受任者が後見開始の審判を受けたときは，終了する（653条 3号）。しかし，これと反対の特約は有効と解される（石田 363頁）。

---

(3) 委任終了後の措置

(a) **受任者の「必要な処分」** 委任が終了した場合において，「急迫の事情」があるときは，「受任者」又はその相続人若しくは法定代理人は，「委任者」又はその相続人若しくは法定代理人が，委任事務を処理することができるようになるまで，「必要な処分」をしなければならない（654条）。例えば，時効中断の措置などである。受任者は，その費用の償還を請求できる（650条 1項）。

(b) **委任終了の対抗要件** 委任の「終了事由」は，それが委任者に生じた場合であると，受任者に生じた場合であるとを問わず，これを相手方に通知したとき，又は相手方がこれを知っていたときでなければ，これをもってその相手方に対抗することができない（655条）。

4 準委任

最初に述べたように，民法は，「委任」を「法律行為」の委託とし（643条），「法律行為でない事務」の委託を「準委任」とした上で，これに委任の規定を全

面的に準用している $\binom{656}{条}$。

　「法律行為でない事務」の委託としては，仕事の完成があり得ない（請負として認められない）医療契約 $\binom{第3章第2節}{\textbf{①}3)\,(303頁)}$ や「管理行為」 $\binom{\{1\,1\}}{20頁}$ としての不動産の管理委託契約などが挙げられよう。

　準委任も，契約であるから，明確な「事務の処理」の内容の委託に関する意思表示が必要であり，あいまいな協力金支払の「誓約書」などでは成立したと認められない $\left(\begin{array}{l}\text{大阪高判平21・1・28判例時報2042号9頁（農地転用届出や開発許可申請手続の資}\\\text{格がない宅建業者が，当該土地開発計画立案の事務として1000万円の協力金「誓}\\\text{約書」を出させたことにつき，準委任の成立を否定}\\\text{（法外な報酬は宅建業法46条2項にも違反し無効）}\end{array}\right)$。

1　寄託の意義と成立

(1)　「寄託」とは何か

(a)「寄託」の意義　「寄託」は，当事者の一方（受寄者）がある「物を保管」することを相手方（寄託者）に委託し，相手方がこれを承諾することによって，その効力を生ずる（657条）。要するに，他人に物を預ける契約である。例えば，ホテルのクロークにコートを預けるとか，駅の手荷物預所にバッグを預けるなどである。通常は動産であるが，不動産もあり得る。「保管」とは，受寄者が，自己の労務によって物の現状を維持することである。したがって，貸金庫・コインロッカー・貸駐車場などは，保管場所の提供契約であるから，寄託ではない（貸主は，保管物に対して責任をもたない）。

　なお，金銭を銀行に預けるなど金銭の寄託は，「消費寄託」とよばれ，原則として消費貸借の規定が準用される（666条参照）。

(b)　寄託の性質　寄託は，原則として，要物契約・片務契約・不要式契約である。しかし，報酬の約束も認められ，この場合は，有償・双務契約となる（世上ではこれが一般である）。また，寄託の予約や諾成的寄託も認められている（通説）。

(2)　寄託の成立

(a)　要物性　寄託は，原則として要物契約である（657条）。目的物は，他人の物でも，かまわない。

(b)　合意による諾成性　上記の通り，合意で，寄託の予約や諾成的寄託も認められる。これらの場合に，550条を類推して，書

面によらない無償の寄託予約および諾成的寄託は,「履行が終わるまで」はいつでも撤回できるとする説があるが $\left(\begin{smallmatrix}広中297頁,\\石田367頁\end{smallmatrix}\right)$, 550条は, 贈与が贈与者の財貨的損失を内容とするため, 損失者と受益者 (の期待利益) との調和を図っているのであって, この構図は寄託には存在しない。したがって, 550条を類推するのは妥当ではなく, その撤回ができるかどうかは, 一般の契約法理に委ねるべきものと考える。

2　寄託の効力

(1)　受寄者の義務

(a) 保管義務 (自己保管原則)　受寄者は, 寄託物をみずから保管し, 寄託者の承諾がなければ, 寄託物を使用し, またはこれを, 第三者に保管させることができない $\left(\begin{smallmatrix}658条\\1項\end{smallmatrix}\right)$。

無報酬の受寄者は,「自己の財産に対するのと同一の注意」をもって, 受寄物の保管をする義務を負う $\left(\begin{smallmatrix}659\\条\end{smallmatrix}\right)$。したがって, 報酬を受ける受寄者は,「善管注意義務」$\left(\begin{smallmatrix}400\\条\end{smallmatrix}\right)$負担することになる。

ただし, 受寄者が商人である場合には, 無償寄託でも善管注意義務を負担し $\left(\begin{smallmatrix}商595\\条\end{smallmatrix}\right)$, また, 旅店・飲食店・浴場などの主人は, 客の寄託物が滅失・毀損した場合, 不可抗力を除き, その責任 (レセプツム責任 receptum。客の来集を目的とする場屋の主人が寄託物の滅失・損傷に対して負う法定の責任) を負わなければならない $\left(\begin{smallmatrix}同596\\条\end{smallmatrix}\right)$。

(b) 第三者の保管　**i　寄託者の承諾等**　受寄者は,「寄託者の承諾を得るか又はやむを得ない事由」があるときは, 寄託物を第三者 (再受寄者) に保管させることができる $\left(\begin{smallmatrix}658条\\2項\end{smallmatrix}\right)$。

ii　再受寄者の責任　再受寄者は, 寄託者に対して, その権限の範囲内において, 受寄者と同一の権利を有し, 義務を負う $\left(\begin{smallmatrix}658条\\3項\end{smallmatrix}\right)$。

無償の受寄者は,「自己の財産に対すると同一の注意」をもって受寄物を保管する義務を負う $\left(\begin{smallmatrix}659\\条\end{smallmatrix}\right)$。したがって, 有償の受寄者は, 善管注意義務を負う

$\left(\substack{400\\ 条}\right)$。

(c) 通知義務・引渡義務　　**i　通知義務**　　寄託物について権利を主張する第三者が，受寄者に対して訴えを提起し，又は差押え，仮差押え若しくは仮処分をしたときは，受寄者は，遅滞なくその事実を寄託者に通知しなければならない$\left(\substack{660条1\\ 項本文}\right)$。寄託者に，防御の機会を与えるためである。したがって，寄託者が既にこれを知っているときは，この限りでない$\left(\substack{同項た\\ だし書}\right)$。

ii　寄託物引渡義務　　第三者が寄託物について権利を主張する場合であっても，受寄者は，寄託者の指図がない限り，寄託者に対しその寄託物を返還しなければならない$\left(\substack{660条2\\ 項本文}\right)$。ただし，受寄者が前項の通知をした場合又は同項ただし書の規定によりその通知を要しない場合において，その寄託物をその第三者に引き渡すべき旨を命ずる確定判決（確定判決と同一の効力を有するものを含む）があったときであって，その第三者にその寄託物を引き渡したときは，この限りでない$\left(\substack{同項た\\ だし書}\right)$。

この場合において，受寄者が寄託者に対して寄託物を返還しなければならないときは，寄託者にその寄託物を引き渡したことによって第三者に損害が生じたときであっても，受寄者は，その賠償の責任を負わない$\left(\substack{同条\\ 3項}\right)$。

iii　受取物引渡義務　　受託者は，受託に当たって受け取った金銭その他の物（及びその収取した果実）を委託者に引き渡さなければならない$\left(\substack{665条\\ →646\\ 条}\right)$。

iv　金銭消費の責任　　受託者は，委託者に引き渡すべき金額又はその利益のために用いるべき金額を自己のために消費したときは，その消費した日以後の利息を支払わなければならない$\left(\substack{665 条→\\ 647条前段}\right)$。この場合において，なお損害があるときは，その賠償の責任を負う。$\left(\substack{同条\\ 後段}\right)$

(d) 目的物返還義務　　上記の引渡義務は寄託契約上の義務であり，その返還請求権が時効にかかることがある。しかし，この場合でも，寄託者は，所有権に基づく返還請求権を有するから，これには応じなければならない$\left(\substack{大判大11・8・\\ 21民集1巻493頁}\right)$。

(2) 寄託者の義務

(a) 報酬支払義務（有償寄託） 寄託は無償を原則とするが，特約があれば報酬支払義務が発生する $\left(\begin{smallmatrix}665条→\\648条\end{smallmatrix}\right)$。

(b) 費用償還義務・債務弁済義務等 　i　費用の償還義務等　寄託者は，寄託に要する費用を前払いし $\left(\begin{smallmatrix}665条→\\649条\end{smallmatrix}\right)$，受寄者が支出した費用を償還 $\left(\begin{smallmatrix}665条→\\650条1項\end{smallmatrix}\right)$ しなければならない。

　ii　債務の弁済義務　受任者が，寄託契約の必要上債務を負担したときは，寄託者は，その債務を弁済（債務が弁済期にないときは担保の提供）しなければならない $\left(\begin{smallmatrix}665条→\\650条2項\end{smallmatrix}\right)$。

(c) 損害賠償義務 寄託者は，寄託物の性質又は瑕疵によって生じた損害を，受寄者に賠償しなければならない $\left(\begin{smallmatrix}661条\\本文\end{smallmatrix}\right)$。ただし，寄託者が，過失なくしてその性質若しくは瑕疵を知らなかったとき，又は受寄者がこれを知っていたときは，賠償の必要はない $\left(\begin{smallmatrix}同条た\\だし書\end{smallmatrix}\right)$。

　これにつき，同じく債権者（委任者・寄託者）の利益の制度である委任と異別に取り扱うのは妥当ではないとして，661条（寄託者は，善意・無過失であれば賠償責任がない）は有償寄託に適用されるべきで，無償寄託の場合には委任に関する650条3項（委任者は，無過失の受任者に対して損害賠償義務を負う）を適用すべきだとの説がある $\left(\begin{smallmatrix}来栖600頁,\\石田373頁\end{smallmatrix}\right)$。

3 寄託の終了

(1) 寄託の解除

(a)「寄託者」の解除 「寄託者」は，受寄者が寄託物を受け取るまで，契約の解除をすることができる $\left(\begin{smallmatrix}657条の2\\第1項前段\end{smallmatrix}\right)$。この場合において，受寄者は，その契約の解除によって損害を受けたときは，寄託者に対し，その賠償を請求することができる $\left(\begin{smallmatrix}同項\\後段\end{smallmatrix}\right)$。

(b)「無報酬の受寄者」の解除　「無報酬の受寄者」は，寄託物を受け取るまで，契約の解除をすることができる$\left(\substack{657条の2\\第2項本文}\right)$。ただし，書面による寄託については，この限りでない$\left(\substack{同項た\\だし書}\right)$。

(c)「受寄者」の解除　「受寄者」（無報酬の受寄者は，書面による寄託の受寄者に限る）は，寄託物を受け取るべき時期を経過したにもかかわらず，寄託者が寄託物を引き渡さない場合において，相当の期間を定めてその引渡しの催告をし，その期間内に引渡しがないときは，契約の解除をすることができる$\left(\substack{657条の\\2第3項}\right)$。

(2) 返還時期を定めないとき

(a) 任意の返還　寄託物の返還時期を定めなかったときは，受寄者は，いつでもその返還をし，契約を終了することができる$\left(\substack{663条\\1項}\right)$。

(b) 寄託者の返還請求　寄託者は，いつでもその返還を請求し，契約を終了させることができる$\left(\substack{662条1\\項参照}\right)$。

(3) 返還時期を定めたとき

(a) 寄託者の自由な返還請求　寄託物の返還時期を定めた場合であっても，寄託者は，いつでもその返還を請求し，契約を終了することができる$\left(\substack{662条\\1項}\right)$。寄託は，寄託者の利益を目的とする契約であり，寄託者が望まない契約を存続させておく意味がないからである。

(b) 受寄者の返還請求の制限　返還時期の定めがあるときは，受寄者は，「やむを得ない事由」がなければ，その期限前に返還をすることができない$\left(\substack{663条\\2項}\right)$。寄託者の寄託利益が損なわれるからである。

(4) 寄託物の返還の場所

寄託物の返還は，その保管をすべき場所でしなければならない$\left(\substack{664条\\本文}\right)$。ただし，受寄者が正当な事由によってその物を保管する場所を変更したときは，その現在の場所で返還をすることができる$\left(\substack{同条た\\だし書}\right)$。

(5) 損害賠償・費用償還請求権の期間制限

(a) 1年以内の請求 寄託物の一部滅失又は損傷によって生じた<u>損害の賠償</u>及び受寄者が支出した<u>費用の償還</u>は，寄託者が返還を受けた時から1年以内に請求しなければならない$\binom{664条の}{2第1項}$。

(b) 損害賠償請求権の特則（時効停止） 前項の損害賠償の請求権については，寄託者が返還を受けた時から1年を経過するまでの間は，時効は，完成しない$\binom{664条の}{2第2項}$。

4 特殊な寄託

(1) 混合寄託

(a)「混合寄託」とは何か 複数の者が寄託した物の種類及び品質が同一である場合には，受寄者は，各寄託者の承諾を得たときに限り，これらを混合して保管することができる$\binom{665条の}{2第1項}$。これを，「混合寄託」という。

(b) 混合寄託物の返還請求 受寄者が複数の寄託者からの寄託物を混合して保管したときは，寄託者は，その寄託した物と同じ数量の物の返還を請求することができる$\binom{665条の}{2第2項}$。

(c) 混合寄託物の一部滅失 混合寄託物の一部が滅失したときは，寄託者は，混合して保管されている総寄託物に対するその寄託した物の割合に応じた数量の物の返還を請求することができる$\binom{665条の2}{第3項前}$段）。この場合においては，損害賠償の請求を妨げない$\binom{同項}{後段}$。

(2) 消費寄託

(a)「消費寄託」とは何か 受寄者が契約により<u>寄託物を消費することができる場合</u>には，受寄者は，寄託された物と「<u>種類，品質及び数量</u>の同じ物」をもって返還しなければならない$\binom{666条}{1項}$。これを「消

費寄託」という。

　(b) **特定した時の状態での引渡し**　寄託者は，その物を「特定した時の状態で引き渡し，又は移転する」ことを約したものと推定する$\left(\substack{666条2項→590\\条→551条1項}\right)$。この場合において，寄託者から引き渡された物が種類又は品質に関して契約の内容に適合しないものであるときは，受託者は，その物の価額を返還することができる$\left(\substack{666条2項→\\590条2項}\right)$。

　また，受寄者は，寄託者から受け取った物と種類，品質及び数量の同じ物をもって返還をすることができなくなったときは，その時における物の価額を償還しなければならない$\left(\substack{666条2項→\\592条本文}\right)$。ただし，目的物が特定の種類の通貨であって，それが弁済期に強制通用力を失っているとは，他の通貨で弁済しなければならない$\left(\substack{666条2項→592条た\\だし書→402条2項}\right)$。

　(c) **「金銭消費寄託」の特則**　最初に述べたように，金銭を銀行に預けるなど金銭の「消費寄託」は，原則として消費貸借の規定が準用される。すなわち，金銭消費貸借においては，返還の時期の定めの有無にかかわらず，いつでも返還をすることができる$\left(\substack{666条3項→\\591条2項}\right)$。ただし，当事者が返還の時期を定めた場合において，寄託者は，受寄者がその時期の前に返還をしたことによって損害を受けたときは，受寄者に対し，その賠償を請求することができる$\left(\substack{666条3項→\\591条3項}\right)$。寄託者は，通常，「期限を定めて」金銭を貸し付ける場合は，その利息が目的なのであるから，期限前の返済については，利息を付して返還することを原則とする。

第11節　組　　合

1　組合の意義と法的性質

(1) 「組合」制度の意義

(a) 「組合」とは何か
── 組合と組合契約
　「組合」とは，複数の当事者が出資をして「共同の事業」を営むことを目的とする団体である（667条1項参照）。そして，各当事者がこの団体を構成しようとする合意を「組合契約」という（用語上は，組合契約を組合と称することもある）。なお，前に，「契約は，二当事者間の相対立する意思表示の合致によって法律効果を発生させる双方行為」だと言ったが（第1章第2節1(1)　25頁以下参照），組合契約は，その概念規定から外れることになる。この理論的問題点については，後述する（後掲(2)）。

(b) 団体としての組合と社団
　このように，「組合」は，2人以上が各自出資をして共同の事業を営む団体である。他方，同じく事業を営む団体として，「社団」（33条以下，法人10条以下，一般）がある。「社団」というのは，自然人以外に法人格を取得できる権利主体としての団体（人の集団）であり，同じく権利主体としての「財団」（物の集合）に対置される概念である。その意味では，組合と同次元で区別されるべき概念ではない。しかし，共に合意によって「団体」を構成するものである以上，両者の実体的・法律的な異同を理解する必要がある。

　「社団」は，合同行為によって設立されるもので，「法人格」を取得することが予定された人の集団（団体）である。したがって，社会的にも独立した一個の権利主体であるから，構成員からは独立した存在である。それゆえ，社団については，民法上の組合の規定は適用されない。

　これに対して，「組合」は，「共同の事業を営む」ことを目的として団体を

構成するにすぎず，権利主体はあくまで組合を構成する当事者（構成員）であり，構成員を離れて組合自体が独立して権利主体となることはない。

> 【組合と社団】　　民法典起草者は，両者の相違を明白に意識していなかったが，20世紀初頭のドイツの学説の論争がこの問題を明確にした。社団は，法人格を付与された人の集団であるから，独立した権利主体である。したがって，法人格を取得しない団体（権利能力のない社団）は，当然ながら権利主体とは扱われず，そのため，ドイツ民法は，「権利能力のない社団」については「組合」に関する規定を適用するとの規定を置いた（ドイツ民法54条）。
>
> しかし，法人格を取得するかどうかは，その団体の意思によるものであり，団体の態様の問題ではない。しかも，人の集団は，構成員から離れた社団的なものから，構成員の個人的な色彩の強い組合に至るまで，連続的に無数に存在しよう。このような認識の下で，法人格を得ないために組合として扱われていた団体については，その実体に合わせて，「社団」として扱うべきだとの議論が生じた。いわゆる「権利能力のない社団」論争である。このドイツでの議論の成果を，わが国の民法学が承継し，それによって，「団体としての組合」と「社団」との区別が意識されるようになったのである（詳細は【I】117頁以下）。

(c) 組合と区別すべき団体　　以上から理解されたように，組合は，「出資して共同で事業を営む」ことに尽きるが，それから外れる以下の団体は，組合ではない。

ⅰ　特別法上の組合（法人）　　公益も営利も目的としない中間的性格の団体（農業協同組合，漁業協同組合，労働組合，生活協同組合，共済組合など）は，「組合」の名称を使っていても，実体は社団であって，民法の組合の規定が適用される余地はない。

ⅱ　合名会社（法人）　　組合の組合員は，組合の債務については無限責任を負うのに対し，合名会社の社員は，会社財産をもって債務が完済されない場合にはじめて責任を負うものである（補充責任）（会580条1項1号）。

ⅲ　匿名組合　　商法上の匿名組合は，組合員が相手方（営業者）のために出資をするが，その出資は共有財産となるのではなく，相手方の財産に帰し，また，出資者は，共同事業を営むのではなく，利益の分配を受けるにす

ぎない $\binom{商\ 535}{条以下}$。

　iv　講　　各地方に残っている慣習上の「講」（例，頼母子講，無尽講など）は，構成員が一定の出資（金銭）をし，順番でその利益（例，旅行費用，家の改修費用，冠婚葬祭費用など）に与かるという制度である。このような「講」は，共済（すなわち相互扶助）的性格が強く，共同事業を営むというものではない。

---

(2)　組合契約の法的性質 ── 合同行為か双方行為か

　「組合契約」の法的性質については，〔A〕合同行為説 $\binom{我妻・中(2)758}{頁，水本368頁}$ と〔B〕双務契約説 $\binom{末川・下238頁，川島武宜『民}{法総則』161頁，石田385頁}$ とが対立している。これは，意思表示の形態による法律行為の分類に起因するものであって，「契約は，二当事者間の相対立する意思表示の合致によって法律効果が発生する双方行為」であるのに対し，「合同行為は，複数の意思表示が〔相対立せず〕同じ目的（同じ方向性）をもつ法律行為」であると概念規定されているからである $\binom{【1】163頁}{以下参照}$。

　両者は，実定法的な法律要件・効果に関する解釈問題（契約の効力に関する通則規定が適用されるか否か）として争われてきた。すなわち〔2017年改正前の状況として〕，① 同時履行の抗弁権（→未出資者から出資の請求があった場合に，同時履行の抗弁ができるかどうか），② 危険負担（→出資の目的となっている権利・金銭・労務が，出資者Aの責めに帰することができない事由で消滅した場合に，他の者Bの出資義務が消滅するかどうか），③ 担保責任（→Aの出資した建物や権利に瑕疵があった場合，Bからの損害賠償や解除ができるかどうか），④ 解除（→Aの出資に不履行があった場合，民法の脱退・除名・解散請求以外に，組合契約の解除ができるかどうか），の問題である（なお，この問題は，2017年改正で立法的に解決されているが $\binom{後掲\mathbf{2}}{(2)参照}$，理論的な問題点は理解しておく必要があろう）。

　これらの問題を子細に検討すると，全面的には適用されないが，しかし，ある場面では適用ないし類推適用が妥当な場合があることは否定できないのである $\binom{詳細な検討は，我妻・中(2)758}{頁以下，水本366頁以下参照}$。

　そもそも，ドイツ普通法は，合同行為の概念を知らず，その概念が学説上

主張されたのは，19世紀の終わりである。しかし，合同行為概念は民法典には反映されず，組合は当然に「契約」の中に位置づけられた。その後，意思表示の分析の深化とともに，合同行為は，単独行為・双方行為（契約）と並び，法律行為の一形態であるとする理論が通説的位置を占めるにいたった。

しかし，この理論は，意思表示の方向性（形態）を基準とした峻別理論にすぎず，法律行為の成立までも規律するものではない。「契約は，二当事者間の合意で成立」するし，「団体は，全員の合意で成立」するのである。すなわち，組合は，全構成員の意思表示が団体の形成（組合契約の成立）に向けられているのであるから，その意味では「契約」（合意）という要素を否定できない。

したがって，私は，「組合契約」の法的性質は「合同行為」であることは疑いないが，そのことと「契約規定」の適用ないし類推適用の解釈とは，別問題だと考える。

② 組合の成立

(1) 契約による成立

(a)「出資」（金銭又は労務） 組合契約は，各当事者が，「出資」をして，「共同の事業」を営むことを約することによって成立する（667条1項）。したがって，諾成・不要式の契約である。出資は，組合契約締結後であってもよい。また，その出資は，金銭・財産権に限らず，「労務」であってもよい（同条2項）。

「出資の割合」は，特約がなければ，原則として平等である。

(b)「共同の事業」 各当事者は，共同して事業を営まなければならない。業務執行者を置き，実際には執行しない場合でも，その者を監視し，解任する権限がなければ，「共同して事業を営む」とはいえない。また，当事者全員が，共同事業から得る利益の分配に与かるものでなければならない。

なお，鉱業法では，組合契約の当然成立を規定し，鉱業権を共有する者は，

組合契約をしたものとみなされる$\binom{鉱業44}{条5項}$。2人以上で鉱業権の設定を出願した者も，同様である$\binom{同 23}{条5項}$。

(2)　組合契約の債務不履行

(a) 出資の不履行　金銭を出資すべき者が，その出資を怠ったときは，その利息を支払うほか，損害の賠償をしなければならない$\binom{669}{条}$。

(b) 他の組合員の債務不履行　以下は，従来の論争につき$\binom{詳細は，上}{記\boxed{1}2)参照}$，2017年改正で立法的に解決したものである。

　　i　533条及び536条の規定の不適用　　他の組合員の債務不履行の場合においは，同時履行の抗弁$\binom{533}{条}$及び危険負担$\binom{536}{条}$の規定は，適用しない$\binom{667条の}{2第1項}$。

　　ii　解　除　　組合員は，他の組合員が組合契約に基づく債務の履行をしないことを理由として，組合契約を解除することができない$\binom{667条の}{2第2項}$。

(c) 組合契約の瑕疵　組合員の一人について意思表示の「無効又は取消し」の原因があっても，<u>他の組合員の間においては，組合契約は，その効力を妨げられない</u>$\binom{667条}{の3}$。この点も，従来の論争点であった。ただ，組合と取引関係を有する第三者がいない場合において，その瑕疵により組合契約自体の存続が問題となるようなときは，どうであろうか$\binom{我 妻・中}{(2)762頁参}$照$)$。

$\boxed{3}$　組合の業務執行

(1)　業務の決定及び執行方法（対内的業務執行）

(a)「過半数決定・各自執行」原則　組合の「業務」は，組合員の<u>過半数</u>をもって決定し，<u>各組合員がこれを執行する</u>$\binom{670条}{1項}$。なお，次掲の「業務執行者」を定めた場合であっても，組合の業務については，総組合員の同意によって決定し，又は総組合員が執行すること

を妨げない$\binom{同条}{4項}$。

(b)「業務執行者」への委任　組合の「業務」の決定及び執行は，組合契約の定めるところにより，一人又は数人の組合員又は第三者（「業務執行者」）に委任することができる$\binom{670条}{2項}$。委任を受けた「業務執行者」は，組合の業務を決定し，これを執行する$\binom{同条3}{項前段}$。この場合において，業務執行者が数人あるときは，組合の業務は，業務執行者の過半数をもって決定し，各業務執行者がこれを執行する$\binom{同項}{後段}$。

(c) 組合の「常務」　組合の「常務」は，以上の規定にかかわらず，各組合員又は各業務執行者が「単独で」行うことができる$\binom{670条5}{項本文}$。ただし，その完了前に他の組合員又は業務執行者が異議を述べたときは，この限りでない$\binom{同項た}{だし書}$。

(d) 委任の規定の準用　644条から650条までの委任に関する規定は，組合の業務を決定し，又は執行する「組合員」について準用する$\binom{671}{条}$。業務執行を委託された「第三者」については，事項によって委任の規定が類推適用されるこになろう。

(e) 組合員の業務及び財産状況の調査　各組合員は，組合の業務の決定及び執行をする権利を有しないときであっても，その業務及び組合財産の状況を検査することができる$\binom{673}{条}$。

(f) 組合員の損益分配の割合　当事者が損益分配の割合を定めなかったときは，その割合は，各組合員の出資の価額に応じて定める$\binom{674条}{1項}$。利益又は損失についてのみ分配の割合を定めたときは，その割合は，利益及び損失に共通であるものと推定する$\binom{同条}{2項}$。

(g) 業務執行組合員の辞任及び解任　組合契約の定めるところにより一人又は数人の組合員に業務の決定及び執行を委任したときは，その組合員は，正当な事由がなければ，辞任することができない$\binom{672条}{1項}$。この場合においては，当該組合員は，正当な事由がある場合に限り，他の組合員の一致によって解任することができる$\binom{同条}{2項}$。

(2)　組合の代理（対外的業務執行）

(a) 他の組合員を代理　組合は，法人格を取得するわけではないから，対外的な法律行為は，全組合員が共同して行わなければならない。しかし，それでは，大変な手間がかかり，現実的ではない。そこで，実際には，代表者が，他の組合員を代理して法律行為を行うのが普通である。例えば，A・B・Cを構成員とする組合で，AがB・Cを代理して第三者と法律行為をするなどである。この場合，厳密には，Aは自分固有の立場とB・Cの代理人としての立場で行い，その法律効果（権利・義務）は，代理理論によってA・B・C全員に帰属することになる。

(b) 過半数の同意　組合の「業務」を執行する場合において，他の組合員を「代理」するには，「組合員の過半数の同意」を得なければならない（670条の2第1項）。では，Aが，他の組合員の「過半数の同意を得ない」で行った法律行為は有効であろうか。

i　業務執行者を定めない場合　まず，業務執行者を定めない場合である。

〔A〕　**670条の2第1項反対解釈説**　670条の2第1項の反対解釈として，過半数を得ない場合には，代理権限はなく，無効となる考えられよう。

〔B〕　**表見代理説**　業務執行者を定めない場合は，各組合員は，各自単独で，すべての組合員を代理する権限を有するが，対外的行為に関する規定に反した場合は，代理権の範囲を超えた行為として，110条によって判定すべきであるとする（我妻・中(2)788頁以下，石田390頁など）。相手方は善意・無過失でなければ保護されないから，この説が妥当である。

ii　業務執行者を定めた場合　次に，業務執行者を定めた場合である。この場合には，業務執行者のみが，他の組合員を代理する権限を有する（670条の2第2項前段）。ただし，複数の業務執行者がいる場合には，各業務執行者は，その「過半数の同意を得たときに限り」，組合員を代理することができる（同項後段）。

(c)「常務」についての特則　以上のの規定にかかわらず，各組合員又は各業務執行者は，組合の「常務」を行うときは，単独

で組合員を代理することができる$\binom{670条の}{2第3項}$。

(d) 顕名主義　代理である以上は，顕名主義$\binom{99}{条}$が採られる。しかし，具体的な構成員の顕名ということまでは必要ではなく，「○○組合理事 A」など，組合代理が明確であればよい$\binom{最判昭36・7・31民}{集15巻7号1982頁}$。

(3) 訴訟行為

　訴訟行為については，原則として，組合員全員が訴訟当事者となる。しかし，業務執行者がいる場合には，この者が法令上の訴訟代理人$\binom{民訴54}{条1項}$であると解されている。

　他方，代表者の定めのある組合は，組合自体に訴訟の当事者能力があると解されるから$\binom{民訴29条}{の類推}$，組合名で訴え，または訴えられることができる$\binom{最判}{昭37・12・18民集}$16巻12号2422頁)。

4　組合の財産関係

(1) 組合財産の「共有」

(a) 組合財産の独立性　各組合員の出資その他の組合財産は，総組合員の「共有」に属する$\binom{668}{条}$。ただし，その持分の処分は制限され，組合員がその持分を処分したときは，その処分をもって組合及び組合と取引をした第三者に対抗することができない$\binom{676条}{1項}$。また，組合員は，「債権」である組合財産については，その持分についての権利を単独で行使することができないほか$\binom{同条}{2項}$。清算前に組合財産の分割を求めることができない$\binom{同条}{3項}$。

　本来，組合は構成員から独立した存在でない以上，組合の各財産（債権・債務）は，各構成員に帰属するから，共有の「組合財産」なるものを観念することができないはずであるが，民法は，「共同の事業」の遂行のために，組合財産を独立した存在として扱っているのである。

(b)「合有」的性質　この「共有」は，共有の本質である持分処分と分割請求とが制限を受けているから，249条以下の共有とは異なり，「共同の目的」によって制限された共有，すなわち「合有」（合手的共有）であると解されている（我妻・中(2)／800頁など）。ただ，共有と合有とに本質的な相違があるわけではなく，合有と解しても，「共同の目的」が終了すれば共有関係に戻るのであるから，667条以下で特別の扱いがされない限り，共有の規定が適用されると考えるべきである（最判昭33・7・22民／集12巻12号1805頁）。

(2)　財産処分の制限

(a) 持分処分の制限　組合員が，組合財産の「持分」を処分したときは，その処分は，組合及び組合と取引をした第三者に対抗できない（676条／1項）。これは，組合の目的遂行の手段である組合財産につき組合員以外の者の加わることは妥当ではないからである。したがって，組合員Aが，組合財産である建物の持分権を第三者Dに譲渡したとしても，他の組合員B・Cはもとより，Aもまた，事業執行のためにその建物を自由に使用・収益・処分をすることができる。Aの債権者EのAの持分に対する差押えもまた，676条1項にいう処分に該当する。

(b) 分割請求の禁止　組合員は，清算前に，組合財産の分割を請求できない（676条／2項）。共同の目的遂行が不可能になるおそれがあるからである。したがって，組合員全員の合意で分割することは可能である（大判大2・6・28／民録19輯573頁）。

(c) 妨害排除請求　組合財産が第三者によって妨害されている場合，判例は，各組合員は共有物の保存行為として単独で妨害排除ができるとする（前掲最判昭／33・7・22）。これに対して，学説は，妨害排除請求は常務（業務執行行為）に該当するとし，業務執行者がいればその者が，いないときは各組合員がそれぞれ単独でできるとする（我妻・中(2)806頁，／石田396頁など）。組合という性格から，後者が正当である。

⑶　組合の債権・債務・損益分配

⒜ 組合の「債権」　ｉ　単独行使の禁止　第三者Ｄに対する代金請求権や損害賠償請求権など，組合の有する「債権」は，組合に「合有」的に帰属する（＝「共同の目的」から拘束を受ける）。したがって，その債権が可分であっても，各組合員は，その持分権を，単独で行使すること（例，分割請求など）ができない（676条2項。大判昭13・2・12民集17巻132頁）。組合員の1人Ａが，Ｄに対して個人的に負担する債務と，その債権とを相殺することもできない（組合財産の処分に該当するからである）（676条1項参照）。

ｉｉ　債権者の権利行使の禁止　組合員の債権者は，組合財産について，その権利を行使することができない（677条）。例えば，組合財産の債権の債務者は，組合に対する債権を自働債権として，組合に対する債務を相殺することはできない。

⒝ 組合の「債務」　組合の債務につき，その債権者は，組合財産について権利を行使することができる（675条1項）。この場合，組合の債権者は，その選択に従い，各組合員に対して損失分担の割合又は等しい割合でその権利を行使することができる（同条2項本文）。ただし，組合の債権者がその債権の発生の時に各組合員の損失分担の割合を知っていたときは，その割合による（同項ただし書）。なお，債権者は，組合財産に対して権利を主張しないで，直ちに組合員の個人財産に執行することもできる（通説）。

⒞ 損益分配　当事者が，「損益（損失と利益）分配の割合」を定めなかったときは，その割合は，各組合員の出資の価額に応じて定める（674条1項）。また，利益又は損失についてのみ分配の割合を定めたときは，その割合は，利益または損失に共通であるものと推定する（同条2項）。

5　組合員の変動

(1)　組合員の脱退

(a) 任意脱退　　組合契約で組合の存続期間を定めなかったとき，又はある組合員の終身の間組合が存続すべきことを定めたときは，各組合員は，いつでも脱退することができる（678条1項本文）。ただし，やむを得ない事由がある場合を除き，組合に不利な時期に脱退することができない（同項ただし書）。また，存続期間を定めたときは，原則としてその期間内は脱退できないが，やむを得ない事由があれば，脱退できる（678条2項）。

　結局，「やむを得ない事由」がある場合には，存続期間の定めがある場合でもない場合でも，組合員は脱退することができる。したがって，この規定は，組合員の脱退権を保障している規定であるから，強行規定であり，これに反する規約は無効である（最判平11・2・23民集53巻2号193頁。オーナー会議で承認された者に会員の権利を譲渡する以外には任意脱退を許さない旨の規約を，678条の趣旨に反し無効としたものだが，事案の詳細は，【I】180頁【組合契約における強行法規性】参照）。

(b) 非任意脱退　　上記(a)のほか，組合員は，次に掲げる事由が生じた場合は脱退する（679条）。

　i　死　亡　　組合員が死亡した場合には，その地位は相続されない。もとより，組合契約で相続されることが規定されていれば別である。

　ii　破産手続開始の決定　　組合員が，破産手続開始の決定を受けた場合である。

　iii　後見開始の審判　　後見開始の審判を受けた場合である。

　iv　除　名　　除名は，その正当な事由がある場合に限り，他の組合員の一致によってすることができる（680条本文）。ただし，除名した組合員にその旨を通知しなければ，除名をその組合員に対抗できない（同条ただし書）。

(c) 脱退の効果　　**i　脱退組合員の責任**　　脱退した組合員は，その脱退前に生じた組合の債務について，従前の責任の範囲内でこれを弁済する責任を負う（680条の2第1項前段。我妻・中(2)838頁，石田402頁など）。この場合において，債権者が

全部の弁済を受けない間は，脱退した組合員は，組合に担保を供させ，又は組合に対して自己に免責を得させることを請求することができる（同項後段。我妻・中 (2)838頁）。

　脱退した組合員は，前項に規定する組合の債務を弁済したときは，組合に対して求償権を有する（680条の2第2項）。

　　ⅱ　脱退組合員の持分の払戻し　　組合員が脱退した場合には，残された組合員との間で，財産関係の清算がされる。この場合，脱退の当時における組合財産の状況に従い，事業収支がプラスであれば払戻しがされ，マイナスであれば損失分担の割合に応じて払い込まなければならない（681条1項）。

　脱退した組合員の持分は，その出資の種類を問わず，金銭で払い戻すことができる（681条2項）。なお，脱退の当時，まだ完了していない事項については，その完了後に計算することができる（同条3項）。

（2）　組合員の加入・組合員の地位の譲渡

　(a) 組合員の新規加入　　組合員は，その全員の同意によって，又は組合契約の定めるところにより，新たに組合員を加入させることができる（677条の2第1項）。もちろん，出資が条件となる。

　前項の規定により組合の成立後に加入した組合員は，その加入前に生じた組合の債務については，これを弁済する責任を負わない（同条2項）。加入後の組合債権者に対しては，個人責任を負わなければならない。

　(b) 組合員の地位の譲渡　　組合員の地位の譲渡もまた可能である。すなわち，他の組合員全員の同意の下に行われることになる（大判大5・12・20民録22輯2455頁）。その他の点については，新規加入の場合と同様である。

6 　組合の解散と清算

(1)　組合の解散

(a) 解散事由　　組合の解散とは，共同の事業を止め，財産関係を清算することであって，組合契約からいえば，契約の解除である。民法は，組合の団体的特殊性から，その脱退（前述）・解散方法を詳細に規定した。したがって，契約一般の解除に関する規定540条以下は適用されないというべきである（通説）。組合は，次に掲げる事由によって解散する（682条柱書）。

　　i　組合の目的である事業の成功又はその成功の不能

　　ii　組合契約で定めた存続期間の満了

　　iii　組合契約で定めた解散の事由の発生

　　iv　総組合員の同意

(b) 解散請求　　各組合員は，「やむを得ない事由」があるときは，組合の解散を請求できる（683条）。

(c) 解散効果の不遡及　　組合契約の解散（組合契約の解除）は，将来に向かってのみその効力を生ずる（684条→620条）。解除の遡及効は生じないから，厳密には，「解約」である。

(2)　組合の清算

(a) 清算人　　組合が解散したときは，清算は，<u>総組合員が共同して</u>，又はその<u>選任した清算人</u>がこれをする（685条1項）。清算人の選任は，組合員の過半数で決する（同条2項）。

(b) 清算の方法　　清算人の業務の決定及び執行の方法については，組合の業務決定執行に関する670条3項〜5項〔対内的業務執行方法〕，及び組合の代理に関する670条の2第2項・第3項〔対外的業務執行方法〕が準用される（686条）。

清算人の職務は，次のとおりとする$\left(\begin{smallmatrix}688条\\1項\end{smallmatrix}\right)$。

(c) 清算人の職務

 i 現務の結了

 ii 債権の取立て及び債務の弁済

 iii 残余財産の引渡し

 清算人は，上記の各号に掲げる職務を行うために必要な一切の行為をすることができる$\left(\begin{smallmatrix}同条\\2項\end{smallmatrix}\right)$。また，「残余財産」については，各組合員の出資の価額に応じて分割する$\left(\begin{smallmatrix}同条\\3項\end{smallmatrix}\right)$。

(d) 清算人の辞任及び解任 672条の規定〔業務執行組合員の辞任及び解任〕は，組合契約の定めるところにより組合員の中から清算人を選任した場合について準用する$\left(\begin{smallmatrix}687\\条\end{smallmatrix}\right)$。

第 12 節　終身定期金

1　終身定期金の意義

≪終身定期金契約とは何か≫

終身定期金契約とは，当事者の一方が，自己，相手方または第三者の死亡に至るまで，定期に金銭その他の物を相手方または第三者に給付することを約することによって，効力を生じる契約である$\binom{689}{\text{条}}$。これは，受取人（定期金債権者）の老後の生活保障制度たることを予定して規定されたといわれるが，しかし，社会の進度は，公的なないしは企業単位での様々な年金制度や保障制度を発達させたので(その場合には，特別法や約款が適用される)，民法上の契約として行われる終身定期金契約は，現在の社会においてはほとんど使われないといっても過言ではない。

2　終身定期金の効力

(1)　終身定期金契約

終身定期金契約は，当事者の一方（定期金債務者）と相手方との間で締結する，無償・不要式・片務契約であるが$\binom{689}{\text{条}}$，有償・双務契約であっても妨げない。給付先が第三者である場合には，第三者のためにする契約$\binom{537条}{\text{以下}}$の適用がある。

終身定期金は，日割りをもって計算する$\binom{690}{\text{条}}$。契約が解消された場合などの基準規定である。

⑵　元本返還請求権（債務不履行特則）

　終身定期金債務者が，終身定期金の元本を受け取っていながら，その定期金の給付を怠り，またはその他の義務を履行しないときは，相手方は，元本の返還を請求することができる $\binom{691条1項前段。我妻・中⑵865頁は，この}{規定は解除を前提とする規定であるとする}$。この場合には，相手方は，すでに受け取った終身定期金の中からその元本の利息を控除した残額を，終身定期金債務者に返還しなければならない $\binom{691条1}{項後段}$。以上の場合には，損害賠償の請求をすることができる $\binom{691条}{2項}$。

　上記の請求関係は，同時履行の関係に立つ $\binom{692条→}{533条}$。

⑶　終身定期金債権の存続宣告（消滅に関する特則）

　689条に規定する死亡が，終身定期金債務者の責めに帰すべき事由によって生じたときは，裁判所は，終身定期金債権者またはその相続人の請求により，終身定期金債権が相当の期間存続することを宣告することができる $\binom{693条}{1項}$。この場合には，終身定期金債権者またはその相続人は，上記⑵に述べた元本返還請求権・損害賠償請求権も行使できる $\binom{693条}{2項}$。

⑷　遺贈への準用

終身定期金を遺贈（単独行為）した場合にも，本節の各規定を準用する $\binom{694}{条}$。

第13節 和 解

1 和解の意義と成立

(a)「和解」とは何か 「和解」とは，当事者が「互いに譲歩をして」その間に存する争いをやめることを約することによって，その効力を生ずる契約である（695条）。通常，民事紛争は民事裁判につながるが，裁判となると，いたずらな時間と費用がかかるほか，当事者の人的関係に決定的な亀裂を生じさせる。このようなことから，和解は，裁判外でも，裁判上でも，非常に多く利用されている。

和解は，諾成・不要式の契約であるが，互いに譲歩（互譲）することから，有償契約である。

(b) 和解と類似する制度 和解と同じく紛争の終結を目的とするものに，いくつかの制度がある。

i 「示談」（請求権放棄条項） 「示談」は，生じている紛争につき，一方が「示談金を提供」することによって，相手方に「請求権を放棄」させる慣習上の契約である。契約の効果として紛争の終結をもたらすことは和解と同じであるが，「和解」が，「互い譲り合うこと」により紛争を解決しようとする合意であるのに対し，「示談」は，「金銭と引換え」に請求権を放棄させて紛争を解決しようとするものである。ただ，後述するように，和解の「互譲」の要件は緩和されているし，共に金銭の授受が行われるのが普通であるので，用語的にも両者は混同して使われていよう。したがって，両者を区別する必要もない。敢えて言えば，慣習上の示談は，なお和解の一種と考えてよいであろう。

ii　裁判上の和解　　これは，<u>裁判官の面前で行う和解</u>であり，起訴前の和解と訴訟係属中の和解とがある。いずれも，調書に記載されれば，確定判決と同一の効力を有する。

iii　調　停　　「調停」は，<u>調停委員が仲介</u>して行う和解で（民事調停法，家事事件手続法，公害紛争処理法，労働関係調整法等の規定による），調書に記載されれば，確定判決と同一の効力を有する。

iv　仲　裁　　「仲裁」は，当事者の合意で「<u>紛争を第三者（仲裁人）の判断に委ねる</u>」契約である。この合意をすると，当事者は，原則として仲裁人の判断に服さなければならず，仲裁結果に対して，異議を述べることはできないない。

(2)　和解の成立

(a)「争い」の存在　当事者間には，「争い」（すなわち法律関係）が生じていることを要する。これを厳密に解する説（石田418頁）もあるが，しかし，当事者間では紛争が生じているが，実体的には権利関係（法律関係）が存在しているかどうか不明な場合もある。このような場合でも，互譲して紛争が終結すれば，和解と解されるのであるから，「争い」を厳密に解する必要もないであろう。

(b)「互いに譲歩」（互譲）　和解は，紛争終結のために，「互いに譲歩」しなければならない。したがって，一方だけが譲歩するのは（片務契約），和解ではなく，和解に類似した非典型契約とされる（我妻・中(2) 872頁，石田418頁）。ただ，その場合でも，和解の規定を類推してしかるべきである。しかし，「互いに譲歩」といっても，程度問題でもあるわけだから，この要件はあまり厳格に解する必要もないであろう（前掲(1)(b) i 「示談」参照）。

(c)　紛争終結の合意　当事者の合意で，紛争を終結させる意思である。

2　和解の効力

(1)　法律関係の確定効

(a) 和解による「法律関係の確定」

和解契約によって，当事者の一方Aが，争いの目的である権利を有するものと認められた場合（または，その相手方Bがその権利を有しないものと認められた場合）において，その後に，Aがその権利を有していなかったことの確証が得られたときは（または，Bがその権利を有していたことの確証が得られたときは），その権利は，和解によってAに移転したもの（または，Bの権利は和解によって消滅したもの）とされる$\binom{696}{条}$。和解は紛争の解決が目的であって，せっかく双方の合意で紛争が解決した結果を，覆すことは妥当ではないからである。

(b) 契約に瑕疵がある場合

しかし，和解も法律行為であるから，それについて意思の不存在や取消原因等があれば，無効または取り消すことができるものとなることはいうまでもない。

(2)　和解と錯誤

(a) 和解の「内容」に関する錯誤

上記(1)の関係で最も問題となるのは，「錯誤」との関係である。和解は，真実の法律関係がどうであれ，それを不問として紛争を終結することを合意するわけであるから，和解の内容が真実と異なる結果になっても，錯誤の主張はできない。したがって，和解の「内容」（争いの「対象」）に関して錯誤があった場合であっても，錯誤の主張は排除される。

例えば，借家人と家主との間で借家契約の終了の有無につき争いがあり，終了していない旨の和解がされたが，後日，終了していたことが判明した場合でも，和解の「内容」に関する錯誤である以上，錯誤の主張はできない$\left(\begin{smallmatrix}最判昭36・5・26民\\集15巻5号1336頁\end{smallmatrix}\right)$。

(b) 和解の「前提事項」に関する錯誤　しかし，和解の当然の「前提となっていた事項」又は「争わなかった事項」について錯誤があった場合は，「争いの内容（対象）についての解決の合意」ではないから，錯誤による和解契約の取消しを主張することができる。例えば，債権者が差し押さえた「特選金菊印ジャム」150箱で代物弁済する和解が成立したが，そのジャムが粗悪品であった場合（最判昭33・6・14民集12巻9号1492頁）や，交通事故の被害者が加害者と示談をし，将来的な賠償請求権を放棄した後に，和解時には予想できなかった後遺障害が生じてきた場合（後掲最判昭43・3・15）などが，その例である。

(3) 示談と後遺症の発生

　「示談」は，既述したとおり，示談金の支払いと引き換えに，相手方の請求権を放棄させる契約であって，和解の一種である。したがって，いったん示談して請求権を放棄した以上，その後に後遺症（損害）が生じたとしても，新たに賠償請求をすることはできない。

　しかし，問題は，「示談当時において予想できなかった重大な後遺障害」が生じた場合である。被害者救済の視点からも，この部分の賠償請求は認められなければならない。その方法はいくつかあるが，代表的な方法は次の2つである（高森八四郎『示談と損害賠償』14頁以下参照）。

　第1は，「錯誤」の主張である。「示談当時に予想できなかった重大な後遺障害」とは，示談の内容（対象）である示談金額等ではなく，示談の前提事実である。しかし，この前提事実は，示談契約の要素（示談という法律行為の目的及び取引上の社会通念に照らして重要なもの）であるから，錯誤による取消しを主張できることになる（東京地判昭40・1・27下民集16巻1号111頁）。

　第2は，「別」損害の主張である。示談で放棄した請求権は，示談当時予想していた損害についての賠償請求権であって，その当時に予想できなかった請求権までをも放棄したのではない。したがって，その当時予想できなかった後遺障害による損害については，新たな損害（別損害）として請求できるものとする（最判昭43・3・15民集22巻3号587頁。高森八四郎『法律行為論上の基本的問題』98頁以下参照）。この判例が出て以降，交通事故関係の示談書のひな型が改訂され，新たに生じ得る後遺障害について賠償

請求が認められるようになった。

　これらは，いずれも，示談契約の効力を切断するための法的方法であり，択一的な方法ではない。第1の方法は，示談契約の効力自体を問題とするわけだから，理論的には，改めて全損害を算定し直すことになろう。しかし，それまでの紛争の終結として有効に締結された示談を無効とする必要はなく，後発的な後遺障害について賠償を認めればよいのであるから，その意味では，第2の別損害説の方法が合理的であろう $\binom{\text{来栖734頁，髙森・前掲『法律}}{\text{行為論上の基本的問題』98頁}}$。

　他方，第2の方法は，それほど重大でない後遺障害による損害については，別損害として認めないから $\binom{\text{前掲最判昭}}{\text{43・3・15参照}}$，その基準の判定が困難となろう。

　いずれにせよ，これらの方法は，示談の拘束力を切断するための法的手段であり，場合に応じて，いずれの主張も可能であることに留意する必要がある。

⑷　不法と和解

　和解の内容が，公序良俗 $\binom{90}{\text{条}}$ や強行法規 $\binom{91}{\text{条}}$ に違反するものであるときは，契約は無効である（＝絶対的無効。法律行為の一般原則）。したがって，賭博による負け金債務を小切手の振出しによって支払う旨の和解は，強行法規に反し無効である $\binom{\text{最判昭46・4・9民集25巻3号264頁。なお，賭博債権の絶対的無効性につ}}{\text{き，最判平9・11・11民集51巻10号4077頁・近江「判批」判時1640号196頁}}$。

第3章　非典型契約類型

第1節　財産権譲渡・利用に関する契約

1　製作物供給契約

(1)　製作物供給契約の意義

　Ａが，Ｂの注文に応じて，自己の材料を用いて「物」を製作し，これをＢに供給＝売買するという場合，民法上どのような法律関係になるであろうか。注文に応じて物を製作するという過程は，請負契約における「仕事の完成」に当たるであろう。この仕事の結果として一つの「物」（＝商品）が完成するが，この場合，材料が注文者の提供したものであれば，「物」は注文者の所有に属することになる（純粋の請負）。しかし，請負人が自己の材料を用いて製作した場合には，「物」は請負人の所有となり，それを注文者に引き渡すことは売買となるはずである（詳細は，第2章第8 節「請負」(242頁)）。このように，製作物供給契約（請負供給契約・売渡請負）とは，「請負」の要素と「売買」の要素とから成り立つ契約類型である。

　民法はこの契約類型を特に規定はしなかったが，旧民法はこれを「売買」として扱っていた（財産取得 編275条）。また，ドイツ民法は，請負契約（Werkvertrag）の最後で，上記の場合のうち，その完成した物が代替物であるときは「売買」とし，不代替物であるときは「請負」と「売買」の双方の規定が適用されるものとし，この契約に Werklieferungvertrag（請負供給契約）という概念を与えた（BGB651 条）。この影響で，わが国でも製作物供給契約の問題が論じられることになったのである。

⑵ 製作物供給契約の法的性質

　製作物供給契約の法定性質については，学説は錯綜している。次のような考え方がある。

　〔A〕 **代替物（売買）・不代替物（請負）峻別説（概念否定説）**　製作される物が代替物の場合は純粋な売買であり，不代替物の場合は純粋な請負として扱うべきとする（我妻・中⑵606-608頁。打田畯一「製作物供給契約」契約法大系Ⅳ93-194頁も同旨）。

　〔B〕 **請負説（概念否定説）**　請負につき，原材料をいずれが供給したかを問わず，また所有権はいかなる段階にあるかを問わず注文者に帰属することを前提に，製作物供給契約をすべて請負とする（石田324頁）。

　〔C〕 **混合契約説（概念肯定説）**　この契約類型を混合契約と解し，事案に即して売買規定と請負規定を類推しようとする（通説）。

　問題は，「製作物供給契約」という概念を定立すべき実質的意義があるかどうかである。すなわち，①「代替物」の製作の場合は一般に売買といえようが，このときでも請負の規定の適用されることを妥当とする場合があるか否か，②「不代替物」の場合は一般に請負とされようが，このときでも売買の規定の適用されることを妥当とする場合があるか否か，という実益的観点から問題とされなければならない（星野256頁）。そして，①「代替物」製作において民法641条の規律を否認しなければならない理由はないし（鈴木640頁），②「不代替物」の製作供給において，有償契約である以上は，性質の許すかぎり売買の規定を類推適用することは不当ではないであろう（広中俊雄『旧版注民⑯』97頁，広中263頁）。このことは，受注生産商品の製作などを考えれば容易に認容されよう。

　しかし，従来の定義であった，「もっぱらまたは主として請負人の材料を使う場合」のすべてを製作物供給契約と捉えることはできない。建物その他土地の工作物の建築は，既定の型にはまった建売住宅の請負は別として，常に請負として扱うべきことを妥当とするからである（通説）。結局において，製作物供給契約に独立の意義を与えるとすれば，「当事者の一方が，相手方の注文に応じ，もっぱらまたは主として自己の材料を用いて〔一般的には自己の仕事場で〕製作した物を供給する契約である」，ということになろうか（来栖449頁，広中

『旧版注民(16)』96-97頁）。そして，このような製作物供給契約を請負と売買の混合契約と捉え，双方の規定が適用されるべきものと解するのが妥当であろう（なお，谷川久「製作物供給契約の性質」商事法務研究285号5頁は，不動産の場合は原則として請負であり，動産の場合は原則として売買となり，それぞれ例外を許すという立論をとる）。

(3)　製作物供給契約の効力

　以上のように，製作物供給契約は，「注文」→「製作（＝仕事の完成）」→「製作物の引渡し（供給＝売買）」というプロセスを経るから，注文→製作の側面では「請負」の規定が，製作物引渡しの側面では「売買」の規定が，それぞれ適用されよう（広中263頁）。

　ただ，製作された物が「不代替物」であるときは，売買的要素よりも請負的要素が濃いであろう（前掲我妻説は，この場合を純粋な請負だとする）。しかし，具体的場合に代替物・不代替物の決定をするのは困難だし（例えば，定型的な建売住宅や自動車の注文など）（谷川・前掲論文5頁），それよりも契約自体が売買的要素をも包含している以上，売買法理も場合によっては適用されるものと考えた方が正当である。したがって，①「代替物」（＝売買的）であっても，請負に関する641条（注文者の解除権）・634〜636条（請負人の担保責任）が，②「不代替物」（＝請負的）であっても，売買に関する573〜574条（代金支払時期・場所）・575条（果実の帰属・代金の利息）の規定が，それぞれ適用されるべきである（星野256頁，鈴木640頁）。混合契約とする意義がある。なお，危険負担・追完請求権などについては，請負としても，売買としても差異を生じない場合が多い（両規定の適用関係については，広中『旧版注民(16)』98-101頁参照）。

２　継続的供給契約

(1)　継続的供給契約の意義と性質

(a) 継続的供給契約の意義　一定の期間（例，1年間）または不定の期間（例，需要のある間），「種類」をもって定められた物を，一定の代金で引き続いて供給する契約を継続的供給契約（逓次的供給契約）と

呼んでいる。例えば，① 新聞・牛乳・ガス・水・電気・テレビ放映などの供給契約や，② メーカーへの原材料の供給契約（みかん缶詰製造業者への県柑橘農協連のみかん売買契約，指定生乳生産者団体と乳業会社間の生乳取引契約，石炭・原油・鉄鉱石のような原材料の供給契約など）がこれに当たる（来栖131-133頁）。

(b) 継続的供給契約の法的性質　上記の例からわかるように，継続的供給契約の基本的性格は「売買」契約（種類売買）であり（来栖130頁, 広中86頁, 三島宗彦「継続的供給契約」『契約法大系Ⅱ』274頁），この種類物の供給＝売買が何回にも分けて行われ，代金も各回の給付ごとに，あるいは旬（月）ごとに支払われるべきことを特徴とするものである。そこから，継続的供給契約の基本的性質として，「契約の単一性」（全体の契約は一つであること），と「各期の給付の独立性」（各期の給付がそれぞれ独立に対等の価値をもっており，各期ごとに給付されること）が演繹されてくる（以下，来栖133-136頁）。

　したがって，その性質に反する次のような契約は継続的供給契約とはいえない。まず，基本契約が存在し，その上で，繰り返し締結される個別契約による継続的な供給契約 —— 例えば，メーカーと特約店との間の商品の供給契約，メーカーと商社間の一手販売契約など，通常見られる取引契約類型 —— は，「契約の単一性」とは相容れず，「継続的供給契約」ではない。また，各期の給付が独立していなければならないということは，その給付が一部給付ではないということである。

　他方において，継続して物を供給する契約には，いわゆる「製作物供給契約」の要素の濃い場合があることに注意しなければならない。例えば，ホップ・ビール大麦・加工用トマトの供給のように，「契約栽培」→生産物の供給＝売買という契約類型や，ブロイラーなど「契約飼育」→売買という契約類型などである。これらの契約においては，栽培や飼育自体も契約内容となっており，単なる供給＝売買契約とは異なる。そして，栽培や飼育の過程は，いわば製作物供給契約における「請負」的側面を有していよう。したがって，これらの契約は，種類物売買契約の範疇である「継続的供給契約」とは異なるものというべきである（来栖131-133頁）。

(2)　継続的供給契約の効力

　以上のように，継続的供給契約は，「契約の単一性」と「各期の給付の独立性」を特色とすることから，法律的には若干の特殊な扱いがされよう。

(a) 同時履行の抗弁権
との関係　　継続的供給契約においては，売主は毎期につき「先履行」の義務を負っており，代金はそれ以後に定期的にまとめて支払われるのが通常である。したがって，この契約にあっては，各期の供給と代金とは，同時履行の関係にはない。

(b) 前期分未払いによる
供給の拒絶　　ただ，買主が前期分の代金を支払わないで今期分の供給を売主に請求するときは，売主は前期分の代金の未払いを理由に当期または次期の供給を拒むことができる（大判昭12・2・9民集16巻33頁）。ただし，この売主の権利は，厳密には，本来の意味における同時履行の抗弁権とは異なろう（広中86頁）。なお，逆に，売主が当期の供給をしないことを理由に，買主が前期分の代金の支払を拒むことは，各期の給付が独立している（一部給付ではない）のであるから，認められないのは当然である。

(3)　解　除

　売買一般についての解除の規定（541〜543条）が適用されるが，次の点に注意すべきである。

(a) 最初の給付の不履行　　最初の給付が不履行の場合には，全契約を解除して損害賠償を請求することができる（大判大8・7・8民録25輯1270頁）。

(b) 途中の不履行　　何期かの給付がされた後に不履行があった場合は，当期以後の未履行部分について契約を解除することができるが，既履行部分については解除することはできない（大判大14・2・19民集4巻64頁）。

　ただ，1回の不履行で未履行部分全部を解除できるか否かは問題である。その不履行によって，「契約の目的」を達することができない場合にのみ，解除を認めるべきであろう。しかし，いずれにせよ，解除できるのは未履行部分であって，継続的供給契約においては，既履行部分の解除を認めるべきで

はない$\binom{\text{来栖138-}}{\text{139頁}}$。このことは，「各期の給付の独立性」から理解されよう。

　給付の目的物につき契約不適合があった場合も，同様に考えることができる。

　なお，ガス・電気・水道の供給については公法上の規制がある。

3　代理店・特約店・販売店契約

(1) 代理店・特約店・販売店契約の意義

　「代理店・特約店・販売店」契約といっても，内容的には，ほとんど差がない場合が多い。もとより，民法でいう「代理」行為とは無関係である。これらは，いずれも，特定メーカーの系列として，そのメーカー・ブランドの商品の販売を行うものである。代理店等は，そのメーカー・ブランドに依存した販売ができるため，安定した収益を得られる期待がある。契約的には，最初に「基本契約書」が締結され，それに基づいて，製品販売等に関する「個別契約」が締結されるのが，一般である。

(2) 代理店・特約店・販売店契約の問題点

　民法的な問題はあまり生じない。しばしば問題が生じるのは，独占禁止法上の問題として，値引き販売をする代理店等に対して，メーカーが商品の供給を停止する制裁を加える場合がある。また，同じ独占禁止法（および国際私法）上の問題であるが，外国メーカーの「総代理店（正規代理店）」となっている販売業者が，並行輸入業者に対して，同一商品についての商標権侵害を理由として，販売の差止めを請求する場合がある。

4 フランチャイズ・チェーン契約

(1) フランチャイズ・チェーン契約の意義

　フランチャイズ・チェーン契約とは，特定の営業権・商標権を有するフランチャイザーが，フランチャイジーに対して，自己の営業権・商標権を使用させ，店舗経営のノウハウを与え，また営業指導を行い，それに対して，フランチャイジーは，フランチャイザーに一定のロイヤリティー等の対価を支払う継続的契約である（例，コンビニ，弁当店，ラーメン店など）。

　一般に知られている商標・暖簾の下で営業が展開されるから，フランチャイジーにとっても，その商標の下での収益が期待されるメリットがある。

(2) フランチャイズ・チェーン契約の問題点

　まず，フランチャイジーは，素人である場合が少なくないということである。優良なフランチャイザーであれば，立地条件や店舗前を往来する人の統計から集客状況を考え，営業の指導を緻密に行うであろう。

　しかし，なかには，フランチャイジーから単にロイヤリティーだけを得る目的で盛んに勧誘をするフランチャイザーもあり，予想をはるかに下回る収益のため，閉店に追い込まれる（しかも，多額の損害金をとられる）フランチャイジーが後を絶たない。このような場合に，フランチャイジーからフランチャイザーに対する損害賠償を認めた判例もある（京都地判平3・10・1判時1413号102頁）。

　フランチャイズ・チェーン契約中には，更新拒絶の制限や，解除した場合に一定期間競業避止義務が課される場合があり，それをめぐって紛争が生じることがある。

5　リース契約

(a) リース契約の意義　「リース」という用語は多様な面で使われているが（例えば，レンタル・リース，メンテナンス・リース，リース・バック，買取権付リースなど），通常リースというときは「ファイナンス・リース」（金融リース）を指すので，この概要ついて述べる。

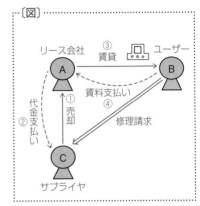

〔図〕

「ファイナンス・リース」というのは，消費者が高額な物品を必要とする場合に，これを購入しないで，その物品を購入したリース業者からリース（賃借）するという方法である。〔図〕例えば，ユーザーBが，コンピュータ1台を必要としているときに，サプライヤ（販売店・物品供給者）Cは，提携先であるリース業者Aにそのコンピュータを売却して代金の支払を受け，その所有権を得たAがBにそのコンピュータを賃貸する。その際，リース期間はほぼ目的物の耐用年数とされ，期間中の解約を認めず，また，Aは修繕義務や担保責任を負わず，危険はBが負担するとの特約が付されるのが普通である。

機能的には，割賦販売と類似するが，契約が終了しても，目的物の所有権は依然リース業者にある点で異なる（契約終了時に，ただ同然の価格でBに売却される場合も多い）。

このようなリース契約は，いうまでもなく，Bの金融のためにされるのであるが，Bにとっては，割賦で購入しようがリースで調達しようが同じであり，特に数年で陳腐化する物品（電子機器や自動車など）については，リース

の方が有利な面があるまた，節税のためのメリットも大きい。現在では，電気製品，自動車，建設機械などのほか，航空機，建設プラントなどの大型の物まで，幅広くリースによって供給されている。

(b) リース契約の法的性質　リース契約の基本を構成するものは，A・B間の賃貸借契約であり，それにA・C間の売買契約が巧みに組み合わされている。それゆえ，両契約は，法理論的には，一応無関係ということになろう。そして，前記したように，修繕義務も担保責任も負わないことから，これを賃貸借類似の無名契約であると理解されてきた。しかし，両契約は経済的目的からも一体化しており，総体として割賦購入契約と同じ機能をもつ契約であることに注意しなければならない。

(2)　リース契約の効力

(a) リース料と使用収益の関係　リースは，リース業者Aが消費者Bに代金全額を融資し，Bはその金額をリース料という形で割賦返済する，という形の構造である。したがって，リース契約成立と同時にリース料全額の支払い義務が発生することになるから，Bの物の使用収益とは対価関係に立たないことになる。また，このことから，民法上の賃貸借契約とは異なり，貸主に使用収益をさせる義務はないとされてきた（特に無名契約説）。

　これに対し，学説は，一般に，両者が対価関係に立つことは否定できないし，当事者が，消費貸借ではなく，金融の目的でリース（賃貸借）構成を選択しているのだから，賃貸人には，「使用収益をさせる義務」があるというべきだとしている（北川116頁）。

(b) リース業者の修繕義務　貸主であるリース業者の修繕義務は，特約で免除されるのが普通である。本来の賃貸借においても修繕義務を排除する特約は可能であるから，認められてよいであろう。しかし，そもそも，この修繕義務はサプライヤが負担すべきものであり，それを，リース構成を選択したがために，リース業者に移転しただけであって，サプライヤが修繕義務を尽くさない限りは，代金の不払いをもって対抗でき

るとすべきであろう。

(c) 担保責任　賃貸借契約においては，賃貸人は担保責任を負わなければならない$\left(\begin{smallmatrix}559\,条→\\561条以下\end{smallmatrix}\right)$。ただ，修繕が可能な場合には，上記(b)で処理されるから，担保責任が問題となるのは，解除の場合であろう。そこで，リース物件に重大な契約不適合があり，そのために契約目的を達することができないときは，Ｂは解除できるであろうか。この担保責任も，特約で排除されるのが普通である。この特約を有効として解除ができないとすると，Ｂは，使いものにならないような物件を抱えながら，リース料を払い続けなければならないことになる。

　この担保責任も，本来はＣが負担すべきものである。そこで，賃貸借契約と売買契約とを別個の契約と見るときは，解除は許されない。しかし，リース契約を，賃貸借契約と売買契約とが複合した一個の金融手段と見るときは，解除も認められなければならないであろう。通常，Ａ・Ｃは，「提携」関係にあるわけだから，Ｃが修補しないとか，瑕疵のために契約目的を達することができない場合には，契約の別個性を主張することは信義則から許されず，Ｂの解除を認めるべきである。

(3)　解除・破産等

　リース業者Ａは，ユーザーＢの債務不履行があったときはリース契約を解除してリース物件を引き上げ，同時に，リース料残額の支払いを請求するのが普通である。Ｂが破産手続開始の決定を受けたときも同様である。

　しかし，Ａは，リース物件の返還を受けた場合には，その原因がＢの債務不履行によるときであっても，その返還によって取得した利益を利用者に返戻し，またはリース料債権の支払いに充当するなどしてこれを清算すべきである。Ａは，「リース料債権の支払を受けるほかに，リース物件の途中返還による利益をも取得しうるものとすることは，リース契約が約定どおりの期間存続して満了した場合と比較して過大な利益を取得しうる」ことになるからである$\left(\begin{smallmatrix}最判昭57・10・19\\判時1061号29頁\end{smallmatrix}\right)$。

第2節　医療契約

1　「医療契約」とは何か

(1)　医療問題の特殊性 ——「医療過誤による損害賠償」問題

(a) 医療過誤に対する賠償責任　患者と医師との関係は，他の契約類型と異なり，唯一，「医師の医療過誤による<u>損害賠償</u>」のみが問題となる。したがって，本来的には，不法行為の領域の問題であった。では，なぜそれを「医療契約」として，契約構成が必要なのか（医療契約「論」につき，手嶋豊『医師患者関係と法規範』55頁以下，村山淳子「医療契約論—その典型的なもの—(1)(2)」西南42巻3・4号，44巻2号）。

(b) 賠償責任法理 —— 不法行為構成か契約構成か　従来（及び現在でも），医療過誤による賠償は，不法行為による責任追及が一般であって，債務不履行責任（契約責任）構成が採られるようになったのは比較的新しい。これは，患者にとって，不法行為責任と比べて，債務不履行責任構成の方が理論的に有利であることが認識されたためである。原則論〔2017年改正前の状況〕を述べれば，——

i　損害賠償請求権の消滅時効　不法行為責任は3年（724条）なのに対し，債務不履行による請求権は，一般債権として10年（旧167条1項）であること（新167条では，「人の生命又は身体の侵害による損害賠償請求権の消滅時効」は20年である）。

ii　証明責任　医師の過失及び損害との因果関係の証明責任は，不法行為にあっては患者であるが（法律要件分類説）（森島昭夫『不法行為法講義』210頁，村上博巳「医療過誤における債務不履行構成の再検討」判タ415号69頁），債務不履行においては，履行義務を負っている医師側に証明責任がある（通説）。

ただし，iについても，起算点のずれも問題となり，iiについても，実務

上は，過失の推定や証明責任の転換が図られるから，一概に比較はできないが，原則として債務不履行責任の方が有利であることは確かである。このことから，とりわけ医療過誤については，債務不履行責任構成がクローズアップされることになった（これを決定づけたのは，最判昭50・2・25（民集29巻2号143頁。自衛隊員緤死事件）である）。

(c) 実態的同一性　この問題は，「損害賠償」問題としては同一であって，法的構成により上記のような違いがあるものの，責任の内容等が変わるわけではない。現在の裁判においては，主位的には不法行為に基づく損害賠償請求がされ，債務不履行に基づく損害賠償請求は予備的に主張されるのが普通である。しかし，患者と医師との間には「医療契約」が合意されていることは理論的にも明かであるから，本書では，「医療契約」の概略を述べ，契約的側面からの医療の本質論と医師の賠償責任を取り上げる（不法行為責任法理とほとんど同一である）（不法行為の観点から【VI】122頁以下参照）。

(2) 医療契約の意義と成立

(a) 医療契約の意義　i 契約理論としての概念規定　「医療契約」は，契約理論からは，患者が医師に対して，自己の病状につき「先ず病的症状の医学的解明を求め，これに対する治療方法があるなら治療行為も求める旨の事務処理」（神戸地竜野支判昭42・1・25下民集18巻1・2号58頁）を依頼し，それを医師が応諾することによって成立する契約とされる。これは，医療契約の対象が「人間としての患者」であることの側面を捨象した，財産的契約理論からの概念規定である。

ii 人間理論としての「患者」との対面　しかし，医療契約は，対象が「患者」であって，その人間の身体的治療とともに精神的ケアやサポートをすることを内容とする契約であるから，財産的視点からのみでは捉えられない側面を持っている。

まず重要なことは，「患者」を（学問的な意味での）「人間」として捉え，「患者の権利」を認識し，それとの対面関係の中で，患者の要望する医療行為を遂行しなければならないことである。

　患者は，自己の身体について自己決定権を有する（したがって，適切な説明を受けるべき）ことは当然であるが，精神的にも病んでおり，尊厳をもって治療を受けるべきことが社会的にも認識されなければならない（ジョージ・アナス/上原鳴夫＝赤津晴子訳『患者の権利』15頁以下）。この動きは，患者の「基本的権利」の宣言として謳われるようになった。重要なものでは，① 1973年・患者の権利章典（アメリカ病院協会），② 1981年・患者の権利に関するリスボン宣言（第34回世界医師会総会採択），などがある。③　わが国では，1997年4月に，「総合研究開発機構」研究会黒田勲座長が，「患者の権利法」の制定を提言した（薬害エイズに関して，「患者不在の医療」から「患者中心の医療」への転換を強く求めている）ことが注目される。

　しかし，医療契約の研究は，まだ緒についたばかりで，様々な問題を内包しており，多角的な研究が必要な領域である。

(b) 医療契約の成立
―― 応招義務との関係　医療契約は，患者と医師との間の私法上の契約であり，患者の診察治療の申込みとそれに応ずる医師の承諾によって成立する（522条）。

　他方，医師には，後述するように，患者が診察治療を求めた場合には，正当な事由がなければ，拒否してはならないとする「応招義務」が課されており（医師19条1項。後掲**3**■参照），医師は，応招義務にしたがって，医療行為を行わなければならない。しかし，これは公法上の義務であるから，私法上の医療契約とは無関係である。医療契約は，応招義務の義務履行行為ではなく，応招義務に基づいて診察するにせよ，患者と医師との間の純粋に私法的な診察契約である（宇都木＝平林編『フォーラム医事法学』231頁以下〔平林勝政〕参照）。

(3) 医療契約の法的性質

(a)「事務処理」委任　医療契約を，通説・判例は，「事務処理」の委任として考える（準委任契約説）。このほか，請負契約説，第三者のためにする契約説，雇用契約説（ドイツの通説），無名契約説，混合契約説などが唱えられている。民法の契約理論から考えれば，準委任ないし無名契約と解してもよいであろう。

しかし，一部に見られる，医師の診療行為を善管注意義務（644条）に，説明義務を状況報告・顛末報告義務（645条）に，それぞれこじつけたりすることは正当ではない。説明が困難なものを，あえて典型契約に結びつけて説明する必要はない。

(b) 役務提供　医療契約は，医師が身体を使った役務提供ではあるが，雇用や他の労働契約などの単なる役務による契約目的の遂行ではなく，患者に対するケアや精神的サポート，医学的説明義務の負担など，人間理論に支えられた役務（サービス）の提供である。

2　医療契約の当事者論と自己決定権

(1)　患者の自己決定権 ── 医療契約の特殊性

(a)「当事者論」　これまで，医療契約につき，「当事者論」が盛んに論じられてきた。例えば，未成年者・成年被後見人や意識喪失者が患者である場合を想定しての，法定代理構成，第三者のための契約構成，事務管理構成などである。しかし，財産法上の行為主体理論を医療契約に当てはめることは無意味である。そもそも，医療契約において重要なことは，誰が当事者かではなく，医療契約の「当事者」として何が問題なのかを認識することである。

(b) 医的侵襲と自己決定能力　「医療行為」というのは，その行為自体が，本来は不法行為を構成するものである。すなわち，患者の生命・身体・健康にかかわるところの，患者の身体に不可逆的な医的侵襲を加える行為であって，医療契約はその医的侵襲を内容とする契約なのである。本来，自己の身体・生命に対する侵襲は，たとえ医師であっても許されるわけがない。自分だけが自己の身体をコントロールできるのであって，そうであれば，その基本は，患者自身の自己決定にあるといわねばならない。したがって，医師の診療行為は，患者の自己決定権の中に包摂されるものである（→インフォームド・コンセントの根拠）と同時に，患者が当

事者として診療を受けるには，その<u>医療行為の意味を十分に理解して承諾する能力</u>があればよいのである。もとより，行為能力や意思能力とは別個の観念である(身体の処分と自己決定についての分析は，大久保邦彦「生命・身体の処分と私的自治(1)」神院27巻3号15頁以下)。

したがって，「当事者」を問題にするのであれば，この承諾能力をその中にどのように位置づけるのか，という観点から考察しなければならない。

> 【「不可逆的な医的侵襲行為」とは】　「不可逆的」というのは，その侵襲行為によって身体が元に戻らない状態に至ることである。例えば，投薬によって病状が直ったとしても，薬によって身体の多くの機能が不可逆的な異変を起こし，その異変作用の一つとして病状が直ったわけである。しかし，<u>身体は，薬の様々な作用のために，無自覚的にせよ，確実に投薬以前の状態ではなくなっている</u>(その後に正常に戻ったとしても，それは各個人の回復力の問題である)。手術の場合でも同じである。悪い部分は摘出されるかも知れないが，切開された部分の細胞は元には戻らないものとなっているのである。
>
> 医療行為は，原理的には不可逆的侵襲行為であり，したがって，不法行為を構成する。これが許されるのは，患者本人の「同意」があるからである(後掲 **③④**(c)(313頁)「インフォームド・コンセント」参照)。

(2) 患者の承諾能力

(a) 自己決定能力との関係　患者の自己決定において重要なことは，その「承諾能力」である。従来，承諾能力は，「意思能力」の具体的な現れであると解されてきたが(野田寛『医事法・中巻』381頁など)，この理解は不要である。意思能力は7〜10歳程度とされるのだから，承諾能力とは噛み合わないであろう。

学説では，どのくらいの年齢になれば承諾能力を有するかの問題として年齢を基準に考え，「15歳説」(養子縁組の未成年者の同意を根拠とする)，「16歳説」(原付免許取得年齢，女子の婚姻年齢を根拠とするが，意味のある考えとは思われない)，「18歳説」(医学的知識の高度化に伴い高校卒業程度とする)などがある(廣瀬美佳「医療における代諾に関する諸問題・上」早研60号250頁以下参照)。

しかし，未成年者に親権者がなぜ必要かといえば，それは<u>未成年者の保護</u>

に欠くべからざるものだからであって，そうであれば，<u>自己決定に際しての「承諾」</u>についても，その観点から親権者の承諾が必要であると考えるべきものと思う。確かに，16歳程度になれば医療行為の意味を十分に理解できるであろう。しかし，わが国で未成年者に親権者制度が採られている以上は，医療契約においてもその保護思想を採り入れるべきである（もとより，通常の診療においては，親権者の承諾は推定してよい。問題が表面化するのは，重大な手術などの場合である）。成年被後見人の場合も同様である。親権者には監護義務（820条）が，後見人には療養看護義務（858条）が課せられていることに留意すべきである。

(b) 親権者等による承諾　さて，承諾能力がない者（未成年者又は成年被後見人）に対して，親権者又は後見人は，いかなる形で承諾をするか。2つの考え方が対立している。

〔A〕「代諾」説　「代諾」とは，<u>法定代理人による「代理承諾」</u>であるから，理論的には「代理」理論である（廣瀬・前掲論文・上254頁・下61号177頁，同「アメリカ判例にみる代諾の理論とその限界」『現代家族法の諸相』（高野竹三郎古稀）489頁以下），

〔B〕「監護権」説　未成年者保護のための親権者の監護権の行使であるとする（寺沢知子「未成年者への医療行為と承諾」民商106巻5号87頁以下・6号65頁以下・107巻1号56頁以下）。

私は，上記で叙したとおり，監護権説に与したい。

(3) 社会保険診療と自由診療

(a) 社会保険診療の仕組み

〔図①〕患者が診療を受けるに際しては，社会保険（医療保険）を利用するのが普通である。そこで，社会

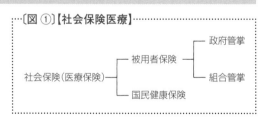

〔図①〕【社会保険医療】

保険診療の仕組みと，もう一つ，特に交通事故の患者が自由診療を余儀なくされている現状を考えよう。

〔図②〕患者と医師との間で，診療することにつき合意があれば，医療契約

は成立する。その際の、患者の主たる債務は診療費支払義務であり、医師のそれは診療義務である。ところで、「保険」とは、〈あるかも知れない負担（ないし義務）を、他人が肩代わりして負担することを、あらかじめ合意しておくこと〉を基本原理とする契約であっ

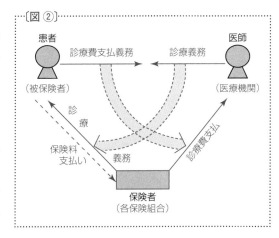

［図②］

て、保険料の支払いと肩代わりの負担（保険金）とは対価関係に立つ。この保険原理が、医療契約に掛けられた場合はどうなるか。

　健康保険制度は、被保険者が「保険料」を支払うことにより$\binom{健\ 保\ 155}{条・156条}$、保険者が、被保険者の疾病、負傷、死亡または出産に関して「保険給付」をするという構造である$\binom{同1}{条}$。保険給付の中心は、「療養の給付」（診察、薬剤等の支給、治療、居宅看護、病院等への入院・看護など）であり$\binom{同\ 63}{条1項}$、この「療養の給付」を担当するのは、保険医療指定を受けた保険医療機関（または保険薬局）であり$\binom{同70条}{第1項}$、そこに勤務する医師・薬剤師は、健康保険の診療・調剤に当たらなければならない$\binom{同72条}{第1項}$。

　(b)「二重の保障」政策　この健康保険制度は、一般医療制度を基礎として国民の健康を社会的に保障しようとするものであって、その観点から、二重の「保障」政策が採られている。第1は、診療費の肩代わり支払いであり、ここで前述の「保険」原理が使われている。第2は、本来、一般医療契約における医師の当然の義務であるところの「診察治療義務」を、国家が「療養の給付」という形で「保障」していることである。「療養の給付」の実体は診察治療であって$\binom{健康保険法の}{各規定参照}$、これは、医療契約における医師の固有の義務であり、その内容からも、保険者がみずから負担できるものではない。したがって、特別に認められた「保障」制度と理解しなけれ

ばならない。

　それゆえ，保険医療が使われようとも，医療契約の当事者は，患者と医師であることには変わりはないのである（東京地判昭47・1・25判タ277号185頁，／東京地判昭49・4・2判時738号24頁）。従来見られた，契約当事者は患者と保険者であり医師は保険者の被用者であるとか，保険者と医師との間での第三者（患者）のための契約だとかの理解は，正しくない。

　(c)「自由診療」の問題　社会保険は，原則として被保険者証の提出によって発効し，保険診料扱いとなる。しかし，「緊急やむを得ない事由によって被保険者証を提出することができない患者であって，療養の給付を受ける資格が明らかなものについては，この限りではない」（療養担当規則3条）。

　ところが，交通事故の被害者については，個人病院では8割以上が，公的病院でも5割以上が，契約自由の原則を根拠に「自由診療」を要求し，患者はそれに応じざるをえないのが現状である（自由診療では，保険診療基準にとらわれずに診療単価を自由に設定でき，また，実質的な支払者は，患者ではなく保険会社だからである）（伊藤文夫「交通事故における自由診療と／診療報酬額」医事法5号161頁以下参照）。

　上記の「療養担当規則」「保険医療機関及び保険医療養担当規則」には法的拘束力がないから，自由診療を規制することはできない。しかし，国民皆保険制度を採っている以上は好ましいことではないであろう。それゆえ，健康保険診療基準が定めている合理的な単価基準と比べて，大幅に超える報酬を請求する場合には，民法90条（公序良俗）等による規制が必要であろう。

③　医師の義務

(1)　応招義務と診療拒否

　(a)「応招義務」とは何か　医師法は，医師に対して，「診療に従事する医師は，診察治療の求があった場合には，正当な事由がなければ，これを拒んではならない」（医師19条1項）とする義務を課している。これを，

応招義務又は応需義務という。

　これは公法上の義務であるから，医師がこれに従わなくても，民事上の責任（損害賠償責任）は直ちには発生しない。

　(b) 医師の「診療拒否」の場合は　例えば，救急搬送の患者が，病院から診察を拒否され，その結果死亡してしまったという事例も多い。この場合，医師は，実際の診察を行っていないのだから，"診療ミス"（医療過誤）ということはあり得ず，理論的にも，医師の賠償責任も発生しない。

　他方，上記のように，医師には，「応招義務」が課されている。これは，公法上の義務であり，民事上の責任が発生しないことは確かであるが，しかし，応招義務は患者保護の側面をも有するから，医師の診療拒否によって患者が損害を受けた場合には，医師に「過失」があるという推定がされ（事実の推定），診療拒否が正当の事由に基づくものでない限り，その「過失」は覆されず，医師の責任は免れない（千葉地判昭61・7・25判タ634号196頁，神戸地判平4・6・30判時1458号127頁〔交通事故で瀕死の重症者が市立病院で受入を拒否されて死亡〕）。

　これは，裁判官の訴訟指揮として，一般の経験則上「過失を推定」し，反証によって推定を覆させるが，反証事実を厳格に認定することにより容易に推定を覆滅させず，事実上義務違反を逃さないという方法である。「過失の推定」理論による責任認定であり，訴訟法上重要な機能を営む（詳細は，【Ⅵ】129頁以下）。

　これによって，医師は，実際に診察していなくても，賠償責任を免れない法理が形成されたといえる。

(2)　診療義務（狭義）

　(a)「医療水準」論　医師の中心的義務は「診療義務」である。そして，診療を行うに際しては，「医療水準」に従わなければならないとされてきた。したがって，「医療水準」は，医師の行為規範（行動基準）である（しかし，現実には，医師はどの程度のレベルの診察を行っていれば賠償責任を負わないか，という場面で機能してきた）。

　従来，「医療水準」とは，学問的な「医学水準」（将来において一般化すべき

目標の下に現に重ねつつある基本的研究水準）ではなく，「診察当時のいわゆる臨床医学の実践における水準」（専門家レベルで現に一般普遍化した医療としての現在の実施目標）であるとされてきた（松倉豊治『医学と法律の間』130頁以下。最判昭57・3・30判時1039号66頁（未熟児網膜症），最判平4・6・8判時1450号70頁）。

　しかし，高度な大学病院でも町の開業医でも普遍的な医療水準が存在するとは幻想であり，医療水準論は大学病院が医療水準に従っていさえすれば責任を回避できることに帰するものだ，として強力な批判を浴びた（滝井繁夫＝藤井勲「『医療水準論』の現状とその批判」判タ629号12頁以下など）。

　そこで，最高裁は，「医療水準論」についての考え方を変えるにいたった。すなわち，最判平7・6・9（民集49巻6号1499頁（未熟児網膜症が疑われる場合は光凝固法が可能な他の病院に転医させる方針であったところ，担当医はそれをしないで一般的に普及していた酸素投与法を実施））は，〔ⅰ〕ある新規の治療法が医療水準にあるかどうかは，「当該医療機関の性格，所在地域の医療環境の特性等の諸般の事情を考慮すべきであり，上記の事情を捨象して，すべての医療機関について診療契約に基づき要求される医療水準を一律に解するのは相当でない」，〔ⅱ〕「新規の治療法に関する知見が当該医療機関と類似の特性を備えた医療機関に相当程度普及しており，当該医療機関において上記知見を有することを期待することが相当と認められる場合には，特段の事情が存しない限り，上記知見は上記医療機関にとっての医療水準というべきである」，〔ⅲ〕「当該医療機関としてはその履行補助者である医師等に上記知見を獲得しておくべき」であるとした。次いで，最判平8・1・23（民集50巻1号1頁（虫垂炎での腰麻ショック））は，〔ⅳ〕医療慣行との関係につき，医療水準は，医師の注意義務の基準（規範）となるべきものであるから，平均的医師が現に行っている医療慣行とは必ずしも一致するものではなく，医師が医療慣行に従った医療行為を行ったからといって，医療水準に従った注意義務を尽くしたとはいえない，とした（医療水準論についての総合的な研究は，山口斉昭「医療水準論の判断枠組み」早研79号309頁以下，同「『医療水準論』の形成過程とその未来」早誌47巻361頁以下）。

　このように，「医療水準」は，現在は，従来のような画一的観念でなく，当該医療機関が置かれた状況・特性に応じて判断されるべきものと解されている。

(b) 医療水準と賠償責任　医療水準を根拠として損害賠償の請求ができるかにつき，2 つの問題がある。

i　「相当程度の可能性」の立証　第 1 は，疾病のため死亡した患者の診療に当たった医師の医療行為が，過失により医療水準に適ったものでなかった場合において，医療行為と死亡との因果関係が証明されないが，医療水準に適った診療が行われていたならば患者は死亡しなかったと考えられる場合に，損害賠償請求ができるかである（なお，医療水準は行為規範であるから，そこから，実体法上の責任は発生しない。ただ，一般的な手術で死亡したなどの結果については，医師側に「過失が推定」されるから（上記**(1)** (b)参照），「過失により医療水準に従わなかった」ことを前提として考える）。

最判平 12・9・22（民集54巻7号2574頁）は，この事例において，患者が死亡の時点においてなお生存していた「相当程度の可能性」があり，その存在が証明されるときは，医師の不法行為による損害賠償責任を負うとした。この判決を承け，最判平 15・11・11（民集57巻10号1466頁）は，患者を高度医療機関へ転送すべき開業医の義務と懈怠につき，患者の重大な後遺症の残存との間に因果関係の存在が証明されなくても，「適時に適切な医療機関への転送が行われ，同医療機関において適切な検査，治療等の医療行為を受けていたならば患者に上記重大な後遺症が残らなかった相当程度の可能性の存在が証明されるときは」その賠償責任を負うとし，また，最判平 17・12・8（判時1923号26頁）は，後掲の「転医義務」の事案で，「速やかに外部の医療機関へ転送されていたならば重大な後遺症が残らなかった相当程度の可能性の存在が証明」された場合の責任を肯定している（ただし，事案では否定）。

ii　「医療水準」期待権の侵害　第 2 は，医療水準に適った医療行為を受けるべき「期待権」が侵害されたことによる損害賠償請求ができるか，である。最判平 23・2・25（判時2108号45頁）は，「患者が適切な医療行為を受けることができなかった場合に，医師が，患者に対して，適切な医療行為を受ける期待権の侵害のみを理由とする不法行為責任を負うことがあるか否かは，当該医療行為が著しく不適切なものである事案について検討し得るにとどまるべきものであるところ，本件は，そのような事案とはいえない」として否定する。

(3) 転医義務

(a) 診療行為としての「転医義務」 医師の基本的な義務が，診療（診察治療）義務であることはいうまでもないが，しかし，私は，「転医」義務もまた，診療行為の重要な義務であると考える。医師が単独で診察するには限界があるし，診療レベルにも差があるから，医師は，十分な診療が不可能と判断した場合には積極的に転医させなければならない。

(b) 「患者の意思」 「転医」は，症状判断や医療設備との関係で，当該医療機関で最善の診療ができるとは限らない場合に，他の医療機関で診療を受けることであるが，しかし，その基本は，「患者の意思」であると考える。患者としても，当該医療機関に来診したのは，偶然の選択によるもので，その医師から最後まで診療を受けようとは思っておらず，そこで満足のいく診療が不可能なら，最先端の大学病院等で診療を受けたいというのが本心であろう。「医療とは本来，最初にどの医療機関で受診しようと，最終的には適切な診療が受けられるルートに通じていなければならない」(野田寛「判批」法時52巻6号140頁)とは名言である。

(c) 判例の態度 判例も，転医義務を積極的に認めている。すなわち，① 浦和地判平5・7・30(判時1494号139頁)を走りとして，② 前掲最判平7・6・9は，当該医療機関に適切な技術・設備等がないときは，「これを有する他の医療機関に転医させるべきなど適切な措置を採るべき義務がある」ことを認めている。また，③ 前掲最判平15・11・11及び④ 前掲最判平17・12・8は，適切な転医・転送がされていたなら重大な後遺症が残らなかったであろうと認められる損害賠償の証明として「相当程度の可能性」の証明を必要としていること，前記のとおりである。

(4) 説明義務

(a) 医師の「説明義務」とは何か 医師に課されている「説明義務」は，財産上の契約で要求される説明義務とは全く異

なる。医療行為は，患者の身体に対して不可逆的な侵襲を加える行為であって，それは，唯一，患者の「自己決定」と「承諾」を基礎として違法性を阻却するものとして機能するからである。このことを逆からいえば，患者は，「自己決定」に結びつくところの，自分の身体の症状につき知ることができる（知らなければならない）とする「知る権利」と表裏の関係にあるというべきである。2つに分けて考える。

(b)　一般医療情報提供義務　医師は，診療した以上は，患者の病状，処方の開示，薬剤の効用や禁忌・副作用等の情報を，提供する義務がある。

　問題なのが，「カルテの開示」である。医師は，診察した場合には診療録（カルテ）を作成する義務がある（医師24条）。しかし，その閲覧を請求することは，患者本人であっても実体法上は認められていない（東京高判昭61・8・28判時1208号85頁）。これは，それが訴訟になった場合には，証拠提出命令により，いずれ診療録が開示されるのだから，実体法上の権利として認めなくてもよい，というのがその理由であるといわれる（鹿内清三『訴訟事例に学ぶ医療事故と責任』313頁以下）。しかし，訴訟の場面と，通常の開示請求とでは意味が違うのであり，患者は，自己の身体の症状について「知る権利」があり，客観的データとしてカルテの開示は認められなければならない（和田努『カルテは誰のものか』参照。各国の開示請求権については，植木哲『医療の法律学』128頁以下，河原格『医師の説明と患者の同意』23頁以下（ドイツ）。この問題についての総合的検討は，「特集・診療記録の開示と法制化の課題」ジュリ1142号4頁以下。なお，2003年4月に，厚労省検討会は，患者本人の開示請求を認め，訴訟を前提とする場合には遺族にも認める指針案を出している）。

(c)　「インフォームド・コンセント」　最も重要なのが，治療に際しての患者の「同意」を得る前提である説明義務，すなわち「インフォームド・コンセント」法理（Informed Consent Doctrine）である。インフォームド・コンセントは，Information（情報・説明）が与えられたConsent（同意）ということであるが，患者の「同意」を得るためには，医師は，十分な説明をしなければならない。

　　i　違法性阻却事由から自己決定権理論へ　もともと，インフォームド・コンセント法理は，医療事故訴訟において，患者の証明責任を軽減するために発展してきた理論である。すなわち，英米法においては，不法行為は，Battery（故意・害意による不法行為）と，Negligence（過失による不法行為）が

あるが，患者の同意がなく行われる治療，同意されたものと異なる治療，患者の同意を無視して行われる治療，同意の範囲を越えて行われる治療，同意の条件に反した治療などの場合にBatteryが成立し，患者の同意はあるが説明（とりわけ危険に関する説明）がされなかったか，または説明が適切でなかった場合（説明義務が尽くされていない治療）にNegligenceが成立するとされる。そこで，これらの場合に重要なのが，患者の「同意」の問題 —— すなわち，適切な「説明」を受けていれば治療に「同意」しなかったはずだ —— であった。

　ところが，「同意」自体は，不法行為責任を成立させない事由でもあるから，当然のことながら，現実には，<u>医師の医療行為（医的侵襲行為）の違法性を阻却する事由</u>として機能してきたのである（丸山英二「インフォームド・コンセントの法理と現状」法セミ458号10頁以下，大城猛＝福田弘＝高岡正幸「インフォームド・コンセント」日本医事新報3636号131頁以下）。

　しかし，その後の理論的な深化により，患者の「自己決定権」を根拠に説明されるようになった。すなわち，自分の身体の運命（医的侵襲行為）は自分だけが決定できるのだとすることを根拠に，患者に対する治療について，<u>患者の自己決定としての同意・承諾を引き出すためには十分な説明を行わなければならない</u>のである。この説明を前提として，患者は，当該治療を受諾するかどうかを「決定」することになるのである。

　ⅱ　「説明」の内容　　では，医師が患者に対してすべき「同意のための説明」の内容は何か。説明の内容は，患者の「知る権利」の内容でもある。ジョージ・J・アナスは，医師の説明すべき内容を，次のようにいう（ジョージ・アナス/上原鳴夫＝赤津晴子訳『患者の権利』15頁以下）。

　　(α)　医師が勧める治療または処置に関する概要の説明

　　(β)　勧める治療・処置の，リスクと便益の説明，とくに，死亡や重大な身体障害のリスクについての説明

　　(γ)　別の治療方法や処置を含め，勧める治療　・処置以外にどんな選択があるかの説明，およびそれらについてのリスクと便益の説明

　【医療水準として未確立な治療法についての説明】　　治療に際しては，その環境・状況に応じた「医療水準」に従うべきであるが，未確立の治療法については，必ずしも説明義務を負うものではない。

　しかし，判例は，少なくとも，当該療法が少なからぬ医療機関において相当数実施され，積極的な評価もされており，かつ，患者が当該療法の自己への適応の有無，実施可能性について強い関心を有していることを医師が知った場合などにおいては，たとえ自分がその療法に対して消極的な評価をしており，それを実施する意思がないときでも，「なお，患者に対して，医師の知っている範囲で，当該療法（術式）の内容，適応可能性やそれを受けた場合の利害得失，当該療法（術式）を実施している医療機関の名称や所在などを説明すべき義務がある」とした（最判平 13・11・27 民集55巻6号1154頁）。説明義務についての適切な理解である。

　(δ)　治療を行わない場合に想定される結果

　(ζ)　成功する確率，および何をもって成功と考えているか

　(η)　回復時に予想される主要な問題点と，患者が正常な日常活動を再開できるようになるまでの期間

　(θ)　信頼にたる医師たちが同じ状況の場合に通常提供している，上記以外の情報

　このような内容の「説明」は，原理的には，患者側の同意を引き出すための前提であるかもしれない。とりわけ，医学的知識に乏しい患者に対しては，同意を得るための十分な情報を与えなければならない。しかし，これは，「知る権利」を中核とする患者の「基本的権利」なのであって，そこから，自律規範としての「自己決定」権が導かれるのである。

(5)　安全配慮義務

　安全配慮義務は，一般的には，契約関係に入った当事者が，互いに相手方の生命・身体・財産的諸利益（完全性利益）を侵害しないように負担する注意義務（独立的注意義務）である。しかし，契約類型によっては，契約の本体的義務（給付義務）として位置づけなければならない場合がある。医療契約は，その典型であろう（【Ⅳ】108頁 以下参照）。

第4章　消費者保護規範と契約

第1節　消費者保護規範

序　説　消費者保護政策

(1)　「私的自治」と「自己責任」原則

　「市場」（マーケット）とは，本来，取引者が自己の計算において自由に取引をする場であり（私的自治の原則），したがって，当然ながら，市場取引は，「自己責任」原則によって支えられているものである。ただし，「自己責任原則」の適用に当たっては，「平等で対等な人間」が想定され，かつ措定されなければならない。不平等な取引や制限された取引は，経済的弱者を排出し，市場の健全な発展を阻害し，資本制市場の崩壊につながるからである。

　1990年代中頃から急速に推進された市場関係の規制の緩和・撤廃は，公正で自由な競争の「市場」の実現を目指すものであった。そのためには，市場参加者が「自己責任」で自由に取引できるようなシステム作りが必要である。しかし，現代においては，契約内容が特殊的かつ専門的知識を必要とする契約類型も多く現れており，ここで「契約の自由」を謳うなら，一方当事者（知識を有しない素人）に著しい不利益を発生させよう。

(2)　説明義務による自己責任原則の維持

　そこで，「自己責任の原則」を機能させて市場取引を健全化するためには，当事者間の情報の格差を埋めるなど，市場機能を維持するための様々な法的処置が必要となる。契約当事者の一方が専門家であり，他方が素人である場

合には，専門家に対して「説明義務」を課し，それによって素人に十分な知識を与えて＜当事者の立場の平等＞を作出し，その結果として＜契約自由の原則＞を維持・貫徹させるという方法は，そのシステムの一つである。既述したように，近時高唱されている「適合性の原則」は，私的自治原則，契約自由原則及び自己責任原則と結びついてこのシステムを強力に構築しようとするものであり，したがって，資本制社会の取引市場を支える現代的契約原理と捉えるべきである（第1章第1節**1**(2)(c)（8頁以下）参照）。

　現代において既に一般化しているこの方法は，直截に弱者を保護するという手法ではなく，「契約自由原則」を貫徹して，「取引の自由」を保証する"市場原理の一つの形"なのである。後掲の「消費者基本法」2条において，「消費者が自らの利益の擁護及び増進のため自主的かつ合理的に行動することができるよう消費者の自立を支援することを基本として行われなければならない」というのは，この理念の現れである（次掲**1**(1)(b)ii参照。なお，消費者問題のアウトラインについては，河上正二『遠隔講義・消費者法2020』7頁以下）。

1　消費者基本法

(1)　「消費者保護」の基本法

(a)「消費者の権利」の承認　「消費者保護」は，「消費者の権利」の承認から始まる。その一般的理念とわが国での承認過程については，既述した（第1編第1章第1節**2**(5)（20頁））。「消費者の権利」とは，概説すれば，「① 消費者の安全が確保され，② 商品及び役務について消費者の自主的かつ合理的な選択の機会が確保され，③ 消費者に対し必要な情報及び教育の機会が提供され，④ 消費者の意見が消費者政策に反映され，並びに⑤ 消費者に被害が生じた場合には適切かつ迅速に救済されること」である（消費基2条1項）。

(b)「消費者基本法」の基本理念　旧消費者保護基本法を受け継いだ「消費者基本法」は，わが国の消費者保護の基本的理念とその施策の方針を規定する基本法である。そして，その「消費者政策」

は，消費者と事業者との間には「情報の質及び量並びに交渉力等に関して格差があること」を基本認識として，次の2つの理念の下に行われなければならない（法2条 1項）。

i　「消費者の権利」の尊重　第1は，消費者の権利の尊重である。「消費者の権利」とは，上記(a)の①～⑤に掲げる事項を内容とした権利である（法2条 1項）。

ii　「消費者の自立」の支援　第2は，消費者の自立の支援である。消費者がみずからの利益の擁護および増進のため自主的かつ合理的に行動できるようにする「自立支援」である（法2条 1項）。

(2)　国・地方公共団体・事業者の責務

(a) 国・地方公共団体の責務　国・地方公共団体は，上記の「消費者の権利の尊重」および「消費者の自立の支援」の基本理念に則って，消費者政策を推進する責務を有する（法3条・ 4条）。また，政府は，消費者政策の計画的な推進を図るため，そのための一定の「消費者基本計画」を定めなければならない（法9 条）。

(b) 事業者の責務　事業者は，上記の基本理念にかんがみ，供給する「商品および役務」について，以下の責務を有する（法5条 1項）。

i　消費者の安全および消費者との取引における公正を確保すること

ii　消費者に対し必要な情報を明確かつ平易に提供すること

iii　消費者との取引に際して，消費者の知識，経験および財産の状況等に配慮すること

iv　消費者との間に生じた苦情を適切かつ迅速に処理するために必要な体制の整備等に努め，当該苦情を適切に処理すること

v　国または地方公共団体が実施する消費者政策に協力すること

なお，事業者は，供給する商品および役務に関して，環境保全に配慮しかつ品質を向上させ，また，事業活動に関し消費者の信頼を確保するよう努めなければならない（法5条 2項）。

(3)　消費者・消費者団体の自主性

(a) 消費者　　消費者は，消費生活に関して，① みずから進んで必要な知識を修得し，必要な情報を収集する等自主的かつ合理的に行動し，また，② 環境の保全および知的財産権の保護に配慮するよう，努めなければならない（法7条）。

(b) 消費者団体　　消費者団体は，消費生活に関する情報の収集および提供ならびに意見の表明，消費者に対する啓発および教育，消費者の被害の防止および救済のための活動その他の消費者の消費生活の安定および向上を図るための健全かつ自主的な活動に努めるものとする（法8条）。また，国は，国民の消費生活の安定および向上を図るため，消費者団体の健全かつ自主的な活動が促進されるよう必要な施策を講じるものとする（法26条）。

(4)　消費者保護の基本的施策

(a) 国の「基本的施策」　　国は，次の「基本的施策」を講じるものとする（法11条以下）。すなわち，① 商品および役務に関する「安全性の確保」（法11条），②「消費者契約」の適正化（法12条），③ 商品および役務についての「適正な計量」の実施の確保（法13条），④ 商品および役務についての「規格」の適正化（法14条），⑤ 広告その他の表示の適正化（法15条），⑥ 公正自由な競争の促進（法16条），⑦ 啓発活動および教育の推進（法17条），⑧ 意見の反映および透明性の確保（法18条），などである。

(b) 苦情処理及び紛争解決の促進　　地方公共団体は，商品および役務に関して事業者と消費者との間に生じた苦情が専門的知見に基づいて適切かつ迅速に処理されるよう，そのあっせん等に努めなければならない（法19条1項）。また，国または都道府県は，その苦情処理のために人材の確保等必要な施策を講じ，またその紛争処理のために必要な施策を講じるよう努めなければならない（同条2項・3項）。

(5)　行政機関・消費者政策会議

(a) 国民生活センター　国民生活センター（独立行政法人。各県に置かれている）は，① 国民の消費生活に関する情報の収集および提供，② 事業者と消費者との間に生じた苦情の処理のあっせんおよび当該苦情に係る相談，③ 消費者からの苦情等に関する商品についての試験，検査等および役務についての調査研究等，④ 消費者に対する啓発および教育等，における中核的な機関として積極的な役割を果たすものとする（法25条）。

(b) 消費者政策会議　内閣府に，「消費者政策会議」を置き，① 消費者基本計画の案の作成，② その他，消費者政策の推進に関する基本的事項の企画，消費者政策の実施の推進，並びにその実施の状況の検証・評価・監視，をつかさどる（法27条）。

2　消費者契約法

(1)　「消費者契約法」の意義

　「消費者保護規範」の基本的理念が，市場取引の当事者を対等・平等な立場に置こうとするものであることは，上記したとおりである。しかし，一方当事者の無思慮窮迫に乗じて，相手方が何も知らせず，又は虚偽の事実を伝えて，契約を締結してしまうケースが後を絶たない。

　そこで，消費者保護規範に反し，対等でない取引がされた場合に，消費者を保護しようとするのが，「消費者契約法」である（2002年制定）。

　本法は，第1に，(α)事業者に対して，① 消費者契約条項の作成にあたっては，消費者の権利義務等が明確かつ平易になるよう配慮すること，② 契約締結の勧誘に際しては，消費者の権利義務等について必要な情報を提供するよう努めること，を要求している。他方，(β)消費者に対しては，契約の締結に際し，事業者から提供された情報を活用して，消費者の権利義務等について理解するよう努めること，を要求している（法3条）。

第2に，消費者の保護策として，消費者と事業者との間に情報の質および量ならびに交渉力につき格差があることにかんがみ，(α)消費者は，事業者の一定の行為により「誤認」し，または「困惑」した場合は，契約の申込みまたは承諾の意思表示を「取り消す」ことができるとし，また，(β)事業者の損害賠償責任を免除する条項その他の消費者の利益を不当に害する条項については，その全部または一部を「無効」とした（法8条1）。

第3に，「差止請求権」・「団体訴訟」制度の創設である。上記の施策は，消費者被害を個別的・事後的に救済するものであり，そのため，消費者被害の拡大や防止には機能しない。そこで，2006年の改正により第3章以下（法12条以下）が追加され，消費者の被害の発生・拡大を防止するために，適格消費者団体が，事業者の不当な行為に対して「差止請求」ができるとする制度が導入された（2007年6月7日施行）。

(2)　意思表示（申込み・承諾）の「取消し」

(a) 消費者の「誤認」　消費者は，事業者が消費者契約締結を「勧誘」するに際して以下の行為をしたことにより，「誤認」をし，それによって契約の申込みまたは承諾の意思表示をしたときは，これを「取り消す」ことができる（法4条1項柱書，同2項本文）。

i　不実告知（法4条1項1号）　事業者が，商品やサービスの内容・取引条件など「重要事項」（消費者が契約を締結するか否かの判断に通常影響を及ぼす事項）について，虚偽の説明をしたため，消費者がそれを事実であると「誤認」した場合である。値札41万円のリングを29万円で購入した際（後に質屋で5〜10万円の代物といわれた），店員が他店で購入すれば値札程度の値打ちがあると言ったこと（＝一般的な小売価格）は，購買意思の形成と密接に関連するから，法4条4項1号の「物品の質ないしその他の内容」に当たり，かつ同1項1号の「重要事項」に該当する（大阪高判平16・4・22判例集未登載）。

ii　断定的判断の提供（法4条1項2号）　事業者が，契約の目的となる商品やサービスにつき，将来における価格や受取額が不確実であるにもかかわらず（例えば，変額保険や先物取引など），断定的判断を提供したため，消

費者が確実であると「誤認」した場合である。

　　iii　不利益事実の不告知（法4条2項）　　事業者が, 契約の重要事項（またはそれに関連する事項）について消費者の利益となる旨を告げ, かつ, 当該重要事項について消費者の<u>不利益となる事実を故意に告げなかったことにより</u>, 消費者が当該事実を存在しないものと「誤認」した場合である。隣地に日照を阻害するマンションが建つことを知りながら「日照良好」としてマンションを販売することなどである。

（b）消費者の「困惑」　　消費者は, 事業者が消費者契約締結を「勧誘」するに際して以下の行為をしたことにより,「困惑」し, それによって契約の申込みまたは承諾の意思表示をしたときは, これを「<u>取り消</u><u>す</u>」ことができる（法4条3項柱書）。

　　i　事業者の不退去（法4条3項1号）　　事業者に対して, 消費者が, その住居等から退去すべき旨の意思を示したにもかかわらず, その場所から退去しない場合である。例えば, 子供用教材の訪問販売員が自宅に長時間居座り, 帰ってくれといっても帰らないので, やむなく購入する契約を締結してしまったという場合などである。

　　ii　消費者の監禁（法4条3項2号）　　勧誘場所において消費者が退去する旨の意思を示したにもかかわらず, 事業者が消費者を退去させない場合である。例えば, 街頭のキャッチセールスが消費者をビルの一室に連れて行き, 消費者が帰りたいといっても帰さない場合はこれに当たる。

（c）詐欺・強迫規定との併存　　上記の「誤認」・「困惑」による「取消し」は, 民法96条による詐欺・強迫の主張を妨げるものではない。したがって, 詐欺・強迫の要件を満たすならば, その主張も可能である（法6条）。

（d）取消権の行使期間　　上記の消費者の取消権は, 追認をすることができる時から1年間行使しないときは, 時効によって消滅する（法7条1項前段）。消費者契約締結時から5年を経過したときも, 同様に消滅する（同項後段）。

⑶　契約条項の「無効」

(a) 損害賠償責任の免除条項　以下に掲げる，事業者の損害賠償責任を免除し又は責任の有無・限度を付与する条項は無効である（法8条1項柱書）。

　　i　事業者の「債務不履行」により生じた損害賠償責任の<u>全部を免除し</u>，又は事業者にその<u>責任の有無を決定する権限を付与する条項</u>（法8条1項1号）　事業者の債務不履行によって生じた損害賠償責任を免除する条項は無効である。例えば，デパートの駐車場に駐車していた車が損傷を受けた場合に，その入り口に「いかなる場合でも，当方は一切責任を負わない」旨の掲示があったとしても，駐車契約は成立しているから，車の損傷がデパート側の債務不履行に該当する以上は，このような免除条項は無効であり，消費者は民事責任を問うことができる。

　　ii　事業者の「債務不履行」（故意又は重大な過失によるものに限る）により消費者に生じた損害を賠償する責任の<u>一部を免除し</u>，又は当該事業者にその<u>責任の限度を決定する権限を付与する条項</u>（同項2号）

　　iii　事業者の「不法行為」による損害賠償責任の<u>全部を免除し</u>，又は当該事業者にその<u>責任の有無を決定する権限を付与する条項</u>（同項3号）

　　iv　事業者の「不法行為」（故意又は重大な過失によるものに限る）により消費者に生じた損害を賠償する責任の<u>一部を免除し</u>，又は当該事業者にその<u>責任の限度を決定する権限を付与する条項</u>（同項4号）

(b)「追完又は減額」責任が規定されている場合　上記の「債務不履行」（i及びii）の場合において，引き渡された目的物が<u>「種類又は品質に関して」契約不適合</u>ときに，事業者の責任を免除し又は責任の有無若しくは限度を決定する権限を付与する条項があったとしても，「<u>当該事業者が履行の追完をする責任又は不適合の程度に応じた代金若しくは報酬の減額をする責任を負う</u>」とされている場合（法8条2項1号）には，上記 i・ii の条項は適用しない（同項柱書）。消費者の「追加請求権又は減額請求権」が合意規範として機能する以上，これを優先適用すべきだからである。

(c) **解除権放棄条項**　事業者の債務不履行により生じた消費者の解除権を放棄させ，又は当該事業者にその解除権の有無を決定する権限を付与する消費者契約の条項は，無効とする（法8条の2）。

(d) **事業者に対する解除権付与条項**　事業者に対し，消費者が後見開始，保佐開始又は補助開始の審判を受けたことのみを理由とする解除権を付与する消費者契約（消費者が事業者に対し物品，権利，役務その他の消費者契約の目的となるものを提供することとされているものを除く）の条項は，無効とする（法8条の3）。

(e) **損害賠償額の予定条項**　消費者が支払うべき損害賠償額につき，下記に掲げる一定額を超える部分については，無効とする（法9条1項柱書）。

　ⅰ　「解除」に伴う損害賠償額の予定又は違約金条項　予定賠償額および違約金額を合算した額が，当該消費者契約と同種の契約の解除の場合に生ずべき平均的な損害額を超える部分は，無効である（法9条1号）。

　ⅱ　「債務不履行」に伴う損害賠償額の予定又は違約金条項　予定賠償額および違約金額を合算した額が，年利14.6％を超える部分は，無効である（法9条2号）。

(f) **消費者の利益を一方的に害する条項**　消費者の不作為をもって当該消費者が新たな消費者契約の申込み又はその承諾の意思表示をしたものとみなす条項，その他の法令中の公の秩序に関しない規定の適用による場合に比して消費者の権利を制限し又は消費者の義務を加重する消費者契約の条項であって，民法1条2項に規定する基本原則〔信義誠実の原則〕に反して消費者の利益を一方的に害するものは，無効とする（法10条）。

(4)　差止請求団体訴訟

(a) **差止請求権**　ⅰ　勧誘行為等の差止　下記の「適格消費者団体」（(b)参照）は，事業者等（事業者，受託者等又は事業者の代理人若しくは受託者等の代理人をいう）が，不特定かつ多数の消費者に対して，契約締結の「勧誘」をする際に，法4条1項から4項までに規定する「〔誤認・困惑による〕取り消すことができる行為」を「現

に行い又は行うおそれがあるときは」，その事業者等に対し，当該行為の停止若しくは予防又は当該行為に供した物の廃棄若しくは除去その他の当該行為の停止若しくは予防に必要な措置をとることを請求することができる（法12条1項本文）。ただし，民法及び商法以外の他の法律の規定によれば当該行為を理由として当該消費者契約を取り消すことができないときは，この限りでない（同項ただし書）。

　なお，受託者等又は事業者の代理人が，上記の行為を現に行い又は行うおそれがあるときは，その者に対し，是正の指示又は教唆の停止その他の当該行為の停止又は予防に必要な措置をとることを請求することができる（法12条2項本文）。

　　ⅱ　意思表示（法律行為）等の差止　　適格消費者団体は，事業者等が，契約の「締結」に際して，不特定かつ多数の消費者との間で8条から10条までに規定する消費者契約の条項〔責任免除等の無効条項〕を含む「消費者契約の申込み又はその承諾の意思表示」を現に行い又は行うおそれがあるときは，その事業者等に対し，当該行為の停止若しくは予防又は当該行為に供した物の廃棄若しくは除去その他の当該行為の停止若しくは予防に必要な措置をとることを請求することができる（法12条3項本文）。ただし，民法及び商法以外の他の法律の規定によれば当該消費者契約の条項が無効とされないときは，この限りでない（同項ただし書）。

　(b) 適格消費者団体　　適格消費者団体とは，不特定多数の消費者の利益のために「差止請求関係業務」（差止請求権の行使業務並びに当該業務の遂行に必要な消費者の被害に関する情報の収集並びに消費者の被害の防止及び救済に資する差止請求権の行使の結果に関する情報の提供に係る業務）を行う団体である（法13条1項, 23条）。この業務を行おうとする者は，内閣総理大臣に対して申請し，その認定を受けなければならない（同条1項・2項）。

　その「適格要件」の主なものは以下の通りであるが，その他法13条各号に厳格な制限がある。

　　ⅰ　特定非営利活動法人又は一般社団法人若しくは一般財団法人であること

ii　不特定多数の消費者の利益擁護活動を行うことを主たる目的とし，現にその活動を相当期間にわたり継続して適正に行っていると認められること

iii　差止請求関係業務の実施に係る組織及び方法，同業務に関して知り得た情報の管理及び秘密の保持方法等，業務を適正に遂行するための体制及び業務規程が適切に整備されていること

(c) **訴訟手続等の特例**　適格消費者団体は，差止請求訴訟を提起しようとするときは，被告となるべき事業者等に対して，あらかじめ，訴訟外で，請求の要旨および紛争の要点その他一定の事項を記載した書面により差止請求をし，かつ，その到達した時から1週間経過後でなければ，訴訟を提起することができない（法41条1項本文）。これは，事業者等に対して，早期に紛争状況を把握させてみずから是正の機会を与えるためである。

【「団体訴訟」の意義と損害賠償訴訟の脱落】　i　差止請求団体訴訟の意義　一般の民事訴訟では直接被害を受けていない者には差止請求権は認められないし，また，消費者団体から事業者への改善申入れは，十分な法的裏付けがなければ実効性に限界がある。しかし，消費者契約に関連する同種の被害が多数発生している場合には，不特定多数の消費者が被害を受ける可能性があるため，被害が広がる前に，事業者による不当な勧誘行為・契約条項の使用を差し止める必要がある。

そこで，2006年の改正法平成18年法律56号で，「適格消費者団体」による「団体訴訟」が導入された。

ii　損害賠償訴訟の脱落　2006年に提出された改正法原案では，適格消費者団体による損害賠償請求等の団体訴訟制度が準備されていた。その概要は，以下のようなものである。

すなわち，適格消費者団体は，共同の利益を有する多数の消費者の被害を救済するため，裁判所の許可を得て，自己の名で，損害賠償等「団体訴訟」を追行することができる（原案13条，同44条以下）。これは，消費者が事業者等に対して有する消費者契約に基づく損害賠償請求権（製造物責任法3条による損害賠償請求権を含む）につき，当該消費者を代表して一括してその給付を求める訴えであって，

当該消費者の意思に基づくことなく提起できるとする団体訴訟であり，適格消費者団体が個々の被害者に代わって損害賠償を請求するものではない。その結果，判決に基づいて支払われた金銭については，適格消費者団体が適切に配当しなければならず，この配当にかかる事件は裁判所の監督に属するとされていた。

　しかし，成立した改正法では，この制度は導入されなかった。

第２節　割賦販売法

1　割賦販売の意義と形態

(1)　「割賦販売」とは何か

　消費者が物品を購入するに際して、「割賦払い」（分割払い）で購入するものを総称して割賦販売（広義）と呼んでいる。「割賦販売法」（1961(昭36)年。2020年改正。）は、これらの販売方法につき、厳格な制限を設けている。ここでは、基本的な仕組みを述べる。

　(a) 割賦払いの二方式　「割賦払い」とは、代金を、「2か月以上かつ3回払い以上」の分割で、後払いで支払うものをいうが（法2条1項）、支払いの違いにより、二つの方式がある。

　i　個別方式の割賦販売　個別の商品の代金を分割して支払うものである。

　ii　包括方式の割賦販売　複数の商品につき、その合計代金又は代価を割賦で支払う方式（いわゆる「リボルビング払い方式」）である（同条2項）。

　(b) 割賦販売の三形態　割賦販売法は、割賦販売について3つの形態を置いている。

　i　割賦販売　購入者が販売業者から指定商品等を購入する二当事者間の取引で、販売業者みずから信用を供与をする制度である（法2条1項）。リボルビング払い方式もある。

　ii　ローン提携販売　販売業者から指定商品等を購入する場合に、購入者は、その代金を販売業者の提携先である金融機関から借り受け、その際、販売業者が債務保証をする方法である（法2条2項1号）。

　iii　信用購入あっせん　購入者が販売業者から商品等を購入する際、

クレジット会社が購入者に代わって代金を販売業者に支払い（立替払い），後日，購入者ががその代金をクレジット会社に割賦で返済する制度である。クレジット会社（第三者）による信用供与であるから，「信用購入」の"あっせん"となる。次の2つの方法がある。

- (α)　**個別方式の信用購入あっせん** $\left(\substack{法2条\\4項}\right)$
- (β)　**包括方式の信用購入あっせん**（リボルビング方式）$\left(\substack{法2条\\3項}\right)$

(2)　割賦販売の対象

　上記 i 「割賦販売」及び ii 「ローン提携販売」の規制する対象は，政令で定められた，「指定商品」（定型的な条件で販売するのに適する商品），「指定権利」（施設を利用し又は役務の提供を受ける権利のうち国民の日常生活上の取引において販売されるもの），及び「指定役務」（国民の日常生活の取引において有償で提供される役務）である $\left(\substack{法2条\\5項}\right)$。

　ただし，iii 「信用購入あっせん」では，指定制をとらず，すべての商品・権利及び役務が規制の対象となる。

2　「割賦販売」（狭義）

(1)　商品・条件等の規制

(a) 政令で「指定」された商品等　規制の対象となるのは，政令で定められた「指定商品」，「指定権利」又は「指定役務」であること，上記のとおりである。

(b) 割賦販売条件の表示・書面の交付等　指定商品・指定権利を販売し又は指定役務を提供するときは，その割賦販売に関する所定の事項を示さなければならず $\left(\substack{法3条, 同施\\行規則1条の2}\right)$，また契約を締結したときは，その書面を交付しなければならない $\left(\substack{法4条, 同施\\行規則5条}\right)$。

　カードを発行する割賦販売についても，ほぼ同様の手続きを経なければならない $\left(\substack{法3条2\\項, 4条}\right)$。

⑵ 所有権留保の推定

　割賦販売の方法により販売された指定商品（耐久性を有するものとして政令で定めるものに限る）の所有権は，賦払金の全部の支払いが履行される時までは，割賦販売業者に留保されたものと推定する$\left(\substack{法7\\条}\right)$。したがって，購入者に不払い等があれば，販売業者は，その商品を直ちに所有権に基づいて引き上げることになる。

⑶ 解除・損害賠償の制限

(a) 契約解除の制限　割賦販売業者は，割賦販売の賦払金の支払義務が履行されない場合において，<u>20日以上の相当な期間を定めてその支払を書面で催告し，その期間内にその義務が履行されないときでなければ</u>，賦払金の支払の遅滞を理由として，契約を解除し，又は支払時期の到来していない賦払金の支払を請求することができない$\left(\substack{法5条\\1項}\right)$。この規定に反する特約は，無効とする$\left(\substack{同条\\2項}\right)$。解除に伴う損害賠償請求等についても，一定の制限がある$\left(\substack{法6\\条}\right)$。

(b) 損害賠償等の制限　売買契約が解除された場合は，損害賠償額の予定又は違約金の定めがあっても，一定の額（商品・権利が返還された場合はその通常の使用料ないし権利行使により得られる利益相当額，返還されない場合は販売価格，引渡等の前であれば契約履行に要する費用額など）とその法定利率による遅延損害金とを加算した額以上を，購入者に請求できない$\left(\substack{法6条\\1項}\right)$。賦払金が払われない場合にも，同様の制限がある$\left(\substack{同条\\2項}\right)$。

３　ローン提携販売

⑴ 「ローン提携販売」とは何か

　〔図①〕（商品購入の例）ローン提携販売とは，購入者Bが，販売業者Aから指定商品・指定権利を購入し又は指定役務の提供を受ける場合に，その代金

額を，Ａの提携先であるＣ金融機関から借り受け，その際，販売業者であるＡが債務保証をする方法である$\binom{法2条の2}{項1号}$。この形式においては，Ｂ・Ｃ間の金銭消費貸借契約が基礎となり，それにＡ・Ｃ間の債務保証契約が複合されている。なお，販売業者が債務保証をしない非提携ローンは，本法でのローン提携販売ではない。

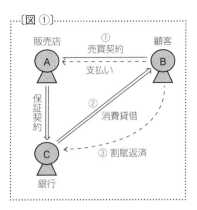

〔図①〕

② 販売条件の規制

(a) ローン提携販売の「条件の提示」　ローン提携販売業者は，指定商品・指定権利を販売し又は指定役務を提供するため，カード等を利用者に交付するときは，経産省令・内閣府令で定めるところにより，指定商品・指定権利の販売条件又は役務の提供条件に関する法29条の2第1項〔単純ローン提携販売〕・2項〔リボルビング支払い〕に掲げる事項を記載した書面を，当該利用者に交付しなければならない$\binom{法 29}{条の2}$。

(b) 契約締結時の書面の交付　ローン提携販売業者は，上記の契約を締結したときは，遅滞なく，経産省令・内閣府令で定めるところにより，法29条の3第1項・2項に掲げる事項について契約の内容を明らかにする書面を購入者等に交付しなければならない$\binom{法 29}{条の3}$。

③ 「抗弁」の接続

ローン提携販売の購入者は，その分割返済金の返済についてローン提携販売業者に対して生じている「抗弁事由」をもってローン提供業者（購入者に対する金銭貸付業者）に対抗することができる$\binom{法29条の4第2項}{→30条の4第1項}$。この規定に反する特約であって購入者等に不利なものは，無効とする$\binom{同 法}{第2項}$。

また，この規定は，リボルビング支払方式の場合にも準用する$\binom{同法第3項}{→30条の5}$。

⑷　代位弁済

　Ｂが支払いを遅滞した場合には，Ａは，Ｃに対して保証人として代位弁済しなければならないが，その場合には，ＡはＢに対して求償権を有することになる。

4　包括信用購入あっせん（クレジットカード取引）

⑴　「包括信用購入あっせん」とは何か

　「包括信用購入あっせん」とは，クレジットカード契約のことであり，クレジットカードの利用者がカードを提示して商品等を購入し又は役務の提供を受けるときは，包括信用購入あっせん業者が，<u>販売業者に当該商品等の代価額を交付する</u>とともに，<u>当該利用者から代価相当額をあらかじめ定められた時期までに，割賦払い（2か月以上かつ3回以上の支払い）により受領すること</u>をいう（法2条3 項1号）。

　〔図②〕この場合，当該利用者から<u>あらかじめ定められた時期ごとに当該商品若しくは当該権利の代金又は当該役務の対価の計額を基礎としてあらかじめ定められた方法により算定して得た金額を受領する</u>「リボルビング払い」であってもかまわない（法2条3 項2号）。

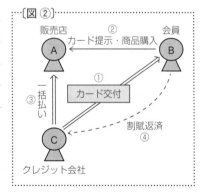

〔図②〕

　この取引も，Ｂ・Ｃ間の立替払いによる金銭消費貸借契約が基本となり，それにＡ・Ｂ間の売買契約が複合されているものである。カード自体は，「信用」の証明であるから，ここで関係する法律問題とは，直接には関係しない。また，2つの契約を，全一体として把握しなければならないことは，いうまでもない。

(2)　取引に対する規制

(a) 取引条件の提示　包括信用購入あっせん業者は，カード等を利用者に交付する際には，支払い回数や期間，手数料など，一定の「取引条件に関する情報」を提示しなければならない（法30条1項）。

(b)「包括支払可能見込額」とカード交付の禁止　**ⅰ　「包括支払可能見込額」の調査**　包括信用購入あっせん業者は，クレジットカード契約に当たっては，利用者の債務の支払の状況，借入れの状況その他の当該利用者の「包括支払可能見込額」を算定するために必要な事項を調査しなければならない（法30条の2第1項）。「包括支払可能見込額」とは，「主として自己の居住の用に供する住宅その他の経産省令・内閣府令で定める資産を譲渡し又は担保に供することなく，かつ，生活維持費（最低限度の生活を維持するために必要な1年分の費用として経産省令・内閣府令で定める額）に充てるべき金銭を使用することなく，利用者が購入する商品・指定権利の代金又は受領する役務の対価に相当する額の支払に充てることができると見込まれる1年間当たりの額」をいう（法30条の2第2項）。

ⅱ　カード交付の禁止　貸付額又は極度額の増額が，包括支払可能見込額を超える場合には，カード等の交付が禁止される（法30条の2の2）。

(3)　解除・損害賠償の制限

(a) 契約解除の制限　包括信用購入あっせん業者は，利用者の支払分又は弁済金の不履行につき，20日以上の相当な期間を定めてその支払を書面（又は電磁的方法）により催告し，その期間内にその義務が履行されないときでなければ，契約を解除し，又は支払時期の到来していない支払分若しくは弁済金の支払を請求することができない（法30条の2の4第1項）。これに反する特約は，無効とする（同条2項）。

(b) 損害賠償額の制限　包括信用購入あっせん業者は，包括信用購入あっせんに係る契約が解除された場合には，損害賠償額の予定又は違約金の定めがあるときにおいても，当該契約の支払総額に相当す

る額に法定利率による遅延損害金の額を加算した金額を超える金銭の支払を，購入者又は役務の提供を受ける者に対して請求することができない（法30条の3第1項）。

　また，上記契約が解除された場合を除き，包括信用購入あっせん業者は，代金又は対価の支払分の不履行の場合には，損害賠償額の予定又は違約金の定めがあるときにおいても，当該契約の支払総額に相当する額から既に支払われた支払額を控除した額に法定利率による遅延損害金を加算した金額を超える金銭を，購入者又は役務の提供を受ける者に対して請求することができない（法30条の3第2項）。

⑷　「抗弁」の接続

　購入者又は役務の提供を受ける者は，包括信用購入あっせんによって購入した商品・指定権利又は受領する役務の支払分の請求を受けたときは，当該商品若しくは当該指定権利の販売につきそれを販売した包括信用購入あっせん関係販売業者又は当該役務提供の包括信用購入あっせん関係役務提供事業者に対して生じている「抗弁事由」をもって，支払請求をする包括信用購入あっせん業者に対抗することができる（法30条の4第1項）。これに反する特約であって，購入者又は役務受領者に不利なものは，無効とする（同条2項）。

　また，この抗弁の接続は，リボルビング支払方式の場合も同様である（法30条の5）。

⑸　包括信用購入あっせん業者の特例（2020）

　近年の情報技術の進展を背景に，カード会社が，利用者の支払実績につき厖大なデータに基づいて与信審査を行うとともに，少額・多頻度の後払い決済サービスにつき，インターネットやスマートフォンによる決済が拡大してきたことから，一定の信用購入あっせん業者に対して与信審査などの要件を緩和するなどの特例が設けられた。

⒜　「認定包括信用購入あっせん業者」の創設　　包括信用購入あっせん業者は，「包括支払可能見込額」（法30条の2第1項。前掲⒞）に代えて，「利用者支払可

能見込額」（最低限度の生活の維持に支障を生ずることなく，利用者が包括信用購入あっせんにより購入しようとする商品等の代金又は対価に相当する額の支払に充てることができると見込まれる額）の算定を行う場合は，経済産業省令で定めるところにより，次の各号のいずれにも該当する旨の経済産業大臣の認定を受けることができる（法30条の5の4第1項柱書）。この認定を受けたあっせん業者を，「認定包括信用購入あっせん業者」という（同条3項）。

　　i　当該算定の方法が，利用者の支払能力情報を高度な技術的手法を用いて分析することにより「利用者支払可能見込額」を適確に算定することを可能とするものとして経産省令で定める基準に適合するものであること（同項1号）。

　　ii　当該算定を行う体制が，経済産業省令で定める基準に適合するものであること（同項2号）

(b)「登録少額包括信用購入あっせん業者」の創設　　法31条〔包括信用購入あっせん業者の登録〕の規定にかかわらず，経産省に備える少額包括信用購入あっせん業者登録簿に登録を受けた「登録少額包括信用購入あっせん業者」は，利用者に与信する「極度額」が10万円以下にのものに限り（割賦販売法施行令24条），包括信用購入あっせん業として営むことができる（法35の2の3）。

　与信審査を簡便にし（法35の2の4），また，利用者の不払いに対する解除の催告期間を「7日」に短縮された（同法の6）。

5　個別信用購入あっせん（立替払い契約）

(1)「個別信用購入あっせん」とは何か

　「個別信用購入あっせん」とは，カード等を利用することなく，販売業者の購入者に対する商品・指定権利の販売又は役務の提供を条件として，当該商品・指定権利の代金又は役務の対価の全部又は一部に相当する金額を販売業者又は役務提供事業者へ交付するとともに，当該購入者又は当該役務の提供を受ける者からあらかじめ定められた時期までに当該金額を「割賦払い」で

受領することをいう($\frac{法2条}{4項}$)。

　カード等を利用しない，個別の商品・指定権利又は役務の代金・対価についての「立替払い契約」である。

（2）　**取引に対する規制**

　(a) **取引条件の提示**　個別信用購入あっせん業者と個別信用購入あっせんに係る契約を締結した個別信用購入あっせん関係販売業者又は「個別信用購入あっせん関係役務提供事業者」は，その商品・指定権利を販売し又は役務を提供しようとするときは，その相手方に対して，経産省令・内閣府令で定めるところにより，<u>当該商品，当該指定権利又は当該役務に関する次の事項</u>を示さなければならない($\frac{法35条の3の}{2第1項柱書}$)。

　　i　商品・権利の現金販売価格又は役務の現金提供価格

　　ii　購入者又は役務の提供を受ける者の支払総額

　　iii　代金又は対価の全部又は一部の支払期間及び回数

　　iv　経産省令・内閣府令で定めるた個別信用購入あっせんの手数料の料率

　(b) **「個別支払可能見込額」と契約締結の禁止**　i　**「個別支払可能見込額」の調査**　個別信用購入あっせん業者は，個別信用購入あっせんに係る個別信用購入あっせん関係受領契約を締結しようとする場合には，その契約の締結に先立つて，原則として，経済産業省令・内閣府令で定めるところにより，年収，預貯金，信用購入あっせんに係る債務の支払の状況，借入れの状況その他の当該購入者又は当該役務の提供を受ける者の「個別支払可能見込額」($\frac{法35条の3}{の3第1項}$)を算定するために必要な事項として経済産業省令・内閣府令で定めるものを調査しなければならない($\frac{法35条の3の}{3第1項本文}$)。

　　ii　**契約締結の禁止**　この場合，個別信用購入あっせん業者は，購入者又は役務の提供を受ける者の支払総額のうち1年間に支払うこととなる額が，上記「個別支払可能見込額」を超えるときは，原則として，当該個別信用購入あっせん関係受領契約を締結してはならない($\frac{法35条の}{3の4本文}$)。

(c) 勧誘に係る調査と申込承諾の禁止　**i　勧誘に際しての調査**　個別信用購入あっせん業者は，次の各号のいずれかに該当する「特定契約」$\binom{法35条}{の3の7}$であって，個別信用購入あっせん関係受領契約を締結しようとする場合には，その契約の締結に先立って，経産省令・内閣府令で定めるところにより，個別信用購入あっせん関係販売業者又は個別信用購入あっせん関係役務提供事業者による同条各号のいずれかに該当する行為の有無に関する事項であって経済産業省・内閣府令で定める事項を調査しなければならない。

(α)　「訪問販売」$\binom{特定商取}{引2条1項}$に係る契約

(β)　「電話勧誘販売」$\binom{特定商取}{引2条3項}$に係る契約

(γ)　連鎖販売個人契約のうち特定商品販売等契約を除いた「特定連鎖販売個人契約」

(δ)　「特定継続的役務提供等契約」$\binom{特定商取引}{41条1項1号}$

(ζ)　業務提供誘引販売個人契約

ii　申込み・承諾の禁止　個別信用購入あっせん業者は，上記の「個別支払可能見込額」の調査$\binom{35条の3}{の5第1項}$からみて，本件あっせん関係販売業者又は関係役務提供事業者が「特定契約」に関係する本件契約の申込み又は締結の勧誘をするに際し，<u>次の各号のいずれかに該当する行為</u>をしたと認めるときは，当該勧誘の相手方に対し，原則として，当該契約の<u>申込みをし，</u>又は当該勧誘の相手方から受けた契約の<u>申込みを承諾してはならない。</u>$\binom{法35条の3}{の7柱書本}$文）。

(α)　特定商取引法 6 条 1 項から 3 項まで，21 条各項，34 条 1 項から 3 項まで，44 条各項又は 52 条 1 項若しくは 2 項の規定に違反する行為

(β)　消費者契約法 4 条 1 項から 3 項までに規定する行為（同条 2 項に規定する行為にあつては，同項ただし書の場合に該当するものを除く）

(d) 個別信用購入あっせん業者の書面の交付　**i　申込み時の書面の交付**　個別信用購入あっせん業者は，当該個別信用購入あっせん関係販売契約又は受領契約の申込みを<u>受けたとき</u>は，遅滞なく，経産省令・内閣府令で定めるところにより，一定の事項を記載した書面を，当該申込者に交付しなければならない$\binom{法35条の3}{の9第1項}$。

ii　契約締結時の書面の交付　　個別信用購入あっせん業者は，当該個別信用購入あっせんに係る契約を締結したときは，遅滞なく，経済産業省令・内閣府令で定めるところにより，一定の事項を記載した「当該契約に関する書面」を購入者又は役務の提供を受ける者に交付しなければならない$\binom{\text{法35条}}{\text{の3の9}}_{\text{第3項}}$。

(3)　「クーリング・オフ」（申込みの撤回）

(a)「クーリング・オフ」とは何か　　個別信用購入あっせんに係る契約につき，その「申込者等」は，書面により，個別信用購入あっせんに係る契約の「申込みの撤回」を行うことができる$\binom{\text{法35}}{\text{条の3の10}}_{\text{第1項本文}}$。"cooling-off period" 制度は，元々，締結した契約につき後悔していないかどうか一定期間 "頭を冷やして" 考えさせる期間の設定であった。したがって，この「期間内」は，無条件に契約を撤回できることになる。

　なお，これは，法定の制度であるから，業者が「1週間内は無条件で解約できます」などと謳っている場合は，一方的な「意思の表明」（権利放棄条項）にすぎず，クーリング・オフとは無関係である。

(b)　無条件撤回　　解除のような債務不履行原因を要せず，また，違約金等をはらうことなく，無条件で契約を白紙還元できる。

(c)　撤回の期間　　撤回できる期間は，上記「当該契約に関する書面」$\binom{\text{法35条}}{\text{の3の9}}_{\text{第3項}}$）を受領した日（その日前に「申込み時の書面」$\binom{\text{同　条}}{\text{第1項}}$）を受領したときは，当該書面を受領した日）から起算して8日以内である$\binom{\text{法35条の3}}{\text{の10第1項}}_{\text{ただし書}}$。ただし，事業者が申込者に撤回させないために誤認・困惑等の原因行為を行った場合には，一定の手続により，期間の伸張か認められる$\binom{\text{同ただ}}{\text{し書}}$。

(d)　撤回の効力発生時期　　申込みの撤回は，上記書面を発した時に，効力を生ずる$\binom{\text{法35条の3}}{\text{の10第2項}}$。

(e)　損害賠償又は違約金請求の禁止　　個別信用購入あっせん業者は，当該申込みの撤回等に伴う損害賠償又は違約金の支払を請求することができない$\binom{\text{法35条の3}}{\text{の10第3項}}$。

(4)　意思表示の「取消し」── 申込者の「誤認」

　購入者又は役務の提供を受ける者は，個別信用購入あっせんに係る契約につき，あっせん事業者が勧誘をするに際し，① 法 35 条の 3 の 13 第 1 項 1 〜 6 号に掲げる事項につき<u>不実のことを告げる行為をしたことにより当該告げられた内容が事実であるとの誤認</u>をし，又は② 同項 1 〜 5 号に関する事項につき<u>故意に事実を告げない行為をしたことにより当該事実が存在しないとの誤認</u>をし，これらによって当該契約の申込み又はその承諾の意思表示をしたときは，これを取り消すことができる($\substack{法35条の3 \\ の13第1項}$)。

　①の事項である「購入者の判断に影響を及ぼすこととなる重要なもの」($\substack{同項 \\ 6号}$) については，契約締結を導いた「動機」も含まれる($\substack{最判平29・2・21 \\ 判時2341号97頁}$)。本判決は，A 呉服店の顧客 Y ら 34 名が，A から運転資金を得る目的で「支払は自分が責任をもち絶対に迷惑を掛けないから」として名義貸しを懇願されて承諾し，A・Y の架空の売買契約の締結と，クレジット会社 X との立替払契約（個別信用購入あっせん契約）を締結した。Y らの支払うべき割賦金についてはAが支払っていたが，A が破産して支払不能になったため，X は Y に対して立替払契約の未払金等を請求した事案で，「本件を販売業者 A の不当な勧誘行為により締結された契約であるとした上で，「販売業者 A が立替契約の締結について勧誘をするに際し，<u>契約締結の動機に関するものを含め</u>，立替払契約又は売買契約に関する事項であって購入者の判断に影響を及ぼすこととなる重要なものについて不実告知をした場合には，<u>あっせん業者がこれを認識していたか否か，認識できたかを問わず</u>，購入者は，あっせん業者との間の立替払契約の申込みの意思表示を取り消すことができる」とした。正当な判断である。

(5)　解除・損害賠償の制限

(a) 解除の制限　個別信用購入あっせん業者は，購入者又は役務の提供を受ける者が「支払分」($\substack{法35条の3 \\ の8第3号}$) の義務を履行しない場合において，20 日以上の相当な期間を定めてその支払を書面で催告し，その期間内

にその義務が履行されないときでなければ，支払分の支払の遅滞を理由として，契約を解除し，又は支払時期の到来していない支払分の支払を請求することができない$\left(\begin{smallmatrix} 法35条の3 \\ の17第1項 \end{smallmatrix}\right)$。この規定に反する特約は，無効とする$\left(\begin{smallmatrix} 同法 \\ 2項 \end{smallmatrix}\right)$。

(b) 損害賠償額の制限　個別信用購入あっせん業者は，個別信用購入あっせん関係受領契約が「解除」された場合には，損害賠償額の予定又は違約金の定めがあるときにおいても，当該契約に係る支払総額に相当する額にこれに対する法定利率による遅延損害金の額を加算した金額を超える支払を購入者又は役務の提供を受ける者に対して請求することができない$\left(\begin{smallmatrix} 法35条の3 \\ の18第1項 \end{smallmatrix}\right)$。

契約が解除されない場合において，購入者又は役務の提供を受ける者が「支払分」$\left(\begin{smallmatrix} 法35条の3 \\ の8第3号 \end{smallmatrix}\right)$の義務が履行しない場合には，損害賠償額の予定又は違約金の定めがあっても，当該契約に係る支払総額に相当する額から既に支払われた支払分を控除した額にこれに対する法定利率による遅延損害金を加算した金額を超える金銭の支払を購入者又は役務の提供を受ける者に対して請求することができない$\left(\begin{smallmatrix} 法35条の3 \\ の18第2項 \end{smallmatrix}\right)$。

(6)　「抗弁」の接続

購入者又は役務の提供を受ける者は，個別信用購入あっせんに係る「支払分」の支払請求を受けたときは，当該個別信用購入あっせんの関係販売業者又は関係役務提供事業者に対して生じている事由をもって，支払を請求をする個別信用購入あっせん業者に「対抗」することができる$\left(\begin{smallmatrix} 法35条 \\ の3の19 \end{smallmatrix}\right)$。この規定に反する特約であって，購入者又は役務の提供を受ける者に不利なものは，無効とする$\left(\begin{smallmatrix} 同法 \\ 2項 \end{smallmatrix}\right)$。

ここでいう「事由」とは，事業者等の債務不履行，売買契約の不成立・無効・取消し・解除などである。そして，「対抗」とは，個別信用購入あっせん業者に対する支払請求の拒絶（割賦金の不払い）である。したがって，購入した商品が契約不適合であれば，修補等の追完請求を受けるか，取り替えてもらうまでは，あっせん業者に対して割賦金の支払いを停止することができる。

また，売買契約が不成立・無効・取消し・解除の場合には，立替払い契約

もその効果を受けると考えるべきである。本来，A・B 間の売買契約と，B・C 間の立替払い契約とは別個のはずであるが，しかし，総体として見るときは 1 個の行為なのである。

　しかし，「抗弁」とは「支払を拒絶することができる」ことであるから，すでに支払った分の返還請求はできないし，また，修補請求や取替え請求は販売者等に対するものであるから，あっせん業者に請求するものではない。

第3節　特定商取引法

1　特定商取引法の意義と対象取引類型

(1)　特定商取引法の意義

「特定商取引法」$\binom{2000}{(\text{平}12)}$は，旧「訪問販売法」$\binom{1976}{(\text{昭}51)}$の改正法であり，訪問販売や電話勧誘販売など，特に消費者とのトラブルを生じやすい特定の「取引類型」と特定し，かつ「商品，権利および役務」(以下「指定商品等」とする)を法律が指定してこれを規制し，購入者が受けることのある損害の防止を図ろうとするものである。

(2)　対象となる契約類型

特定商取引法が対象としているのは，現在の時点では，以下の契約類型である。

(a) **訪問販売**　事業者が消費者の自宅に訪問して，商品又は権利の販売若しくは役務の提供を行う契約である。キャッチセールス(路上で呼び止めて商品等の販売を迫る)，アポイントメントセールス(電話で販売目的を告げず又は目的を隠し「抽選に当たった」などと偽り，販売を迫る)を含む。

(b) **通信販売**　事業者が新聞，雑誌，インターネット(オークションも含む)等で広告し，郵便，電話，インターネット等の通信手段で申込みを受ける(次の電話勧誘販売を除く)。

(c) **電話勧誘販売**　事業者が消費者に電話で勧誘をして，申込みを受ける契約である。

(d) **連鎖販売取引**　個人を販売員として勧誘し，更にその個人に次の販売員の勧誘をさせて，連鎖的に販売網を拡大していく取引で

ある。

(e) 特定継続的役務提供　長期・継続的な役務（サービス）の提供を約し，これに対する高額の対価を約する契約である。現在は，エステティックサロン，美容医療，語学教室，家庭教師，学習塾，パソコン教室，結婚相手紹介サービス，の 7 つが特定継続的役務として指定されている。

(f) 業務提供誘引販売取引　「収入が得られる仕事を提供する」などと言って誘引しておき，更に，「仕事に必要だから」などとして商品等を販売し，金銭負担を負わせる取引である。

(g) 訪問購入　事業者が消費者の自宅等を訪問して，物品の購入を行う取引である。あらかじめ「不要な装飾品や貴金属はないか」などの電話をして訪問する場合が多い。

2　訪問販売

　ここでは，上記の契約類型の中で最もポピュラーでありかつ重要な「訪問販売」に対する規制を中心に述べるか，他の取引類型も，それぞれ固有の特徴に関係する点を除けば，規制内容に大差ない。

(1)　氏名等の明示と勧誘の禁止

　販売業者又は役務提供事業者は，訪問販売をしようとするときは，その勧誘に先立つて，相手方に対し，みずからの氏名又は名称，契約締結について勧誘をする目的である旨及び勧誘の商品若しくは権利又は役務の種類を明らかにしなければならない（法3条）。

　この場合，販売業者又は役務提供事業者は，相手方に対し，勧誘を受ける意思があることを確認するよう努めなければならない（法3条の2第1項）と同時に，当該売買契約又は役務提供契約を締結しない旨の意思を表示した者に対し，同締結について勧誘をしてはならない（同法第2項）。

(2)　書面交付義務

(a) 申込み時　　販売業者又は役務提供事業者は，営業所等以外の場所又は営業所等において，「申込み」を受けたときは，直ちに，次の事項についてその申込みの内容を記載した書面（「4条書面」）をその申込者に交付しなければならない（法4条柱書本文）。ただし，その申込みを受けた際その売買契約又は役務提供契約を締結した場合においては，この限りでない（同条ただし書）。

　　　i　商品若しくは権利又は役務の「種類」

　　　ii　商品若しくは権利の「販売価格」又は役務の「対価」

　　　iii　商品若しくは権利の代金又は役務の対価の「支払の時期及び方法」

　　　iv　商品の「引渡時期」若しくは権利の「移転時期」又は役務の「提供時期」

　　　v　当該契約の「申込みの撤回」（法9条1項）又は当該契約の「解除」に関する事項

(b) 契約締結時　　販売業者又は役務提供事業者は，契約を締結したときは，遅滞なく，その「契約の内容」を明らかにする書面（5条書面）を，購入者等に交付しなければならない（法5条1項）。

(c) 「商品引渡し・権利移転・役務提供」時　　販売業者又は役務提供事業者は，契約を締結した際に，指定商品を引き渡し，若しくは指定権利を移転し，又は指定役務を提供し，かつ，その代金又は対価の全部を受領したときは，直ちに，前掲(a) i 及び ii の事項，並びに v のうち「契約の解除」に関する事項を記載した書面を，相手方に交付しなければならない（法5条2項）。

(3)　禁止行為

(a) 不実の告知　　販売業者又は役務提供事業者は，当該契約を勧誘するに際し，又は契約の申込みの撤回若しくは解除を妨げるため，次の事項につき，「不実のことを告げる行為」（不実の告知）をしてはならない（法6条1項柱書）。

i　商品の種類・性能・品質又は権利若しくは役務の種類及び内容$\left(\substack{同項1\\号}\right)$

ii　上記(**2**)(**a**) i 〜iv に該当する事項$\left(\substack{同　項\\2〜5号}\right)$

iii　顧客が当該契約締結を必要とする事情に関する事項$\left(\substack{同項\\6号}\right)$

iv　その他，当該契約に関する事項であって，顧客の判断に影響を及ぼすこととなる重要事項$\left(\substack{同項\\7号}\right)$

(**b**) **不利益事実の不告知**　販売業者又は役務提供事業者は，上記(**a**) i および ii に掲げる事項について，故意に事実を告げない行為をしてはならない$\left(\substack{法6条\\2項}\right)$。

(**c**) **困惑行為**　販売業者又は役務提供事業者は，契約を締結させるため，又は申込みの撤回・解除を妨げるため，人を威迫して困惑させてはならない$\left(\substack{法6条\\3項}\right)$。

(**d**) **目的隠匿・同行行為**　販売業者又は役務提供事業者は，勧誘の目的を告げずに（目的を隠して）営業所以外の場所で呼び止めて同行させ，または誘引した者を公衆の出入りする以外の場所で，当該契約締結の勧誘をしてはならない$\left(\substack{法6条\\4項}\right)$。

(3)　「クーリング・オフ」による消費者の保護

(**a**) **クーリング・オフの期間**　以上の訪問販売契約が締結された場合でも，申込者（顧客）は，原則として，上記「5条書面」（契約時交付書面）を受領した日（その前に「4条書面」（申込み時書面）を受領していればその日）から，8日間以内であれば，書面により，当該契約の申込みの撤回又は契約の解除をすることができる$\left(\substack{法9条\\1項}\right)$。契約の無条件・無理由撤回である$\left(\substack{クーリング・オフの意義につい\\ては第2節5)3)（338頁）参照}\right)$。ただし，連鎖販売取引・業務提供誘引販売取引では 20 日間。通信販売にはクーリング・オフの規定はない。

(**b**) **クーリング・オフ の効力発生時期**　クーリング・オフの効力は，その書面を発した時に生ずる$\left(\substack{同法\\2項}\right)$。

(**c**) **クーリング・オフの効力**　クーリング・オフの申出があった場合には，次の効力が発生する。

　　i　損害賠償又は違約金請求の禁止　　販売業者又は役務提供事業者は，その申込みの撤回等に伴う損害賠償又は違約金の支払いを請求できない（法9条3項）。

　　ii　費用の事業者負担　　申込みの撤回等による商品ないし権利の引取り又は返還に要する費用は，事業者の負担とする（法9条4項）。

　　iii　途中利益請求の禁止　　当該契約に基づいて既に役務が提供され，または当該権利の行使により施設が利用されたときにおいても，事業者は，申込者等に対して，当該役務の対価その他の金銭又は当該権利の行使により得られた利益に相当する金銭の支払いを請求することができない（法9条5項）。

　　iv　役務提供事業者の返還義務　　役務提供事業者は，当該役務提供契約に関連して金銭を受領しているときは，申込者等に対し，速やかに，これを返還しなければならない（法9条6項）。

　　v　原状回復の請求　　申込者等は，当該契約に基づいて自分の土地又は建物の現状が変更されたときは，事業者等に対して，その原状回復に必要な措置を無償で講ずることを請求することができる（法9条7項）。

(d) 強行法規　　以上の **i** ～ **v** に反する特約で申込者等に不利なものは，無効とする（法9条8号）。

(4)　意思表示の「取消し」―― 申込者の「誤認」

(a)「誤認」による取消し　　申込者等は，販売業者又は役務提供事業者が，契約締結の勧誘に際して，① 不実の告知（法6条1項。上記(3)(a)）をしたために，その内容が事実であると「誤認」し，又は，② 故意に事実を告げない行為（法6条2項。上記(3)(b)）をしたために，その事実が存在しないと「誤認」し，それによって当該契約の申込みまたはその承諾の意思表示をしたときは，これを取り消すことができる（法9条の3第1項）。

(b) 第三者に対する対抗　　この取消しは，これをもつて善意でかつ過失がない第三者に対抗することができない（法9条の3第2項）。

(c) 民法96条との適用関係　　この規定による取消しは，民法96条の規定の適用を妨げるものではない（法9条の3第3項）。民法原則

に対して，「誤認」を原因とする特則だからである。

(5)　損害賠償額の制限

　販売業者又は役務提供事業者は，契約締結後，例えば顧客の代金不払いによりその契約を解除したときは，損害賠償額の予定または違約金の定めがあるときでも，以下に掲げる場合に応じた額に法定利率による遅延損害金を加算した額以上の金額を請求することができない$\left(\substack{法10条1 \\ 項柱書}\right)$。一部不履行の場合もこれに準じる$\left(\substack{同法 \\ 2項}\right)$。

　　i　商品又は権利が返還された場合　　通常の使用料の額$\left(\substack{法10条 \\ 1項1号}\right)$

　　ii　商品又は権利が返還されない場合　　販売価格に相当する額$\left(\substack{法10条 \\ 1 項 2 \\ 号}\right)$

　　iii　解除が役務提供の開始後である場合　　提供した役務の対価に相当する額$\left(\substack{法10条 \\ 1項3号}\right)$

　　iv　解除が商品引渡し若しくは権利移転又は役務提供前である場合　契約の締結や履行のために通常要する費用の額$\left(\substack{法10条 \\ 1項4号}\right)$

事項索引

判例索引

＊　大審院・最高裁・下級審を通して，年月日順である。

条文索引　　＊　ゴシック体は重要頁

近江幸治（おうみ・こうじ）

略歴 早稲田大学法学部卒業，同大学大学院博士課程修了，同大学
法学部助手，専任講師，助教授，教授（1983-84年フライブル
ク大学客員研究員）

現在 早稲田大学名誉教授・法学博士（早稲田大学）

〈主要著書〉
『担保制度の研究――権利移転型担保研究序説――』（1989・成文堂）
『民法講義0 ゼロからの民法入門』（2012・成文堂）
『民法講義I 民法総則〔第7版〕』（2018・初版1991・成文堂）
『民法講義II 物権法〔第4版〕』（2020・初版1990・成文堂）
『民法講義III 担保物権〔第3版〕』（2020・初版2004・成文堂）
『民法講義IV 債権総論〔第4版〕』（2020・初版1994・成文堂）
『民法講義V 契約法〔第4版〕』（2022・初版1998・成文堂）
『民法講義VI 事務管理・不当利得・不法行為〔第3版〕』
　（2018・初版2004・成文堂）
『民法講義VII 親族法・相続法〔第2版〕』（2015・初版2010・成文堂）
『担保物権法〔新版補正版〕』（1998・初版1988・弘文堂）
『New Public Management から「第三の道」・「共生」
　理論への展開――資本主義と福祉社会の共生――』（2002・成文堂）
『民法総則（中国語版）』（2013・中国・北京大学出版社）
『物権法（中国語版）』（2006・中国・北京大学出版社）
『担保物権法（中国語版）』（2000・中国・法律出版社）
『強行法・任意法の研究』（椿寿夫教授と共編著・2018・成文堂）
『日中韓における抵当権の現在』（道垣内弘人教授と共編著・2015・成文堂）
『クリニック教育で法曹養成はどう変わったか？』（編著・2015・成文堂）
『学術論文の作法――論文の構成・文章の書き方・研究倫理―〔第3版〕』
　（2022・初版2011・成文堂）
『学生のための法律ハンドブック――弁護士は君たちの生活を見守ってい
　る！』（弘中惇一郎弁護士と共編著・2018・成文堂）

民法講義V　契約法〔第4版〕

1998年12月29日　初　版第1刷発行
2003年9月20日　第2版第1刷発行
2006年10月20日　第3版第1刷発行
2022年2月20日　第4版第1刷発行

著　者　近　江　幸　治
発行者　阿　部　成　一

〒162-0041　東京都新宿区早稲田鶴巻町514番地

発行所　株式会社　成文堂

電話 03(3203)9201(代)　Fax (3203)9206
http://www.seibundoh.co.jp

製版・印刷 三報社印刷　　　製本 弘伸製本
© 2022　K. Ohmi　Printed in Japan
☆乱丁・落丁本はおとりかえいたします☆ 検印省略

ISBN 978-4-7923-2778-1　C 3032

定価（本体3200円＋税）